CW01631604

Éditions du cram

M O N T R É A L

Relation d'aide et amour de soi

Autres ouvrages de Colette Portelance
aux Éditions du Cram

Approfondissez vos relations intimes par la communication authentique

Éduquer pour rendre heureux

Aimer sans perdre sa liberté

La guérison intérieure, un sens à la souffrance

L'acceptation et le lâcher-prise

Les 7 étapes du lâcher-prise

3 grands secrets pour réussir votre vie amoureuse

Vivre en couple et heureux, c'est possible

COLETTE PORTELANCE

Relation d'aide et amour de soi

Les Éditions du CRAM

1030 Cherrier, bureau 205,
Montréal, Qc. H2L 1H9
514 598-8547

www.editionscram.com

Conception graphique
Alain Cournoyer

Dépôt légal — 3e trimestre 2014
Bibliothèque et Archives nationales du Québec
Bibliothèque nationale du Canada

Nous reconnaissons l'aide financière du gouvernement du Canada par l'entremise du Fonds du livre du Canada pour nos activités d'édition.

Gouvernement du Québec – Programme de crédit d'impôt pour l'édition de livres – Gestion SODEC.

Société de développement des entreprises culturelles Québec

Patrimoine canadien Canadian Heritage

Distribution au Canada : Diffusion Prologue
Distribution en Europe : DG Diffusion (France), Caravelle S.A. (Belgique), Transat Diffusion (Suisse)

Catalogage avant publication de Bibliothèque et Archives nationales du Québec et Bibliothèque et Archives Canada

Portelance, Colette, 1943-

Relation d'aide et amour de soi

5e édition.

(Collection Psychologie)

Comprend des références bibliographiques.

ISBN 978-2-89721-074-8

1. Psychothérapie non directive. 2. Comportement d'aide. 3. Acceptation de soi. 4. Estime de soi. I. Titre. II. Collection : Collection Psychologie (Éditions du CRAM).

RC481.P67 2014 616.89'14 C2014-941454-4

Imprimé au Canada

Table des matières

À *Nelson et à* François,

parce qu'ils m'ont aimée
et qu'ils ont cru en moi.

Introduction

Ce livre, qui ne contient aucune recette miracle, résulte de plusieurs années de travail sur moi-même. Il s'avère, en quelque sorte, le fruit bien subjectif d'une conjonction de mes expériences personnelles et professionnelles d'une part, et de mes apprentissages théoriques d'autre part. Son histoire porte les marques de la souffrance qui m'a fait naître à ce que je suis vraiment. C'est cette souffrance, faite de peurs, de peines, de colères refoulées et d'angoisses, qui m'a le plus servi à devenir une personne heureuse. C'est d'elle surtout que j'ai appris mon rôle de mère, d'épouse, de pédagogue, de thérapeute et de formatrice. Elle a constitué ma plus grande école d'apprentissage. Oui, j'ai souffert de solitude, d'abandon, de rejet, souffert du manque d'amour et de reconnaissance ; souffert de peur de perdre, de déplaire, de décevoir, souffert de culpabilité et de honte ; souffert d'envahissement, de doute, d'impuissance ; souffert de ma dépendance, de ma fragilité, de ma vulnérabilité, souffert de vivre. Longtemps, j'ai voulu extirper la souffrance de mon être, l'enlever comme on enlève un organe malade. J'ai aussi voulu la nier, l'ignorer, la détruire. Elle n'en persistait que davantage. Puis enfin, j'ai compris qu'elle avait besoin d'être écoutée comme un enfant triste parce qu'elle m'apportait toujours un message important. De longues années de travail sur moi m'ont appris à l'accueillir, à l'accepter et à écouter ce qu'elle avait à m'apprendre.

C'est en lui donnant la main que j'ai découvert ce que sont la paix intérieure, la joie de vivre et l'amour de soi-même. C'est aussi en lui donnant la main que j'ai découvert qu'elle restait la meilleure école de formation et le meilleur guide pour m'aider moi-même et pour aider les autres. J'ai compris, grâce à elle, que je ne pouvais être d'aucune utilité à qui que ce soit si je ne me servais que de théories et de techniques ; et j'ai compris, grâce au travail incessant de thérapie et de croissance personnelle que j'ai accompli sur moi-même, que j'étais, en quelque sorte, le principal agent des succès et des échecs de toutes mes relations.

Cette longue démarche personnelle, ponctuée de plusieurs journées d'étude, de réflexion, d'analyse et de recherche, a contribué à développer mes intérêts pour tout ce qui touche l'être humain et les relations humaines, en particulier pour la relation d'aide. En faisant le tour du sujet, pendant plusieurs années, je me suis rendu compte que le travail de relation d'aide n'était pas seulement l'apanage des psychologues et des thérapeutes de différentes orientations, mais qu'il demeurait ouvert, à un autre niveau, à toute relation dans laquelle l'un des protagonistes apportait à l'autre une aide particulière sur le plan psychique. Plusieurs personnes prétendent – et avec raison – qu'elles « font de la relation d'aide ». Ainsi, l'infirmière qui porte une attention personnelle aux problèmes des malades fait de la relation d'aide. De même, l'enseignant qui s'intéresse aux difficultés affectives de ses élèves leur offre aussi une aide précieuse. Le père qui écoute son fils avec amour, et le soutient dans ses difficultés d'apprentissage, lui procure un support psychologique important. Et que dire de toutes les personnes qui accomplissent un travail d'écoute bénévole auprès des malheureux ! Toutes ces personnes interviennent, dans le cadre de leur rôle, dans le but légitime d'aider les autres.

Vu les multiples applications de la relation d'aide et vu ses nombreuses définitions, il importe de préciser l'orientation que je lui donne ici. Les pages qui suivent ont donc pour but de développer les aspects relationnels de la relation d'aide, que je définis comme une approche qui favorise la connaissance et l'amour de soi au moyen de la relation qui s'établit entre l'aidant et l'aidé. Je consacre aussi une partie relativement importante du livre à l'aspect pédagogique de la relation d'aide à cause du rôle prioritairement « prophylactique » que j'accorde aux sciences de l'éducation.

Toutefois, comme il existe différentes écoles de pensée en thérapie et différents courants théoriques en psychologie, je me dois de préciser que l'approche thérapeutique définie dans ces pages consiste en une approche que j'ai développée au cours de mes nombreuses années d'expérience de l'enseignement, de la thérapie et de la formation, et que j'appelle *Approche non directive créatrice*^MD^ (ANDC^MD^). Ce livre a donc pour but premier de faire connaître cette nouvelle approche inspirée des théories de Carl Rogers sur la non-directivité et de celles de Georgi Lozanov sur la suggestologie, en la définissant et en en présentant surtout les fondements.

Je ne prétends pas avoir fait une découverte entièrement nouvelle, encore moins détenir la vérité dans ce domaine de la relation d'aide, où je suis loin d'être un éclaireur. En réalité, rien ne naît de la cuisse de Jupiter. Toute création part de ce qui existe déjà et ce qu'elle comporte d'unique n'est que le résultat des expériences subjectives d'une personne. Il y a donc autant de vérités que de créations.

Et ce n'est que dans le respect de ce qui existe déjà que j'apporte les principes de l'*Approche non directive créatrice*^MD^ (l'ANDC^MD^), qui consiste en une approche fondée sur la relation de l'être humain avec lui-même, avec les autres et sur l'interinfluence de l'entourage et de l'individu dans leur processus de croissance, d'évolution et de changement. Cette approche résulte d'une « attitude » à développer chez l'intervenant, d'un « état intérieur » à cultiver par le travail sur lui-même, par la connaissance approfondie de son être véritable et par l'amour de ce qui le constitue comme personne. Elle ne met donc pas l'accent sur les méthodes ni sur la résolution de problèmes mais sur la personne même de l'aidant et sur celle de l'aidé. Aussi est-elle conçue pour leur offrir l'occasion de se connaître, d'apprivoiser leur monde intérieur, de libérer les charges émotives refoulées, d'exploiter leurs potentialités créatrices et de récupérer ainsi le pouvoir sur leur vie.

Comme cette approche se fonde sur l'étude approfondie de la psychologie humaine, sur la connaissance du fonctionnement global d'un être humain et sur la relation affective de la personne avec son entourage et avec son environnement, il s'avère impossible de l'aborder sans se sentir concerné. On ne peut l'appréhender par la seule dimension intellectuelle dans une optique d'acquisitions exclusivement cognitives et rationnelles. La lecture de ce livre, pour être profitable, doit se faire dans un souci d'engagement et d'investissement. Il importe donc de le lire en étant à l'écoute de sa résonance subjective à l'intérieur de soi et en liant son contenu à ses propres expériences de vie. Chacun y trouvera ainsi un instrument efficace de connaissance de lui-même, un instrument de croissance et un instrument de renaissance.

Comme l'ANDC[MD] est une approche fondée sur le respect de la globalité de l'être, sur le respect de son fonctionnement cérébral, de son fonctionnement psychique, de ses modes de perception du monde et de son rythme personnel de changement, elle accorde la priorité à la personne même de l'aidant et à sa formation ; elle postule que toute relation d'aide réussie dépend surtout du travail constant de l'intervenant sur lui-même. Aussi ce livre s'adresse-t-il d'abord à tous les spécialistes de la santé physique et psychique, aux pédagogues, aux éducateurs, à tous les parents et à tous ceux et celles qui veulent introduire dans leur milieu professionnel des relations plus saines et plus efficaces. Ce livre s'adresse enfin et surtout à toute personne, quelle que soit son orientation professionnelle, qui accorde au travail sur soi une importance notable dans sa vie, qui a le souci de trouver en elle-même la voie de son évolution et de sa libération, et qui veut développer ses potentialités latentes pour devenir créatrice de son existence.

Par l'ANDC[MD], vous êtes invité au cœur de vous-même, où vous trouverez les ressources inexplorées de votre réalisation et les instruments essentiels de la relation d'aide que sont d'abord et avant tout la connaissance de soi et l'amour véritable de ce que nous sommes.

Chapitre 1
L'Approche *non directive créatrice*[MD]

A. Le phénomène de la non-directivité au Québec

Dans le monde occidental et conséquemment dans la société québécoise qui a connu au cours du dernier demi-siècle, tout particulièrement dans les milieux pédagogiques, un effet de balancier en passant d'une forme de directivité plutôt radicale à certaines tentatives de non-directivité plus ou moins satisfaisantes qui ont entraîné le retour du resserrement, une recherche d'équilibre s'impose pour faire suite aux étapes d'extrémisme qui caractérisent l'évolution et la croissance de l'homme.

Le phénomène de la directivité qui a marqué le Québec avant la Révolution tranquille des années soixante s'est manifesté de façon remarquable sur le plan des approches éducatives. Entretenue par certaines puissances religieuses, politiques et idéologiques, la directivité se caractérisait par la tendance de certaines personnes en position d'autorité à imposer des croyances et des idéologies qu'elles présentaient comme des vérités absolues, universelles, applicables sans discernement à tous les individus quels que soient leur culture, leur âge, leur éducation, leur histoire de vie. Ainsi soutenue, elle avait pour effet de maintenir la servitude par l'entretien de sentiments d'infériorité et de culpabilité, et de tuer la créativité par le nivellement et le non-respect des différences individuelles et de la subjectivité. Bien que ce phénomène n'ait pas complètement disparu, on reconnaît toutefois que la situation s'est grandement améliorée.

En effet, au nom de la liberté de l'être, au nom de ses besoins d'expression créatrice, au nom du respect de la personne, d'importantes réformes ont, dans les années soixante, révolutionné la société québécoise et ouvert les portes, notamment en éducation, à des approches moins directives dont la philosophie, proposée par Lewin et Rogers, a subrepticement traversé les frontières canado-américaines pour influencer un peuple prêt à se libérer du joug de la soumission qui commençait à l'étouffer.

Malheureusement, dans cette période de changement qui touchait le Québec en profondeur, il y eut dans trop de cas un mouvement global d'ouverture vers le nouveau et de rejet massif du passé, ce mouvement a eu pour effet de nous séparer de certaines valeurs essentielles à notre équilibre. C'est ainsi que les notions de discipline et d'encadrement ont plus ou moins été négligées au profit de la liberté d'expression et de la liberté d'action. Le déséquilibre prenait alors un autre visage et l'insatisfaction trouvait d'autres causes. Autant ce que j'appelle la « directivité » avait été étouffante, autant la « non-directivité » devenait insécurisante. Comment expliquer ce phénomène ? Pourquoi, dans les milieux éducatifs, la philosophie non directive rogérienne, qui représentait des valeurs humaines presque irréfutables, n'arrivait-elle pas, dans son application, à répondre de façon satisfaisante aux besoins réels des personnes ?

B. La non-directivité rogérienne

Bien qu'il fût précédé par Lewin et suivi, entre autres, par Gordon et Gendlin, c'est l'Américain Carl Rogers qu'on reconnaît généralement comme le plus grand instigateur du courant non directif qui a marqué l'Occident, en particulier dans les milieux thérapeutiques et pédagogiques au milieu du XXe siècle. La théorie de Rogers est fondée sur l'hypothèse qu'il y a chez l'être humain une tendance naturelle à se réaliser, à s'actualiser, à croître dans le sens de son mieux-être (Rogers, 1942). Grâce à cette tendance, l'homme porte en lui la voie de son autocréation. Il est donc le seul à connaître ce qui est bon ou mauvais pour lui, le seul à posséder la solution à ses problèmes. Partant de cette conviction, Rogers considère que toute approche qui se veut aidante ne peut être directive. Ainsi donc, l'aidant, qu'il soit médecin, psychologue, professeur, thérapeute ou parent, devrait nécessairement être « non directif » s'il veut que l'aidé s'actualise dans le sens de sa propre nature. C'est pourquoi Rogers, qui a d'abord qualifié son approche de « non directive », l'a plus tard appelée « approche centrée sur la personne ». Ce changement d'appellation vient aussi de l'interprétation négative qui a été faite de la non-directivité, à laquelle était attribuée, dans bien des cas, l'idée de « laisser-faire ».

Mais quelles sont donc les caractéristiques de l'approche non directive centrée sur la personne dans la conception rogérienne ?

Rogers conçoit la non-directivité comme une attitude. Ainsi, l'intervenant centré sur la personne se reconnaît par son attitude empathique, congruente et acceptante : attitude empathique en ce sens qu'il est capable de suivre et de respecter le cadre de référence de l'aidé ; attitude congruente parce qu'il sait être attentif à ce qui se passe en lui-même ; attitude acceptante au sens où il accepte inconditionnellement « l'autre » tel qu'il est (Rogers, 1942). Centrée surtout sur le vécu et particulièrement sur l'émotion, l'approche rogérienne ne pose pas clairement de limites à l'acceptation, ce qui à mon avis mérite d'être nuancé. J'y reviendrai.

Appliquée à la thérapie, à l'animation, à l'enseignement, à l'éducation, à la relation d'aide, l'approche non directive ou centrée sur la personne, telle qu'elle a été conçue par Rogers, n'a pas toujours eu les effets miraculeux tant recherchés. La plupart de ceux et celles qui ont tenté de la mettre en pratique se sont heurtés à des obstacles majeurs qui les ont fait soit redevenir plus directifs qu'ils ne l'étaient, soit la modifier pour la rendre applicable de façon plus satisfaisante.

Par ailleurs, les nombreux échecs des tentatives d'application de l'approche de Rogers ont des causes précises.

En dépit du fait qu'elle ait été mal comprise et mal interprétée, l'approche rogérienne a, dans certains cas, été mal appliquée. D'abord, il me paraît difficile de parachuter des gens qui ont reçu, depuis leur naissance, une formation de nature « directive » dans un milieu entièrement non directif.

C'est un leurre de croire que l'on peut, du jour au lendemain, prendre sa vie en main si l'on a toujours été guidé ou mené par le monde extérieur. Devenir autonome en ce cas est un apprentissage progressif qui doit se faire dans le respect du fonctionnement psychologique de la personne humaine et dans le respect de son rythme de croissance.

Imposer la non-directivité sans tenir compte de la psychologie humaine et du rythme naturel d'évolution, c'est, paradoxalement, être directif. Tenter de changer une personne ou un groupe en le catapultant vers une approche non directive, c'est aller à l'encontre des principes mêmes de la non-directivité. Au nom de la liberté, peut-on détruire des valeurs et des réalités qui existent depuis des siècles sans s'occuper des personnes qui y croient ? Au nom de l'égalité, peut-on abolir des réalités aussi profondes que celles du père, de la mère, du professeur, de l'animateur ? Au nom d'une idéologie, peut-on bannir la notion de « rôle » ? Et peut-on faire fi de l'autorité que représente le simple fait d'être le « père », le « prof », le « patron » ou le « directeur » ?

Si je suis un intervenant non directif dans le sens rogérien du terme, que je le veuille ou non, de par ce que je suis et de par mon rôle d'animateur, de professeur ou de thérapeute, j'impose ma non-directivité et je deviens d'une certaine façon directif. Voilà le paradoxe de la non-directivité rogérienne qui dans ses applications n'a pas toujours donné des résultats satisfaisants à cause de l'insécurité qu'elle suscite, insécurité causée par le manque d'encadrement. Je suis convaincue, et je le montrerai plus loin, que le besoin de sécurité est fondamental dans le fonctionnement de l'homme et que sa satisfaction est essentielle au processus de libération, de croissance et de changement.

Insécuriser les gens, c'est tout simplement bloquer leur évolution.

Quand j'ai lu Rogers pour la première fois, au début des années soixante, j'ai été littéralement conquise par sa pensée. Les principes de sa philosophie présentés dans *Le développement de la personne* et *Un manifeste personnaliste*, appliqués à la pédagogie dans *Liberté pour apprendre* et à la thérapie dans *La relation d'aide et la thérapie*, m'ont, je l'avoue, plus qu'impressionnée. Mais j'ai vite compris que pour être satisfaite je devais, dans ma pratique pédagogique, dans la relation éducative avec mes quatre enfants et, par la suite, dans mon travail thérapeutique et dans mon école de formation, ajuster cette approche en fonction de ce que je suis et des personnes avec qui je travaillais : mes enfants, mes élèves ou mes clients. C'est ainsi que, inspirée de Rogers et du créateur de la suggestologie, le Dr G. Lozanov, j'en suis arrivée, à partir de mes recherches et surtout de mes expériences personnelles de parent, de professeur, d'animatrice, de thérapeute et de formatrice, à créer ma propre approche d'intervention que j'ai appelée *Approche non directive créatrice*MD (ANDCMD).

C. L'Approche non directive créatriceMD

L'ANDCMD *est une approche relationnelle de nature affective qui favorise le développement de la créativité par le respect du fonctionnement physiologique et psychologique global de l'être humain et par le respect du rythme de progression des étapes de son évolution, de ses processus de changement et de son autocréation.*

C'est parce que cette approche est fondée sur la relation, sur la dialectique directivité/non-directivité et sur l'exploitation de la créativité par le respect de la personne et de son développement que je l'appelle « non directive créatrice ».

Pour bien faire comprendre le sens de cette approche, je trouve important de préciser la nature de la dialectique « directivité/non-directivité » telle que je la conçois et de montrer que toute dialectique de ce type favorise le développement du potentiel créateur.

D. La dialectique directivité/non-directivité

Selon l'ANDC^{MD}, la non-directivité à l'état pur n'existe pas. Elle est limitée par deux éléments importants : la nature « en devenir » de l'aidant et l'encadrement. Il y a, en effet, une part plus ou moins grande de directivité dans l'Approche non directive créatrice^{MD} et c'est paradoxalement la conjonction dialectique de cette partie directive à la partie non directive qui rend l'approche créatrice.

Pour préciser ma pensée, j'ai joint les notions de directivité/non-directivité à celles de contenant-contenu. Ainsi l'ANDC^{MD} est-elle une approche qui se définit clairement comme « non directive dans le contenu » et « directive dans le contenant ».

1. La non-directivité selon l'ANDC^{MD}

L'ANDC^{MD} est, comme l'approche rogérienne, une approche humaniste centrée sur la personne. C'est pourquoi les thérapeutes par l'ANDC^{MD} ne sont pas des individus qui se cachent derrière leurs théories et leurs techniques mais des êtres qui vivent la relation d'aide comme une relation humaine. Aussi, en dépit de leur compétence, restent-ils, comme tous les humains, des êtres limités qui agissent avec ce qu'ils sont autant qu'avec ce qu'ils savent. Il est donc évident que leurs interventions risquent d'être empreintes de leurs expériences de vie, de leurs blocages, de leurs forces et de leurs faiblesses.

Croire qu'on ne devient aidant que lorsqu'on a réglé définitivement tous ses problèmes est une utopie.

Toutes les personnes qui se placent en situation d'aider, même si elles ont fait un long cheminement dans le domaine du travail sur elles-mêmes, connaissent des périodes de difficultés, d'insécurité voire même d'angoisse qui peuvent les rendre vulnérables. Même les thérapeutes qui se disent les plus neutres ne sont pas à l'abri de ce phénomène. Bien au contraire, ils en sont les plus innocentes victimes inconscientes, ce qui est doublement néfaste pour l'aidé.

L'aidant, quelle que soit son approche,
n'est pas un robot mais un être humain qui réagit,
du moins intérieurement, à ce qui se vit à l'extérieur.
Plus il se robotise en se coupant de son monde
émotif, moins il est en mesure d'aider
parce que son émotion non conscientisée
risque de se transformer en phénomène défensif.

C'est parce qu'il vit, aime, souffre et pleure dans sa vie personnelle qu'il peut être à l'écoute des joies et des souffrances des autres. Mais autant cette capacité à se vivre dans ses émotions et dans ses désirs est une force pour l'aidant, autant la négation de ses émotions peut-elle être une source de projections, de jugements, d'interprétations, de « prises en charge ». Aussi, quand les reformulations de l'aidant partent de lui-même plutôt que du cadre de référence de l'aidé, elles deviennent directives. C'est pourquoi l'ANDC^MD^ accorde une importance capitale, dans la formation de ses intervenants, au travail sur eux-mêmes. Seule cette connaissance de soi et cette capacité à distinguer clairement ce qui appartient à l'aidé et ce qui lui appartient en tant qu'aidant peut lui permettre d'avoir une *Approche non directive créatrice*^MD^ de la relation d'aide. Mais comme l'aidant n'est pas parfait et qu'en dépit de sa formation continue il lui arrive de faire des erreurs en ce sens, on peut dire que la non-directivité dans le contenu est vraiment quelque chose vers quoi il tend dans une démarche progressive.

C'est pourquoi, même si la non-directivité à l'état pur n'existe pas, il n'en reste pas moins que l'aidant qui tend à l'intégrer à sa pratique demeure constamment soucieux du respect des autres et du travail sur lui-même parce qu'il est conscient que cette approche est limitée par sa nature essentiellement perfectible.

Cela dit, en ce qui a trait au contenu, c'est-à-dire à sa substance même, la non-directivité créatrice n'est pas une méthode, encore moins une technique d'enseignement ou de thérapie. Elle est d'abord et avant tout, comme la non-directivité rogérienne, une attitude de respect total de la nature profonde de chaque être humain. Basée sur l'hypothèse rogérienne selon laquelle l'être humain a en lui le potentiel nécessaire à sa réalisation, cette attitude de respect, qui sous-tend la relation aidant-aidé a pour effet de dégager l'aidant du pouvoir qu'il prend sur la vie des autres et de l'aider à récupérer le pouvoir sur sa propre vie. C'est précisément ce travail de récupération qui lui permet de développer progressivement une approche non directive créatrice de la relation d'aide.

Les concepts de « relation », d' « attitude », de « nature » et de « pouvoir » prennent ici une importance capitale et méritent d'être présentés séparément, de même que les conditions du développement de l'attitude non directive créatrice.

a. Importance de la relation

La relation d'aide comporte deux volets : d'une part la « relation » et d'autre part l'« aide ». Si le deuxième volet a été largement exploité par les spécialistes en la matière, le premier est resté malheureusement négligé.

La philosophie de l'ANDC^MD met l'accent sur la « relation » et considère qu'il n'est possible d'aider quelqu'un que si nous avons réussi en tant qu'aidant à établir une relation authentique avec l'aidé, dans le respect des rôles de chacun.

On reconnaît la présence d'une relation véritable entre un aidant et un aidé lorsqu'interviennent l'authenticité, l'affection et la confiance et lorsque l'aidant est en mesure d'écouter non seulement le monde intérieur émotionnel de l'aidé mais aussi son propre vécu dans l'ici et maintenant de la relation. En effet, inutile de se leurrer, il n'y a pas de relation satisfaisante possible sans authenticité, affection, confiance et par conséquent influence réciproque, et ce, qu'on le veuille ou non. C'est donc dire que le thérapeute ne peut aider vraiment en profondeur son client – le professeur, son élève ou le parent, son enfant – que s'il se dégage de lui une attitude vraie d'amour et de foi en lui-même et en l'autre.

La relation telle qu'elle est entendue ici ne se réduit pas à une affaire de techniques, de trucs ou de moyens concrets d'établir le contact et de régler des problèmes. Elle reste essentiellement sous-tendue par des sentiments qui, bien qu'il ne soit pas toujours possible de les visualiser, n'en sont pas moins perçus à travers des attitudes. C'est quand le client sent que son thérapeute l'aime, croit en lui et est authentique, et que le thérapeute sent que l'aidé l'aime aussi et lui fait entièrement confiance que s'établit la relation nécessaire au processus d'aide. Ce moment clé, qui marque le véritable point de départ de la relation d'aide, se réalise généralement au cours des premières séances de thérapie, des premières journées de cours. Il s'avère difficilement identifiable parce qu'il n'est surtout pas du domaine du rationnel mais de celui de l'irrationnel.

Ce moment peut, bien sûr, être suivi de tous les aléas de la relation d'aide, qui, précisément parce qu'elle est une relation, fait passer l'aidé comme l'aidant par différentes phases de questionnements, de doutes, de régressions et de périodes propulsives. Mais il n'en reste pas moins que la relation d'aide, en dépit des difficultés de parcours, n'a de sens que si elle est sous-tendue par l'authenticité, la confiance et l'amour que dégage l'attitude.

b. Attitude

La notion d'« attitude », développée par Rogers et largement reprise par Lozanov (1978) et Lerède (1980) en suggestologie, est une notion essentielle à l'ANDC^MD sans laquelle la non-directivité créatrice n'existe pas.

L'attitude est la disposition psychologique qui se dégage inconsciemment d'une personne et qui révèle ses émotions, ses intentions et ses pensées réelles. C'est un état intérieur de l'aidant qu'il communique, à son insu, dans toutes ses relations par son langage non verbal : l'intonation, le débit, le volume de sa voix, ses mimiques, ses gestes et aussi les ondes énergétiques émises par son corps.

Les effets de l'attitude de l'aidant sur l'inconscient des aidés, bien qu'ils ne soient pas mesurables, n'en restent pas moins d'une portée déterminante sur le plan de l'équilibre psychique et, partant, du comportement. Il s'agit de la forme d'influence la plus subtile et la plus efficace qui soit parce qu'elle est incontrôlable. Si, par exemple, l'aidant est habité par des pensées de jugement, des émotions d'agressivité et des intentions de domination, son langage non verbal reflétera son monde intérieur et agira sur l'inconscient des aidés de façon négative et perturbatrice. Il ne suffit pas d'avoir une apparence impeccable, de dire des paroles encourageantes et de faire des gestes louables pour aider les autres. Il faut surtout sentir, vivre ce qu'on présente, ce qu'on dit et ce qu'on fait.

S'il y a, chez l'intervenant, contradiction entre le langage verbal et le langage non verbal, entre l'action et l'attitude qui la sous-tend, entre le « paraître » et l' « être », l'aidé recevra un double message – le message conscient et le message inconscient – et en sera troublé, voire perturbé.

L'attitude aidante constitue donc une attitude essentiellement authentique et essentiellement non directive en ce sens qu'elle n'est pas sous-tendue par un besoin de prouver, de manipuler ou de dominer mais par un désir de respecter la nature et le cheminement des autres.

Il s'agit d'une attitude qui n'a pas partie liée avec le « paraître » avec le « faire » ; elle est inextricablement associée à l'« être ».

Il est impossible de s'improviser « non directif » du jour au lendemain puisque la non-directivité suppose un long travail sur soi, un travail de connaissance, d'acceptation, de respect et d'amour de sa différence, de son essence même, de sa nature propre.

c. Nature d'un être humain

La nature d'un être humain, c'est l'ensemble des caractéristiques qui le définissent et le distinguent, et sans lesquelles il n'existerait pas.

On sait que l'éducation a très souvent pour effet d'éloigner l'homme de sa nature profonde, c'est-à-dire de sa différence, plutôt que de l'en rapprocher, en n'étant pas à l'écoute des différences individuelles, en banalisant le vécu ou en écrasant ceux qui cherchent à se distinguer. Ces pratiques éducatives empêchent la connaissance de soi, inhibent le potentiel créateur et bloquent le processus de croissance et de réalisation.

L'ANDC^{MD}, qui a pour objectif de révéler l'être à lui-même, procède différemment. Tout en étant convaincue qu'il y a chez tous les hommes des points communs qui lient entre eux des êtres de toutes les races, de tous les âges et de toutes les religions, elle reconnaît les différences individuelles et tend plutôt à les exploiter qu'à les annihiler. Ce travail de reconnaissance des différences passe surtout par l'attitude de l'aidant. Plus ce dernier travaille à atteindre sa vraie nature, à manifester sa propre différence, à être authentique, plus il dégage une attitude respectueuse de la nature des personnes à qui il apporte son aide et moins il tente de prendre le pouvoir sur les autres.

d. Pouvoir

L'on ne peut aborder la notion de « pouvoir » sans toucher une réalité présente non seulement dans le monde politique, économique, social et culturel mais présente aussi dans les relations humaines de la vie quotidienne. Résultat des tentatives de nivellement, le pouvoir est le moyen qu'a trouvé l'homme de se distinguer et de se manifester pour exister, pour se faire valoir et pour prendre sa place. C'est le règne du « pouvoir sur » au détriment du « pouvoir se ».

Le « pouvoir sur », c'est l'ascendant qu'on se donne sur la vie des autres et qui nous pousse à les écraser et à essayer de les changer. Le « pouvoir se », c'est la capacité d'un individu à utiliser les puissances intérieures qui manifestent sa différence pour « pouvoir se » créer lui-même, « pouvoir se » libérer des greffes éducationnelles qui ne lui conviennent pas et pour « pouvoir se » réaliser le plus possible.

La philosophie non directive créatrice considère que la seule personne au monde sur laquelle nous ayons du pouvoir, c'est nous-même et que le seul pouvoir que nous ayons sur les autres réside en un pouvoir d'influence inconsciente née de l'attitude.

Nous ne changeons les autres qu'inconsciemment, sans le vouloir délibérément, par ce que nous sommes et non par ce que nous faisons.

Cette influence ne s'avère positive et efficace que si elle se réalise dans un état intérieur d'authenticité et d'amour réel de soi et de l'autre. Voilà pourquoi l'ANDC^MD se définit comme une approche relationnelle de nature affective.

Je me permets ici de rapporter l'exemple d'une cliente que j'appellerai Jasmine. Quand elle est venue me consulter, Jasmine avait 31 ans. Son problème majeur venait de sa relation avec sa mère. Il s'agissait selon elle d'une relation très mauvaise, très éprouvante et ce, du plus loin qu'elle se souvenait.

Pourquoi Jasmine et sa mère entretenaient-elles depuis des années une relation de nature plutôt destructrice ? Parce que chacune avait comme objectif de changer l'autre. Jasmine travaillait depuis son adolescence à changer sa mère et, à 31 ans, elle n'avait pas encore réussi. Elle avait tout fait : l'affronter, la confronter, la blâmer, la critiquer, la juger, la ridiculiser, l'éviter. Rien n'y avait fait. Chacune d'elles cherchait la faille de l'autre et tirait son pouvoir de cette faille, de ce tendon d'Achille pour blesser, écraser voire même démolir. Les explications et les justifications ne réussissaient qu'à envenimer les situations d'affrontement.

Après toutes ces années, Jasmine avait d'elle-même une image tellement négative que sa confiance en ses possibilités en était sérieusement ébranlée. Que faire? Elle ne voyait aucun moyen de régler son problème relationnel avec sa mère, et elle avait raison. Tant que chacune d'elles voulait changer l'autre («pouvoir sur») sans tenter de se changer elle-même («pouvoir se»), la difficulté ne pouvait que se prolonger indéfiniment. Par contre, lorsque Jasmine a découvert par l'ANDC^MD^ que la solution à son problème était de cesser de prendre du pouvoir sur sa mère et surtout de récupérer le pouvoir qu'elle lui avait laissé sur elle-même, elle a trouvé des moyens de faire disparaître progressivement ses angoisses. Elle s'est en effet rendu compte qu'elle avait passé sa vie à laisser aux autres le pouvoir de la dominer, de la blesser et de la détruire. Il importait donc de récupérer ce pouvoir. Elle le fit en respectant son rythme personnel dans la poursuite des étapes du processus thérapeutique de libération et de changement, que je développerai dans le chapitre 4.

Récupérer le pouvoir sur notre vie, c'est d'abord apprendre à nous connaître de façon à exploiter nos potentialités et à dégager sur les autres une influence positive d'amour et d'authenticité par une attitude non directive créatrice. Mais l'attitude non directive créatrice, fondée sur le travail sur soi, ne se développe qu'à certaines conditions.

e. Conditions du développement de l'attitude non directive créatrice

J'ai dit précédemment que la non-directivité créatrice ne s'improvisait pas. Elle ne se réalise pleinement que si l'aidant a intégré à sa vie la capacité d'assumer la responsabilité de ce qu'il est, que s'il a développé une grande acceptation de lui-même et des autres, que s'il est authentique et que s'il entretient, pour lui-même et pour les autres, une profonde capacité d'aimer.

Responsabilité

La mentalité proposée, encouragée et soutenue dans tous les milieux institutionnels et partout dans la société reste une mentalité où chacun refuse de se voir pour regarder, juger, condamner ou idolâtrer les autres. Cette attitude, qui repose sur la comparaison et l'évaluation, entretient la dépendance et crée des compétitions permanentes qui n'ont pour résultat que de refléter une infime partie de la réalité profonde globale de chaque être humain.

L'ANDC^MD propose une attitude inverse. Elle déplace le regard sur l'autre pour le tourner vers soi. Elle cultive l'habitude à penser à soi d'abord, à travailler à se connaître, à se comprendre, à s'accepter et surtout à s'aimer. Cette attitude, trop longtemps rejetée parce qu'elle est qualifiée d'égoïste, s'avère pourtant la plus libératrice et la plus aidante qui soit. En effet, comment pouvons-nous connaître, comprendre, écouter, respecter et aimer les autres si nous n'arrivons pas à nous connaître, à nous écouter, à nous respecter et à nous aimer nous-mêmes ? Comment pouvons-nous accepter l'autre dans ses forces, ses faiblesses et ses contradictions si nous ne nous acceptons pas dans les nôtres ?

C'est précisément dans cette aptitude à poser le regard sur soi que nous sommes responsables.

La responsabilité, c'est la capacité d'un être humain à se prendre en charge, à s'assumer tel qu'il est avec ses forces, ses faiblesses et ses limites et à se réaliser le plus entièrement possible.

C'est un long apprentissage qui consiste à récupérer le pouvoir sur nos propres vies. On y arrive en développant la capacité à assumer les conséquences de ses choix et de ses décisions.

Rendre les autres responsables de ce qu'on choisit ou décide, les rendre responsables de nos problèmes, de nos malaises, de nos émotions, de nos attentes, de nos difficultés, de nos échecs, de nos frustrations et de nos déceptions, c'est leur donner du pouvoir sur nous-mêmes et c'est perdre notre liberté.

Intégrer la responsabilité ou la prise en charge de notre vie, c'est trouver, par le fait même, la voie de l'autonomie et de la satisfaction. Comme nous avons trop souvent cultivé, par éducation, l'habitude de rendre les autres responsables de tout ce qui nous arrive de désagréable, nous avons tendance à les blâmer, à les juger, à les critiquer et surtout à tenter de les changer pour être heureux. Malheureusement, on ne change pas les autres comme on veut, encore moins par des reproches, des jugements et des critiques. Aussi nos tentatives de changement des autres n'aboutissent-elles qu'à de bien piètres résultats, ce qui entretient en nous-mêmes une insatisfaction permanente.

Adopter une attitude responsable, c'est tenter de se changer soi-même plutôt que de s'acharner à changer les autres.

Pour développer cette attitude, il importe d'abord de prendre conscience de notre tendance à blâmer et à vouloir changer les autres, et d'avoir le désir profond de récupérer le pouvoir sur nos vies en essayant de nous changer nous-mêmes. Sans cette prise de conscience et ce désir sincère, rien n'est possible. Il importe aussi d'accepter que l'apprentissage de la responsabilité demande du temps parce qu'il suppose que nous nous débarrassions d'une habitude stérile pour adopter une approche des autres plus efficace, ce qui n'est pas toujours facile. Toutefois, si nous sommes prêts à respecter notre rythme d'intégration, nous obtiendrons des résultats encourageants qui se manifesteront par une plus grande connaissance de nous-mêmes, par un sentiment de plus en plus intense de liberté, par une plus importante manifestation de notre créativité et surtout par un amour de soi que rien ne peut remplacer.

Pour y arriver, il est important, quand nous vivons une difficulté, une émotion désagréable ou une déception, de cultiver l'habitude de nous remettre en question plutôt que de blâmer, juger, accuser et de cultiver l'habitude de prendre la responsabilité de notre vécu et de notre problème. Personne d'autre que nous-mêmes ne peut y apporter de solution satisfaisante.

En revanche, la route de la responsabilité n'est pas une voie à sens unique. Elle a une double direction. Dans toute relation, il y a toujours deux partenaires, et intégrer la responsabilité signifie prendre notre vécu en charge mais non celui de l'autre.

Plus j'apprends à me responsabiliser face à mes émotions, à mes désirs, à mes choix, à mes attentes, à mes frustrations, plus je deviens capable de me libérer de la responsabilité du vécu des autres.

Et c'est parce que j'ai appris à me responsabiliser et à retourner à l'autre ce qui lui appartient quand il me rend responsable de ses problèmes que je deviens de plus en plus autonome, de plus en plus libre, de plus en plus créateur.

Quand on a intégré la notion de responsabilité, on ne subit plus les autres et on ne subit plus les événements de la vie ; on développe progressivement une tendance à l'action qui nous devient naturelle et grâce à laquelle on connaît la libération intérieure, le succès et la satisfaction.

À titre d'exemple, je vais vous parler d'un client que j'appellerai Georges. Lorsque nous nous sommes rencontrés la première fois, il avait laissé tomber toutes ses relations amicales parce qu'il se sentait utilisé par tous ses copains et avait le sentiment net de n'être apprécié, ni reconnu, ni même aimé de personne. Il avait choisi de se retirer de toutes ses relations pour ne plus souffrir parce qu'en présence des gens il avait l'impression de ne pas exister. Il reprochait à ses amis de l'utiliser quand cela faisait leur affaire et de le laisser tomber quand il ne leur était d'aucune utilité. Ses reproches ne changèrent rien au problème, qui demeura toujours le même. Au cours de sa démarche thérapique, Georges se rendit compte qu'il vivait le même sentiment dans ses relations familiales, professionnelles et sociales. Malheureusement, le choix de se retirer et de ne plus voir personne ne le satisfaisait pas non plus. C'est d'ailleurs ce qui l'amena à me consulter.

Sachant très bien qu'il ne voulait plus de relations insatisfaisantes et qu'il ne voulait pas la solitude non plus, il cherchait une façon d'entrer en contact avec les autres sans se sentir utilisé. L'*Approche non directive créatrice*MD lui fit découvrir que, pour satisfaire un grand besoin d'amour, il s'imposait de ne rien refuser à personne et ce, au détriment de lui-même. Georges prit conscience qu'il laissait ainsi aux autres le pouvoir de l'utiliser à leur guise et qu'après il les rendait responsables de ses propres malaises. Il voulait être reconnu, mais ne s'affirmait jamais, ne posait jamais ses limites, n'exprimait jamais ses besoins, de peur de perdre l'amour des gens. Paradoxalement, en laissant aux autres le pouvoir sur sa vie, il s'attirait exactement le contraire de ce qu'il cherchait : l'indifférence.

Il ne restait alors à Georges qu'une seule solution : se changer lui-même. Il y mit beaucoup d'énergie et de temps parce que ce changement supposait qu'il porte sur lui un regard qu'il n'avait jamais porté auparavant, un regard qui lui fit s'apercevoir, non sans peine, qu'il donnait aux autres toute la place parce qu'il ne s'aimait pas. Comment alors pouvait-il demander aux autres de l'aimer alors que lui-même ne s'aimait pas ?

En prenant la responsabilité de son problème, il ouvrit une porte qu'il avait toujours maintenue fermée, celle de la connaissance, de l'acceptation et de l'amour de lui-même. Aussi difficile soit-elle à franchir, cette porte a pour avantage de déboucher, à court ou à long terme, sur la liberté et sur la créativité. C'est le cadeau que s'offre celui qui choisit de prendre la responsabilité de sa vie.

Le cas de Georges n'est pas unique au monde. Beaucoup de gens souffrent d'être à la merci du pouvoir qu'ils laissent aux autres sur eux-mêmes. Récupérer ce pouvoir suppose qu'il faille se débarrasser de fonctionnements ancrés en soi depuis des années. Le travail de changement vers la prise en charge de sa vie est un travail parfois long, parfois douloureux, mais combien libérateur! Une fois atteintes, la vraie liberté et l'autonomie ne se perdent plus parce qu'on ne peut plus vivre sans elles.

Mais jusqu'où va la responsabilité? Sommes-nous responsables de ce qui nous arrive de l'extérieur? Je répondrai à cette question en apportant un autre exemple. Au cours de ma carrière de thérapeute, j'ai eu affaire à un certain nombre de clients, hommes et surtout femmes, qui avaient été victimes de viol. Je vais raconter ici le cas de Maxime. À l'époque de ses études secondaires, les parents de Maxime, originaires de la ville, avaient décidé de placer leur fils à la ferme pendant les vacances d'été. Son travail, à la campagne, se partageait entre le champ et la maison. Le matin, il aidait la propriétaire des lieux aux travaux ménagers et, l'après-midi, il retrouvait son mari pour participer aux travaux des champs. Dès la première semaine, la dame en question, qui avait une quarantaine d'années et qui n'avait pas d'enfant, prit possession de son corps et le força à faire sur elle des gestes qui lui répugnaient.

Quand il est venu me consulter, Maxime avait 32 ans. Il n'avait jamais communiqué cette expérience à qui que ce soit parce qu'il avait été menacé de plusieurs façons par la propriétaire et parce qu'il en avait honte. À la suite de ces expériences éprouvantes, il n'a jamais pu toucher une femme et se retrouvait, à 32 ans, seul, abandonné et très dépressif.

Maxime était-il responsable de cet événement qui, pendant des années, a brisé sa vie?

La responsabilité ici ne concerne pas, à mon avis, l'événement lui-même mais la façon de l'aborder. Je m'explique. Maxime, fils unique, avait une mère possessive et très envahissante. Très jeune, il avait intégré l'habitude de se laisser envahir et de se laisser dominer par les autres sans réagir. Dans son cas, prendre la responsabilité face à la façon d'aborder l'événement, c'était travailler son rapport à l'envahissement. Entretenir une attitude de victime ne sert qu'à s'ancrer dans la dépression. J'ai observé d'ailleurs dans les cas de viols que j'ai connus un grave problème d'envahissement et de refoulement de l'agressivité. Les violés sont généralement des gens qui, toute leur vie, ont été envahis non seulement dans leur corps mais aussi dans leur territoire psychique, affectif, intellectuel et professionnel, et qui n'ont à peu près jamais réagi. Dénoncer les violeurs ne suffit pas pour régler le problème, il faut surtout un travail en profondeur de transformation intérieure qui va dans le sens de la récupération du pouvoir sur sa vie par l'intégration de la responsabilité.

En thérapie, la notion de responsabilité est directement liée à celle de non-directivité. Autrement dit, il n'y a pas de non-directivité possible sans responsabilité.

C'est parce que le thérapeute prend la responsabilité de ses propres malaises, peurs, mécanismes de défense et fonctionnement qu'il est en mesure d'éviter le plus possible de les projeter sur son client.

La responsabilité est, dans la conception de l'ANDC^MD, la voie par excellence de l'autonomie et de la liberté. Si elle n'est pas intégrée par l'aidant, la relation d'aide risque d'être une relation de dépendance où chacun attend le changement de l'autre, où le thérapeute devient un sauveur, un juge ou un interprète. La formation à l'*Approche non directive créatrice*MD est d'abord et avant tout fondée sur l'intégration de la responsabilité sans laquelle la relation d'aide devient directive et sans laquelle l'aidé ne peut trouver l'autonomie et la liberté qu'il recherche.

L'apprentissage de la non-directivité créatrice par la voie de la responsabilité n'est évidemment pas la voie miracle qui se traverse en un coup de baguette magique, mais c'est une route sûre qui passe par un long travail d'acceptation.

Acceptation

Rogers considère l'acceptation comme un élément essentiel de la non-directivité. Il s'agit, selon lui, d'une qualité du thérapeute qui consiste à recevoir inconditionnellement l'aidé dans tout ce qu'il est sans le juger. Dans l'ANDCMD, l'acceptation, c'est la capacité de l'aidant à accueillir l'aidé dans le respect total de sa différence et surtout à accepter ses propres émotions et ses propres mécanismes de défense.

On est un intervenant acceptant si l'on a la capacité d'accueillir l'autre dans son vécu, ses expériences de vie, ses émotions, ses besoins, ses désirs, ses pensées, ses opinions, ses goûts, sa façon de vivre, son comportement, son aspect extérieur, ses choix, ses décisions sans le juger et que si l'on a cette même acceptation de soi-même.

Je crois, comme Rogers, que le jugement est le plus grand obstacle à l'accueil, à l'écoute et au changement. Comme nous sommes tous tributaires d'une éducation en grande partie basée sur le jugement et le regard extérieur, nous avons vite appris à porter sur nous-mêmes et sur les autres des jugements qui bloquent l'expression créatrice. Notre premier pas dans la voie de l'acceptation n'est-il pas de nous accepter comme des êtres jugeants sans nous culpabiliser inutilement ? Je crois que le fait d'accepter et d'observer les conséquences néfastes sur nos relations des jugements que nous portons sur nous-mêmes favorise le processus de changement. Cette acceptation et cette observation nous font prendre conscience combien nous limitons l'exploitation de nos potentialités latentes et combien nous diminuons nos chances de réalisation par le regard sévère que nous portons sur nous-mêmes. Développer cette façon remarquable de nous observer sans nous juger, c'est donc apprendre à accueillir les autres dans le respect total de ce qu'ils sont. Une telle démarche, qui demande du temps, nous permet de nous rendre compte d'une réalité fondamentale.

Il n'y a pas de possibilité d'aider les autres, de quelque façon que ce soit, sans travail permanent sur nous-mêmes.

Et c'est pourquoi, dans la formation des thérapeutes par l'ANDC^{MD}, je consacre la première année des cours au travail du futur thérapeute sur lui-même. Il s'agit toutefois d'un travail progressif qui ne peut passer que par l'accueil et l'amour de soi.

Accueillir l'autre, c'est donc un long apprentissage puisqu'il commence par l'acceptation de soi. Mais, contrairement à Rogers, je ne parle pas d'acceptation « inconditionnelle », cette appellation ayant prêté le flanc à plusieurs interprétations. Je crois bien sûr, comme Rogers, que l'acceptation totale de l'autre tel qu'il est demeure essentielle au processus de croissance, de libération et de création.

Cependant, il ne faut pas oublier que la relation d'aide comporte deux volets : l'aide d'une part et la relation d'autre part.

Dans toute relation d'aide, l'acceptation de l'aidé par l'aidant ne doit jamais, sous aucun prétexte, être préjudiciable au respect que l'aidant doit avoir de lui-même.

Cette dialectique aidant-aidé, acceptation de l'autre et acceptation de soi, respect de l'autre et respect de soi, m'a amenée au cours des années à me rendre compte qu'il y a des nuances à apporter à la notion d'acceptation.

En tant qu'intervenants, il est important que nous acceptions l'aidé tel qu'il est. Mais si, par exemple, ce dernier présente un fonctionnement d'envahisseur et qu'il tente de nous exploiter de quelque façon que ce soit, que faire ? L'accepter ? Le blâmer ? Le rejeter ? Je crois que ce type de situation pose le problème de l'acceptation dite « inconditionnelle ». Il y a des choses que nous ne pouvons accepter, en tant qu'aidants, sans manquer de respect et d'amour de nous-mêmes. C'est pourquoi je crois que l'acceptation est limitée par le respect de soi, que Rogers aborde dans la notion de congruence. Mais, dans la vie concrète, comment se pose cette frontière entre l'acceptation de l'autre et l'acceptation de soi ?

En tant qu'aidants et même en tant que personnes, il est important, par respect et amour de soi, que nous n'acceptions pas de laisser envahir notre territoire physique, psychique et professionnel. Il importe aussi que nous n'acceptions pas que nos limites ne soient pas respectées. Il est essentiel enfin que nous n'acceptions pas de prendre la responsabilité du vécu, des malaises, des problèmes, des attentes et des choix des autres : nos clients, nos élèves, nos enfants. Qu'en est-il alors de l'acceptation ?

Accepter l'autre dans son problème d'envahissement, l'accepter et le comprendre dans sa difficulté à respecter les limites des autres et dans sa tendance à rendre responsable son entourage, c'est une chose. Accepter qu'il nous envahisse et nous rende responsables de ses problèmes en est une autre. C'est précisément parce que nous acceptons l'autre dans ce qu'il est et qu'en même temps nous nous respectons dans ce que nous sommes en posant nos limites que, par l'influence de notre attitude, nous pouvons l'aider à se respecter et à respecter le territoire et les limites des autres. Voilà la première nuance essentielle que j'apporte à la notion d'acceptation, si importante dans le cadre de l'ANDC[MD].

En deuxième lieu, je considère qu'il est humainement impossible pour un aidant d'avoir une acceptation totalement inconditionnelle de tous les aidés à cause de sa nature essentiellement perfectible. L'« acceptation inconditionnelle » constitue un objectif à atteindre, elle est ce vers quoi tendent tous les thérapeutes par l'ANDC[MD] et ce, parce que la croissance de l'être humain se réalise toujours de façon plus rapide et efficace dans un climat d'acceptation totale. Cependant, il ne faut pas oublier que l'aidant, en dépit du fait qu'il ait accompli un long travail sur lui-même, n'en reste pas moins toujours en cheminement. Dans sa relation avec l'aidé, je le répète, il rencontre des écueils qui le confrontent à ses propres limites et à ses propres faiblesses, ce qui dans certains cas le place dans des situations d'« inacceptation » avec lesquelles il doit composer. Ces situations sont précisément pour lui des moyens de travailler à s'améliorer et, par conséquent, à devenir plus acceptant, ce qu'il n'atteindra jamais sans passer par l'acceptation totale de ce qu'il est.

Dans l'ANDC^{MD}, l'acceptation de l'aidé est fondée sur la capacité de l'aidant à prendre la responsabilité de son vécu, de ses limites, de son territoire ; elle est aussi fondée sur sa démarche progressive d'acceptation de ce qu'il est, d'amour de lui-même et des autres.

Amour

Il n'y a pas d'aide efficace et durable sans amour authentique.

L'aidant – parent, professeur, éducateur, médecin, animateur, thérapeute ou autre – qui n'est pas généralement habité par un profond amour de lui-même, de l'être humain et de son travail ne fait, à mon avis, qu'un travail de technicien, de routine.

L'amour est un sujet si important et si fondamental que, depuis des siècles, l'homme cherche à le cerner et à le définir, peut-être pour mieux pouvoir le trouver et le vivre. Pour l'ANDC^{MD}, l'amour est une notion qui n'a de sens que lorsqu'il part de soi. Autrement dit, il n'y a pas d'amour de l'autre sans amour de soi, c'est-à-dire *sans cette capacité de l'aidant à agir constamment dans le sens de la satisfaction de ses besoins fondamentaux tant physiologiques que psychologiques qui assurent bien-être, équilibre et santé physique, psychologique et spirituelle.*

L'amour de soi est d'abord et avant tout une question de respect de soi et de capacité à choisir ce qui est bon pour soi, sans quoi il n'y a pas d'amour des autres.

Cette prémisse sera d'ailleurs largement développée parce qu'elle fait l'objet de ce livre et que je crois que l'amour de la vie est directement proportionnel à l'amour de soi.

En fait, l'amour, c'est ce qui donne de l'âme et de la vie à la relation, au travail et aux activités quotidiennes. Il ne faut jamais oublier que l'aidé, quels que soient son âge, son métier et son statut, a besoin d'amour comme de l'air qu'il respire. C'est cette conviction qui est à la base de l'ANDC^MD^. L'intervenant en A*pproche non directive créatrice*^MD^ est d'abord quelqu'un qui, chaque jour, apprend à s'aimer, à aimer son travail et à aimer les gens à qui il apporte son aide. Comme le besoin d'amour est fondamental dans le développement équilibré d'un individu, l'être qui se sent aimé progresse beaucoup plus rapidement dans la résolution de ses problèmes, dans la connaissance de lui-même et dans sa recherche d'autonomie. L'amour authentique que l'aidant communique par influence inconsciente est d'une importance capitale dans le cheminement de l'aidé surtout si ce dernier au cours de sa vie en a beaucoup manqué. Je crois même que c'est en grande partie l'amour de l'aidant pour l'aidé qui permet à ce dernier de développer l'amour de lui-même et de devenir créateur de sa vie. On ne peut apprendre à s'aimer et à aimer les autres sans avoir d'abord été aimé soi-même.

Par l'importance prioritaire que j'accorde à l'amour en relation d'aide, je ne veux pas verser dans l'extrémisme de l'amour obligatoire et universel.

L'homme est fait pour aimer et être aimé, ce qui ne signifie pas pour autant qu'il soit forcé d'aimer inconditionnellement et également tout le monde.

Le manque d'amour de soi et des autres fait partie des réalités de la vie. L'aidant est un être humain qui aide les autres avec ce qu'il est, y compris avec ses manques et ses blessures. Je ne prône pas la perfection, loin de là. En posant l'amour comme élément propulseur de la relation d'aide, je veux sensibiliser les aidants à l'importance de travailler en permanence à développer l'amour d'eux-mêmes parce que c'est un préalable indispensable à l'amour des autres.

La notion de « contenu »

Ainsi, l'A*pproche non directive créatrice*MD, fondée dans son « contenu » sur la dialectique de la relation aidant-aidé et particulièrement sur l'influence inconsciente de l'attitude de l'aidant, a pour avantage de conjuguer l'amour de soi et l'amour des autres, le respect de soi et le respect des autres. Elle a aussi pour avantage de favoriser par voie de conséquence le développement de l'autonomie, l'apprentissage de la liberté et la libération des potentialités créatrices.

En résumé, quand je parle de non-directivité dans le contenu, j'entends par là cette capacité de l'aidant à respecter et à accepter le plus possible les sentiments, les émotions, les blocages, les problèmes vécus par l'aidé de même que ses goûts, ses besoins, ses désirs, sa façon de vivre et d'être, ses opinions et ses pensées.

La non-directivité sur le plan du contenu demeure une attitude essentielle à développer chez le thérapeute, l'enseignant, le parent. Être non directif, sur ce plan, c'est accepter le client, l'élève, l'enfant tel qu'il est, c'est lui permettre, par une écoute active, par une présence attentive et chaleureuse, d'exprimer librement ce qu'il vit sans qu'il soit bloqué par le conseil, le jugement, le moralisme ou la comparaison, sans qu'il soit contraint à se conformer à des normes, des croyances, des grilles introjectées ni qu'il se sente limité par des moyens psychologiques de pression ou de coercition dans son vécu.

C'est cette non-directivité dans le « contenu » qui permet à chacun de trouver en lui-même les réponses à ses questions, à ses problèmes, à ses angoisses, à ses projets. C'est cette même non-directivité qui permet à l'aidant comme à l'aidé de faire des découvertes importantes au sujet de lui-même et de se réaliser.

Le seul obstacle à la réalisation de l'être humain et à sa libération, ce ne sont pas les événements et ce ne sont pas les autres, mais lui-même.

Cependant, la non-directivité dans le « contenu » n'acquiert de sens que si elle est accompagnée d'une approche directive du « contenant ».

2. La directivité selon l'ANDC^MD

a. La notion de contenant

Le mot « contenir » signifie « *avoir la capacité de recevoir et de tenir* » (*Le Petit Robert*). Le contenu a besoin d'être reçu, tenu, voire retenu par un contenant. Autrement, il se perd, se disperse, s'égare et risque même de disparaître.

Le contenant, c'est ce qui donne une forme au contenu, ce qui le structure, ce qui lui donne un corps, une unité, une cohérence, une définition. Le propre du contenant, c'est de nommer et de définir.

Le seul fait de nommer quelque chose lui donne une forme et le fait de le définir lui donne un sens et une réalité. En nommant une chose, on la fait naître ; en la définissant, on la fait vivre.

Quand on définit une chose, on la cerne, on l'organise, on la structure et, d'une certaine façon, on l'encadre. Définir une chose, c'est la caractériser, lui donner une signification, préciser ses composantes. Définir une chose, c'est aussi la clarifier par l'élimination des éléments qui lui sont étrangers, c'est lui donner une contenance.

b. Le contenant selon l'ANDC^MD

Il n'y a pas de contenu sans contenant. Les deux s'appellent. Dans l'ANDC^MD, le contenu qu'est le respect de l'expérience, du vécu et du rythme de croissance appelle le contenant que sont le « quoi », le « pourquoi » et le « comment » de l'approche. Alors que le contenu est mouvant et différent pour chaque personne, le contenant est clair, précis, structuré, solide et, d'une certaine façon, plutôt stable.

Pour comprendre cette explication, arrêtons-nous aux notions d'imagination et d'imaginaire. L'imagination en tant que « *faculté que possède l'esprit de se représenter des images* » (*Le Petit Robert*) est en quelque sorte le contenant de l'imaginaire, qui est le « *produit (...) de l'imagination* » (*Le Petit Robert*). La faculté d'imaginer est propre à tous les individus. Il s'agit d'un contenant stable. Par contre, l'imaginaire, « contenu » de l'imagination, varie d'un individu à l'autre.

Il en va de même pour le « contenu » et le « contenant » de l'ANDC^MD. Dans son contenu, l'ANDC^MD reste essentiellement non directive puisqu'elle respecte les différences individuelles, le vécu, les expériences de vie, les opinions et les choix qui diffèrent d'une personne à une autre. En revanche, en ce qui a trait au contenant, la non-directivité est à mon avis non seulement un leurre mais une aberration totale qui ne tient qu'à une théorie décrochée de la réalité. Un leurre parce que le « laisser-faire » conduit à l'anarchie et à l'insécurité totale. Une aberration parce que le seul fait de se dire non directif et de définir la non-directivité s'avère directif. De toute façon, si l'intervenant met de l'avant une approche non directive, il impose sa non-directivité, ce qui est une forme de directivité non reconnue. C'est pourquoi l'*Approche non directive créatrice*MD se définit non directive dans le « contenu » et directive dans le « contenant ».

Le contenant, ce sont les contraintes de temps et d'espace, les consignes, les structures, les méthodes, les règles du jeu, les exigences, les limites, l'organisation, les programmes, l'approche, la philosophie. Alors que le contenu devient mouvant et différent pour chaque personne parce qu'il est centré sur l'attitude et ses composantes, le contenant reste plutôt stable et se présente de la même façon pour tout le monde.

La stabilité du contenant tient à sa structure et à sa forme précise. Toutefois, il ne s'agit pas de la stabilité définitive des « contenants à structure fermée ». Le contenant dont il est question ici consiste en un « contenant à structure ouverte », ce qui laisse place à la modification des structures et de l'organisation ainsi qu'à l'amélioration des éléments de la définition et, partant, de la philosophie. Il y a dans l'idée de « contenant à structure ouverte » un certain paradoxe : le paradoxe de la stabilité et de la mouvance. Mais stabilité est synonyme de constance, de continuité, d'équilibre et non de stagnation et d'inertie. En ce sens, la stabilité du contenant appelle plutôt l'évolution, l'avancement, la progression. Il s'agit, en quelque sorte, d'une « stabilité mouvante », et c'est ce qui la rend à la fois sécurisante et vivante.

Cette stabilité mouvante caractérise vraiment le contenant de l'*Approche non directive créatrice*MD, un contenant qui, tout en laissant place à l'évolution, reconnaît l'existence encadrante des structures, des définitions et des caractéristiques de la philosophie.

L'approche non directive de Rogers se fonde elle-même sur un contenant d'éléments précis (empathie, congruence, acceptation, reformulation...). Sans ces éléments, elle perd son nom et son existence même. Elle devient autre chose. Ce sont la définition, les caractéristiques, la méthode, la philosophie qui permettent l'élaboration d'un contenu. Sans ce contenant, il n'y a pas, selon moi, de relation thérapeutique, éducative ou pédagogique possible.

Le cours de formation professionnelle offert par le Centre de relation d'aide de Montréal et par l'École Internationale de Formation à l'ANDCMD, où sont formés les « thérapeutes par l'ANDCMD », applique les principes, dans la foulée de l'*Approche non directive créatrice*MD, de non-directivité dans le « contenu » et de directivité dans le « contenant ». Chaque personne qui répond aux critères d'admission est respectée dans ce qu'elle est, dans sa différence et fait sa démarche à son rythme parce qu'elle n'est pas confrontée, provoquée, jugée, évaluée, critiquée. En revanche, la philosophie du cours se trouve clairement définie et le cours est structuré, organisé autour de l'ANDCMD ; il découle d'un programme détaillé, les consignes sont claires, les contraintes de temps et d'espace bien cernées et les exigences du cours bien précisées.

Je demeure profondément convaincue que ce n'est qu'à l'intérieur d'un cadre directif solide que peut vivre une non-directivité saine parce qu'elle est à la fois sécurisante et créatrice.

c. Les bienfaits de la directivité dans le contenant

La directivité dans le contenant constitue une directivité qui respecte la personne, une directivité qui n'a rien à voir avec le pouvoir qu'on prend sur la vie des autres. L'intervenant directif dans le contenant se pose clairement sans s'imposer ni s'opposer.

Se poser suppose une aptitude à se reconnaître, à s'aimer et à s'affirmer, donc une grande confiance en soi, une solide sécurité intérieure que seul un long travail sur soi peut procurer aux aidants. Il est paradoxal mais expérimentalement vrai de dire que le « pouvoir sur » naît de l'insécurité et du manque de confiance en ses forces et ses possibilités. Plus on est sûr de soi, plus on croit en ses talents et ses potentialités, plus on est capable de s'affirmer et de se poser avec détachement et humilité. Dans ce cas, on n'a rien à prouver ni aux autres ni à soi-même : on ne se sent plus menacé par la force des autres étant donné qu'on a acquis la sienne.

Être directif dans le contenant, c'est poser clairement ses limites de temps et d'espace, ses exigences administratives et organisationnelles ; c'est aussi, pour les enseignants, les thérapeutes et les leaders, poser l'orientation théorique de leur pratique et poser les composantes de leur approche. Cette attitude a pour effet de sécuriser et de permettre aux aidés de se situer et de savoir s'ils sont ou non à la place qui leur convient.

Plus l'intervenant se montre clair dans le « contenant », plus il favorise la capacité de faire des choix, de se définir et d'être libre chez les autres. Sa non-directivité dans le contenu, son respect des différences individuelles favorisent la libération de la créativité nécessaire à la réalisation de soi à condition qu'elle soit accompagnée d'un encadrement sécurisant. Le besoin de sécurité est non seulement un besoin psychologique de l'être humain mais un besoin physiologique rattaché à la structure même de son cerveau, comme nous le verrons plus loin. Le manque de structures insécurise et retarde considérablement le processus de croissance parce qu'il disperse l'énergie nécessaire à l'actualisation de la créativité.

Je crois que l'insatisfaction causée par l'application des approches centrées sur l'enfant dans les milieux pédagogiques au moment de l'implantation des programmes-cadres du début des années soixante au Québec est due à une non-compréhension des notions de « contenant » et de « contenu » des approches éducatives. Le manque de structures, de propositions claires, d'encadrement, entraîne l'insécurité, la dispersion des énergies et l'insatisfaction. Selon moi, l'échec des réformes pédagogiques et de certaines approches thérapeutiques vient du fait que l'on inverse l'application du « contenu » et du « contenant » de l'approche centrée sur la personne. En rendant le contenant non directif par le manque d'encadrement et le contenu directif par l'évaluation, le conseil, le jugement, l'interprétation, la critique, le reproche, on aboutit à des résultats bien décevants qui entraînent le besoin de réformes successives.

La directivité dans le « contenant » s'avère essentielle pour répondre au besoin fondamental de sécurité de l'être humain. Elle a pour avantage de sécuriser sans materner, ni protéger, ni prendre en charge. Quant à la non-directivité dans le contenu, elle se présente comme indispensable au respect de l'individu et au développement de son autonomie. Ce n'est, en dernière analyse, que la dialectique « contenant-contenu » qui assure l'équilibre, la croissance et l'apprentissage de la liberté et de la créativité chez l'être humain.

Les fondements de l'ANDC[MD]

L'ANDC[MD], qui a pour objectif de révéler l'être à lui-même par la libération de ses puissances créatrices, est fondée sur l'approche globale de l'homme, ce qui suppose de la part de l'intervenant une connaissance profonde de la personne humaine, qui passe par la connaissance qu'il a de lui-même, et un grand respect des différences individuelles, qui passe par le respect de sa propre différence.

Mais on sait que le souci d'avoir une approche globale de l'homme n'est pas l'apanage de l'ANDC[MD] et qu'on le retrouve dans plusieurs écoles de pensée qui relèvent de la philosophie, de la psychologie, de la pédagogie et de l'éducation. L'originalité de l'ANDC[MD] se situe dans sa conception et dans son application de l'approche holistique, une conception unique fondée sur le respect des fonctionnements cérébral, psychique et multidimensionnel de l'être humain, sur le respect de ses types d'intelligence et d'apprentissage, et sur le respect de son processus de libération et de changement. C'est aussi une approche qui accorde à l'intervenant un rôle prioritaire sur le plan de la relation d'aide parce que c'est lui qui, par son attitude respectueuse de la globalité humaine, favorise la connaissance et l'amour de soi ainsi que la libération des puissances créatrices.

Chapitre 2
Respect du fonctionnement cérébral

A. Lozanov et la suggestologie

L'étude du fonctionnement du cerveau a servi de fondement aux recherches et aux découvertes du médecin bulgare, le Dr Georgi Lozanov (1926-2012), sur la suggestologie. À la suite de Janet, il s'est aperçu au cours de sa pratique médicale que, si on veut aider les gens, il est impossible de dissocier leur dimension physique de leur dimension psychologique et qu'on ne peut toucher à la physiologie d'un être humain sans influencer sa vie psychique, et vice versa. Impressionné par les recherches du professeur russe V.-M. Banshchikov selon lesquelles l'homme n'utiliserait qu'environ 4 % de son potentiel cérébral, Lozanov poussa très loin son étude sur le fonctionnement du cerveau et sur les répercussions de ce fonctionnement sur la vie psychique et le comportement d'un individu (Lerède, 1980). Cette étude devint l'un des principaux fondements de toute sa théorie et de sa pratique.

C'est Jean Lerède (1923-1988), spécialiste de la suggestologie en Occident, que j'ai rencontré en 1980, qui m'a fait découvrir Lozanov ; sa merveilleuse influence m'a amenée à m'intéresser à la science de la suggestion au point d'en faire le sujet de ma thèse de doctorat. Engagée dans les milieux pédagogiques depuis près de 20 ans, je me suis aperçue, grâce à mes recherches en suggestologie, que d'une certaine façon j'étais une suggestologue-née et que j'appliquais à mon approche pédagogique, sans le savoir, certains principes de base de suggestologie. Je crois d'ailleurs que si une théorie ou une approche nous intéresse, c'est qu'elle a déjà une résonance dans notre vécu et dans nos expériences de vie. Il n'en demeure pas moins que la suggestologie m'a beaucoup appris et que mes recherches sur le sujet ont, sans contredit, influencé – et influencent toujours – mon approche d'éducatrice, d'enseignante, de thérapeute et de formatrice de thérapeutes par l'ANDC^MD^. Je ne peux maintenant m'adresser, sur le plan professionnel, à un groupe ou à un individu sans respecter, entre autres, la structure du fonctionnement cérébral et ses répercussions sur le psychisme et le comportement. Voilà pourquoi, à la suite de mes expériences pédagogiques et thérapeutiques, ce respect est devenu l'un des éléments de base de mon approche personnelle et plus tard de l'*Approche non directive créatrice*^MD^.

Mais en quoi consiste le respect du fonctionnement cérébral ?

Pour qu'un intervenant respecte le fonctionnement du cerveau, il doit d'abord connaître la physiologie du cerveau humain et surtout son effet sur le psychisme.

B. Le cerveau

« Le cerveau humain, écrit Dominique Chalvin dans *Utiliser tout son cerveau* (1986, p. 18), est un organe qui comprend approximativement 30 milliards de neurones ayant chacun un pouvoir particulier. L'ensemble de ces neurones, qui sont toujours en interaction les uns avec les autres, se présente sous une double structure : la structure horizontale ou hémisphérique et la structure verticale ou évolutive. »

1. Structure horizontale du cerveau

Les recherches les plus révélatrices et les plus déterminantes au sujet de la structure horizontale ou hémisphérique du cerveau humain ont été réalisées par le chirurgien américain Roger Sperry, prix Nobel de médecine en 1981. N. Geshurnd écrit dans la revue *Pour la science* (1979) que, selon le Dr Sperry, les deux hémisphères cérébraux, en apparence identiques, ne sont en réalité pas symétriques et n'ont pas les mêmes fonctions. Des opérations au cerveau ont révélé que des fonctions différentes étaient affectées chez l'homme selon l'hémisphère « lobectomisé » et que, toutefois, pour obtenir l'action globale des deux cerveaux, l'action conjointe des deux hémisphères était requise.

Jusqu'à maintenant, dans les milieux politiques, sociaux, pédagogiques, médicaux, au nom de l'objectivité et de la science, on a donné à l'hémisphère gauche un rôle dominant en faisant de lui le dictateur du fonctionnement cérébral. Cette pratique a contribué d'une part à le surcharger et d'autre part à inhiber le développement de l'hémisphère droit. Selon Gabriel Racle, dans *La pédagogie interactive* (1983, p. 124), cette discrimination physiologique au profit de l'hémisphère rationnel a entraîné des conséquences graves dans les milieux éducatifs et sociaux en ce sens qu'elle a défavorisé tous ceux qui appréhendent la réalité plus facilement avec l'hémisphère droit. Des études récentes, précise Racle, auraient démontré que c'est le cas des enfants désavantagés sur le plan affectif et social.

De plus, la prédominance accordée à un hémisphère en particulier, dans la plupart des cas l'hémisphère gauche, a pour conséquence de déséquilibrer l'individu, voire de le rendre psychiquement malade. C'est ce qui explique les rôles curatifs de la médecine sur le plan de la santé physique, et de la psychologie sur le plan de la santé psychique.

Comme la plupart des approches de l'être humain dans la société, au travail, à l'école, à la maison et même dans les milieux de guérison s'adressent principalement à un seul hémisphère du cerveau, il en résulte un déséquilibre qui explique les nombreux cas de maladies physiologiques ou psychologiques plus ou moins sérieuses.

D'où la prolifération des clients dans les bureaux de médecins, de thérapeutes et de psychologues. Il est donc important de développer chez tous les intervenants de la santé, y compris les éducateurs, une approche plus globale du cerveau qui respecte l'interaction des deux hémisphères. Cette approche ne devrait pas être seulement curative mais aussi et surtout prophylactique, de façon à rétablir et à maintenir l'équilibre du fonctionnement cérébral et à prévenir ainsi toute espèce de désordre de nature physique ou mentale.

«*Mieux vaut prévenir que guérir*», dit le proverbe. Pourtant on sait combien de temps, d'énergie et d'argent sont consacrés à la guérison au détriment de la prévention. Prévenir, c'est former des intervenants au respect du fonctionnement normal et équilibré de la personne humaine. Pour ce faire, il est important de connaître la nature de l'homme, important de savoir, notamment, comment fonctionne normalement son cerveau et apprendre, dans la pratique, à respecter ce fonctionnement pour contribuer à la création d'êtres sains et équilibrés.

Mais quelles sont donc alors les différences fondamentales entre les fonctions qui régissent chacun des hémisphères cérébraux ?

Selon un vieil adage taoïste zen, rapporté par G. Racle (1983, p. 43), « *L'hémisphère qui parle ne sait pas : l'hémisphère qui sait ne parle pas.* » L'hémisphère qui parle, c'est l'hémisphère gauche.

a. Hémisphère gauche

Il importe d'abord de préciser que les caractéristiques de l'hémisphère gauche pour la plupart des droitiers s'appliquent à l'hémisphère droit pour les gauchers. De toute façon, il s'agit de l'hémisphère qui parle, donc de celui qui régit le langage, la pensée rationnelle, les capacités d'abstraction et d'analyse. C'est l'hémisphère de la pensée linéaire, de la logique, de l'objectivité et de la compétence grammaticale, syntaxique, sémantique et mathématique. D'après Racle, son action est requise par l'organisation de la plupart des systèmes d'éducation, qui classent les élèves à partir de tests d'intelligence qui ne sont conçus trop souvent qu'en fonction du seul hémisphère rationnel et verbal. J'ajouterais que son action est aussi requise un peu partout dans la société par la survalorisation qui est faite des qualités d'objectivité, de compétence intellectuelle, et du langage logique et cohérent de la raison au détriment du langage du cœur.

L'exemple des milieux pédagogiques est le plus approprié pour appuyer cette affirmation. Non seulement les élèves sont-ils classés en fonction du seul hémisphère gauche, mais ils sont aussi évalués selon leur seule performance intellectuelle, rationnelle, logique et selon leur compétence de la grammaire, de l'orthographe et des mathématiques. En général, à l'école, l'importance donnée à l'hémisphère droit ne dépasse pas tellement les idéologies écrites dans les programmes. Sur le plan pratique, le système d'évaluation force les enseignants à mettre l'accent sur les apprentissages cognitifs. Dans les classes, à tous les niveaux, l'importance accordée aux dimensions corporelle, affective, imaginaire et créatrice est plutôt faible. En ce sens, l'école, au lieu d'être le milieu préventif qu'elle devrait être, est plutôt, par le déséquilibre de son approche, le terrain de culture de maladies physiques et psychiques par excellence. C'est elle qui, avec la famille, prépare le plus grand nombre de clients aux professionnels de la santé physique et mentale. Le fait de négliger l'hémisphère droit s'avère une erreur grave qui mérite d'être corrigée puisque, de nos jours, personne n'échappe aux exigences de l'école.

b. Hémisphère droit

L'hémisphère droit est pour la plupart des droitiers, écrit Racle (1983, p. 43), le siège physiologique de la pensée irrationnelle et non verbale, c'est-à-dire de tout ce qui touche l'intuition, l'imaginaire, la vie affective. Il appréhende globalement les formes, les sons, les visages et les choses. C'est l'hémisphère de la perception intégrale des contraires, des métaphores, des analogies. Qualifié d'hémisphère artistique par Racle, il est le spécialiste de l'expression sensorielle, de la créativité, de la synthèse, de l'affectivité et de la subjectivité. Son apport dans tous les domaines est non seulement souhaitable mais essentiel. Les découvertes scientifiques ne sont pas le résultat de l'exploitation du seul hémisphère gauche. À ce sujet, Jean Chevalier (1984), dans son article intitulé « *La pensée rationnelle n'a pas réussi à tuer la pensée symbolique* », raconte que c'est en interprétant au piano une sonate de Bach qu'Einstein eut l'intuition de ses théories sur la relativité. En fait, toute théorie naît surtout du vécu et de l'expérience de vie de son auteur. Il est probable que les plus grandes découvertes favorables du monde ont été le fruit d'une intervention conjointe des deux hémisphères. En ce sens, elles sont favorables parce que nées de l'équilibre, de la complémentarité, de l'interrelation.

On observe d'ailleurs que les qualités de l'hémisphère gauche sont des qualités masculines de type « yang » alors que les qualités de l'hémisphère droit sont plutôt féminines et de type « yin ». C'est cette conjonction du masculin et du féminin en l'être, de ce que Jung appelait l'anima et l'animus, qui assure l'équilibre d'un individu. Le fait que la société favorise l'exploitation de l'hémisphère gauche explique la popularité des groupes de croissance, des approches thérapeutiques et des groupements spirituels qui centrent plutôt leur approche sur l'hémisphère droit. L'homme recherche naturellement l'équilibre perdu. Le danger est que, par ces pratiques, il risque de tomber dans un déséquilibre aussi grand que le premier en survalorisant l'hémisphère irrationnel, c'est-à-dire en passant du « culte de la raison » au « culte de l'intuition ».

Une approche équilibrée doit toujours respecter le fonctionnement global des deux hémisphères. Donner l'exclusivité à l'hémisphère rationnel, c'est rendre l'homme sec, froid, sceptique, critique ; c'est entretenir les systèmes d'évaluation, de comparaison et de pouvoir ; c'est le désincarner et c'est aussi le déshumaniser en faisant de lui un être qui, parce qu'il se croit supérieur,

devient presque monstrueux. Par contre, privilégier l'hémisphère droit, c'est entretenir la dépendance ; c'est perdre la structure, les qualités de réalisation ; c'est se soustraire d'une forme solide qui encadre et sécurise, et d'un contenant essentiel à l'actualisation de soi.

« *L'homme n'est ni ange ni bête,* écrivait Pascal au XVIIe siècle, *et le malheur veut que qui veut faire l'ange fait la bête.* »

Surexploiter les qualités féminines ou le « yin » en soi, c'est, je le répète, s'acheminer vers un déséquilibre aussi profond que celui qu'entraîne actuellement la surexploitation des qualités masculines. En ce sens, les apports des mouvements de libération de la femme au Québec et ailleurs dans le monde ont été considérables. Ils ont permis à la femme de développer ses potentialités « yang ». C'est le développement de son côté masculin, c'est-à-dire du côté « contenant » de l'être, qui lui a donné la possibilité de se définir, de se poser, de prendre de plus en plus sa place dans la société, de se libérer de la domination masculine, particulièrement au Québec. Cependant, si la femme qui exploite son hémisphère gauche perd en même temps les ressources de l'hémisphère droit, elle n'est guère plus avancée. La société n'a pas besoin de femmes au cerveau gauche hypertrophié mais de femmes qui, tout en s'affirmant et en prenant leur place sur le plan intellectuel et hiérarchique, apportent aussi au monde la richesse de leur sensibilité, de leur intuition, de leur créativité ; de femmes qui, par leur présence, assurent l'équilibre dialectique des couples « intuition-raison », « objectivité-subjectivité », « analyse-synthèse » et « affectivité-intellection ».

C'est cet équilibre dialectique que cherche à respecter l'ANDC[MD], qui, dans la formation des thérapeutes par l'ANDC[MD], s'adresse toujours aux deux hémisphères en favorisant l'expression de la vie émotive, imaginaire, intuitive et créatrice sans annihiler l'intervention des facultés rationnelles. Mon expérience m'a convaincue qu'une approche thérapeutique ou pédagogique qui ne s'adresse qu'à l'hémisphère gauche bloque la créativité parce qu'elle manque de contenu subjectif, donc de différence, et qu'une approche qui ne s'adresse qu'à l'hémisphère droit entretient la dépendance parce qu'elle manque d'encadrement ou de contenant objectif pour la soutenir, la définir et la manifester.

L'action conjointe des deux hémisphères est requise dans le développement global de l'homme de même que l'action synergique des trois étages de la structure verticale ou évolutive du cerveau.

2. Structure verticale du cerveau

La deuxième structure cérébrale est appelée structure verticale ou évolutive parce qu'elle a été formée au cours des millénaires par la superposition de trois cerveaux différents qui se caractérisent par des fonctions bien spécifiques. Selon le modèle évolutif proposé par Paul D. MacLean et présenté par Gabriel Racle (1983, p. 43), le cerveau humain actuel est formé de trois couches superposées qui se sont constituées au cours des ères secondaire, tertiaire et quaternaire, et qui ont conservé les caractéristiques de ces formations, ce qui reflète « *nos relations ancestrales avec les reptiles, les anciens mammifères et les nouveaux mammifères* ». La présentation graphique de Paul D. MacLean (voir schéma 2.1), tirée de *Utiliser tout son cerveau*, de D. Chalvin (1986, p. 24), nous permet de nous représenter visuellement chacun des trois cerveaux : le cerveau primaire, le cerveau viscéral, le cerveau supérieur.

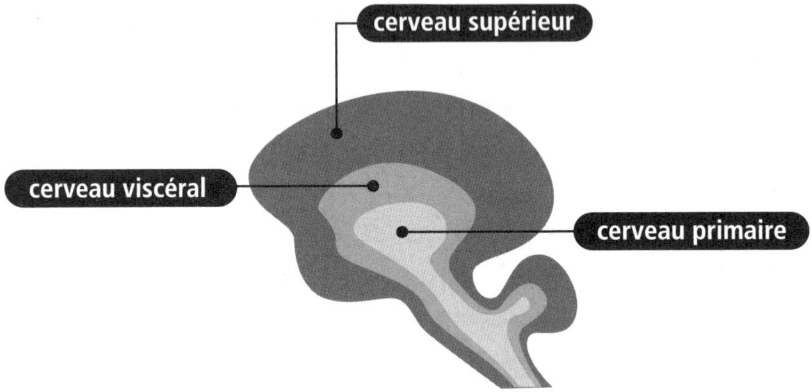

Schéma 2.1

a. Cerveau primaire

Le cerveau primaire, appelé cerveau primitif, archaïque ou reptilien, est un cerveau de très petite taille qui s'est constitué au cours de l'ère secondaire. Comme le précise Chalvin (1986, p. 25), il correspond chez l'homme aux systèmes nerveux du tronc cérébral. Il est le siège des comportements qui concernent la survie et la conservation, des comportements qui s'expriment par des gestes automatiques, des itinéraires fixés à l'avance et des répétitions. C'est le cerveau de la routine et de l'imitation si caractéristiques à l'homme. C'est donc dire qu'un minimum de rituels, de stéréotypes, de règles fixes, de cadres précis est essentiel à l'être humain parce qu'ils lui assurent une certaine sécurité.

L'être humain a besoin d'encadrement, de structure, d'organisation pour se sentir sécurisé.

C'est ce besoin psychobiologique qui a inspiré l'ANDC^MD^. L'intervenant non directif créateur répond à ce besoin de sécurité en étant directif dans le contenant de son approche. Il propose des cadres définis et fixe clairement les « règles du jeu », car respecter le cerveau primaire de l'homme, c'est respecter son besoin d'être sécurisé par l'encadrement et par des éléments connus.

Comment sécuriser par l'encadrement ? Je répondrai par un exemple. Une dame m'appela un jour pour me parler du problème de sa fille de huit ans, qu'elle voulait me confier en thérapie. Je ne rencontre jamais une enfant de cet âge sans rencontrer aussi ses principaux intervenants : les parents. La mère se plaignait d'avoir une enfant complètement éclatée, insolente, hystérique et totalement indisciplinée. Elle croyait sa fille sérieusement perturbée et psychologiquement malade. Elle pleurait de découragement et d'impuissance. Lors de ma première rencontre avec cette dame, j'ai appris qu'elle avait adopté, avec sa fille, une attitude de non directivité totale sous prétexte qu'elle ne voulait en rien brimer son enfant, elle-même ayant été écrasée par la rigidité de ses parents. Aussi l'enfant ne se couchait-elle jamais à la même heure, mangeait-elle à des heures très irrégulières et faisait-elle à peu près tout ce qu'elle voulait. La mère était d'ailleurs totalement épuisée parce qu'elle avait toujours été au service des caprices de sa fille et n'avait jamais vraiment écouté ses propres besoins. La relation systémique qui s'était installée entre la mère et la fille était devenue très insécurisante pour les deux parce qu'elle était bâtie sur le principe du « laisser-faire ». L'enfant était très insécurisée par le manque de routine, de rituels, de règles et de stabilité, et la mère l'était tout autant par les résultats de son approche éducative.

Le même problème se pose à l'école. Les élèves ont besoin de la sécurité des règles fixées par leurs professeurs. S'ils ont affaire à un enseignant qui n'a aucune régularité dans ses exigences, ils deviennent très insécurisés et adoptent alors un comportement très indiscipliné, voire insolent. L'apprentissage de la liberté ne se fait pas dans le laisser-faire et dans l'anarchie mais à l'intérieur d'une structure, d'une organisation sécurisante qui laisse place aux différences individuelles.

La directivité dans le contenant est non seulement souhaitable mais essentielle, à la condition expresse qu'elle soit accompagnée de non-directivité dans le contenu.

Quand j'enseignais aux adolescents du secondaire, je n'ai jamais vraiment connu de ces problèmes qu'on appelle communément les « problèmes de discipline ». J'étais, il faut dire, très structurée et très organisée. Mes cours étaient toujours minutieusement préparés, mes limites présentées clairement et mes exigences exprimées de façon précise. Cependant, il y a toujours eu dans mes cours une place prioritaire accordée au vécu des adolescents, à l'expression de leurs expériences de vie, une place de choix accordée à l'écoute sans jugement, une place accordée aussi au plaisir, à l'humour, à la joie de vivre et à la créativité. Dans un tel contexte, même les étudiants les plus récalcitrants trouvaient leur place et leur intérêt dans la classe. Ils sentaient que je les aimais beaucoup. Le plus grand bonheur que j'ai connu dans l'enseignement aux adolescents, c'est dans ma relation avec les jeunes que je l'ai trouvé, dans la classe, pendant les cours. J'ai beaucoup reçu d'eux et aujourd'hui je les remercie tous de ce qu'ils m'ont apporté. Ils m'ont appris, par leur franchise et leur authenticité, que l'homme est capable de tout quand il est sécurisé et surtout quand il se sent accepté tel qu'il est et aimé pour lui-même. Les adolescents furent pour moi de grands maîtres et je tiens à exprimer aux hommes et aux femmes qu'ils sont devenus ma plus sincère reconnaissance.

Le besoin de sécurité lié au fonctionnement du cerveau primaire s'exprime donc par l'encadrement, comme je viens de le démontrer, et par des éléments connus.

Comment sécurise-t-on par des éléments connus ? J'aime beaucoup répondre à ces questions par des exemples. Il me vient à l'esprit celui du petit Julien. Il avait près de deux ans quand cette histoire lui est arrivée. Sa mère, qui ne l'avait jamais quitté depuis sa naissance, décida un jour de le confier à la garderie de son quartier parce qu'elle avait décidé de recommencer à travailler. Lorsqu'elle laissa Julien à l'éducatrice le matin, il lui fit une crise de larmes comme elle n'en avait jamais vue, et pour cause. L'enfant était en quelque sorte parachuté dans un milieu qu'il ne connaissait pas, avec une éducatrice qu'il n'avait jamais rencontrée. En l'absence d'éléments connus, il vécut beaucoup d'insécurité, ce qui eut pour effet d'occasionner à sa mère, par la suite et pour un certain temps, une grande difficulté à faire garder son enfant.

Dans toute situation nouvelle, dans tout nouvel apprentissage, l'homme a besoin d'être sécurisé par des éléments connus. Par exemple, si l'enfant avait connu l'éducatrice, il se serait probablement facilement adapté aux nouveaux locaux, aux nouveaux jeux, au nouvel encadrement de la garderie. À l'école, c'est la même chose. Dans l'apprentissage d'une nouvelle notion, l'élève a besoin de s'appuyer sur des éléments connus pour se sécuriser. C'est l'exigence posée par la constitution de son cerveau primaire. Ne pas respecter ce fonctionnement naturel, c'est risquer de bloquer l'apprentissage, de retarder l'évolution, voire de traumatiser l'enfant. Il importe donc dans l'approche de l'être humain de respecter ce besoin de sécurité. C'est la seule façon de lui faire vivre les changements efficaces et durables requis par le cerveau viscéral.

b. Cerveau viscéral

Le cerveau viscéral, d'après une appellation de Paul D. MacLean, est aussi appelé système limbique, cerveau ancien ou paléocortex. C'est le cerveau des anciens mammifères. Situé à la base du cerveau, près du cortex, et superposé au cerveau primaire, il comprend d'après Chalvin (1986, p. 26) les centres qui ne font pas partie du cerveau supérieur, soit : l'hippocampe, l'amygdale, le septum, le gyrus cingulaire et le gyrus hippocampique. C'est le cerveau de la vie émotionnelle et imaginaire, de l'adaptation, de la motivation, du changement, de la mémoire à long terme et de l'expérience évaluative. Je ne saurais trop insister sur l'importance du cerveau viscéral dans la constitution du cerveau humain. Parce qu'il est le siège de l'émotion – d'où son nom de viscéral –, il est le cœur du fonctionnement du cerveau et du fonctionnement de l'homme.

Dominique Chalvin (1986, p. 27) insiste sur l'autonomie du système limbique par rapport au cortex supérieur. Entre les deux étages supérieurs du cerveau, la communication se fait à sens unique, c'est-à-dire que le cerveau viscéral influence le cortex, mais la réciproque n'est pas vraie. Autrement dit, l'émotion agit sur le fonctionnement de la raison, qui, elle, ne réussit qu'après coup, par sa logique, son objectivité et son abstraction, à influencer l'émotion.

Le système viscéral est, d'une certaine façon, le chef d'orchestre du cerveau. C'est lui qui reçoit les informations de nature expérientielle ou cognitive et qui décide de les faire parvenir ou de ne pas les faire parvenir au cerveau supérieur. Il bloque le passage au cortex de toutes les informations qui provoquent en lui des émotions négatives non exprimées ; par contre, il accueille les informations qui suscitent des émotions agréables et les achemine directement au cerveau supérieur. Il a, sur le cortex, une influence déterminante qui n'est pas réciproque.

Comme il est le cœur de l'émotion, il est aussi le centre de la motivation. Lorsque l'individu a une expérience qui lui fait vivre des émotions agréables, il est motivé à poursuivre l'expérience. Par contre, si l'expérience vécue lui procure des émotions désagréables non exprimées et non entendues, il refuse de la poursuivre, voire de la revivre. Et finalement, une expérience qui ne suscite chez l'homme aucune émotion reste une expérience nulle parce qu'elle est non motivante. C'est le cas de certaines expériences d'apprentissage.

En pédagogie, pour que l'élève ou l'étudiant intègre les connaissances enseignées, il doit être émotivement bien, il doit y trouver du plaisir. L'enfant qui a peur que ses parents se séparent ou qui subit l'intimidation quotidiennement, est trop perturbé pour intégrer des notions rationnelles. Il manquera alors de motivation et n'apprendra pas grand-chose. En éducation, en thérapie et en relation d'aide, c'est la même chose. L'enfant et le client ont besoin de vivre agréablement la relation éducative ou thérapeutique, sans quoi il n'y aura ni apprentissage ni changement. Ceci nous prouve que ce qui retient un client en thérapie, ce n'est pas surtout le choix des approches thérapeutiques mais l'attitude aimante et acceptante de l'intervenant. Et ce qui fait qu'un élève aime ou n'aime pas un cours ne dépend pas surtout de la matière mais de l'attitude de l'enseignant. S'il se sent aimé par ce dernier, il aimera une matière qu'il détestait l'année précédente. Enfin, ce qui cause le bonheur ou le malheur d'un enfant dans sa famille, c'est aussi l'attitude affective de ses parents envers lui. L'amour est une clé fondamentale de motivation. Les enfants, les clients, les patients, les élèves ont besoin d'être éduqués et aidés par des gens qui les aiment et qui aiment leur travail ; des gens qui, par leur attitude, entretiennent la motivation, favorisent le changement et facilitent l'apprentissage.

Pour assurer l'intégration des connaissances de toutes sortes, l'intervenant en ANDC[MD] doit respecter le fonctionnement du cerveau viscéral. Son approche et son attitude doivent d'abord toucher émotivement et agréablement l'aidé. Elles doivent tenir compte du fait que tout apprentissage intégré passe d'abord par l'expérience. Il ne sert à rien, en tant que thérapeute ou professeur, de greffer des connaissances théoriques qui n'ont aucune résonance dans l'expérience de vie des aidés. Ce genre de connaissances n'est jamais intégré et ne sert qu'à être régurgité lors d'un examen pour être oublié tout de suite après, ou ne sert que de conversation de salon ayant pour but d'impressionner.

Les seuls apprentissages qui favorisent le changement doivent être intégrés, c'est-à-dire qu'ils doivent passer par l'expérience et le vécu émotif de l'être.

Pour accélérer le processus de changement, l'intervenant ne doit pas oublier que le cerveau viscéral a aussi pour fonction de produire des images. Ainsi, le professeur ou le thérapeute qui utilise l'image dans son approche accélère le processus de changement. L'image est un des facteurs de croissance et de changement les plus puissants qui soient. Voilà pourquoi l'ANDC^MD donne à l'imaginaire une place prépondérante dans le processus thérapeutique et dans le processus d'intégration.

Quand j'enseignais aux adolescents du secondaire, j'avais un intérêt très particulier pour l'enseignement de la poésie et du conte. Au cours des périodes où je travaillais ces genres littéraires, j'observais des progrès remarquables non seulement sur le plan de l'acquisition des connaissances intellectuelles et de la motivation, mais aussi sur celui de la connaissance de soi et de la créativité. Je voyais dans les classes une amélioration notable des relations interpersonnelles qui se manifestait par un plus grand respect des différences individuelles et qui naissait de la découverte des potentialités créatrices de chacun. Dans la plupart des cas, les élèves qui étaient étiquetés «faibles» par l'évaluation du système avaient une facilité à s'exprimer avec les images qui surprenait leurs camarades, ce qui les valorisait beaucoup et rétablissait l'équilibre dans la classe.

Je me souviens en particulier du cas d'un élève que je n'oublierai jamais. Il avait en ce qui concerne la langue française écrite des difficultés évidentes et sérieuses. En troisième secondaire, quand je l'ai connu, il avait beaucoup de difficulté à respecter les règles de grammaire, d'orthographe, de structure de phrase et de ponctuation. C'était, pour lui et pour ses professeurs, très décourageant. Cet élève avait réussi à se rendre en troisième secondaire parce qu'il était très fort en mathématiques, en sciences et dans les autres matières. C'était un élève, il va sans dire, très intelligent, qui avait visiblement vécu des blocages dans l'apprentissage de la langue écrite. Mais quand nous avons abordé la poésie, je fus la première surprise de ses talents créateurs. Il maniait les images avec une logique irrationnelle qui faisait de lui un poète en herbe. Lors d'une soirée littéraire que j'avais organisée et au cours de laquelle chacun de mes élèves devait lire son poème aux invités, il toucha toute l'assistance et fut même la vedette de la soirée. Cet élève avait indiscutablement les talents d'un grand créateur. Il maniait naturellement la métaphore, comme un professionnel. J'étais profondément touchée par ses créations. Par la suite, il continua à écrire et m'apporta tous ses contes et tous ses poèmes, et ce, toutes les semaines. À la fin de l'année, il y avait une légère amélioration dans sa langue écrite, mais il aurait fallu encore beaucoup de temps pour que l'amélioration soit notable. Malheureusement il n'a pu se rendre jusque-là. En quatrième secondaire, il changea d'école et son professeur de français ne put dépasser la forme pour voir le fond. Il coula littéralement son français et quitta l'école pour le marché du travail.

Une approche uniquement théorique ne rejoint pas le cœur du cerveau et risque, dans les cas difficiles, de mener à l'échec. Par l'image, cet élève avait été touché et s'était découvert des forces qu'il n'a pu exploiter par la suite. La voie de l'image est une voie idéale pour ceux, élèves ou clients, qui sont en difficulté d'apprentissage ou en difficulté psychologique.

Suivre cette voie, c'est respecter le fonctionnement normal du cerveau viscéral et c'est aussi rejoindre ceux qui, trop souvent, ont bloqué leur apprentissage ou leur croissance parce qu'ils avaient connu des expériences trop négatives et trop souffrantes. C'est pourquoi l'ANDC^{MD} accorde à l'image une importance capitale. Parce que dans mon expérience de pédagogue, de thérapeute, d'animatrice et de formatrice j'ai toujours obtenu avec l'image des résultats remarquables, j'ai créé deux méthodes en thérapie centrées sur l'image, que j'ai appelées le Cram-Art et le Projecto-Cram. Ces méthodes sont d'une efficacité remarquable en relation d'aide, d'abord parce qu'elles respectent le fonctionnement du cerveau, et ensuite parce qu'elles agissent en douceur simultanément aux niveaux conscient et inconscient. Utilisées par un thérapeute à l'attitude non directive créatrice^MD^, ces méthodes produisent des résultats étonnants pour la simple raison qu'elles sont pratiquées dans le souci constant de respecter le fonctionnement du cerveau primaire par la sécurité de la structure et de respecter le fonctionnement du cerveau viscéral par la place dominante qu'elles accordent à la vie émotionnelle et à la vie imaginaire chez l'homme. C'est d'ailleurs ce respect des deux premiers étages du cerveau qui permet d'atteindre le troisième : le cerveau supérieur.

c. Cerveau supérieur

Le cerveau supérieur ou néocortex est beaucoup plus volumineux que les deux autres, qu'il domine largement. D'après Chalvin (1986, p. 30), il est le signe de la supériorité de l'homme sur l'animal en ce sens qu'il est le cerveau du langage, de l'abstraction, de l'organisation de la pensée, des associations d'idées. C'est, ajoute-t-il, le cerveau de la pensée rationnelle et du conscient qui, à partir des données qu'il reçoit, qu'il analyse et qu'il accumule, élabore les raisonnements, structure les images produites par le cerveau viscéral et organise l'action. Gouvernant la pensée rationnelle, il agit comme un ordinateur, c'est-à-dire avec absence de sensibilité et de cœur. Une approche pédagogique ou thérapique qui ne s'adresserait qu'à cet étage du cerveau sans faire intervenir le cerveau primaire et le cerveau viscéral serait une approche très superficielle de l'homme. Le néocortex n'est qu'un accumulateur de connaissances qui, sans l'intervention des autres cerveaux, ne sont pas intégrées et sont vite oubliées.

Toutefois, une approche qui négligerait l'importance du cerveau supérieur serait aussi une approche plus ou moins stérile, tout d'abord parce que l'homme a autant besoin d'apprendre, de comprendre, de s'exprimer par le langage que d'être aimé et sécurisé, et ensuite parce que le cerveau est un tout qui ne fonctionne de façon normale que dans la globalité.

C'est la conjonction synergique de la pensée rationnelle et de la pensée irrationnelle, du langage verbal et du langage non verbal, de l'émotion et de la raison qui assure l'évolution de l'homme.

Sans cette synergie, l'homme agit de façon morcelée et n'atteint jamais l'équilibre qu'il recherche.

Malheureusement, la formation généralement offerte aux professionnels de la santé et de l'éducation ne les prépare pas à aborder la personne humaine dans le respect de son fonctionnement cérébral.

C'est pourtant une priorité de l'ANDC^MD de sensibiliser et de préparer les thérapeutes par l'ANDC^MD à respecter le fonctionnement global du cerveau humain et le fonctionnement global du psychisme de façon à leur permettre de participer à la création d'individus sains et équilibrés.

Chapitre 3
Respect du fonctionnement psychique

A. Vie psychique

Comme le somatique est indissociable du psychologique chez l'homme, il s'ensuit que le fonctionnement du cerveau est inséparable du fonctionnement psychique de la personne humaine. On sait pourtant que certaines spécialités expliquent l'homme par le seul angle du physiologique alors que d'autres l'abordent par le seul aspect psychologique. Bien qu'en touchant chez l'humain un seul élément on rejoigne par le fait même tous les autres, il n'en demeure pas moins qu'une approche qui s'adresse aux deux dimensions est nécessaire pour atteindre l'être de façon plus globale. La réduction de l'individu à l'une ou à l'autre de ces composantes risque, à mon avis, d'être aussi nuisible que la concentration de certaines approches thérapeutiques sur l'activation du seul hémisphère irrationnel ou que la concentration des stratégies d'apprentissage sur l'exploitation de l'unique hémisphère rationnel. Cela dit, on peut toutefois se demander ce que l'aspect psychologique ajoute à notre compréhension de la personne humaine que les connaissances au sujet du cerveau n'apportent pas. Ne serait-il pas suffisant de lier, grosso modo, la physiologie de l'hémisphère droit et du cerveau viscéral à l'activité psychique inconsciente, et de joindre le fonctionnement de l'hémisphère gauche et du cerveau supérieur à la partie consciente du psychisme ?

Ces rapprochements, même s'ils sont intéressants, ne suffisent pas à rendre justice aux nuances subtiles qui caractérisent le monde psychique. En effet, le mot « psyché » vient du grec *psukhê*, qui veut dire « âme ». Alors que le cerveau et de façon générale le soma sont palpables, visibles, concrets, l'âme est immatérielle, imperceptible, abstraite. Avec le psychisme, on entre dans une dimension invisible, spirituelle – au sens étymologique du terme –, incorporelle de l'homme, dimension qui, ayant fait l'objet depuis le XVIIIe siècle de nombreuses recherches, n'en demeure pas moins encore très mystérieuse.

Tout ce qui a été écrit au sujet de la vie psychique résulte non pas de certitudes, mais d'hypothèses qui trop souvent, hélas, ont été présentées comme des vérités absolues.

Les théories de Freud, de Jung, d'Assagioli, de Lozanov, de Lerède et de plusieurs autres sont en fait le résultat non seulement de leurs connaissances rationnelles, mais d'hypothèses en grande partie nées d'intuitions et d'expériences de vie.

Cependant, ces structures de l'appareil psychique, si hypothétiques soient-elles, ont eu pour avantage de confirmer l'existence de la vie immatérielle, ce qui prouve encore une fois que l'homme a non seulement besoin de sentir, mais également de nommer une chose pour la faire naître. Autrement dit, il a besoin du contenant autant que du contenu. Dans son processus de croissance et d'apprentissage, il a aussi besoin de faire intervenir l'hémisphère gauche autant que l'hémisphère droit de son cerveau. C'est le fait d'avoir et intuitionné et structuré et défini la vie psychique qui a contribué à manifester son existence. Aujourd'hui, la présence chez l'être humain d'une dimension incorporelle et invisible se voit même reconnue par la vie moderne, spécialement depuis la découverte de l'éon. Effectivement, dans son livre *L'esprit et la relativité complexe*, paru chez Albin Michel en 1983, Jean Charron démontre scientifiquement l'existence de particules « psychiques » rattachées aux électrons et dont les propriétés s'apparenteraient à celle de l'âme humaine. Par sa démonstration, le physicien français confirme ce qu'avait intuitionné la psychologie des profondeurs avec Jung et ce qui avait fait l'objet de croyances religieuses beaucoup plus anciennes.

L'âme, l'esprit et, plus récemment, la vie psychique ont toujours suscité chez l'homme un questionnement et n'ont cessé de le placer devant l'insondable. Entrer dans le psychique d'un homme, c'est pénétrer dans un monde aux frontières indéterminables, aux propriétés illimitées, à la nature indéfinissable ; c'est franchir le monde du multidimensionnel, de la polysémie, des hypothèses et des potentialités infinies, le monde par excellence de la vie émotionnelle, imaginaire, intuitive et spirituelle, et le monde de l'influence inconsciente.

Bien sûr, dans nos sociétés occidentales et modernes tournées vers le matériel et le rationnel, l'existence d'une activité d'essence immatérielle et irrationnelle demeure, pour un grand nombre d'individus, difficilement concevable. C'est d'ailleurs le propre de la science de vouloir tout expliquer, tout contrôler, tout cerner, tout comprendre, tout organiser, tout savoir. Qu'un aspect de l'homme échappe à ses investigations lui semble inacceptable.

Il reste encore, après des siècles de recherches, des dimensions humaines qui se refusent aux réductions scientifiques.

La dialectique des ténèbres et de la lumière, qui est à l'origine du monde, ne cesse de sous-tendre la vie. À mesure que le champ de la science éclaire l'univers, s'agrandit le champ des ténèbres. Quels que soient les cycles de la nature, il existe toujours un temps pour le jour et un autre pour la nuit. Il n'y a jamais de lumière sans ombre. En ce sens, l'homme est comme la ligne d'horizon : plus on avance vers elle, plus elle recule.

Dans l'approche de l'être humain, l'aidant doit donc accepter qu'il restera toujours chez l'aidé quelque chose qui lui échappe. C'est ce « quelque chose qui appelle l'évolution, qui pousse l'homme à atteindre de nouveaux sommets. Sans cet appel de l'inconnaissance », sans cet élargissement de la conscience vers l'infini, il n'y a pas de croissance réelle. Ce n'est pas tant ce que l'on sait qui nous fait avancer que ce que l'on ne sait pas. Le besoin d'apprendre est tellement fort chez l'homme qu'il est attiré par tout ce qu'il a à connaître, y compris l'inconnaissable. Accepter que l'on a encore tout à apprendre, et accepter aussi les limites de la raison par rapport au monde psychique, c'est accepter de croître et de changer.

C'est cette conviction qui guide l'ANDC^{MD}. Ainsi, l'aidant non directif créateur accepte qu'il y ait toujours, chez chacun des aidés, une partie dans l'ombre et l'autre au soleil. C'est en connaissant et en considérant l'existence de ces deux réalités que son approche sera respectueuse de la nature de chaque être humain et de sa vérité.

Une approche thérapeutique qui prétend tout savoir, tout organiser, tout diriger est une approche qui risque de manquer de respect vis-à-vis du monde psychique, lequel ne s'organise pas et ne se dirige pas facilement puisque seul l'être concerné possède les clés de son exploration.

C'est pourquoi l'ANDC^MD appuie l'hypothèse rogérienne suivant laquelle l'homme porte en lui-même la solution de ses problèmes et la voie de sa réalisation. Aider quelqu'un, c'est donc favoriser sa capacité d'entrer en lui-même et de prendre contact avec la source profonde de sa libération. Aider favorablement quelqu'un, c'est aussi reconnaître non seulement ce qu'il paraît être, mais surtout ce qu'il peut être de grand, de beau, de merveilleux et qu'il ne montre pas. La grandeur de l'homme ne se mesure pas uniquement à ce qui se voit, mais à ce qui se dégage d'impénétrable et d'indéfinissable de son monde psychique. C'est parce qu'elle respecte l'immatérialité de ce monde que l'ANDC^MD est une *Approche non directive créatrice*^MD.

Mais reconnaître l'existence de l'invisible chez l'homme et du mystère de sa vie psychique ne suffit pas. Il faut aussi donner à cette immatérialité un contenant, un sens, une définition, une structure. C'est d'ailleurs ce qu'ont fait les spécialistes les plus connus de la vie psychique, en particulier Freud et Jung, qui servent de référence à la plupart de ceux qui tentent actuellement de définir l'appareil psychique.

La conception de l'ANDC^MD en matière de vie psychique est, comme toutes les autres, une conception purement hypothétique qui n'a de sens pour moi que parce qu'elle a une résonance dans mon expérience de vie et que tous les jours j'en expérimente les bienfaits.

1. Le psychisme

Freud a divisé l'appareil psychique en trois parties : le conscient, le préconscient et l'inconscient. Il a donné à chacune de ces instances un sens bien défini en fonction des hypothèses qu'il a tirées de ses expériences professionnelles. Je ne développerai pas ici les conceptions freudiennes de la vie psychique mais j'adopterai, pour expliquer les hypothèses de l'ANDC^MD^, les notions de conscient et d'inconscient.

Le psychisme humain, selon la conception de l'ANDC^MD^, est formé de deux parties indissociables : la partie consciente et la partie inconsciente. Tout comme Jung dans *Psychologie de l'inconscient* (1978, p. 132), j'identifie le conscient à la raison et aux fonctions des puissances rationnelles, et je considère que l'irrationnel est d'abord et avant tout de l'ordre de l'inconscient. Ainsi conçu, l'irrationnel comprend tout ce que la raison ne peut ordonner, structurer, organiser et ce qu'elle ne perçoit pas de façon immédiate. Ainsi, les sensations, les émotions, les intuitions, qui sont de l'ordre de l'irrationnel, sont d'abord saisies par l'inconscient avant d'être perçues par le conscient. Dans bien des cas, les perceptions inconscientes n'ont jamais accès à la conscience, ce qui ne les empêche pas d'être présentes dans la partie inconsciente du psychisme et d'intervenir, à l'insu de l'individu, dans toutes ses relations. Plus le conscient rationnel est tout-puissant, plus le langage irrationnel de l'inconscient reste occulté.

Si, par exemple, la présence d'une personne nous est désagréable, l'inconscient percevra des sensations, des émotions et des malaises desquels il se défendra, et ce, avant que le conscient soit à l'écoute du langage irrationnel du corps et des sentiments. En réalité, la perception inconsciente est immédiate et globale alors que la perception consciente est souvent différée et morcelée. Le conscient observe, réfléchit, analyse, compare, classe, structure, ordonne, organise les idées, les pensées, les prises de conscience, les choses, alors que l'inconscient saisit globalement les sensations et les émotions avant de les rendre disponibles à la conscience, qui peut ou non les accueillir. Accueillir le langage irrationnel de l'inconscient pour le conscient suppose qu'il soit à l'écoute de la vie sensitive et affective, et cette écoute est souvent brouillée par l'interférence des mécanismes de défense dont l'intervention dans le psychisme est inconsciente. Un travail de libération psychique passe donc, comme nous le verrons plus loin, par la prise de conscience des mécanismes de défense qui bloquent le langage irrationnel des émotions et des sensations, et qui contribuent très souvent à donner à la raison des pouvoirs perturbateurs sur le monde psychique.

Dans sa relation avec son entourage et avec son environnement, l'être humain perçoit toujours inconsciemment des sensations et des émotions qui ont une influence sur sa raison. Même le discours le plus rationnel en apparence naît de la vie émotive et sensitive. Des émotions de toutes sortes, la plupart du temps inconscientes, sont à l'origine de tous les discours politiques, de toutes les décisions économiques, de toutes les formes d'enseignement. Cette réalité m'amène à énoncer l'hypothèse selon laquelle l'inconscient fonctionne comme le cerveau viscéral en ce sens qu'il influe sur le conscient. C'est donc dire que le psychique irrationnel, qui comprend les facultés sensitives, affectives, intuitives, spirituelles et créatrices, perçues d'abord inconsciemment par le psychisme, influe sur l'intervention de la conscience rationnelle. Autrement dit, toute intervention rationnelle ou logique a une source sensitive, émotive et intuitive de nature inconsciente.

Pour bien comprendre cette hypothèse, il est important de définir chacune des instances psychiques telles qu'elles sont conçues par l'ANDC^MD et de montrer leurs fonctions réciproques ainsi que leurs formes d'interaction pour ce qui est de la vie psychique.

2. Le conscient

J'appelle « conscient » la partie du psychisme qui est le siège de la pensée rationnelle, de cette forme de pensée qui préside aux fonctions intellectuelles, volitives, cognitives et verbales de l'esprit. C'est cette faculté qui permet à l'homme de connaître, d'accumuler, de classer, de structurer, d'organiser les connaissances et de procéder à l'élaboration du langage verbal. Le conscient donne aussi à l'être humain la possibilité de se connaître et de parvenir à des prises de conscience importantes à propos de lui-même, de son entourage et de son environnement. Isolée du reste du psychisme, c'est une faculté dépourvue de sensibilité, qui perçoit objectivement la réalité et qu'on peut programmer comme un ordinateur. On peut émettre l'hypothèse selon laquelle le siège physiologique du conscient se situe surtout au niveau du cerveau supérieur, ce cerveau dit « évolué » à cause de sa formation récente sur le plan phylogénétique.

Mais fort heureusement, le « conscient » n'est pas isolé du reste du psychisme et le néocortex n'est pas indépendant du cerveau viscéral, siège des émotions, puisque tout, chez l'homme, est interrelié. C'est pourquoi les perceptions de la conscience ou les prises de conscience ne sont jamais entièrement dépourvues de sensibilité. Elles sont plus ou moins influencées par l'inconscient irrationnel et par le cerveau viscéral. Toutefois le degré d'influence de l'inconscient sur le conscient, de l'émotion sur la raison, diffère d'une personne à l'autre et d'une situation à l'autre. Il diffère d'une personne à l'autre en ce sens qu'il dépend de ce que j'appelle l'« état psychique de l'individu » c'est-à-dire de tout ce que son psychisme a accumulé comme sensations, émotions, sentiments, blessures et connaissances depuis sa conception. Le degré d'influence de l'émotion sur la raison dépend aussi, dans la situation présente, des influences de l'entourage et de l'environnement. Il dépend enfin de la nature plus ou moins défensive de chaque être humain sachant que plus une personne est blessée psychiquement, plus elle est défensive. Si, par exemple, l'aidant par une attitude qui véhicule l'amour et le respect et des paroles non défensives s'adresse à l'ensemble du psychisme sans privilégier la dimension consciente ou la dimension inconsciente, ces deux dimensions ont plus de chances d'être harmonisées à l'intérieur du psychisme de l'aidé. En fait, plus l'émotion est niée, tant par l'individu lui-même que par son entourage, plus les perceptions du « conscient » sont indépendantes de ses goûts, de ses intérêts et de ses besoins, et, conséquemment, plus elles sont stériles, déformées et sources d'insatisfaction et de déséquilibre. En revanche, si le conscient a une ouverture sur l'irrationnel, ses perceptions sont plus adaptées aux besoins réels de l'être parce qu'elles sont connectées à son vécu et à ses ressources intuitives.

Mais le psychisme n'est pas toujours exploité de façon globale. Les approches qui accordent l'exclusivité au conscient et celles qui inhibent complètement son intervention ont pour effet de produire un déséquilibre qui se manifeste autant sur le plan physique que sur le plan psychique.

a. Le conscient du déséquilibre

Surexploitation de la conscience rationnelle

Le problème de l'hypertrophie de la conscience a été soulevé et développé de façon importante par Jean Lerède dans son merveilleux livre *Les troupeaux de l'aurore* (1980). Selon lui, l'homme, si évolué soit-il, ne peut pas tout conscientiser, tout appréhender, tout comprendre, tout résoudre avec sa seule raison. C'est pourtant ce qu'il tente de faire et les résultats sont plutôt pitoyables. En effet, les seuls pouvoirs de la raison et les seuls exploits de la science n'ont pas encore trouvé le moyen efficace, précise Lerède, d'améliorer la situation difficile dans laquelle est plongée la race humaine ni le moyen efficace de contrecarrer le mouvement de destruction écologique vers lequel l'environnement est dirigé, encore moins le mouvement de détérioration physique et psychologique vers lequel s'achemine l'être humain. Dans certains coins du monde, des milliers d'hommes et de femmes meurent de faim, des enfants sont condamnés à travailler dur du matin au soir pour gagner leur pitance, des individus sont emprisonnés pour avoir revendiqué le droit de vivre leur différence ; des innocents sont torturés pour entretenir la peur permanente qui maintient le pouvoir absolu des puissants. Et dans les pays dits « civilisés et riches », la raison a trouvé des formes de plus en plus subtiles de chantage, de pouvoir ou d'intimidation pour désinformer la population, pour asservir les hommes, les rendre dépendants en nivelant leurs pensées et leurs comportements. Un peu partout dans le monde, le pouvoir omniprésent de la pensée rationnelle tue la liberté et rend l'homme complètement déséquilibré.

On peut se demander à quoi sert la seule évolution de la science et l'exploitation exclusive du conscient pour améliorer la condition profonde de l'homme et pour résoudre ses problèmes d'insécurité et d'insatisfaction permanente. À quoi sert le monopole de la seule raison pour anéantir les menaces de destruction écologique, physique et morale qui planent sur l'humanité comme des épées de Damoclès ?

Il semble que par l'hypertrophie de sa pensée rationnelle l'homme s'est édifié un monde bâti sur la comparaison, l'évaluation, la compétition et la performance qui le pousse à se battre pour accéder à un pouvoir.

Il a construit lui-même son déséquilibre en concentrant sa propre édification sur des critères uniquement extérieurs. Son besoin de plus en plus grand de performances intellectuelles, de succès apparents et de résultats spectaculaires lui a fait négliger toute une partie de lui-même et étouffer ses dimensions affective, intuitive, spirituelle et créatrice.

Je me souviens ici du cas d'une adolescente de 15 ans, Éliane. Ses parents me l'avaient confiée en désespoir de cause. Leur fille, qui avait toujours été leur fierté, leur raison de vivre et leur bonheur était, depuis quelques mois, complètement transformée. De première de classe qu'elle avait toujours été, elle réussissait à peine à obtenir la note de passage requise par les élèves de cinquième secondaire. Au cours des deux semaines précédant la première consultation, elle avait refusé catégoriquement d'aller à l'école sous prétexte qu'elle s'y sentait jugée, critiquée, ridiculisée, rejetée. Dès notre première rencontre, elle m'a appris beaucoup de choses sur elle-même. Fille unique de parents aisés et professionnellement bien vus, elle avait, très jeune, développé des habiletés non seulement à l'école mais aussi dans ses cours privés d'anglais, d'espagnol et de piano. C'était une enfant pleine de talents et son père ne ratait jamais une occasion de montrer à tout le monde les exploits de sa fille en la laissant parler dans toutes les langues qu'elle apprenait. Éliane a ainsi grandi avec l'idée que sa valeur personnelle dépendait du regard admiratif que les autres posaient sur elle. Toute sa vie elle n'avait existé que par l'admiration des regards extérieurs quant à ses connaissances intellectuelles, linguistiques et musicales. Jamais elle ne s'était arrêtée à penser à elle, à ce qu'elle vivait dans ce spectacle permanent.

Heureusement pour elle, les adolescents ne ménagent personne. Ils l'ont effectivement rejetée et ridiculisée au point que tout son système de valeurs s'est effondré. Valorisée pendant des années par ses parents et ses professeurs pour ses performances intellectuelles et cognitives, elle était aujourd'hui objet de sarcasmes de la part de ses camarades qui la rejetaient pour les mêmes raisons qu'on l'avait adulée. Elle qui n'avait existé que par le regard des autres, comment pouvait-elle vivre dans un milieu qui ne la reconnaissait pas ? Elle ne pouvait que s'écrouler. Au cours de sa démarche thérapeutique avec l'ANDC^MD, Éliane découvrit qu'elle ne se connaissait pas du tout parce qu'elle s'était façonné un personnage qui répondait au modèle performant que ses parents lui avaient imposé. Elle a mis du temps à prendre contact avec la vraie Éliane, ce travail étant doublement difficile parce qu'elle côtoyait chaque jour ses parents. Ces derniers qui étaient prêts à tout pour sauver leur fille n'ont pas trouvé facile de remettre en question leurs croyances et surtout leur propre besoin de « paraître ». Ce fut une démarche qui engagea toute la famille. Je crois qu'Éliane s'en est sortie parce que ses parents l'aimaient réellement. Malgré les efforts que leur demanda la démarche de leur fille, ils acceptèrent de s'adapter à la situation. Éliane changea de collège l'année suivante, reprit sa dernière année du cours secondaire et décida de devenir jardinière d'enfants, ce qui demanda à son père un acte de renonciation et d'humilité extraordinaire. En effet, avocat bien coté, il espérait bien un jour laisser sa place à sa fille. Éliane, qui avait appris à dépasser la performance et le « connaître pour connaître » afin d'être à l'écoute d'elle-même, comptait bien se respecter non seulement dans le choix de son orientation professionnelle, mais dans la manifestation de ses différences dans tous les domaines de sa vie.

En fait, l'enfant éduqué selon le modèle exclusif du « savoir pour savoir » et des performances intellectuelles rencontre un jour ou l'autre une difficulté quelconque parce que ce modèle de surexploitation du conscient et de la pensée rationnelle entraîne une certaine forme de déséquilibre, basé sur le principe de l'accumulation.

En effet, par un entraînement mécanique répétitif qui s'acquiert généralement à l'école, le conscient peut accumuler les connaissances qui lui sont présentées, les retenir et les restituer verbalement et textuellement à un moment donné, comme un ordinateur. L'homme peut ainsi élargir de plus en plus son champ de connaissances par l'accumulation. C'est un principe surexploité un peu partout dans la société et surtout en éducation et en pédagogie :

« connaître pour connaître », « savoir pour savoir », sans participation, sans intégration. Plusieurs parents veulent que leurs enfants sachent beaucoup de choses sans se soucier de ce qu'ils vivent. Les enseignants sont souvent forcés, par l'évaluation qui mesure presque exclusivement l'accumulation des connaissances, de centrer leur approche pédagogique sur l'ingurgitation textuelle des notions enseignées. L'enfant apprend ainsi partout, à la maison, à l'école et ailleurs à amasser et à étaler ses connaissances comme on accumule et étale ses richesses matérielles dans les salons, dans la rue, dans les soirées mondaines. Celui qui sait est récompensé largement dans la société par une valorisation permanente et, à l'école, par de bonnes notes. C'est là d'ailleurs que se situe la seule motivation des « apprenants » : dans les récompenses consécutives à la restitution le plus fidèle possible, aux examens, des notions ingurgitées lors des enseignements uniquement centrés sur l'acquisition des connaissances rationnelles. C'est donc dire que l'émotion qui influence la raison dans la plupart des situations d'apprentissage est une émotion désagréable. C'est pourquoi il y a tant de jeunes qui détestent l'école et qui en sortent avec des diplômes qui attestent des connaissances oubliées ou des connaissances non intégrées, comme ce fut le cas d'Éliane.

En réalité, le savoir et l'avoir sont du même ordre. Plus l'on sait et plus l'on a, plus l'on se croit important et évolué parce que la reconnaissance sociale ne dépend pas surtout de ce que nous sommes mais de nos acquisitions matérielles et cognitives. Pour entretenir une image sociale valorisante, on entraîne le conscient à accumuler des connaissances, à les emmagasiner sans les confronter à ce que l'on est, à ce que l'on sent et à ce que l'on intuitionne.

C'est cette erreur que veut éviter l'ANDC^{MD} en mettant en interrelation constante le « savoir » et l'« être ». La formation des thérapeutes par l'ANDC^{MD} accorde une priorité, dans l'enseignement des théories, à l'intégration de celles-ci au vécu des élèves par une approche qui respecte la globalité du fonctionnement cérébral et la globalité du fonctionnement psychique.

Toutefois, pour intégrer la théorie au vécu, il faut d'abord apprendre à être attentif à ce que l'on ressent. Il est très courant de rencontrer des gens qui ne savent pas ce qu'ils vivent ni ce qui se passe en eux parce qu'on leur a présenté la subjectivité du vécu comme une faiblesse et comme une chose non valable.

L'éducation est remplie de ces formules qui favorisent la seule exploitation du conscient : « sois raisonnable », « sois objectif », « sois intelligent », « sois sage », « sois réfléchi », « sois sensé », « sois scientifique », « sois adulte ». Ces programmations courantes ont coupé plusieurs personnes de leur ressenti et conséquemment d'elles-mêmes.

Le fait d'être coupé du ressenti ne signifie pas qu'il soit absent mais qu'il est tout simplement occulté. C'était d'ailleurs le cas de Jocelyne, cette femme hypersensible et hyperémotive qui a passé sa vie à dompter ses émotions pour être raisonnable et répondre au modèle proposé par sa mère. Quand elle est venue me consulter, elle avait 43 ans, cet âge où, généralement, la « personne » veut prendre la place du « personnage ».

Jocelyne avait tellement mis d'énergie à nier ses émotions qu'elle ne les sentait plus. Elle ne vivait rien, quoi qu'il arrive de catastrophique ou d'heureux. Elle était sans vie, sans âme, un peu morte quoi! Ce qui l'a amenée en thérapie, c'est une envie profonde de mourir. Jocelyne n'avait aucune relation amicale ou amoureuse. Elle se sentait comme une automate, comme un robot actionné par une routine de survie. La vie n'avait pour elle aucun intérêt, aucune valeur. Longtemps, elle s'était satisfaite de ses performances intellectuelles et de ses succès professionnels, ce qui ne la comblait plus du tout au moment où nous nous sommes rencontrées. Comme elle avait de bonnes connaissances de la psychologie, elle était en mesure de faire sur elle-même des investigations très intéressantes à propos de son passé, de son histoire de vie et des conséquences logiques sur sa situation présente. Mais ces prises de conscience de nature plutôt théorique et intellectuelle ne l'avaient pas libérée de son problème. Jocelyne voulait retrouver la joie de vivre qu'elle avait perdue très jeune en souhaitant à l'époque devenir le modèle idéal de la femme « raisonnable ».

Les explications rationnelles et les connaissances théoriques n'étaient d'aucun secours pour l'aider. Elle y excellait déjà. Je ne crois pas non plus à la provocation de crises émotives pour libérer un individu de ses blocages. Ces crises ont souvent pour effet de fragiliser l'être ou de renforcer son système défensif. J'en reparlerai plus longuement. Avec Jocelyne, c'est la voie douce et imprévisible de l'imaginaire qui fut la voie royale de sa délivrance. Femme d'une grande sensibilité, elle avait bloqué sa vie émotionnelle parce qu'elle avait peur de n'avoir aucun contrôle sur elle. Les planches projectives du Projecto-Cram et l'ANDC^{MD}, qui respectent le rythme du client, lui ont permis de prendre contact avec son émotivité sans perdre la maîtrise d'elle-même. Elle s'est petit à petit dégagée de sa peur de l'émotion, ce qui lui a permis d'accepter de la sentir et de la vivre. Pour ce qui est des résultats concrets, Jocelyne a quitté son poste de vice-présidente d'une importante société pour se réorienter dans le travail auprès des enfants surdoués. Sur le plan relationnel, comme son nouveau milieu de vie était plus chaleureux que le précédent et qu'elle avait effectué sur elle-même un bon travail de démystification émotive, ses contacts humains sont devenus plus vrais parce qu'elle ne sentait plus le besoin d'être toujours raisonnable et performante. Cette femme que je n'ai pas vu rire ni même sourire pendant les premiers mois de nos rencontres s'est découvert progressivement une joie de vivre extraordinaire et s'est permis des fantaisies et des plaisirs « irraisonnables » qui lui ont fait aimer la vie. Par sa démarche thérapeutique, elle s'est donné la possibilité non pas de connaître mais de « se connaître ». Elle avait passé sa vie à nier sa subjectivité et celle des autres pour se conformer à un modèle de femme qui sait et qui montre ce qu'elle sait. Elle voulait maintenant entretenir l'équilibre entre son monde émotif et son monde rationnel sans privilégier l'un au détriment de l'autre.

Cet exemple et celui qui le précède montrent bien les dangers d'une conscience rationnelle surexploitée, dangers qui mènent du déséquilibre de la personne au déséquilibre du monde. Mais la surexploitation de la pensée logique n'est pas la seule cause de déséquilibre de l'homme. Il y a, à mon avis, autant de conséquences graves à sous-exploiter l'usage des facultés conscientes.

Sous-exploitation de la conscience rationnelle

Une vieille amie me téléphona un jour pour me dire que depuis deux mois elle était dans un état dépressif lamentable. Elle était devenue vulnérable et impressionnable au point d'avoir perdu tout contrôle sur ses émotions. Pour tout et pour rien, elle faisait des crises de larmes et de colère dont elle ne comprenait pas vraiment la cause puisqu'à sa connaissance aucun événement désagréable n'avait marqué sa vie au cours des derniers mois. Elle avait, au contraire, l'appui et le soutien de son mari et de ses enfants. En parlant, elle m'annonça que, curieusement, ses réactions hyperémotives avaient commencé en même temps que sa nouvelle démarche thérapeutique. Pour se connaître davantage et pour aller plus loin dans le travail qu'elle avait toujours poursuivi sur elle-même, elle avait entrepris, sur la recommandation d'une amie, des séances de thérapie à caractère émotionnel. Il s'agissait d'une approche qui provoquait la décharge émotive dans un but de libération totale des charges du passé accumulées dans l'organisme. Vu sa fragilité et à la suite de cette prise de conscience, elle décida d'interrompre pour quelque temps le processus entrepris. Une semaine plus tard, elle avait retrouvé son équilibre d'antan.

Les démarches thérapeutiques qui provoquent la décharge émotive sont, à mon avis, dangereuses et souvent nocives. En éliminant l'intervention des facultés conscientes, elles rendent le client dépendant du thérapeute et très impressionnable.

Comme elles ne s'adressent qu'à la vie irrationnelle, elles ont souvent pour conséquences de déstructurer l'être et de lui faire perdre ainsi tout pouvoir sur lui-même. Il devient, pendant et après les séances, à la merci de son entourage et de son environnement. Souffrant d'une absence de structure et de pouvoir sur sa vie, il développe une vulnérabilité et une fragilité qui le suivent partout.

L'expression de l'émotion ne doit jamais être provoquée ni dirigée de l'extérieur : elle doit être accompagnée et respectée dans son intensité quand elle se présente naturellement, sans être ni grossie, ni banalisée, ni diminuée ou bloquée par les intervenants.

L'être qui vit une souffrance émotive a besoin de présence, d'une structure d'accueil et d'écoute. Dans ce contexte, il avance à son rythme vers l'autonomie parce qu'il reste le seul maître de sa démarche. Il n'est pas dirigé par le thérapeute, mais guidé de l'intérieur par lui-même. Ainsi, il ne dépasse jamais les limites naturelles qui maintiennent l'intervention appropriée des facultés rationnelles et irrationnelles, lesquelles assurent l'équilibre de la vie psychique.

b. Le conscient de l'équilibre

Le conscient, siège de la pensée rationnelle, logique et verbale, n'est pas seulement le percepteur de connaissances et de réalités qui lui sont extérieures. Il a aussi la faculté de percevoir ce qui vient de l'intérieur de la personne humaine : ses besoins, ses émotions, ses résistances, ses désirs. Autrement dit, grâce à son intervention, l'homme peut non seulement connaître, mais aussi « se connaître » et savoir ce qui se passe en lui dans l'ici et maintenant de chaque situation. En ce sens, l'objectif de l'ANDC^{MD} n'est pas tant de favoriser l'élargissement du champ de connaissances que d'élever le niveau de conscience à propos de ce qui se passe autour de soi et surtout en soi.

L'élévation du niveau de conscience ne tient pas uniquement à l'augmentation de la quantité de nos connaissances intellectuelles.

Pour que les connaissances acquises soient utilisées et intégrées, et qu'elles profitent à l'évolution globale de l'homme, il est primordial de dépasser le « connaître pour connaître » par une prise de conscience plus élevée, plus globale, plus générale de tout ce qui nous constitue en tant qu'être humain : prise de conscience de plus en plus élevée de nos sentiments, de nos désirs, de nos peurs, de nos mécanismes de défense, de nos potentialités intuitives, imaginaires et créatrices, de nos forces, de nos limites et de nos faiblesses.

Une conscience rationnelle qui ne cherche pas uniquement l'emmagasinage et la consommation de connaissances, de théories et de techniques est une conscience plus humaine.

Une conscience plus humaine est une conscience tournée vers l'intérieur, prête à accueillir l'intuition, l'émotion et le sentiment sans lesquels il n'y a pas d'intégration ; une conscience qui prend son savoir dans l'être. Si on a bien compris le fonctionnement du cerveau, l'on sait maintenant que le besoin de connaître et d'apprendre ne prend pas son élan dans la conscience rationnelle. C'est parce que, dans telle situation, une personne ou un objet ont suscité en nous une émotion agréable que peut naître un désir de connaître. En voici un exemple personnel.

Quand j'ai vu pour la première fois une exposition de toiles de Salvador Dali, j'ai été très touchée par ce peintre et par ses tableaux. Profondément rejointe par ses œuvres, je suis, par la suite, restée éveillée à tout commentaire, toute allusion, tout article, tout interview qui concernaient ce peintre surréaliste que je trouvais vraiment génial et exceptionnel. Au cours de mes voyages dans les pays d'Europe et d'Amérique, j'ai pu non seulement voir de nombreux tableaux de Dali mais me procurer, sous forme de cartes postales ou de diapositives, un grand nombre de reproductions de ses œuvres. Parce que j'avais été émotivement atteinte par ses toiles, j'avais envie de connaître non seulement Dali mais le surréalisme et les peintres surréalistes.

Une chose toutefois m'intriguait. Pourquoi étais-je, à cette époque, touchée si particulièrement par ce type de peinture ? Qu'est-ce que Dali rejoignait en moi ? Comment expliquer ma réceptivité si grande à ce style précis d'art ? Non seulement ce « coup de foudre » m'avait-il donné le goût de connaître Dali, ses toiles, sa vie, sa pensée et les caractéristiques du surréalisme, mais il m'avait offert, par le fait même, la possibilité de me connaître plus encore. J'ai compris alors que Dali et sa peinture avaient touché en moi le goût du risque qui me caractérise, le désir intense de vivre et de manifester ma différence, le besoin profond de toujours oser plus, de créer et de recréer sans cesse ma vie et la soif incommensurable de liberté.

Ainsi, parce que j'avais été émue par les œuvres de Dali, j'ai non seulement élargi mon champ de connaissances mais aussi mon niveau de conscience. J'ai dépassé l'emmagasinage cognitif pour me découvrir moi-même tout en découvrant la peinture surréaliste.

Voilà, à mon avis, le cheminement du conscient de l'équilibre. À partir d'une suggestion extérieure qui nous touche intérieurement se développe un processus « conscient » qui favorise notre développement, notre évolution personnelle, notre connaissance de nous-mêmes et notre compréhension du monde. Toute approche thérapeutique ou pédagogique doit respecter ce principe pour être efficace. Le thérapeute, l'enseignant ou l'animateur, formé à l'ANDC^MD^, ont le souci permanent de s'adresser à l'être dans le respect de son fonctionnement. L'aidé, qu'il soit élève, client ou patient, avance beaucoup plus rapidement pour ce qui est de sa santé physique ou psychologique s'il travaille avec un aidant dont l'attitude et l'approche le rejoignent dans sa globalité psychique et non seulement intellectuellement ou rationnellement. L'approche globale de la conscience est propulsive. Elle entraîne un climat d'échanges verbaux et non verbaux qui fait avancer à un rythme surprenant à condition que l'aidant comprenne l'importance de faire intervenir le vécu pour déclencher un processus de prises de conscience de plus en plus élevées. Autrement, il ne respecte pas le fonctionnement naturel de son psychisme suivant lequel l'émotion influence la raison. Si l'aidé n'est pas atteint dans ce qui le touche vraiment, le processus d'évolution risque d'être grandement retardé ou tout simplement bloqué. C'est pourquoi l'ANDC^MD^ s'adresse toujours à la conscience sensible de façon à ce que toute thérapie, toute éducation, tout apprentissage allient le « faire » et le « savoir » à l'« être » et favorisent non seulement l'accumulation de connaissances mais surtout une intégration qui passe d'abord et avant tout par la connaissance de soi. Voilà ce dont la science a besoin pour que ses découvertes servent à résoudre les problèmes actuels de l'humanité : une conscience sensible, une conscience qui reconnaît l'influence de l'irrationnel sur son fonctionnement, une approche globale qui aborde l'homme dans le respect de ce qui le constitue physiologiquement et psychologiquement, une intervention qui s'adresse à ce que Jean Lerède appelle les deux formes de pensée avec lesquelles l'être humain aborde le monde : la pensée rationnelle du conscient et la pensée irrationnelle de l'inconscient.

3. L'inconscient

L'inconscient, partie irrationnelle du psychisme, est le monde de l'intuition, de la vie spirituelle et créatrice, des perceptions sensitives et surtout affectives du psychisme, des réactions directes, automatiques, spontanées du langage non verbal et de l'attitude. Selon mon hypothèse, l'activité inconsciente précède toujours l'activité consciente et le rationnel naît de l'irrationnel tout comme les facultés du cerveau supérieur sont influencées par celles du cerveau viscéral. En fait, spontanément, l'inconscient influe sur le conscient alors que la réciproque n'est pas vraie. Ce sont donc, dans la conception de l'ANDC^{MD}, les facultés sensitives et affectives qui influent d'abord sur les facultés rationnelles avant que ces dernières puissent intervenir de manière efficace. C'est donc dire que toute intervention qui s'adresse au conscient sans passer par l'inconscient, c'est-à-dire par la sensation, l'émotion et l'intuition, risque d'être une intervention stérile. Cette hypothèse peut remettre en question tout le fonctionnement des approches pédagogiques et thérapeutiques. Il est donc important de préciser le rôle de l'intuition et de l'émotion dans le déroulement des processus psychiques d'après la philosophie de l'ANDC^{MD}. Cette étude nous conduira vers l'importance de l'entourage et de l'environnement dans la constitution de la partie irrationnelle inconsciente du psychisme humain.

a. Inconscient et intuition

L'intuition est une faculté irrationnelle de l'inconscient qui donne à cette instance du psychisme la propriété de connaissance sensible immédiate des besoins réels, des choix pertinents, des décisions appropriées dans le sens d'une réalisation totale de soi et de sa mission de vie.

Depuis quelques années, la prolifération de certaines approches psychologiques et spirituelles a contribué à donner à l'intuition un pouvoir et un sens qui en font presque une réalité détachée du psychisme, une sorte de puissance infaillible que d'aucuns utilisent, à tort et à travers, pour diriger la vie des autres. En réalité, l'intuition est une faculté dont le langage peut être déformé parce que son fonctionnement est directement lié à la complexité psychique.

Se servir de l'intuition pour diriger la vie des autres, c'est s'octroyer un pouvoir absolu et irrévocablement dangereux. Tenter d'influer sur les autres en son nom, c'est se placer dans une position de domination et de supériorité qui peut causer beaucoup de torts. En effet, il suffit à certaines personnes de mettre le mot « intuition » sur ce qu'elles disent pour se donner un ascendant sur les autres et une importance qui entretient la dépendance. Le « j'intuitionne que tu » est inévitablement néfaste. Je ne crois pas que certains êtres aient des pouvoirs intuitifs qui leur donnent le droit d'orienter ma vie. C'est un pouvoir que je ne donne à personne sur moi-même parce que je suis convaincue que l'intuition en tant que phénomène psychique est une faculté qui, bien qu'infaillible en soi, devient faillible chez ceux qui ne sont pas conscients de leur fonctionnement défensif dans l'utilisation qu'ils en font pour mener la vie des autres.

Si l'objectivité rationnelle est généralement influencée par le vécu émotif qui la subjectivise, l'activité intuitive est souvent perturbée par l'intervention défensive des forces du mental. En effet, comme l'intuition est un phénomène psychique de nature irrationnelle, son fonctionnement est donc lié aux perceptions sensitives et affectives de l'inconscient. Souvent, parce qu'il a peur de l'intensité de ses émotions, l'être humain adopte vis-à-vis d'elles une attitude hyper défensive de contrôle rationnel. Cette intervention défensive du rationnel dans le processus irrationnel peut perturber le fonctionnement normal de l'intuition et être source de messages défensifs qui sont interprétés comme étant intuitifs. C'est donc dire que la qualité de l'intuition est directement proportionnelle à la capacité d'écoute du senti émotif et sensitif dans l'ici et maintenant, et ne s'atteint que dans un lâcher-prise de la raison défensive quand elle se veut toute-puissante.

Les êtres véritablement intuitifs sont des êtres qui ont développé une capacité extraordinaire à lâcher prise, à écouter leur vécu, leurs émotions, leurs sensations, des êtres qui ont appris à reconnaître les limites de la raison et à s'abandonner aux messages spontanés du langage irrationnel.

Cet apprentissage est, pour la plupart des gens, long et parfois difficile. Long parce que l'éducation ne nous prépare généralement pas à écouter et à exprimer le vécu affectif, émotif et sensitif, et difficile parce que l'écoute de soi suppose une capacité à faire face à toutes les peurs qui nous habitent, y compris la peur de la mort et celle de la folie. Les personnes vraiment intuitives ont généralement démystifié l'émotion et ont cessé de la fuir pour y faire face. Elles travaillent à libérer une grande partie des charges refoulées, accumulées dans l'organisme et le psychisme de façon à se défaire de leur attitude hyper défensive, qui est l'ennemi par excellence de l'intuition. Celui qui se défend contre l'émotion ou qui la fuit a un accès plus limité à la perception de la connaissance immédiate et ce, parce que passer par le ressenti et la conscience de l'émotion et des sensations physiques ouvre la porte aux couches profondes de l'inconscient. Autrement, l'intuition n'est qu'un mot utilisé pour prendre du pouvoir sur les autres alors qu'en réalité, elle sert à nous donner du pouvoir sur notre vie.

La sensation et l'émotion nous conduisent à l'intuition parce qu'elles ont la propriété, si on prend le temps de les ressentir, de décrocher l'individu des facultés rationnelles pour l'ouvrir à un monde où la raison défensive n'est pas efficace. Lors d'une situation douloureuse de deuil, de séparation ou de rejet, la raison n'a aucun pouvoir pour libérer la douleur psychique, sinon celui de favoriser l'identification des émotions ressenties. Son intervention, très souvent défensive, ne contribue qu'à couper l'être de son vécu et de lui-même. L'on sait qu'un tel processus a des incidences négatives à long terme sur le corps. Le monde de la souffrance relève du domaine de l'émotion et de la sensation, et c'est par elles et par elles seulement que la douleur peut être délogée. Passer par la raison défensive pour résoudre une souffrance, c'est bloquer l'énergie vitale nécessaire à sa libération parce qu'il n'est pas du pouvoir des forces rationnelles de soulager la douleur psychique, qui est par essence irrationnelle. La souffrance ne disparaît donc pas par le raisonnement, qui ne sert qu'à l'endormir, qu'à l'anesthésier, qu'à la refouler, mais par l'ouverture à la ressentir et, subséquemment, à en prendre conscience, à l'identifier, à l'accueillir et à la vivre. Et lorsque cette souffrance est entendue, elle peut alors laisser la place aux messages subtils de l'intuition et donner à l'être la possibilité de connaître l'expérience de la vie spirituelle. Cette expérience, la plus profonde qui soit, ne s'atteint, paradoxalement, que par un travail d'écoute et d'expression du corps et des émotions. Sans cette expérience, l'on ne peut parler de spiritualité mais plutôt de fuite de l'émotion et de mécanisme de défense.

L'expérience spirituelle est vraiment, à mon avis, l'aboutissement du travail sur le corps et sur la vie affective. Vivre cette expérience, c'est faire confiance en une force intérieure illimitée et connaître une paix bienfaisante et nourrissante, c'est atteindre ce niveau profond de l'inconscient qui nous unit au-delà des différences au reste de l'univers.

Mais l'apprivoisement des facultés sensitives et affectives, le développement des facultés intuitives et créatives, et l'expérience de la vie spirituelle demandent un décrochage du mental contrôleur. Comme trop souvent, l'éducation ne s'intéresse qu'aux valeurs de la matière et du conscient, les potentialités intuitives restent inexplorées et, conséquemment, utilisées parfois de façon sauvage par certaines personnes qui agissent sur la vie des autres « avec des gants de boxe », sans se préoccuper du vécu et de la liberté.

La véritable intuition a un respect sacré de la liberté des autres. Elle est discrète, intérieure et n'a aucun souci de prosélytisme. L'être vraiment intuitif se sert de cette faculté extraordinaire pour diriger sa propre vie mais jamais celle des autres.

Développer les qualités intuitives, c'est, je le répète, apprendre à écouter le ressenti, l'émotion, à démystifier nos états affectifs et apprendre à décrocher des facultés conscientes pour lâcher prise, et ce, parce que l'intuition en tant que faculté de l'inconscient et que mode de compréhension et de perception de cette instance psychique est inextricablement liée à la vie affective.

b. Inconscient et vie affective

L'inconscient, siège de l'irrationnel, ne perçoit pas et n'émet pas d'éléments d'information de nature cognitive, intellectuelle et verbale. Il perçoit et émet une information de nature intuitive, sensitive et principalement affective, et il garde en mémoire tous les éléments d'information qu'il reçoit. Contrairement au conscient qui oublie parfois une partie des idées, des événements, des faits, des connaissances qu'il a enregistrés, l'inconscient n'oublie rien des sensations qu'il a perçues surtout si ces sensations sont rattachées à un vécu de nature affective. Ce contenu affectif gardé en réserve par l'inconscient, se manifeste chaque fois qu'une situation présente intervient pour rappeler à la mémoire inconsciente les souvenirs passés. Notons ici une différence fondamentale avec Freud pour qui le passé conditionne et détermine le présent. Dans la conception suggestologique de Lozanov, qui influe sur celle de l'ANDC^MD^, c'est le présent qui fait intervenir le passé et qui lui donne un sens. Pour mieux comprendre cette affirmation, arrêtons-nous à l'histoire d'Esther.

Issue d'une famille déchirée, Esther, qui n'avait que 17 ans lorsqu'elle est venue me consulter, avait un passé marqué par l'insécurité. En plus de craindre que ses parents se séparent, elle avait très peur de son père parce qu'il avait la voix forte et qu'il faisait parfois à sa mère de sérieuses crises de colère. Elle était dans la crainte permanente d'être frappée ou battue par lui. Pourtant cette peur n'était pas fondée puisque son père l'adorait et ne l'avait touchée que pour lui donner beaucoup d'affection. Esther vivait, par rapport à cet homme, une certaine ambivalence. Logiquement, rationnellement, elle ne voyait aucune raison d'afficher une attitude négative envers lui puisqu'il avait toujours été un bon père pour elle. Affectivement, elle n'aimait pas cet homme et se sentait très ingrate et très coupable de vivre un tel sentiment. À mesure qu'elle avançait en âge, son rejet du père et sa culpabilité étaient de plus en plus forts. Aussi ne songeait-elle qu'à quitter la maison pour s'en dégager.

Dans mon travail avec Esther, sachant qu'elle aimait beaucoup la musique, j'utilisais souvent cet outil comme déclencheur du processus thérapeutique avec l'ANDC^{MD}. Un jour, j'eus l'idée de lui faire écouter une chanson d'Elvis Presley. Dès qu'elle l'entendit, elle se mit à pleurer comme une petite fille. Quel était le déclencheur d'une telle réaction ? Pourquoi la simple audition d'une musique avait-elle pu provoquer un tel bouleversement émotif ? J'ai suivi Esther dans sa peine sans faire quoi que ce soit qui eût pu la grossir, la diminuer ou la bloquer. Elle a pleuré longtemps avant de parvenir à la prise de conscience qui lui expliqua la source de son ambivalence devant son père. Dans l'expression de son émotion, Esther revit une scène qu'elle avait vécue environ vers l'âge de huit ans et qu'elle avait complètement occultée. Elle regardait la télévision lorsqu'elle entendit ses parents se disputer. Comme ils se disputaient régulièrement, elle n'y porta pas trop attention jusqu'à ce qu'elle entende sa mère crier. Elle se tourna alors et vit son père hurler les pires atrocités. Quand je lui demandai ce qu'elle regardait à la télévision à ce moment-là, elle me répondit, étonnée : « *C'est important ?* » Puis elle figea quelques secondes et me dit : « *Oui, c'était bien ça, je regardais un film d'*Elvis Presley. »

Cette histoire, qui mit un certain temps à se dénouer, explique bien l'intervention de l'inconscient dans une situation. Au moment où arriva l'événement, Esther, qui regardait Presley à la télévision, vécut une intense émotion de peur. Son inconscient, siège de la vie affective, enregistra la peur et l'associa à la sensation auditive correspondante : la musique d'Elvis Presley. Chaque fois qu'Esther entendait une chanson du roi du rock'n'roll, elle vivait beaucoup de tristesse et se sentait très mal à l'aise, mais ne savait pas pourquoi. Le conscient avait oublié l'événement probablement parce qu'il avait été trop dur à vivre. L'inconscient, par contre, avait gardé en mémoire les émotions et les sensations liées à l'événement. Chaque fois que la sensation correspondante apparaissait, un malaise se manifestait, mais la situation qui avait suscité cette peur restait occultée. Esther comprit pourquoi elle détestait son père alors qu'aucune raison logique ne justifiait son vécu. Son inconscient avait enregistré des émotions douloureuses qu'il n'avait pas oubliées. Cette prise de conscience née de l'expression des émotions refoulées a permis à Esther de discerner le passé du présent et de reconnaître que sa mère avait sa part de responsabilité dans cette relation et que, malgré cet événement, son père avait toujours été pour elle un homme bon, tendre et généreux.

J'ai observé dans ma vie personnelle et professionnelle que l'inconscient enregistre et garde en mémoire tout ce qui est lié à la sensation, à l'émotion et au sentiment, et que les émotions contenues perturbent le fonctionnement et briment la liberté. Cette observation m'a amenée à énoncer l'hypothèse selon laquelle *la vie affective forme le cœur de l'inconscient et du psychique, et que l'équilibre ou le déséquilibre d'un être humain dépend en grande partie de son histoire affective.*

Si, en effet, au cours de sa vie, une personne a connu des événements qui lui ont fait vivre régulièrement des émotions désagréables qu'elle n'a pas identifiées et exprimées, il est possible qu'elle soit psychiquement perturbée et que ses relations affectives en soient affectées. Si, en revanche, la vie l'a remplie d'émotions agréables ou désagréables qu'elle a pu identifier et exprimer, elle se sentira beaucoup plus libre intérieurement.

C'est donc dire que l'important n'est pas la nature des événements mais les circonstances affectives qui les entourent, comme le dit si bien Michel Lobrot (1983) et le contexte relationnel favorable à l'accueil et à l'expression du monde émotionnel. Le même événement peut avoir sur une personne une incidence perturbatrice alors qu'une autre n'en sera que légèrement dérangée.

À ce sujet, il me vient l'exemple de deux adolescents que j'ai connus il y a quelques années : Paul et Viateur. En revenant d'une fête où ils avaient consommé beaucoup d'alcool, ils eurent un grave accident de motocyclette qui les conduisit directement à l'hôpital pour un séjour prolongé. Paul, qui venait d'une famille unie, reçut tous les jours la visite d'un membre du clan familial. Très souvent, la famille entière était à ses côtés, ce qui lui permit de constater une fois de plus combien il avait de la chance d'être important aux yeux des siens et d'être aimé de ces derniers. Pour lui, l'événement ne fut qu'un moment désagréable de sa vie et, grâce aux circonstances affectives favorables qui l'ont entouré, il en sortit psychiquement plus fort. Pour Viateur, les choses se sont passées bien autrement. Placé en foyer nourricier dans une famille d'accueil parce que ses parents l'avaient abandonné, il traversa seul cette épreuve. Personne, à part la famille de Paul, n'est venu le voir à l'hôpital. Il revécut le sentiment d'abandon qu'il avait connu et se sentit délaissé et oublié de tous. Il voulut même un jour mettre fin à sa vie. Cette expérience fut pour lui infernale et il en sortit très meurtri et profondément bouleversé parce qu'il n'avait pu exprimer à personne ses émotions déchirantes et souffrantes.

Dans le cas de Paul, les inconvénients sérieux de l'accident furent compensés par un vécu affectif agréable et sécurisant. Dans celui de Viateur, la souffrance causée par l'événement fut considérablement augmentée par la plaie intérieure et profonde du sentiment d'abandon non exprimé qu'il portait en lui. La vie affective de Viateur était hypothéquée par un manque de présence et d'amour; il en était psychiquement perturbé puisque, on le sait, la vie émotionnelle se situe au cœur du psychisme de l'homme et que l'expression de l'émotion agréable ou désagréable dans la relation affective favorise sa libération et conséquemment l'équilibre psychique.

Les cas de Paul et de Viateur nous prouvent que tout événement, même s'il a une réalité objective pour la conscience rationnelle, a une résonance subjective chez les personnes qui l'ont vécu. L'intensité de cette résonance dépend de l'expérience émotionnelle et affective de chacun. *Le vécu d'un être humain est, à mon avis, la chose la plus respectable qui soit. Personne au monde ne peut discuter, expliquer, analyser ou juger le vécu des autres. Il est la partie de l'être la plus vraie et la plus personnelle.* Ridiculiser, rejeter ou nier le vécu émotif et affectif d'un être humain, c'est le détruire et tuer en lui la source d'expression, de créativité, de vie. Ce qu'un homme vit est absolument incontestable, indéniable, irréfutable.

Le vécu, c'est un pôle sacré de l'être, le cœur de son temple intérieur ; et rejeter ou contrôler l'émotion d'un être humain vient à lui enlever le droit d'être et de manifester non seulement sa différence mais sa vraie nature d'homme.

Combien d'individus sont dépourvus d'énergie vitale parce que leur vécu n'a à peu près jamais été entendu et reconnu.

Vivre, c'est sentir dans son cœur et dans son corps la joie, le plaisir, la satisfaction, la fierté, le bonheur et aussi la tristesse, la peine, l'agressivité, la colère, la jalousie, la douleur. Vivre, c'est se donner le droit d'écouter et d'exprimer, de façon responsable, les émotions et les sentiments qui nous habitent.

Le vécu d'un être humain constitue sa réalité. L'écouter, c'est le respecter et le libérer. Une éducation qui nie le vécu nie par le fait même la personne. Malheureusement l'émotion non écoutée et non libérée ne disparaît pas, mais se loge quelque part dans le corps et dans le psychisme pour se manifester un jour ou l'autre sous forme de maladie.

Le problème de Viateur n'est donc pas seulement d'avoir connu des expériences affectives douloureuses mais aussi et surtout de n'avoir pu partager avec personne sa souffrance. Le besoin d'écoute explique la popularité des écoles de thérapie. Beaucoup de gens découvrent en la personne du thérapeute le seul être au monde qui les écoute et les accepte. C'est pourquoi l'ANDC^MD accorde à l'écoute sans jugement et au respect intégral du vécu une importance capitale en relation d'aide. Le vécu, dans la conception de l'ANDC^MD, est ce que j'appelle le « contenu de l'approche », cette partie qui ne peut être abordée que de façon non directive. Et nous verrons plus loin que savoir écouter est un art que très peu de gens possèdent. C'est dans la façon respectueuse et essentiellement non directive d'écouter l'autre que les changements s'opèrent et que l'homme renaît à la vie. C'est pour cette raison que la formation des thérapeutes par l'ANDC^MD est d'abord et avant tout une formation à l'écoute non seulement des autres mais surtout d'eux-mêmes, ce qui suppose inévitablement un travail de libération personnelle et d'autocréation permanente que bien peu d'aidants ont entrepris et poursuivi.

Comment aider les gens comme Viateur, sinon, d'abord et avant tout, par une écoute non directive et par une attitude qui véhicule l'acceptation respectueuse, l'amour et la foi de l'aidant ? Je suis profondément convaincue que c'est là la base d'une approche éducative et thérapeutique efficace. Toutes les techniques de relation d'aide et toutes les méthodes d'enseignement ont bien peu d'effets par elles-mêmes si elles ne sont pas utilisées par des intervenants qui ont adopté une attitude d'écoute aimante et acceptante.

Le monde émotif d'un être humain est tellement vulnérable qu'il ne peut être abordé que de façon non directive et globale. En effet, la vie affective d'un individu est tellement complexe qu'il est impossible à la seule pensée rationnelle de résoudre des problèmes d'origine affective. La raison défensive est incapable d'opérer efficacement dans ce magma d'émotions agréables et désagréables et de sentiments positifs et négatifs qui forment l'état psychique d'un individu.

Toutefois, pour satisfaire le besoin légitime de compréhension de la pensée logique, il importe de bien distinguer l'émotion du sentiment pour ensuite saisir comment se forme l'« état psychique » d'un être humain et quelle en est l'incidence sur sa vie relationnelle.

4. L'émotion et le sentiment

L'émotion est un phénomène physiologique et psychologique qui s'exprime par une réaction intense, globale et ponctuelle par rapport à une situation ou à une personne, et qui se manifeste par les malaises physiques bien connus que sont les palpitations, les tremblements, les rougissements, l'accélération du pouls, etc. (Sillamy, 1983).

Le sentiment constitue un phénomène psychique qui se construit subrepticement et qui s'incruste profondément dans le psychisme où il prend racine. Contrairement à l'émotion qui disparaît en même temps que son élément déclencheur réel ou imaginaire, le sentiment, entretenu par les constructions imaginaires, persiste au-delà des événements et peut habiter l'individu pendant des mois, voire des années.

Par exemple, si une personne a peur de prendre l'avion, elle ressentira cette peur dans son corps durant tous ses voyages et s'en libérera dès qu'elle touchera le sol. Il n'en restera alors qu'un mauvais souvenir et qu'une certaine impression de malaise physique et psychique qui finira par disparaître. L'intensité de son émotion disparaîtra quand elle quittera l'avion et les symptômes physiologiques et psychologiques pourront réapparaître quand elle revivra par intermittence cette peur dans l'imaginaire.

Le sentiment, par contre, n'apparaît pas aussi soudainement. Il se forme lentement et s'enracine dans le psychisme avec le temps et à l'insu de la personne. Ainsi, le sentiment d'amour véritable se construit petit à petit et persiste même en l'absence de l'être aimé. Il est impossible par exemple de déloger le sentiment d'amour d'une mère pour son enfant. Ancré en elle, il ne disparaît généralement jamais. Chez l'être humain, les sentiments et les émotions vécus au cours de la vie forment donc un tout complexe : l'état psychique. Mais comment se forme cet état psychique ?

Puisque les facultés rationnelles de l'enfant ne se sont pas développées au cours de sa vie utérine et qu'elles le sont très peu dans les mois qui suivent sa naissance, il perçoit le monde extérieur de façon inconsciente, ce qui rend les premières années de sa vie particulièrement importantes. Ses premiers contacts avec le monde sont des contacts d'ordre sensitif et affectif, et comme sensation et affection sont intimement liées, le toucher, la voix, l'odeur de la personne qui s'en occupe ne sont perçus agréablement par le nourrisson que s'ils sont accompagnés d'émotions et de sentiments vécus avec authenticité. Quand la mère prend son enfant dans ses bras, elle lui communique, par les sensations et par l'énergie qu'elle dégage, ses propres sentiments, ses propres émotions. Si ces émotions-là sont généralement agréables, l'enfant le sentira, ce qui assurera son bien-être et stimulera sa croissance. Par contre, si la mère dégage fréquemment sur l'enfant des sentiments de rejet, d'impatience ou d'indifférence non reconnus et non exprimés, le psychisme du bébé s'en imprégnera et sa poussée évolutive risque d'être retardée ou perturbée. .

Bien sûr, l'être humain naît généralement avec le potentiel physique et psychique nécessaire à son développement. À la naissance, l'enfant possède déjà des dispositions physiques et psychologiques héritées de ses parents. Mais en dépit des acquis qui le distinguent déjà, on ne peut nier le fait que, pour se développer sans problème, le nourrisson dépend complètement de son entourage et de son environnement. Sur le plan physiologique, il a besoin de chaleur et de nourriture. C'est pour lui une question de survie biologique.

Toutefois, les besoins de l'enfant et de l'homme en général ne sont pas seulement d'ordre physique, ils sont aussi d'ordre psychologique. L'enfant bien nourri et bien logé n'évoluera pas normalement sans présence affective et sans échanges affectifs. L'amour de la mère et du père a une influence directe telle sur le psychisme de l'enfant que, sans cet amour, son évolution psychologique s'en trouve sérieusement bouleversée ou ralentie.

Cela signifie qu'il ne suffit pas de donner à un enfant tous les soins nécessaires sur le plan physique ; si en même temps on ne lui donne pas l'amour, on hypothèque de façon certaine son équilibre. Le besoin d'amour est inné comme le besoin de nourriture. C'est une question de survie psychique particulièrement à cet âge.

Le langage affectif lié aux sensations est le seul langage que le nourrisson peut percevoir puisqu'il n'a pas encore acquis ses structures langagières verbales. Ce langage, parce qu'il est non verbal, agit directement et spontanément sur le psychisme de l'enfant et ses effets sont immédiats. L'enfant perçoit sensitivement et inconsciemment les sentiments de sa mère et ce, qu'elle le veuille ou non, qu'elle le cache ou non. Voilà pourquoi il est fondamental que la mère aimante prenne souvent son enfant dans ses bras, au moins chaque fois qu'elle le fait boire.

Le nourrisson a un besoin vital d'être touché pour percevoir l'amour qui lui est nécessaire à son équilibre psychique.

C'est pour cette raison que l'absence de présence est aussi perturbatrice que le manque d'amour. Je n'insisterai jamais assez sur l'importance du toucher dans les relations humaines. Un toucher qui véhicule l'amour authentique vaut mille mots parce qu'il communique le sentiment réel.

Malheureusement, l'éducation puritaine a banni le toucher de la relation, lui donnant une connotation négative à peu près exclusivement sexuelle. En supprimant le toucher, on supprime en grande partie un langage par excellence d'amour et de vie, le langage irrationnel et non verbal de l'inconscient.

Il est bien sûr nécessaire de repréciser que le langage irrationnel de l'inconscient reflète l'état psychique d'un individu. Et cet état n'est pas formé d'un seul sentiment ou d'une seule émotion. Il est composé des traces affectives qu'ont laissées en lui ses expériences passées et des influences présentes de son entourage et de son environnement.

c. Inconscient et influence

L'influence de l'environnement et de l'entourage est prépondérante dans la formation des contenus affectifs de l'inconscient. Plus l'enfant est jeune, plus l'influence extérieure est grande puisqu'il n'a pas encore établi ses structures rationnelles et son système de protection. Il perçoit donc émotivement et sensitivement presque sans barrière tout ce qui l'entoure. Ainsi s'élabore petit à petit, au fur et à mesure qu'il grandit, son état psychique, qui, selon les influences de son entourage, sera plus ou moins perturbé. Mais les contenus de son état psychique, formés, notamment, des vécus émotifs des expériences passées, sont toujours présents en lui. En effet, l'inconscient, dans la conception de l'ANDC[MD], n'est pas le réservoir de contenus passés qui influent sur le présent et le déterminent fatalement. Dans notre approche, comme dans celle de la suggestologie lozanovienne, c'est la situation présente qui appelle le passé en ce sens que l'information accumulée dans l'inconscient au cours de la vie d'un individu est toujours présente et disponible dans son psychisme et c'est la situation actuelle qui la fait remonter à la conscience. En réalité, la situation présente peut appeler les émotions bloquées – ce fut le cas d'Esther – comme elle peut aussi appeler les potentialités créatrices. L'information accumulée dans l'inconscient tout au long de la vie d'un être humain n'est pas entièrement liée à des charges émotives désagréables. L'inconscient, siège de l'irrationnel, de l'intuition et des potentialités créatrices, enregistre aussi tout ce qui entoure l'émotion et les sensations agréables. C'est pourquoi il renferme beaucoup de réserves positives de toutes sortes. Autant la situation présente peut favoriser le déblocage des émotions refoulées, autant elle peut, comme le précise Lozanov, susciter l'activation des puissances créatrices. En ce sens, cette conception hypothétique de l'inconscient a pour avantage d'éclairer le présent pour mieux construire l'avenir plutôt que de ramener l'être humain toujours en arrière, vers un passé qui n'est plus. Ici le passé est appelé par la situation présente pour libérer les blocages et la créativité.

L'interaction avec son environnement et avec son entourage dans l'ici et maintenant des situations quotidiennes contribue à favoriser ou à bloquer la libération et l'évolution de l'être humain.

Dans la conception de l'ANDC[MD], comme dans celle de la suggestologie, l'inconscient d'un être humain est indissociable de la situation, de la relation, de la communication. Le psychisme de l'enfant se construit dans sa relation avec les personnes qui s'en occupent. Mais cette construction de base n'est pas immuable, ni inflexible puisque l'homme est toujours en relation. Il peut donc ainsi, par son contact avec le monde qui l'entoure, reconstruire en permanence son état psychique, à condition qu'il prenne conscience de ses malaises et qu'il prenne la responsabilité de choisir un environnement dans lequel il se sent bien et un entourage qui le propulse vers son évolution et sa réalisation. Autrement dit, si enfant, il a vécu des expériences affectives qui ont marqué plutôt négativement son psychisme, il peut, adulte, en s'entourant d'influences affectives agréables, transformer son état psychique de façon à trouver un certain équilibre. Voilà ce qui explique les prétendus miracles de transformation, qui, parfois, ne sont dus qu'à un changement d'influences extérieures. C'est pourquoi l'influence inconsciente d'un aidant est si déterminante pour la croissance d'un aidé. C'est aussi pourquoi il est parfois si salutaire de quitter certains milieux pour vivre ailleurs. Bien sûr, en changeant d'endroit, l'on apporte avec soi ce que l'on est. Mais l'homme n'est pas isolé du reste du monde ; il est en interaction constante avec son entourage et son environnement, qui exercent sur lui une influence importante. Rester incrusté dans un même milieu en évoluant toujours auprès des mêmes personnes, c'est recevoir le même type d'influence et c'est, conséquemment, entretenir les mêmes fonctionnements et les mêmes insatisfactions. Changer d'environnement, c'est se donner de nouvelles influences qui transforment les premières et qui favorisent les remises en question.

Je me permets ici d'apporter un exemple personnel de changement de milieu de vie. Je suis née dans une petite ville du Québec située tout près de la frontière ontarienne. J'ai grandi à cet endroit que j'ai quitté durant quatre ans pour faire mon brevet A à l'École normale de Valleyfield où j'étais pensionnaire. Après mes études en pédagogie, je suis revenue dans ma ville natale pour enseigner à l'école secondaire où j'ai travaillé pendant 18 années de suite tout en poursuivant mes études universitaires à temps partiel. Après toutes ces années, j'ai senti un besoin pressant de changement et de renouveau. J'avais l'impression de ne plus pouvoir me réaliser là où j'étais. Comme je venais de terminer une maîtrise à l'Université de Montréal, j'ai pris la décision d'aller faire un doctorat à Paris. Cette décision ne fut pas facile à mettre en action puisque je ne vivais pas seule. Ce projet touchait aussi mon conjoint et mes quatre enfants âgés à l'époque de 13, 10, 7 et 3 ans. Nous avons mis près de deux ans à réaliser le projet qu'on ne pouvait actualiser sans détachement. Ce sont les revenus de la vente de tous nos avoirs qui nous ont permis, le 25 juin 1982, de débarquer à Paris, où nous avons vécu tous les six comme étudiants pendant trois ans. Inutile de raconter toutes les démarches de préparation et toutes les aventures que nous avons vécues là-bas. Quoi qu'il en soit, cette expérience extraordinaire a marqué un tournant dans notre vie personnelle et professionnelle. Nous avons fait sur nous-mêmes un chemin impressionnant en nous libérant de dépendances et d'étiquettes qui nous avaient emprisonnés. Nous nous sommes découvert de nouveaux intérêts, de nouvelles possibilités et nous avons trouvé ainsi notre voie personnelle de réalisation. Les influences de ce nouveau milieu de vie ont été pour nous d'un enrichissement remarquable. S'entourer de nouvelles influences qui agissent sur notre inconscient, c'est nécessairement se créer une voie de transformation.

Je touche ici la notion de responsabilité développée dans le premier chapitre. Comme l'être humain est imprégné des influences qui ont marqué sa vie, il peut manifester une tendance à la passivité qui le rende à la merci des influences extérieures et entretenir ainsi une vie de victime qui blâme les autres de ses déboires. Cette attitude irresponsable entretient la dépendance et la souffrance intérieure parce qu'elle est soumise au pouvoir qu'on laisse aux autres.

Rendre nos éducateurs – parents ou professeurs – responsables de nos problèmes, c'est d'abord s'enlever toutes les possibilités de libération et notre pouvoir d'action et de création. C'est aussi dépenser une énergie qui ne donne aucun résultat satisfaisant.

On entre de la sorte dans une chaîne généalogique qui n'a pas de fin. En effet, on peut blâmer nos parents, qui, eux, peuvent accuser les leurs et ainsi de suite jusqu'aux dernières branches de l'arbre généalogique. Sachant que la situation présente influence le fonctionnement psychique, il est beaucoup plus sain et plus efficace de prendre la responsabilité de choisir un environnement et un entourage qui exercent sur notre inconscient un effet régénérateur et libérateur. Nous pouvons prendre en main notre vie en nous créant des changements propices à notre mieux-être. Bien sûr, le changement fait peur et insécurise, mais il a souvent le pouvoir de transformer et de propulser. Il n'est pas nécessaire de procéder à des changements radicaux ; parfois, les tout petits changements de la vie quotidienne libèrent de la routine emprisonnante et ont un effet décompresseur surprenant. Se placer consciemment dans de nouvelles situations, même les plus simples, c'est offrir à son inconscient des éléments d'information inhabituels qui non seulement enrichissent mais contribuent à dénouer progressivement des noyaux figés par le misonéisme, la répétition et la routine.

Cette conception de l'influence inconsciente, adoptée par l'ANDC^MD, a pour avantage d'être une conception positive de la vie psychique. Je ne crois pas et je n'ai jamais accepté de croire aux structures inflexibles de l'inconscient. Je ne crois pas et j'ai toujours refusé de croire que les expériences de l'enfance déterminent fatalement à distance toute la vie d'un individu et que, dans le cas d'expériences négatives, il n'y a pas d'espoir. Le croire serait nier l'incidence de la vie présente sur l'être ; le croire serait nier les possibilités de changement et nier l'action des influences extérieures permanentes sur le psychisme. Je suis profondément convaincue, et mon expérience me l'a confirmé, qu'il y a toujours possibilité de changement vers un mieux-être, qu'il y a toujours possibilité de transformer l'état profond par un travail constant sur soi-même pour se connaître mieux par la création incessante de projets de vie et par le choix de s'entourer d'influences nouvelles et positives dans la vie présente.

On ne peut pas, bien sûr, changer les événements passés qui sont à l'origine de nos bouleversements

psychiques, mais on peut, sans aucun doute, et quel que soit notre âge, transformer l'état psychique formé par ces événements en se créant des changements favorables quotidiennement, en suscitant des évènements affectivement agréables par le choix conscient d'un environnement harmonieux et d'un entourage sain.

L'importance de l'environnement

Je ne saurais trop insister sur l'importance de l'environnement, que je considère, à la suite de Lozanov, comme un des éléments fondamentaux des processus de changement. Toute l'histoire de l'évolution du monde terrestre et de l'homme est directement liée aux mutations de l'environnement. Pour ne mentionner qu'un exemple, on sait que certaines espèces animales sont disparues au cours de la préhistoire parce que l'environnement climatique et conséquemment végétal ne répondait plus à leurs besoins de survie. C'est le cas des animaux préhistoriques. D'ailleurs, l'homme n'est-il pas apparu sur la planète au moment où sa survie pouvait être assurée par l'environnement naturel ?

Michel Lobrot (1974) affirme et prouve la prépondérance de l'influence de l'environnement sur le développement général de la personne humaine. Des jumeaux séparés à la naissance et placés dans des milieux complètement différents se développent en fonction de la richesse ou de la pauvreté de leur environnement. Le même phénomène se produit chez des enfants ou même chez des adultes qui sont appelés au cours de leur vie à changer de cadre de vie. Des changements notables se manifestent dans leur personnalité, qui peuvent aller de la régression la plus décevante à l'évolution la plus surprenante.

Cette action déterminante de l'environnement sur l'homme n'est pas concentrée uniquement sur la petite enfance.

L'environnement agit sur l'être humain tout au long de sa vie ; donc, un environnement riche intellectuellement et visuellement assure un développement affectif et progressif des fonctions cérébrales et des réserves psychiques, et ce, quel que soit l'âge de l'individu.

Mais qu'est-ce qu'un environnement riche ?

Sur le plan extérieur, un environnement riche est composé à la fois d'éléments naturels et culturels. L'équilibre de la nature agit sur l'inconscient de l'être humain pour lui procurer calme, détente et paix intérieure. L'effet bénéfique de la nature sur l'état psychique n'est plus à prouver. L'activité physique en plein air est un des meilleurs éléments curatifs dans les cas de dépression. Je crois que l'homme a besoin de se ressourcer en pleine nature parce qu'il y trouve un moyen efficace de s'intérioriser dans un monde tourné presque exclusivement vers la vie extérieure.

À l'influence bienfaisante de la nature doit s'ajouter celle de la culture. Quand j'ai vécu à Paris avec ma famille et que j'ai voyagé dans les pays d'Europe, j'ai compris l'importance de s'entourer d'influences culturelles de toutes sortes. La richesse artistique de l'architecture, de la sculpture, de la peinture, de la musique est d'un apport considérable dans la stimulation des forces inconscientes. D'ailleurs, l'ANDC^MD utilise, dans son approche, la valeur symbolique des œuvres artistiques comme langage qui agit efficacement et en douceur sur l'inconscient pour libérer les blocages affectifs ou pour libérer les puissances créatrices.

Donner à un être humain un environnement extérieur riche, c'est favoriser l'exploitation de ce que Lozanov appelle ses « potentialités latentes ». C'est pourquoi le Centre de relation d'aide de Montréal est situé près de l'un des plus beaux parcs de la ville. Dans ce milieu naturel tout à fait exceptionnel, chacun peut à sa guise profiter de ses temps libres pour marcher dans les sentiers ou tout simplement se laisser bercer par le calme, la fraîcheur et la beauté de la nature.

L'influence de l'environnement se fait aussi sentir dans les cadres intérieurs de vie ou de travail. Les dimensions d'une pièce, l'éclairage, la décoration, la composition du mobilier et surtout l'agencement et le choix des couleurs sont autant d'éléments qui agissent sur l'inconscient d'un individu pour lui procurer bien-être ou mal-être. Aménager agréablement son milieu de vie ou de travail, c'est se donner le plaisir d'y être bien et d'y vivre heureux. J'ai le souci de décorer mes locaux de cours avec des œuvres d'art ou des reproductions artistiques agréablement suggestives, et aussi avec des couleurs chaleureuses de façon à ce que chacun s'y sente bien accueilli et bien à l'aise.

Généralement, l'aménagement physique d'un lieu reflète l'image intérieure de ceux qui y vivent. C'est pourquoi un lieu n'est jamais neutre et dégage toujours des vibrations qui sont ressenties comme agréables ou désagréables par l'inconscient des gens qui y circulent. Ces apports, de nature sensitive, communiqués à la partie irrationnelle de l'être par l'environnement, ont un effet positif doublement agréable s'ils sont accompagnés des stimuli affectifs dégagés par l'entourage.

L'influence de l'entourage

Le rôle de l'entourage pour ce qui est de l'influence inconsciente sur le psychisme est d'une importance considérable sur son état psychique. Ce que l'inconscient d'un individu perçoit des êtres qui l'entourent, ce sont surtout les émotions et les sentiments exprimés par leur attitude. Ces influences ont une incidence déterminante dans l'élaboration de l'état psychique puisque rien n'échappe à l'inconscient des vibrations affectives qu'il reçoit. Ceci nous prouve l'importance capitale des relations familiales, amicales, amoureuses ou professionnelles quant à l'état de santé psychique de l'individu. S'il vit dans un monde qui dégage des vibrations affectives dysharmonieuses, il risque d'entretenir une perturbation qui brimera, du moins temporairement, son équilibre et diminuera sa joie de vivre. En revanche, s'il se sent accepté, reconnu, respecté et aimé de son entourage, non seulement il transformera progressivement son état psychique mais il développera sa créativité.

Il est donc fondamental de se créer un entourage dans lequel et avec lequel on se sent bien.

Tout comme il est essentiel de former des gens – thérapeute, animateur, éducateur – qui, grâce au travail qu'ils font sur eux-mêmes, dégagent des vibrations propulsives par l'effet d'une attitude authentique et respectueuse des différences. Cette attitude se doit d'être en harmonie avec le langage verbal pour ne pas livrer un double message. Les résultats d'une approche thérapeutique ou éducative passent surtout par l'attitude des aidants. Voilà pourquoi l'ANDC^MD accorde à la personne de l'intervenant une importance prioritaire et déterminante dans la relation d'aide.

Bien sûr, tous ces phénomènes d'influence qui agissent sur l'inconscient n'ont de réalité que dans l'expérience vécue des gens. Le monde de l'irrationnel, difficilement accessible dans son ensemble à la conscience rationnelle qui se veut toute puissante et qui accepte mal ses limites, est un monde qui échappe en grande partie aux structures et aux investigations analytiques de la pensée logique. Pour y accéder, il faut être en contact avec des dimensions de l'être qui ne se laissent contrôler ou nier qu'au prix d'un déséquilibre. Je le répète, puisque l'inconscient est le siège de l'irrationnel, on ne peut faire à son sujet que des hypothèses tirées de nos expériences de vie. L'hypothèse principale qui se dégage de mes affirmations est que l'inconscient est le siège par excellence de l'influence réelle.

L'influence : un phénomène d'ordre affectif

L'influence est un phénomène d'ordre principalement affectif. Autrement dit, c'est par le sentiment et l'émotion qu'est bloquée ou accueillie l'influence extérieure.

On n'influence pas quelqu'un uniquement avec des explications rationnelles, des arguments logiques, encore moins avec des justifications et des développements analytiques. Pour se laisser influencer par les autres, l'être humain a d'abord besoin d'être agréablement touché.

Toute personne qui est à l'écoute de ce qu'elle ressent n'acceptera pas à long terme l'influence de quelqu'un qui n'est pas authentique et en présence de qui elle se sent mal à l'aise.

Il y a en l'homme, comme le dit Rogers, une tendance naturelle à croître dans le sens de son mieux-être. C'est pour cette raison qu'il refusera automatiquement de se transformer sous l'action d'une tentative d'influence qui lui fera ressentir de l'inconfort s'il est à l'écoute de ce qu'il vit.

Comment se manifeste l'influence réelle ? La véritable influence s'exprime par des changements intérieurs profonds et non par des changements extérieurs superficiels. Il est possible, à la suite d'exhortations ou de menaces, de transformer un de nos comportements extérieurs afin d'éviter des conséquences désagréables. Mais le changement intérieur positif et favorable ne se produira que par l'influence inconsciente d'une attitude authentique et harmonieuse qui rejoint notre être profondément et le touche réellement. C'est donc dire que nous influons sur les autres surtout par ce que nous sommes et non par ce que nous disons et faisons. Pour que nos paroles et nos gestes aient un effet de transformation chez les autres, il faut qu'ils soient soutenus par des intentions, des émotions et des sentiments authentiques qui les confirment. Sans cette harmonie du verbal et du non verbal, soutenue par Lozanov, les mots ne passent pas.

C'est par son attitude que l'homme influe sur son entourage. Comme l'attitude est le reflet de ce qu'il est et de ce qu'il vit, et qu'il n'est jamais entièrement conscient de la complexité de ce qu'il dégage, il influe sur les autres à son insu, au moment où il s'en attend le moins.

Ainsi, l'on ne choisit pas consciemment d'influer ou de ne pas influer sur quelqu'un. Que nous le voulions ou non, nous influons sur les autres par ce que nous dégageons. Cette influence n'est agissante que si « l'autre » est affectivement touché.

C'est pour cette raison que la formation des aidants à l'intervention non directive créatrice accorde une grande importance à l'écoute de soi et une attention particulière au vécu émotionnel. Les intervenants sont ainsi beaucoup plus en mesure de rester en contact avec les aidés, de les sentir et d'avoir avec eux une approche authentique où les mots qu'ils disent ne contredisent pas leur vécu. En fait, les aidants préparés à l'ANDC[MD] travaillent constamment à orchestrer en eux-mêmes l'émotion et la raison de façon à dégager une attitude inconsciente harmonieuse et sécurisante, une attitude qui rejoint l'aidé et le touche par son authenticité et par sa simplicité parce que seule l'attitude vraie et affranchie d'artifices touche agréablement l'être humain.

On s'explique ici l'influence des gangs sur les jeunes. Souvent perçue comme négative par les adultes, cette influence passe bien parce que l'adolescent se sent souvent, pour la première fois de sa vie, écouté, valorisé, accepté tel qu'il est par « le chef » et par « la gang ». C'est pourquoi, en dépit des apparences, les jeunes ont parfois les uns sur les autres des influences bénéfiques en ce sens qu'elles servent à leur donner l'attention et le respect que leurs parents ou leurs professeurs ne leur ont presque jamais témoignés. Sensibles à l'harmonie des messages qu'ils reçoivent, les adolescents rejettent le langage des adultes quand il n'est pas authentique et quand il exprime des morales ou des principes décollés du vécu et en contradiction avec leurs actes. Toute influence passe par l'émotion et par le sentiment, et une approche thérapeutique ou éducative déconnectée du vécu est une approche stérile qui bloque l'évolution, et ce, parce que la vie affective forme le cœur du psychisme. Par contre, passer par le vécu et par l'émotion ne signifie pas qu'il faille supprimer les facultés rationnelles. L'influence n'est positive que s'il y a harmonie du conscient et de l'inconscient, et que si elle s'adresse au rationnel en passant par l'irrationnel.

Exclure le rationnel de la communication en privilégiant exclusivement les sentiments, c'est enlever à l'individu son pouvoir sur lui-même.

Provoquer les émotions et jouer sur les sentiments c'est tout simplement de la manipulation. La manipulation est la forme par excellence d'influence négative, qui entretient la dépendance et bloque l'évolution. Les manipulateurs sont, en effet, des maîtres dans l'art de satisfaire bien maladroitement le manque d'amour des autres. En stimulant le monde affectif par une attention toute spéciale et par une valorisation intéressée, ils ne cherchent qu'à satisfaire leur propre besoin de domination et de pouvoir. Ils obtiennent d'ailleurs ainsi tout ce qu'ils désirent et deviennent menaçants lorsqu'ils perdent leur emprise sur leurs « sujets ».

On vit d'ailleurs toujours un malaise vis-à-vis des manipulateurs de même qu'à l'égard des messages non verbaux qui contredisent leur langage verbal. Si nous n'avons pas développé une aptitude à écouter nos malaises, nous ne bénéficierons jamais de la justesse de nos intuitions et nous nous maintiendrons dans des relations et des situations néfastes sans jamais utiliser notre pouvoir intérieur de faire des choix vers un mieux-être.

Nous voyons ici jusqu'à quel point l'entourage et l'environnement ont un effet suggestif important sur l'inconscient et comment, par conséquent, nous avons tous sur le monde qui nous entoure une influence remarquable. Nous voyons aussi qu'il existe une interrelation entre l'homme et son environnement, et que l'influence du monde extérieur n'atteint pas tous les êtres humains de la même manière. Tout dépend de l'état psychique de chacun, qui, on le sait, est formé des expériences émotionnelles et sensitives vécues au cours de l'histoire de vie.

Mais la formation de l'état psychique ne se limite pas à l'ontogenèse. Elle a une source beaucoup plus vaste, l'inconscient n'étant pas seulement le réservoir des états affectifs formés au cours de la vie d'un être humain. En effet, quelque chose d'immatériel nous relie à l'histoire de nos familles, de notre pays et du monde. Il y a un inconscient personnel, comme je viens de le décrire, mais il y a aussi un inconscient que j'appelle généalogique, culturel et collectif. Cette instance psychique n'est pas seulement le réservoir des expériences d'une vie, elle garde aussi en mémoire des expériences reçues par nos parents, grands-parents, arrière-grands-parents, etc. Les influences génétiques qui se manifestent au cours des générations ont aussi leurs pendants psychiques. Il est clair que nous ne portons pas seulement des gènes de nos ancêtres ; nous avons été aussi influencés psychiquement par leurs expériences, leur vécu, leurs états affectifs et nous naissons avec un bagage psychique qui nous rend, dès la naissance, différents intérieurement les uns des autres. Notre inconscient porte également des caractéristiques psychiques qui nous viennent de l'histoire vécue du peuple auquel nous appartenons, lesquelles nous ont été transmises au cours des générations par l'influence de l'entourage et de l'environnement, et qui nous relient aux gens qui ont reçu le même héritage historique et culturel que nous. Il y a enfin dans l'inconscient humain quelque chose qui relie l'homme au reste du monde, au-delà des croyances, des valeurs, des races, des cultures, des langues. Il y a cet inconscient que Jung a qualifié de «collectif», qui renferme les expériences communes à l'humanité et qui rapproche tous les hommes audelà de l'espace et du temps.

Tout ce bagage tant phylogénétique qu'ontogénétique est présent dans l'inconscient et contribue à former l'état psychique de l'être humain. Il est le résultat des interactions des états affectifs qui l'ont influencé au cours des âges et de sa vie. Cet état psychique, né de vécus émotionnels, est présent dans toutes les relations d'un individu avec son entourage et avec son environnement, et ne peut être abordé que par l'écoute et l'expression du ressenti qui le manifeste dans sa globalité. C'est le ressenti émotif et sensitif qui nous guide dans l'exploration de notre monde inconscient. Lui seul réunit et unifie ce que contient cette instance psychique d'expériences affectives et de complexité. Il est le cœur de l'inconscient et du psychisme, le noyau de l'état psychique et la source de l'influence. Peu importe que l'on garde ou non le souvenir des événements, des faits et des expériences du passé; ce qui compte, c'est ce qui en reste sur les plans affectif, émotionnel et sensitif. Ce n'est pas surtout la mémoire consciente des événements qui fait progresser l'être humain vers un mieux-être mais la libération de la charge émotive vécue au cours des événements. C'est cette charge émotive retenue dans l'organisme et le psychisme qui bloque l'énergie vitale et la créativité, et qui crée des malaises physiologiques ou psychologiques plus ou moins graves.

On ne peut aider un être humain, en tant que thérapeute ou qu'éducateur, sans une écoute respectueuse de son vécu, de son état affectif, de son ressenti, tout en

respectant aussi les besoins de sa conscience rationnelle de comprendre et de savoir.

Conscients de l'importance de sauvegarder ou de restaurer l'équilibre psychique, les aidants formés en vue de pratiquer l'ANDC^{MD} sont préparés à travailler une approche globale qui conjugue harmonieusement la partie rationnelle et la partie irrationnelle du psychisme, une approche qui fait intervenir à la fois le vécu, pôle de l'inconscient, et la raison, pôle du conscient, de façon à ce que l'aidé reste le seul maître de sa vie et qu'il ne laisse sous aucun prétexte aux autres le pouvoir sur lui-même. L'ANDC^{MD} est une approche qui favorise le développement de la créativité et l'apprentissage de la véritable liberté par son respect du fonctionnement normal et global du psychisme.

B. Fonctionnement psychique

Le fonctionnement psychique, dans la conception de l'ANDC^{MD}, est basé sur les hypothèses émises selon lesquelles la vie affective et émotionnelle forme le cœur du psychisme, et l'inconscient est le siège par excellence de l'influence parce qu'il reçoit et émet le langage non verbal qui véhicule les émotions, les sentiments et les intentions réelles d'un individu. Cette conception du psychisme est fondée sur l'axiome suivant lequel l'être humain est un être essentiellement relationnel en ce sens qu'il est toujours, qu'il le veuille ou non, en relation avec un entourage et un environnement sur lequel il agit inconsciemment et par lequel il est influencé.

Il n'est pas dans la nature de l'homme de s'isoler du reste du monde. Les histoires d'isolement que l'on trouve dans les romans ou dans les théories n'ont pas tellement de résonance positive dans le vécu des êtres humains. Les exemples de personnes isolées par des forces extérieures ou qui s'isolent volontairement ne sont pas des plus encourageants.

L'homme est fait pour vivre en relation avec les autres et quand il se retire pour fuir une réalité insupportable, c'est souvent pour y trouver une souffrance plus grande encore que celle à laquelle il a voulu échapper. L'être humain a besoin des autres.

Nier cette réalité revient, à mon avis, à nier les nombreux liens d'interdépendance qui existent dans la nature. Rien n'est détaché du reste de l'univers. La terre ne se suffit pas à elle-même. Dans sa relation avec le système solaire, elle a besoin du soleil, des étoiles, de la lune et des autres planètes. Ses besoins, comme ceux de l'homme, sont liés à sa relation avec ce qui l'entoure. La tentative de séparer l'homme du reste du monde n'est qu'une opération de l'esprit qui n'a de sens que pour une conscience rationnelle coupée du reste du psychisme. Elle n'a de réalité que dans la pensée et j'émets l'hypothèse suivant laquelle elle est le résultat d'attitudes défensives qui ne cherchent qu'à se protéger des autres pour échapper à une souffrance qui, de toute façon, ne disparaît que lorsqu'on l'écoute, jamais lorsqu'on la fuit.

Je ne conçois pas d'être humain dépourvu de relations. Un tel être pour moi n'existe pas. S'il existait, ce ne serait pas un homme. Vivre seul, c'est continuer à vivre avec les autres, quand ce ne serait que par la pensée, la vie imaginaire et le rapport avec l'environnement. L'homme naît de la relation : relation de son père et de sa mère, relation de lui-même avec sa mère au cours de la gestation. C'est parce qu'il est essentiellement un être relié qu'il a des besoins psychiques dont la satisfaction est nécessaire à son bien-être et à son équilibre.

1. Les besoins psychiques

Si, pour assurer son équilibre physique, l'être humain a besoin de bien respirer, de bien s'alimenter, de bien dormir, de garder son corps en forme par l'activité physique et de bien vivre sa sensualité et sa sexualité, il a aussi des besoins psychiques qui naissent de sa relation avec le monde ; et sans la satisfaction de tels besoins, son équilibre psychologique se voit menacé.

L'ANDC^MD, soucieuse d'approcher l'être dans sa globalité, tient compte de l'aspect psychologique autant que de l'aspect physiologique de l'homme. À cause de l'interaction constante du corps et de l'esprit, négliger une de ces dimensions équivaut, par le fait même, à brimer l'autre. Comme elle aborde l'homme dans le respect de son fonctionnement physiologique, elle respecte dès lors les besoins psychologiques fondamentaux dont la satisfaction est à la base de son harmonie et de son bonheur.

La théorie des besoins a été largement développée par la Gestalt thérapie. Reprise par l'ANDC^MD, qui s'en est inspirée, elle est abordée ici différemment, c'est-à-dire dans l'optique de la philosophie non directive créatrice. Mais comment l'ANDC^MD définit-elle le besoin psychique et quels sont les besoins psychiques fondamentaux d'un être humain ?

Le besoin psychique est une nourriture de nature immatérielle et d'origine relationnelle qui est essentielle au fonctionnement normal et équilibré d'un individu. Ainsi, pour trouver l'harmonie et la satisfaction qu'il recherche, l'homme a besoin d'amour, de sécurité, d'écoute, de reconnaissance, d'affirmation, de liberté et de créativité.

a. Besoin d'amour

Inextricablement lié au fonctionnement psychique et au fonctionnement cérébral, le besoin d'amour est, comme je l'ai déjà dit, un besoin vital chez l'être humain, quel que soit son âge. Un enfant non aimé souffre de graves problèmes psychologiques et son état physique en est altéré. Un adulte non aimé est souvent envahi par des peurs qui l'empêchent de se réaliser, par des frustrations qui le rendent misanthrope, par des dépressions qui ne lui permettent pas de profiter de la vie ou par des maladies psychosomatiques qui le privent de ses capacités vitales.

Je ne crois pas aux théories qui considèrent le besoin d'amour comme un besoin de dépendance. L'amour constitue la nourriture psychique la plus importante d'un homme.

Tenter de se convaincre rationnellement qu'on peut vivre sans être aimé et sans aimer, c'est tout simplement renforcer, par la rationalisation, son système défensif et masquer ainsi la souffrance que suscite le manque d'amour.

La dépendance ne vient pas du besoin d'aimer et d'être aimé qui est un besoin naturel de l'homme mais de l'attitude irresponsable qui met l'autre à la source de ses manques d'amour : on est dépendant quand on attribue aux autres la cause de nos problèmes. La dépendance est le pouvoir que l'on donne aux autres sur notre vie. Trouver les moyens de satisfaire ses besoins vitaux et fondamentaux d'amour équivaut précisément à se dégager de ses dépendances.

L'être dont le besoin naturel d'amour est comblé est beaucoup plus libre et indépendant que celui qui est à la recherche de la satisfaction de ce besoin.

L'homme qui mange à sa faim n'est pas obsédé par le manque de nourriture. Parce que son besoin physiologique est comblé, il peut s'en dégager et se livrer à d'autres activités. L'enfant qui manque d'amour est un enfant très dépendant qui s'accroche et qui accapare toute notre attention et tout notre temps. Quand son besoin d'amour est comblé, il peut très bien se détacher de nous pour quelque temps et se trouver d'autres occupations sans se sentir abandonné. L'amour, c'est la clé de la motivation, c'est ce qui donne envie de vivre, de créer, de se propulser et de propulser les autres.

Évelyne, que j'ai eu près d'un an en thérapie, me disait un jour à peu près en ces mots : « *Tu ne peux pas savoir combien je souffre de me sentir si seule. Le fait de n'avoir personne au monde qui m'attende, qui pense à moi, et le fait de n'avoir personne à accueillir ou à aimer m'est insupportable. J'ai l'impression que plus rien ne me retient à la vie. Rien ne m'intéresse. Il est des jours où je voudrais mourir tellement la vie me semble vaine et inutile.* » Jacinthe, une amie française, m'écrivait récemment : « *Ma solitude me fait souffrir, je ne me trouve plus belle parce que je n'ai personne à aimer.* » Jusqu'où peut aller l'homme pour satisfaire son besoin d'amour ?

Sylvain a 28 ans. Il vient me consulter parce qu'il vit sa huitième peine d'amour. Toutes les femmes qu'il a aimées l'ont abandonné. Pourtant, il a tout fait pour les garder. Jamais il ne leur a refusé quoi que ce soit pour ne pas les perdre. Le besoin d'amour est tellement fort chez l'être humain qu'il est parfois prêt à se nier, à se détruire, à devenir une marionnette dans les mains des autres pour ne pas perdre cet amour.

Autant il est néfaste de nier son besoin d'amour par la rationalisation, autant il est nuisible de devenir dépendant pour ne pas perdre l'amour des autres. On ne règle pas un manque d'amour en donnant toute la place à la pensée rationnelle ou en la cédant dans son entier à « l'autre ». Dans les deux cas, il y a négation de soi. Dans les deux cas, il y a un manque d'amour de soi. La capacité d'aimer et d'être aimé est directement proportionnelle à la capacité de s'aimer soi-même.

On revient ici à l'importance de la relation. Comment apprendre à s'aimer si on n'a pas été aimé ? L'homme qui ne s'aime pas est un homme qui a manqué d'amour, un homme qui a été rejeté, jugé, nié dans son vécu. C'est le rôle des éducateurs et des thérapeutes de faire vivre aux « mal-aimés » une expérience d'amour véritable. On se rappelle que, entouré d'influences agréables, le psychisme se transforme. C'est l'amour de l'entourage qui éveillera en l'homme l'amour de lui-même et qui lui permettra d'aimer dans le respect profond et inébranlable de ce qu'il est.

S'aimer, aimer et être aimé sont les trois composantes indissociables du besoin vital d'amour dont la satisfaction donne à l'homme la clé de son équilibre et de son évolution intérieure.

Les intervenants préparés à l'ANDC^MD sont conscients de ce besoin. Comme ils travaillent en permanence à cultiver l'amour d'eux-mêmes et à prendre la responsabilité de leurs propres carences affectives, ils connaissent les moyens de favoriser le développement de l'amour de soi chez les aidés. Ils sont soucieux de dégager le plus possible une attitude aimante et respectueuse sans prendre la responsabilité des carences affectives de leurs clients, de leurs élèves ou de leurs patients. Ils savent que le meilleur moyen d'aider les autres à combler leurs manques, à développer l'amour d'eux-mêmes et à prendre la responsabilité de leurs carences d'amour, c'est d'abord le travail qu'ils effectuent sur eux-mêmes.

Les vrais aidants ne sont pas des techniciens ni des théoriciens, mais des thérapeutes dans l'âme qui aident les autres surtout par l'influence inconsciente de ce qu'ils sont.

Ainsi, les connaissances sur les besoins fondamentaux de l'être humain ne suffisent pas si, en tant qu'aidants, nous ne travaillons pas en permanence à satisfaire nos propres besoins d'amour, de créativité, d'écoute, de reconnaissance, d'affirmation, de liberté et de sécurité.

b. Besoin de sécurité

La connaissance du fonctionnement global du cerveau humain nous a permis de comprendre l'importance du besoin d'amour lié au fonctionnement du « cerveau viscéral » et l'importance du besoin de sécurité lié au fonctionnement du « cerveau primaire » comme facteur d'équilibre de la personne.

Comment satisfaire le besoin de sécurité ?

Il est important de savoir qu'on ne sécurise pas quelqu'un en le protégeant, en le ménageant ou en le prenant en charge mais par l'élaboration d'un « contenant » clair, par l'acquisition de la discipline personnelle et par beaucoup d'amour.

La satisfaction du besoin de sécurité est directement liée à la directivité dans le « contenant » telle qu'elle a été définie précédemment.

En tant que parent, que pédagogue, que thérapeute et que formatrice, j'ai pu vérifier l'importance de l'encadrement et de la discipline comme facteur de sécurité et de réussite.

Je ne peux compter le nombre d'adolescents et d'adultes qui ont connu des échecs répétés de toutes sortes parce que leur éducation insécurisante basée sur le laisser-aller ou sur l'impulsion les avait privés d'un encadrement qui structure et d'une discipline qui favorise la « mise en action ». Rien n'est plus insécurisant pour un enfant qu'un parent qui change les règles en fonction de son humeur du moment, qu'un enseignant qui dit « oui » et « non » en même temps ou qu'un thérapeute qui n'a pas de limites. L'aidé a besoin d'un intervenant qui sait ce qu'il veut, qui s'affirme clairement et qui est capable d'arrêter des choix et de prendre des décisions. Il est impossible à un aidant d'être explicite, organisé et soutenu dans son approche s'il n'a pas acquis une discipline personnelle et s'il n'est pas clair, structuré et constant dans sa vie professionnelle.

J'ai vu tellement de gens déçus d'eux-mêmes et insatisfaits parce qu'ils n'arrivaient jamais à réaliser leurs projets. On sait qu'il ne suffit pas de vouloir quelque chose pour l'obtenir. Il faut aussi s'imposer certaines démarches et un certain nombre d'heures de travail. Mais comment y arriver sans se structurer, sans s'organiser, sans se discipliner ? Comment y arriver quand on a connu des éducateurs qui nous ont pris en charge et qui ont toujours tout accompli à notre place ?

Prendre l'autre en charge, c'est lui suggérer inconsciemment qu'il est « incapable » et c'est, conséquemment, introduire subrepticement en lui une insécurité profonde qui l'empêche de se réaliser et de créer.

Élever un enfant dans la surprotection permanente et dans le laisser-aller, c'est en faire un être insécurisé, diminué et passif qui laisse aux autres tout le pouvoir sur sa vie. S'il ne fait pas un travail sur lui-même, un tel être ne pourra jamais se distinguer, se réaliser. Il vivra dans la peur constante, sera toujours insatisfait et ne sera jamais heureux.

Le besoin de sécurité étant un besoin fondamental, il importe que les intervenants sécurisent les aidés en leur laissant la responsabilité de leur vécu et le pouvoir sur leur vie, et en leur posant des limites claires qui ne fluctueront pas en fonction de leur humeur.

La question des limites et des règles mérite d'être approfondie. Partout dans la société, à la maison, à l'école, au travail, il existe des règles à suivre. Ces règles ont pour avantage non seulement de favoriser un certain ordre mais aussi de sécuriser. Chaque milieu a ses règles et il suffit d'aller chez des amis, de changer d'école, de travail ou de voyager pour constater les différentes exigences de tous les milieux. Les règles ne sont pas des absolus universels. Le souci d'uniformiser partout les cadres de façon à se distinguer le moins possible des autres a empêché l'être humain de connaître ses limites personnelles. Pour certaines personnes, il est tellement important de faire comme les autres qu'elles se trouvent totalement coupées d'elles-mêmes. Comment faire respecter une règle que l'on pose dans le but de faire comme tout le monde? Une telle règle est généralement très difficile à faire observer parce qu'elle naît de l'insécurité et du manque de confiance de celui qui l'établit.

Le propre de l'encadrement est de sécuriser mais à certaines conditions : la règle doit être l'expression claire d'une limite personnelle de l'intervenant et non issue d'un principe ou d'une croyance introjectés; elle doit aussi être posée avec amour. Si l'aidant fixe une règle qui découle d'un principe extérieur qu'il a fait sien sans vérifier si ce principe était ou non en accord avec lui-même, cette règle aura pour seuls effets d'insécuriser et de susciter l'insolence, la transgression et l'indiscipline. Je crois que chaque parent, chaque professeur, chaque thérapeute doit fixer ses limites et ses règles dans le respect total de lui-même.

Dans ma relation avec mes quatre enfants, j'ai pu vérifier l'importance de ce que je viens d'avancer. J'ai toujours posé mes limites en fonction de ce que je suis, sans me laisser influencer par les voisins, les parents ou les livres. Bien sûr, chacun de mes enfants m'a un jour posé une question du genre de celle-ci : « *Pourquoi, maman, je ne peux pas allumer la télévision en arrivant de l'école comme tous mes amis?* » « *Pourquoi, maman, je ne peux pas aller à l'école à bicyclette comme mon copain Yves?* » Jamais de telles questions n'ont remis en cause l'encadrement de mon approche éducative.

Les enfants, les élèves, les clients acceptent beaucoup plus facilement les limites de leurs parents, de leurs professeurs et de leur thérapeute quand ceux-ci les établissent dans le respect d'eux-mêmes et non pour suivre des normes, des principes et des valeurs empruntés aux autres. Le critère de remise en question d'une limite ne doit pas venir de l'extérieur mais de l'intérieur de soi. Je change ma limite non pas parce qu'elle diffère de celle des autres, mais parce qu'elle ne répond plus à mes besoins et qu'elle ne correspond plus à ce que je suis.

Lorsque j'étais adolescente, alors que j'avais 14 ou 15 ans, j'ai dit un jour à mon père, à la suite d'une limite claire qu'il me posait et qui me dérangeait beaucoup : « *Moi, quand j'aurai des enfants, je les laisserai sortir tous les soirs.* » Sur quoi mon père, que j'ai toujours profondément aimé, m'a répondu : « *Ma fille, tu essaieras, si tu peux, de faire mieux que ce que j'ai fait.* » Jamais je n'ai oublié ces paroles, que je rapporte ici avec beaucoup d'émotion. Mon père était tellement vrai et tellement honnête qu'il ne pouvait me communiquer, par ses exigences, que ce qu'il était lui-même, ses valeurs, ses principes, ses croyances. Il me fixait ses limites avec tellement de conviction, de clarté et d'amour que je ne pouvais en retirer que ce qu'il y a de mieux pour moi. J'ai eu la chance d'avoir un père qui m'a aimée, sécurisée, écoutée et reconnue. Il m'a donné l'essentiel. Il ne pouvait effectivement pas faire mieux. C'est parce qu'il avait été sécurisant et que je sentais profondément son grand amour pour moi que j'ai pu, par la suite, rejeter les principes qui ne me convenaient pas et les remplacer par des principes qui correspondaient à ce que je suis. Quand cela s'est produit, je n'ai perdu ni son amour ni son respect.

Avec un éducateur qui ne se pose pas dans le respect des autres, nous n'apprenons pas à nous affirmer dans le respect de nous-mêmes. L'encadrement sécurise quand il est présenté clairement dans le respect absolu du vécu et des différences individuelles, et qu'il est sous-tendu par beaucoup d'amour. Sécuriser et aimer forment un couple inséparable. François Lavigne (1987), raconte les effets perturbateurs sur l'enfant des « carences affectives » et des

« carences d'autorité ». « *L'enfant non sécurisé souffre autant de déséquilibre que l'enfant non aimé.* » C'est pourquoi l'intervenant doit tenir compte de ces deux besoins, qui sont à la base de la philosophie de l'ANDC[MD], dans sa conception du « contenu » et du « contenant » de la non-directivité créatrice. Si le besoin de sécurité est plutôt lié à la directivité du « contenant », le besoin d'écoute sera indéniablement lié à la non-directivité du « contenu ».

c. Besoin d'écoute

L'écoute véritable est un don si rare que de nombreuses personnes payent des spécialistes de toutes sortes pour être écoutées. Très peu de gens savent écouter. En effet, rares sont ceux qui s'arrêtent vraiment pour écouter les autres. Trop souvent, on écoute en s'occupant d'autre chose ou en se laissant distraire par un événement, une personne ou un objet. Trop souvent aussi, on écoute en ramenant tout à soi et en cherchant la moindre occasion d'intervenir pour prendre toute la place.

Mais alors, en quoi consiste la véritable écoute ? Écouter, c'est prendre le temps, par une présence attentive et chaleureuse, d'accueillir l'autre et de lui manifester une acceptation totale de ce qu'il est en laissant de côté ses propres préoccupations.

Beaucoup d'êtres humains souffrent du manque d'écoute. Certains parents sont souvent trop occupés ou trop préoccupés pour « prendre le temps » de s'arrêter et d'écouter leurs enfants. Certains enseignants ont tellement de choses à dire et à montrer qu'il leur reste bien peu de temps pour être à l'écoute du vécu de leurs élèves. De leur côté, certains spécialistes de la santé physique ou psychique sont parfois tellement esclaves de leurs connaissances théoriques et pratiques qu'ils tentent de mettre leurs clients au service de leurs théories et de leur technique de travail plutôt que d'être à l'écoute de leurs besoins.

L'écoute véritable exige du temps, de l'attention, de la présence, de la chaleur et de l'acceptation. Il n'y a pas d'écoute s'il n'y a pas, de la part de l'intervenant, une présence attentive et chaleureuse et une grande capacité d'acceptation.

La personne écoutée doit sentir que ses problèmes, son vécu, ses difficultés sont, au moment où elle en parle, les seules choses qui occupent l'attention de l'aidant. Elle doit sentir que ce qu'elle dit est, dans l'ici et maintenant de la relation, ce qu'il y a de plus important pour celui qui l'écoute.

Elle doit ressentir cette importance que lui accorde l'aidant non seulement par une attitude extérieure d'écoute mais par un intérêt réel et soutenu pour tout ce qui la concerne. La personne écoutée doit sentir enfin que cet intérêt qu'elle perçoit tient surtout au fait qu'elle sait, sans aucun doute, qu'elle est aimée et acceptée telle qu'elle est.

L'écoute qui juge, qui conseille, qui interprète n'est ni « acceptante » ni « aidante ». Apprendre à écouter, c'est d'abord et avant tout apprendre à s'accepter dans une atmosphère où le jugement, le conseil et l'interprétation font place le plus possible à cette écoute accueillante, attentive et chaleureuse dont chaque être humain a besoin pour naître et pour s'ouvrir aux autres. Toutefois, la route vers l'acceptation totale de soi-même est une route remplie de méandres et d'obstacles. L'homme tend vers la perfection et, pour y arriver, il doit s'accepter aussi dans sa difficulté à admettre certaines parties de lui-même. Le travail d'acceptation de soi et des autres demande du temps. Quand un intervenant a de la peine à accepter un client ou un élève, il ne peut qu'accueillir ses limites et se servir de cette difficulté pour avancer d'un pas de plus sur le chemin de l'acceptation de lui-même. Parfois accepter de ne pas accepter, c'est paradoxalement la voie de l'acceptation et du changement vers une plus grande écoute accueillante de soi et des autres.

En relation d'aide, ce type d'écoute qui accepte suppose de l'aidant qu'il ait acquis les qualités de congruence et d'empathie si chères à Rogers.

J'accorde une importance fondamentale à la congruence dans la relation pédagogique et thérapique. La congruence, c'est la capacité à écouter ce qu'on ressent et à l'exprimer tel qu'on le sent, et la capacité à s'accepter et à se montrer tel qu'on est. Autrement dit, il y a dans l'attitude congruente deux éléments particuliers : l'écoute, la connaissance et l'acceptation de soi d'une part et d'autre part l'expression verbale authentique et non verbale, de ce qu'on vit et de ce qu'on est.

La formation des thérapeutes par l'ANDC^MD comprend l'acquisition de la capacité d'être à l'écoute d'eux-mêmes, de sentir ce qui se passe en eux, de percevoir l'émotion quand elle se manifeste, de la vivre sans la fuir et de s'accepter sans se juger. C'est la première étape à traverser pour développer une attitude congruente, mais ce n'est pas la seule. Être congruent, c'est aussi exprimer authentiquement ce que l'on vit et ce que l'on est vraiment. Cette deuxième étape suppose un travail sur les peurs et les besoins. Par besoin d'être aimé et reconnu et par peur d'être jugé, ridiculisé, rejeté ou de blesser et de décevoir, l'être humain exprime souvent le contraire de ce qu'il ressent.

Salomon, qui ne voulait pas faire de peine à Blanche et qui ne voulait pas non plus passer pour un égoïste et un sans-cœur aux yeux de sa famille, avait accepté d'accueillir sa belle-mère chez lui. Après tout, il avait une grande maison et les moyens financiers pour subvenir à ses besoins jusqu'à sa mort. Par contre, il était très mal avec ce changement de vie. Il souffrait d'un manque d'intimité dans son couple et se sentait envahi dès qu'il posait le pied sur le pas de la porte. Très conscient de son malaise croissant, il redoublait de gentillesse envers cette femme, qu'il considérait au fond comme une intruse. L'atmosphère de son lieu de vie se détériora à un point tel qu'un jour, sans crier gare, il annonça à Blanche qu'au travail il avait été muté à quelque cent kilomètres de chez lui et qu'il comptait se trouver là-bas un petit appartement pour y vivre du lundi au vendredi. Cet événement causa un drame dans le couple. C'est alors que Salomon exprima la vraie raison de sa fuite. En fait, il était conscient de son vécu par rapport à cette nouvelle situation, mais ne l'avait pas communiqué. Il n'avait donc pas été congruent, ce qui avait provoqué le drame qu'il voulait éviter au départ.

Il y a tout un travail à faire sur soi pour développer la congruence, un travail d'engagement avec soi-même que l'aidant ne peut réaliser que si ses mécanismes de défense ne le ferment pas à ses émotions et à ses malaises, un travail qui suppose que le candidat en formation soit prêt à affronter sa peur de l'émotion et sa peur de perdre le contrôle.

La congruence ne s'apprend pas dans les livres. Elle s'apprend par le travail sur soi et par l'expérience relationnelle. C'est d'ailleurs le résultat de ses expériences personnelles que Rogers décrit à ce sujet dans *Le développement de la personne* : « *Dans mes relations avec autrui, j'ai appris qu'il ne sert à rien à long terme d'agir comme si je n'étais pas ce que je suis. Il ne sert à rien d'agir avec calme et gentillesse alors qu'en fait je suis agacé et enclin à la critique. Il ne sert à rien de prétendre connaître des réponses qu'en réalité je ne connais pas. Il ne sert à rien d'agir comme si j'éprouvais de l'affection alors qu'en réalité je me sens hostile. Il ne sert à rien d'agir comme si j'étais plein d'assurance si, en réalité, je me sens craintif et incertain. Même au niveau le plus simple, ces constatations restent valables, ainsi il ne sert à rien d'agir comme si j'étais en bonne santé quand je me sens malade.*

« *Tout ceci revient à dire, en d'autres termes, que je n'ai jamais trouvé utile ni efficace, dans mes rapports avec autrui, d'essayer de maintenir une façade, d'agir d'une certaine façon à la surface alors que j'éprouve au fond quelque chose de tout à fait différent. Ce genre de comportement, à ce que je crois, ne me rend pas efficace dans mes efforts pour établir des rapports constructifs avec d'autres individus. Je dois cependant ajouter que, si je pense avoir appris qu'il en est ainsi, je n'ai toujours pas complètement profité de cette conviction. En effet, il m'apparaît que la plupart des erreurs que j'ai pu commettre dans mes relations interpersonnelles, tous les échecs que j'ai subis dans mes efforts pour aider d'autres personnes s'expliquent par le fait que, par une réaction de défense, mon comportement se plaçait dans un certain sens à un niveau superficiel alors qu'en réalité j'éprouvais des sentiments contraires.* » (p. 15-16)

Par ce texte, Rogers nous dit qu'il a appris l'importance d'exprimer ce qu'il vit ou de montrer ce qu'il est. Il s'agit là d'un élément majeur sans lequel la congruence n'existe pas. Mais pour exprimer la vérité qui nous habite et qui nous constitue, il importe aussi d'être à l'écoute de soi, de se connaître et de s'accepter dans ce que l'on est. Ici Rogers ajoute : « *Mon intervention est plus efficace quand j'arrive à m'écouter et à m'accepter et que je puis être moi-même : j'ai l'impression que, avec les années, j'ai appris à devenir plus capable de m'écouter moi-même, de sorte que je sais mieux qu'autrefois ce que je ressens à un moment précis – j'ai appris à reconnaître que j'éprouve bien envers un certain individu un sentiment de colère ou de rejet, ou au contraire que je me sens, vis-à-vis de lui, plein de chaleur et d'affection, ou bien encore que je m'ennuie et que ce qui se passe a cessé de m'intéresser, ou bien que je désire comprendre un individu, ou enfin que j'éprouve un sentiment d'anxiété ou de crainte dans mes rapports avec lui. Ces différentes attitudes sont des émotions que je crois pouvoir écouter en moi. On pourrait dire, en quelque sorte, que j'ai appris à bien vouloir être ce que je suis. Il m'est devenu plus facile de m'accepter comme quelqu'un de très imparfait et qui, certainement, ne fonctionne pas toujours comme j'aimerais qu'il le fît.»* (p. 16)

L'acquisition de la congruence naît vraiment d'un apprentissage.

Apprendre à être soi et à s'accepter tel que l'on est, et apprendre à écouter ce que l'on vit, c'est apprendre à devenir congruent.

Cet apprentissage permet au thérapeute de s'observer et de s'accepter aussi dans son imperfection, de reconnaître, sans se juger ni se condamner, ses expériences de non-congruence et d'en assumer les conséquences. Je ne crois pas, si je me fie à mes expériences thérapeutiques, qu'il puisse être vraiment possible d'aider les autres à être eux-mêmes et à trouver la solution à leurs problèmes de même qu'à trouver la voie qui leur convient si, en tant qu'aidante, je ne suis pas congruente ou du moins consciente de mes moments de non-congruence. Il n'y a pas, selon moi, de non-directivité créatrice possible sans congruence. Une fois de plus, le candidat en préparation à l'ANDC^MD ne peut se soustraire au travail sur lui-même, à la connaissance de son fonctionnement psychique, à la conscience de ses blocages émotifs, à l'écoute de son ressenti et à l'exploitation de ses potentialités créatrices. Cet apprentissage est vraiment un préalable de l'empathie.

En effet, la congruence, qui constitue en quelque sorte la capacité d'être à l'écoute de soi, est un préalable de la véritable empathie, qui consiste à être à l'écoute de l'autre, de ses émotions, de ses besoins, de son fonctionnement psychique, de ses cadres de référence.

Pour être empathique, il faut se connaître et s'écouter assez pour ne pas projeter sur l'autre ce qui nous appartient. Le thérapeute empathique est en mesure d'écouter « l'autre » dans ce qu'il est, dans ce qu'il vit et dans ce qu'il fait, et de l'accepter dans sa différence. C'est cette capacité à reconnaître l'autre dans ce qu'il est vraiment qui favorise l'éclosion de la véritable personne.

Rogers (1968), qui a introduit la notion d'empathie en psychologie non directive, écrit à ce sujet : « *Ce n'est que lorsque je puis accepter un autre, ce qui signifie spécifiquement que j'accepte les sentiments, les attitudes et les croyances qui constituent ce qu'il y a de réel et de vital en lui, que je puis l'aider à devenir une personne.* » (p. 19) Cela signifie que l'aidant doit être en mesure non seulement de s'accepter et de se « ressentir », mais de prendre la responsabilité de ce qu'il sent et de ce qu'il est de façon à ce que l'aidé récupère son propre pouvoir par la responsabilité de son propre vécu. Ainsi, le thérapeute qui a appris à distinguer ses propres rouages émotionnels et ses propres besoins de ceux de son client est capable d'écouter ce dernier, d'entrer dans son univers sans s'y laisser prendre et de lui refléter, par sa qualité d'écoute, ses modes de fonctionnement, ses émotions, ses besoins, ses croyances, ses valeurs et ses cadres de référence ; le tout, en le respectant et en l'acceptant tel qu'il est. Cette interaction ne peut s'obtenir sans le développement de l'amour de soi et de la reconnaissance de ce que l'on est.

d. Besoin de reconnaissance

L'histoire des êtres humains qui ont sombré dans l'alcool, la drogue, la dépression ou même la folie parce qu'ils n'ont à peu près jamais été reconnus n'est plus à faire. Tout homme a le besoin fondamental d'être reconnu et valorisé. La théorie suivant laquelle l'on n'a pas besoin de la reconnaissance des autres parce qu'il suffit de se reconnaître soi-même n'est, à mon avis, que partiellement vraie. La reconnaissance de soi se construit de la même manière que l'amour et l'acceptation de ce que l'on est. L'être humain qui a été dévalorisé toute sa vie aura du mal à trouver en lui-même la source de sa propre valorisation. L'homme a besoin d'abord d'être reconnu pour se reconnaître.

Pourtant, l'éducation est parfois très dévalorisante, ce qui a pour conséquence d'instaurer le manque de confiance en soi, les complexes d'infériorité, le besoin de prouver et même le mensonge. Pour se faire reconnaître, certaines personnes versent dans la vantardise et s'attribuent des qualités, des talents et des succès qu'elles n'ont pas.

J'ai reçu un jour en consultation une dame d'environ 35 ans qui souffrait d'une grande blessure d'infériorité. Seule fille d'une famille de cinq enfants, elle n'avait jamais été reconnue par son père, qui l'avait toujours considérée un peu comme une servante. Alors que ses quatre frères avaient poursuivi des études très avancées, son père l'avait poussée vers le secrétariat pour en faire la « bonne à tout faire » de ses quatre entreprises. Longtemps écrasée et infériorisée, Lise avait quitté son travail à cause d'une longue dépression qui l'a conduite en thérapie et qui lui a permis de remettre en question toute sa vie. Pendant ces années de travail auprès de son père, elle avait voulu prouver qu'elle était aussi intelligente que ses frères. Elle donnait le meilleur d'elle-même et ajoutait des heures supplémentaires de façon à déborder les tâches régulières du secrétariat pour s'occuper de comptabilité, de relations extérieures, de structure organisationnelle et même de projets à réaliser. Son père, qui récupérait ses réussites pour les prendre à son compte, ne reconnaissait jamais les qualités remarquables de sa fille. Convaincue qu'elle n'avait pas de valeur, Lise sentait toujours le besoin d'augmenter ses heures de travail pour prouver sa compétence. Son sentiment d'infériorité se manifestait par la vantardise, qui, loin de lui attirer la reconnaissance qu'elle recherchait, ne lui valait que le rejet.

Au moment où nous nous sommes rencontrées, elle présentait d'elle-même une image tellement exceptionnelle que ses propos sentaient le mensonge. Elle mit du temps à réaliser que la supériorité qu'elle affichait n'était en fait que l'expression d'une profonde blessure d'infériorité causée par la comparaison dévalorisante. Elle mit du temps aussi à comprendre qu'elle s'attirait du rejet parce qu'elle montrait le contraire de ce qu'elle vivait. En fait, Lise ne se reconnaissait pas comme secrétaire et comme femme parce qu'elle n'avait jamais été reconnue par son père. Comme ce besoin d'être reconnue par lui était vital pour elle, elle prenait bien inconsciemment, pour le satisfaire, des moyens qui contribuaient à entretenir son mal, voire à l'amplifier. Au cours de sa démarche thérapeutique, elle décida de ne pas retourner travailler pour son père. Elle changea de milieu de travail et fut, dans son nouvel emploi, tellement valorisée pour ses qualités qu'elle atteignit en moins d'un an le poste de secrétaire du directeur général de la société qui l'avait engagée. Elle reconnut alors que, malgré ses difficultés et sa souffrance, les années de travail auprès de son père avaient été des années de formation exceptionnelles et qu'elle était vraiment à sa place dans le monde du secrétariat, qu'elle ne considérait plus comme infériorisant. Elle remarqua aussi que le changement de milieu avait été pour elle très bénéfique. Son nouvel entourage l'avait très vite reconnue. Ce besoin fondamental satisfait, elle ne cherchait plus à se vanter ou à prouver ses qualités.

Quand un besoin fondamental n'est pas satisfait, on a souvent tendance à adopter une attitude extrême qui a pour effet de repousser la satisfaction du besoin. La personne qui manque d'amour s'accrochera souvent aux autres afin d'être aimée, ce qui lui attirera le rejet; celle qui veut être reconnue aura tendance à se vanter et à prouver sa valeur, et ne récoltera que le contraire de ce qu'elle recherche : la dévalorisation, qui entretient le sentiment d'infériorité.

Nous avons donc vu comment le besoin d'être reconnu, quand il n'est pas satisfait, peut provoquer beaucoup de souffrance, voire un déséquilibre. Nous avons vu aussi que, pour se reconnaître, l'homme a d'abord besoin d'être reconnu. La reconnaissance est propulsive. En relation d'aide comme en éducation, la base de la reconnaissance, c'est la foi. Lorsque l'intervenant croit fermement aux capacités de l'aidé, il le reconnaît et le propulse. D'ailleurs, les Américains Rosenthal et Jacobson, dans *Pygmalion à l'école*, en fournissent une preuve éclatante. Basé sur des études expérimentales assez poussées, ce livre rapporte des expériences réelles dont les résultats ne peuvent que remettre en question bien des approches. Je cite, entre autres, le cas d'un professeur à qui l'on a confié une classe d'élèves en difficulté d'apprentissage en lui disant qu'il s'agissait d'un groupe d'élèves «enrichis». Grâce à sa conviction et à sa foi, il a réussi à obtenir de ces élèves des résultats remarquables.

Si l'on est convaincu, à titre d'intervenant, que la personne avec laquelle on travaille – qu'il s'agisse d'un élève, d'un client ou d'un patient – n'est pas capable de réussir ou de s'en sortir, on dégagera une attitude qui risque de provoquer l'échec de la relation d'aide. Un professeur qui ne croit pas aux capacités de ses élèves les enfonce dans la médiocrité et entretient le sentiment d'infériorité. Un thérapeute qui ne croit pas vraiment que son client résoudra ses difficultés ne réussira qu'à confirmer les doutes de ce dernier et qu'à bloquer les changements profonds et efficaces. La foi de l'aidant est essentielle au cheminement progressif de l'aidé. En suggestologie, la foi fait d'ailleurs partie des composantes essentielles à l'attitude du suggestologue. La foi, c'est la clé de la reconnaissance.

Mais qu'est-ce que la foi? Avoir la foi, c'est croire tellement que l'on crée ce en quoi l'on croit. Pour ce qui est de la réalisation, nous sommes le produit de ceux qui ont cru en nous, de ceux qui nous ont fait confiance. Ceux-là ont mis en nous l'étincelle que nous pouvons maintenant entretenir. En écrivant ces mots, je touche à une profonde reconnaissance envers les éducateurs qui ont cru en moi et sans lesquels je n'écrirais pas ce livre aujourd'hui. Merci d'abord à mes parents, à Germaine Duval de l'École normale de Valleyfield, à Gisèle Barret et Jeanne-Marie Gingras de l'Université de Montréal, à Jean Lerède de l'Université McGill et à Michel Lobrot de l'Université de Paris.

Je crois que c'est le rôle des intervenants de faire naître et de cultiver l'étincelle de foi en chacun des aidés. Dans la formation des thérapeutes par l'ANDC^MD, nous avons le souci permanent de voir les forces de chacun de nos élèves et de les propulser, par notre foi profonde et inébranlable, vers ce qu'ils sont de grand, de beau et de merveilleux, et vers la plus grande réalisation d'eux-mêmes. La foi est créatrice parce que celui qui est reconnu apprend à se reconnaître et à ouvrir toutes grandes les portes de l'affirmation de soi.

e. Besoin d'affirmation

La satisfaction des besoins d'amour, de sécurité, d'écoute, de reconnaissance trouve son accomplissement dans le besoin d'affirmation. L'homme a besoin de se poser, par des gestes et des paroles qui le confirment et manifestent ouvertement sa présence et sa différence. Souvenons-nous de Lise et de son besoin d'être reconnue par son père comme femme et comme secrétaire de qualité. Ce qui a maintenu cette femme dans la souffrance, c'est que jamais elle n'avait osé révéler à son père le sentiment d'injustice qu'elle subissait, jamais elle n'avait osé poser ses exigences et ses limites, jamais elle n'avait osé dire sa douleur. Par manque de confiance en elle-même, elle avait plutôt adopté une attitude défensive de vantardise et de supériorité qui déformait complètement sa réalité intérieure, et qui la maintenait dans son rôle de « bonne à tout faire ». Son manque d'amour, d'acceptation, d'écoute et de reconnaissance d'elle-même l'empêchait d'affirmer ses besoins, ses limites, ses exigences, ses désirs. Lise était soumise à la domination de son père et de ses frères, et vivait une révolte intérieure qu'elle refoulait, ce qui la privait de tout ce qu'elle recherchait. Sans affirmation, nous n'obtenons rien et nous ne sommes rien. Celui qui ne se manifeste pas connaît la souffrance de passer inaperçu et de ne pas être considéré.

Bien sûr, l'affirmation fait peur. Se poser, c'est risquer de déplaire et de perdre.

Malheureusement, beaucoup de personnes choisissent de perdre le respect et l'amour d'elles-mêmes plutôt que de perdre l'amour des autres. Mais comme, à l'âge adulte, on ne peut être aimé vraiment si l'on ne s'aime pas soi-même, elles gagnent bien peu de choses.

En effet, à s'éteindre, à se nier pour garder la faveur de son entourage, on perd les autres de toute façon, en plus de se perdre soi-même. Personne n'aime vraiment les gens tièdes. C'est toute l'histoire de Julie qui me revient ici. Très jeune, elle avait choisi de se taire et de s'effacer comme son père, qu'elle adorait. Étant lui-même un homme plutôt terne et taciturne, il avait communiqué à sa fille les moyens de ne pas déranger les autres et de ne pas leur déplaire. Ainsi, Julie avait compris que, pour être aimée, elle devait toujours dire « oui », toujours dire aux autres ce qu'ils voulaient bien entendre et toujours faire ce qu'ils voulaient bien voir. Elle était la personne la plus éteinte que j'aie jamais rencontrée. Hyper rationnelle, elle ne réagissait à rien. J'avais parfois le sentiment de m'adresser à un robot, à un être sans âme, sans relief, sans personnalité. C'était une femme qui avait été fabriquée de toutes pièces au point de ne pas savoir qui elle était, ce qu'elle voulait et ce qu'elle vivait.

Julie, qui m'avait connue lors d'une conférence que j'avais faite dans son milieu de travail, est venue me voir à cause d'un événement très spécial qui bousculait ses structures défensives pourtant bien solides. Son père, qu'elle avait quitté deux ans plus tôt et qu'elle avait systématiquement refusé de revoir depuis, était atteint d'un cancer généralisé et avait manifesté son désir pressant de la revoir avant de mourir. Cet événement mit Julie en face d'elle-même. Incapable de refuser d'accéder à la demande de son père et incapable aussi d'y répondre, elle se trouvait dans une double contrainte qui lui faisait vivre beaucoup d'angoisse. Coupée d'elle-même et de ses émotions, c'était la première fois, depuis de nombreuses années, qu'une situation réussissait à bousculer son monde intérieur et à faire resurgir, sous forme d'angoisse, toutes les émotions refoulées au cours de sa vie. En développant une écoute de ce qui se passait en elle, elle découvrit qu'elle avait étouffé pendant des années une haine profonde pour son père. Elle ne supportait pas sa froideur, son indifférence, sa tiédeur. Elle lui en voulait d'être aussi terne et de lui avoir communiqué son inanité. Julie s'aperçut au cours du processus de l'ANDC^{MD} qu'elle refusait de voir son père pour deux raisons : d'abord il était son miroir et la mettait devant ce qu'elle ne voulait pas voir d'elle-même et ensuite elle avait peur de décharger sur lui sa violence contenue.

On sait que les émotions refoulées par le manque d'affirmation ne disparaissent pas. Elles se logent dans le psychisme et dans le corps, et leur blocage influe sur le comportement et sur la personnalité, qui s'éteint petit à petit. En effet, la quantité d'énergie vitale nécessaire à la réalisation et à l'affirmation de soi est diminuée, une partie étant utilisée pour refouler les émotions et les maintenir en réserve. Libérer la charge d'émotions contenues fait peur. L'attitude du thérapeute par l'ANDC^{MD} et sa capacité à être en relation facilitent une libération en douceur et sans violence des émotions, ce qui permet au client de vivre une expérience agréable d'écoute et d'acceptation de soi, et de découvrir qu'il peut affirmer ses idées et sa différence sans avoir peur du vécu qui les accompagne.

Je me suis aperçue, dans mon expérience thérapeutique, que le plus grand obstacle à l'affirmation de soi est la peur des émotions. Par peur de l'émotion, nous affirmons des principes, des idées, des opinions avec froideur, ce qui nous attire le rejet ou l'indifférence et ce qui introduit conséquemment en nous la peur de l'affirmation. Pour qu'une idée soit accueillie, elle doit être sentie et vécue.

Il n'y a pas d'affirmation non défensive de soi-même sans contact avec l'émotion qui la fait naître, la sous-tend, la confirme et surtout la personnalise.

En relation d'aide, l'on ne peut aborder le besoin d'affirmation de l'aidant sans toucher aux notions de pouvoir, d'autorité, de transfert et de contre-transfert.

Pouvoir

La notion de pouvoir est soulevée fréquemment en éducation et en thérapie. Elle est d'ailleurs présente non seulement dans les milieux politique, économique, religieux et social mais aussi dans les relations interpersonnelles. On la rencontre dans le monde du travail, dans les relations de couple, dans les relations amicales. D'autres études intéressantes pourraient être effectuées sur la psychologie du pouvoir. L'on y trouverait sûrement à la base du besoin de dominer les complexes d'infériorité, de supériorité ou d'insécurité. C'est donc dire que l'aidant qui a tendance à entrer consciemment ou inconsciemment dans des jeux de pouvoir a un travail à faire pour découvrir ses blessures de façon à prendre le pouvoir sur lui-même par la prise de conscience et l'acceptation, en situation thérapeutique, de ses tendances dominatrices, et par la prise en charge de sa libération dans le respect des étapes du processus de changement. S'affirmer en prenant le pouvoir sur l'aidé, c'est entretenir la dépendance et détruire la confiance nécessaire au climat relationnel favorable à la croissance. Cela dit, comment s'exprime le pouvoir du thérapeute sur ses clients et celui de l'enseignant sur ses élèves ?

Ce sont généralement ses mécanismes de défense qui mettent l'aidant dans une situation de pouvoir. Quand il est touché émotivement, quand il est concerné affectivement ou quand il vit des peurs, des inquiétudes, de l'insécurité, de l'impuissance ou des doutes par rapport à lui-même et qu'il n'est pas en contact avec ce vécu, il risque inconsciemment d'adopter une attitude défensive de pouvoir sur l'aidé. Cette attitude de pouvoir et de domination se manifeste par le jugement, par l'interprétation, le conseil, la confrontation, l'évaluation et aussi par une certaine forme de fanatisme et de « technicisme ».

Les moyens de pouvoir

C'est d'abord par l'interprétation, une des formes les plus subtiles et les plus dangereuses du pouvoir en relation d'aide, que s'exprime l'ascendant de l'aidant sur l'aidé. En effet, le thérapeute qui interprète ne le fait pas en partant du vécu du client et en étant à son écoute mais en partant de théories toutes faites ou de ses expériences personnelles. Interpréter à partir de connaissances théoriques, c'est faire entrer tous les aidés dans le même moule, indépendamment de ce qu'ils sont. C'est le pouvoir du savoir absolu qui l'emporte alors sur la subjectivité de l'être. Ce type d'interprétation ne peut être que néfaste et annihilant parce qu'il donne à la théorie la priorité sur la personne. On le trouve chez l'aidant qui utilise la théorie pour se sécuriser. D'autre part, la forme d'interprétation la plus fréquente est celle que fait l'aidant à partir de lui-même.

Même si cela n'est pas à conseiller, mieux vaut parler carrément de soi-même en thérapie que d'interpréter le vécu de l'aidé en fonction du nôtre. Dans ce dernier cas, le thérapeute prend un pouvoir subtil sur le client, le pouvoir de se servir de ses connaissances, de son expérience de vie et de son vécu à lui pour diriger la vie de l'aidé.

Cette attitude entraîne toujours la confusion. En effet, comme le client considère son thérapeute comme une autorité en la matière, il a tendance à « acheter » tout ce qui vient de cette personne qu'il consulte parce qu'il lui reconnaît une compétence dans l'art d'aider. Aussi est-il totalement ouvert à toutes les interventions de l'aidant, auxquelles il accorde plus d'importance qu'à son propre ressenti et qu'à ses propres valeurs. Le thérapeute doit donc travailler son rapport avec l'interprétation, qui est une forme de pouvoir sur le client, par la connaissance de lui-même.

Le pouvoir, en thérapie et en éducation, s'exprime aussi par les projets que certains aidants ont pour les aidés. Le thérapeute qui oriente son client vers telle décision, vers tel choix ou qui veut lui inculquer telle croyance ou telle valeur adopte une attitude directive de pouvoir qui n'est pas aidante mais nuisible. Un tel aidant doit se rappeler que sa propre démarche de croissance est la meilleure pour lui-même mais non nécessairement pour les autres. S'il a vécu, par exemple, une expérience douloureuse de séparation non choisie, il ne doit pas pour autant orienter son client vers l'harmonie du couple. Si, dans son expérience de vie, l'arrivée des enfants a été source de joie, de libération et de bonheur, il ne doit pas pour autant encourager à tout prix la formation d'une famille. La voie que doit suivre l'aidé, même si elle est parsemée de méandres de toutes sortes, ne peut être qu'une voie unique et différente. Il est possible que d'aucuns passent par le divorce pour trouver la plénitude qu'ils recherchent, d'autres par la vie sociale, d'autres par une démarche spirituelle. Il n'existe pas de voie idéale. Il n'existe que celle qui convient à chacun.

L'aidant ne doit pas oublier que sa voie à lui n'est pas la seule mais la sienne et que chacun des aidés poursuit sa route sur une voie différente.

Peu importe où il ira, l'important c'est qu'il aille, par les moyens et les détours qu'il veut prendre, et au rythme qui lui convient, là où il trouvera son bonheur, son bien-être.

Mise à part la tendance à interpréter et à avoir des projets pour l'aidé, il y a d'autres moyens, pour un intervenant, de prendre le pouvoir sur les aidés. Il peut en effet y parvenir par la confrontation et la provocation, qui très souvent sont empreintes de jugement. Ces deux moyens ont généralement pour effet de mobiliser les mécanismes de défense et de ne pas respecter le rythme de croissance de l'aidé. Travailler avec la confrontation et la provocation a pour avantage d'entraîner des résultats apparents remarquables en peu de temps. En effet, par ces moyens, on peut réussir à changer le comportement d'un individu, mais on ne change pas nécessairement pour autant son état psychique. Au contraire, on ne fait que renforcer ses mécanismes de défense et ses fonctionnements psychiques insatisfaisants. On transforme l'état psychique en faisant vivre à l'aidé, par une attitude qui reflète l'acceptation, la foi et l'amour, une expérience positive de la relation et de l'autorité. La thérapie avec l'ANDC^{MD} est une expérience relationnelle et c'est par l'expérience vécue et sentie de sa relation avec l'aidant que l'aidé se transforme, et non par des pressions extérieures qui le ferment à lui-même et le poussent à entretenir un personnage. Très souvent, la confrontation ne démystifie pas le monde psychique, elle n'aide pas non plus l'individu à comprendre ce qui se passe en lui et à y faire face, elle ne fait qu'agir sur son comportement, c'est-à-dire sur ses réactions observables, pour les modifier. Celui qui est ainsi secoué change généralement ses réactions vis-à-vis du monde extérieur sans trop s'occuper de son monde intérieur, c'est-à-dire de sa façon de vivre ce changement et de la pertinence de ce changement dans sa démarche personnelle et sur sa personne. Le véritable changement part de l'intérieur et une approche qui ne recherche pas la confrontation favorise les transformations internes en profondeur parce qu'elle respecte le besoin de sécurité des personnes et leur rythme personnel de croissance. Le simple fait de travailler dans le respect du client en partant de ce qu'il est et de ce qu'il dit verbalement et non verbalement ainsi qu'en suivant son rythme sans le ménager, sans le prendre en charge et sans le juger, suffit à l'ouvrir à lui-même et à entraîner des transformations profondes parce qu'elles sont en accord avec ce qu'il est.

C'est plutôt la congruence de l'intervenant qui doit remplacer la confrontation. Le seul fait que ce dernier soit authentique dans l'expression de son ressenti agréable et désagréable et de ses limites est d'une efficacité remarquable dans le processus de changement et d'évolution.

L'intervenant confrontant aurait avantage à observer et à accepter ce qui, en lui, le pousse à la confrontation. Serait-ce un malaise personnel ? Serait-ce un besoin de faire réagir, un besoin de résultats concrets ? Serait-ce une insécurité profonde, un besoin d'aider l'autre à tout prix et de le sauver ? Serait-ce un mécanisme de défense ? Serait-ce autre chose ? La pulsion à la confrontation part du thérapeute lui-même et parle de lui. Quoi qu'il en soit, il existe, à l'intérieur même de la personne humaine, des forces qui s'opposent constamment. Le rôle du thérapeute n'est pas, dans la philosophie de l'ANDC^MD^, de faire cheminer le client dans la confrontation, mais de l'aider à prendre conscience des forces contradictoires qui l'habitent et à les accepter et, ainsi, de l'aider à les harmoniser par l'observation, la reformulation et l'élucidation.

La relation d'aide est une démarche qui exige de l'aidant l'exploitation des hémisphères droit et gauche de son cerveau. Au cours du processus d'aide thérapeutique ou pédagogique, il a besoin de ses facultés rationnelles pour observer et pour établir des liens, pour procéder à des synthèses, à des élucidations à partir des confidences de l'aidé. Il a aussi besoin de faire appel à la raison pour identifier ses facultés irrationnelles afin de ressentir, percevoir, vibrer, s'émouvoir, intuitionner. Toutefois si la raison, en plus de prendre la place qui lui revient, s'immisce dans l'irrationnel en voulant le maîtriser plutôt que l'écouter, elle déséquilibre la relation d'aide et maintient l'aidé dans la confusion sans opérer de véritables changements.

Le bon thérapeute par l'ANDC^MD^ et le bon pédagogue non directif créateur sont des êtres capables d'observer, d'analyser, de synthétiser, d'élucider, de déduire, mais sont aussi des êtres qui

vibrent, qui s'émeuvent, qui sentent, qui se laissent toucher ; en un mot, des êtres qui vivent pleinement.

Autrement, la relation d'aide n'est pas une « relation » mais une « aide » froide et désincarnée qui n'a rien d'efficace à long terme et qui ne sert qu'à déplacer la souffrance sans vraiment lui faire face ni la libérer. Tant que l'aidant n'est pas à la fois dans son corps, dans son cœur et dans sa tête, son approche n'est pas globale et ne produit que des résultats bien fragmentaires qui n'ont rien à voir avec le sensationalisme de certaines apparences extérieures. L'on touche ici le problème des approches thérapeutiques qui visent les résultats observables.

Lorsque l'aidant oriente sa pratique dans le but d'obtenir le plus rapidement possible des résultats apparents et dans le but de prouver l'efficacité de son approche, il fait de la relation d'aide un moyen de flatter son ego et non un moyen d'aider les autres et de s'aider lui-même.

Le besoin d'être reconnu et le besoin de s'affirmer sont présents chez tous les aidants comme chez tous les êtres humains. Lorsque ces besoins ne sont pas conscientisés et acceptés, ils interfèrent dans la relation thérapeutique ou pédagogique de façon négative par des moyens comme le sensationalisme, le fanatisme et le « technicisme ».

En effet, afin d'être reconnu et de répondre à son besoin d'affirmation, l'aidant peut utiliser une théorie ou une technique quelconque et les présenter comme des vérités absolues en dehors desquelles rien n'est valable. En agissant ainsi, il se sert de ces moyens pour asseoir son pouvoir auprès de ses clients ou de ses élèves. Il rejette, de cette façon, tout ce qui existe en dehors de lui et de sa pratique. Il y a dans cette attitude une certaine forme de fanatisme qui base la thérapie sur une doctrine ou sur une technique en passant complètement à côté de la personne même du thérapeute et de celle de l'aidé, et qui donne à la théorie ou à la technique un pouvoir absolu sur la démarche personnelle des personnes en relation. Il y a donc un danger à vivre le processus thérapeutique uniquement en fonction d'un moule théorique ou pratique. Le succès de la relation d'aide dépend, je ne le dirai jamais assez, en grande partie, de la personne même du thérapeute et le succès de la relation éducative dépend de la personne même de l'éducateur.

Toutefois, à l'opposé du fanatisme et du «technicisme» se trouve l'imprécision totale.

L'aidant qui n'a aucune opinion, aucune position, aucune direction provoque forcément chez l'aidé une grande insécurité qui l'empêche de se définir et de se reconnaître.

En tant que thérapeute et que pédagogue, il est fondamental de s'affirmer en sachant le plus possible, par le travail sur soi, qui l'on est vraiment, ce en quoi l'on croit, quelles sont ses valeurs, ses croyances, ses idéologies de façon à se poser clairement et sans ambiguïté. Il est très important que les gens à qui l'on s'adresse sachent exactement nos positions théoriques, thérapeutiques et pratiques. Cependant, il est essentiel que ces positions, présentées de façon claire et nette, ne soient pas exposées comme des absolus et des vérités universelles mais comme une vérité parmi d'autres, la sienne, qui laisse place à d'autres vérités. Cette façon de s'affirmer clairement dans le respect de ce qui existe en dehors de soi permet au client et à l'élève d'arrêter des choix en toute connaissance de cause, en fonction de leurs besoins.

L'intervenant non directif créateur est donc formé en vue de se connaître, de se reconnaître et de s'aimer assez pour s'affirmer, pour se définir clairement et pour croire profondément à la qualité de son approche de façon à la présenter sans l'imposer, dans le respect de lui-même et de ce qui existe en dehors de lui. Il ne s'agit pas de se définir par opposition aux autres approches mais par une conviction profonde qui naît de la connaissance de soi et de l'expérience vécue. En réalité, le choix de l'approche d'un aidant ne dépend que de ce qu'il est. L'approche confirme la nature du thérapeute. Il ne s'en servira de façon honnête et efficace que si elle est le reflet de son attitude. Toutefois, je ne crois pas que la technique, l'approche et la théorie qui soutient ces dernières soient, par elles-mêmes, cause de transformation en thérapie. Ce qui favorise le changement, c'est la façon d'utiliser ces éléments, c'est-à-dire d'une part l'attitude et la personnalité du thérapeute de même que d'autre part le terrain du client, soit ses besoins, ses processus internes, ses émotions, ses mécanismes de défense, ses fonctionnements et ses expériences de vie.

La démarche thérapeutique se déroule dans le cadre d'une relation où sont engagées deux personnes ; c'est d'abord et avant tout ces deux personnes qui font progresser le processus à condition que chacune d'elles soit soucieuse de l'importance de son engagement personnel et de son engagement professionnel dans le respect de son rôle d'aidant ou d'aidé.

Dans son rôle d'aidant, le thérapeute tout comme l'enseignant représentent, qu'ils le veuillent ou non, une autorité pour les aidés.

Autorité

Lozanov (1984, p. 180) écrit au sujet de l'autorité : « *Il s'agit d'une influence non directive qui suscite la confiance et le désir spontané de suivre l'exemple.* » Autrement dit, et c'est ce sur quoi l'ANDC^MD^ met l'accent, la notion d'autorité est liée à celles d'influence et de réceptivité. L'intervenant non directif créateur doit s'assumer comme une autorité.

Il ne s'agit pas d'« avoir » de l'autorité mais d'« être » une autorité. Ainsi conçue, l'autorité n'est pas une question de pouvoir mais une question d'influence.

Pourquoi cette notion est-elle si importante dans l'*Approche non directive créatrice*^MD^ ? Tout simplement parce que l'aidé a besoin, pour créer en lui le climat de réceptivité nécessaire à son processus de libération et d'évolution, de faire confiance à l'aidant, de le reconnaître comme une personne compétente et capable de l'accompagner dans la démarche pédagogique ou thérapeutique. Cette confiance est créée par l'attitude de l'aidant lui-même. L'autorité dont il est question ici n'est pas constituée de menaces et de punitions mais de confiance en soi et d'amour de soi. Elle est fondée sur les qualités de cœur de l'aidant, sur sa conscience professionnelle, sur son intégrité, sur sa responsabilité, sur son respect de lui-même et des autres, sur sa connaissance de lui-même et sur son souci d'une recherche permanente de qualité dans sa formation globale. Elle est liée à sa capacité de s'affirmer et d'être directif dans le contenant de son approche et non directif dans le contenu. C'est une autorité sans contrainte psychique, une autorité qui sécurise, qui inspire confiance et qui facilite le lâcher-prise.

L'aidant qui se reconnaît comme une autorité auprès des aidés ne deviendra pas leur ami, mais il s'assumera entièrement dans son rôle jusqu'à la fin de la relation d'aide.

Certains clients ou certains élèves tenteront de transformer la relation pédagogique ou thérapeutique en une relation amicale de façon à ne pas travailler leur rapport avec l'autorité, ce qui les empêche de se reconnaître et de dépasser certaines étapes essentielles à l'apprentissage de l'autonomie. Ce genre de clients cherche à dévoiler la vie du thérapeute, essaie même de renverser les rôles en posant des questions ou en manipulant de toutes les façons possibles. D'autres restent après la séance pour percer le mystère qui leur fait si peur. L'aidant doit connaître les pièges et ne pas s'y laisser prendre pour aider ses clients à faire face à leurs peurs et à s'acheminer vers une relation avec l'autorité qui soit simple, naturelle et non menaçante. Encore une fois, il doit s'affirmer et poser clairement ses limites. Être une autorité, c'est s'affirmer et s'assumer dans son rôle tout en restant une personne humaine, sensible, vulnérable, entière et chaleureuse.

Tous les aidés, enfants, adolescents, adultes, ont besoin de modèles solides auxquels s'identifier et auxquels se mesurer pour trouver qui ils sont et pour devenir autonomes et libres. Ces modèles, ce sont les pères qui s'assument et s'affirment comme pères, les mères qui s'assument et s'affirment comme mères, les professeurs qui s'assument et s'affirment comme professeurs, les thérapeutes qui s'assument et s'affirment comme thérapeutes et les formateurs qui s'assument et s'affirment aussi comme tels.

Il y a là pour l'aidant non directif créateur en formation tout un travail d'affirmation et de reconnaissance de lui-même qu'il faut accomplir par la connaissance de ce qu'il est, par l'épanouissement progressif de toutes ses dimensions, par ses connaissances théoriques approfondies et par une solide formation pratique, et ce, parce que sa position d'autorité le met face aux problèmes du transfert des aidés et de ses propres contre-transferts.

Transfert et contre-transfert

Introduire la notion de transfert dans l'ANDC[MD] me paraît fondamental. Mon expérience de pédagogue, d'animatrice et surtout de thérapeute et de formatrice de thérapeutes par l'ANDC[MD] me place presque quotidiennement dans la situation transférentielle. Je ne puis donc qu'introduire cette notion psychanalytique freudienne dans la formation des aidants en l'adaptant à l'ANDC[MD] et lui donner une place importante puisque tous les thérapeutes sont susceptibles de devenir pour leurs clients, et tous les pédagogues pour leurs élèves, des surfaces transférentielles déterminantes.

Mais qu'entend-on par transfert? Le transfert est la transposition sur le thérapeute d'émotions et de sentiments que l'aidé a vécus au cours de sa vie par rapport à des figures d'autorité, à des personnes qui l'ont perturbé psychiquement. Il est aussi la transposition sur l'aidant d'émotions vécues par rapport aux personnes qu'il a idéalisées.

La notion d'autorité est très souvent liée à celle de transfert. Les personnes qui ont représenté des autorités pour l'enfant sont généralement le père, la mère ou leurs substituts. Aussi le client vit-il, en situation transférentielle, par rapport à son thérapeute qui représente pour lui une autorité, des émotions et des sentiments qu'il vivait par rapport à l'un ou à l'autre de ses parents ou par rapport à une personne importante de son enfance ou de sa vie.

Que se passe-t-il alors ? Quand l'aidé fait un transfert sur l'aidant, ce dernier n'est pas vu tel qu'il est. Si, par exemple, il transfère sur son thérapeute la figure de son père, il éprouvera envers lui à peu près les mêmes sentiments et les mêmes émotions qu'il a éprouvés envers son père autrefois, ce qui l'empêchera d'être en contact avec la personne réelle de l'aidant. Dans le cas du transfert positif, il projettera sur son thérapeute l'image du père idéal ou de la mère idéale qu'il s'est fabriqué dans l'imaginaire pour fuir la réalité trop souffrante de ses relations avec les personnes significatives de sa vie. Dans un cas comme dans l'autre, l'aidant n'est pas vu tel qu'il est. Aussi l'aidé vivra-t-il de l'admiration et un amour idéalisé ou, dans le cas du transfert négatif, de l'hostilité et de la haine. Cependant, le transfert peut être un élément indispensable de croissance si le thérapeute ou le pédagogue sont préparés à le recevoir. Généralement, au cours de la démarche thérapeutique, le client passe par les deux formes de transfert. Beaucoup de clients traversent l'étape du transfert positif sans jamais toucher au transfert négatif, ce qui fait qu'ils passent d'une démarche thérapeutique à une autre sans jamais aller au bout d'eux-mêmes. Comment expliquer ce phénomène ?

Le thérapeute qui n'est pas familiarisé avec le transfert et qui n'a pas fait de travail sur lui-même en ce sens risque, par son attitude inconsciente, de bloquer l'expression des transferts négatifs de ses clients.

Ce phénomène se produit fréquemment chez les aidants-sauveurs. En effet, si le thérapeute a tendance à ménager, à protéger l'aidé pour lui éviter la souffrance et surtout pour se protéger lui-même contre sa propre souffrance, ce dernier le sentira inconsciemment et aura tendance à taire ses sentiments négatifs afin de ménager son thérapeute. C'est alors que la démarche thérapeutique, après avoir tourné en rond pendant quelques séances, se termine dans un cul-de-sac. Il importe donc que l'aidant soit conscient de ce phénomène et qu'il travaille à accepter sa propre souffrance, à l'apprivoiser et à lui faire face de façon à ne pas la fuir.

Pour vraiment se structurer une personnalité unique, l'aidé doit, dans bien des cas, traverser avec son thérapeute son transfert négatif. Cette étape est souvent indispensable parce qu'elle lui permet de régler avec le thérapeute des blocages affectifs refoulés. Franchir l'étape du transfert négatif, c'est exprimer les sentiments négatifs vécus autrefois par rapport au parent transféré et c'est surtout travailler le rapport aliénant avec l'autorité. Faire face aux peurs refoulées, aux émotions de haine et de colère réprimées, c'est d'abord les reconnaître, les accepter et les libérer. Quand le client a pu travailler son transfert négatif sur son thérapeute, il démystifie tout ce qui représente pour lui l'autorité et ce qu'il vivait constamment comme une menace ne l'est plus parce qu'il a eu la force d'affronter cette autorité qui lui faisait si peur. Il découvre qu'il n'a plus besoin de s'opposer pour exister et au lieu de se définir par opposition il se définit par ce qu'il est vraiment.

Quand les étapes du transfert sont traversées, l'aidé qui se découvre tel qu'il est découvre aussi la vraie personne du thérapeute. Là s'établit un autre genre de relations sans interférence entre deux personnes qui ont des rôles différents. Ainsi, le thérapeute reste toujours un thérapeute et le client, un client. Il n'est pas question ici d'une relation d'amitié, encore moins d'une relation intime, mais d'une relation thérapeutique à sa dernière étape. L'aidant demeure toujours une autorité. C'est d'ailleurs ce qui permet à l'aidé de sentir les transformations intérieures dans son rapport avec l'autorité. Il saura alors l'aborder dans le respect des rôles tout en restant en contact avec les personnes en position d'autorité sans se sentir menacé. Toute cette démarche ne peut se compléter adéquatement sans tenir compte de l'importance du thérapeute et surtout de son contre-transfert.

La notion de contre-transfert a été abordée par Freud, critiquée par Lacan et approfondie par les psychanalystes anglais Paula Heimann, Margaret Little, Lucia Tower et Annie Reich. Il s'agit en fait, d'après ces derniers, de la réaction du thérapeute au transfert du client. Même si l'aidant sait rationnellement que, dans les cas de transferts, les sentiments de l'aidé ne s'adressent pas directement à lui mais qu'il sert simplement de surface transférentielle, il n'en est pas moins parfois touché, ébranlé, voire bouleversé. Dans ce cas, il peut très bien, s'il n'a pas travaillé à se connaître et à se sentir, projeter son propre vécu et ses propres malaises sur l'aidé, et compromettre le déroulement efficace de la démarche. C'est sa réaction au transfert du client qui donne à l'aidant les pistes du travail qu'il doit poursuivre sur lui-même de façon à éviter les interprétations et les projections, qui conduisent à la confusion et au chaos. C'est pourquoi j'accorde une importance prioritaire à la régulation des thérapeutes. Dans notre établissement de formation, des régulateurs chevronnés sont à la disposition des thérapeutes en pratique pour leur permettre, après leurs thérapies, de dénouer leur propre contre-transfert et de poursuivre le travail sur eux-mêmes sans lequel leur approche reste une technique désincarnée ou l'application d'une théorie froide et sans âme.

Les thérapeutes par l'ANDC^MD ont la possibilité de se faire « réguler » de façon à ne jamais, en situation thérapeutique, couper le contact avec eux-mêmes et à bien distinguer leur vécu de celui de leur client.

Ces régulations leur permettent de découvrir et d'accepter leurs écueils, leurs forces et de s'affirmer dans l'authenticité la plus totale.

Parce qu'il est lié à l'expression du vécu, de la différence et de l'authenticité de l'être, le besoin d'affirmation est vraiment un besoin fondamental sans lequel l'individu est emprisonné et privé de sa liberté.

f. Besoin de liberté

J'ai abordé le thème de la liberté de façon très élaborée dans mes livres *Aimer sans perdre sa liberté* et *La liberté dans la relation affective*. Je n'aborderai donc ici que certains aspects du sujet.

Le besoin de liberté est tellement important chez l'être humain que l'on se sert de l'emprisonnement comme un moyen de « punir » ceux qui ont abusé de leur liberté. Mais les prisonniers ne se trouvent pas tous dans les lieux de détention. Combien d'êtres humains sont prisonniers de normes, de conventions, de croyances, de principes et combien sont prisonniers de leurs relations ? La vraie liberté est beaucoup plus intérieure qu'extérieure. L'homme qui ne se sent pas libre est toujours malheureux et coincé au fond de lui-même.

L'apprentissage de la liberté ne se fait pas facilement lorsqu'on vit dans un monde de manipulation, de dépendance et d'irresponsabilité. Je crois que le besoin de liberté est un des plus difficiles à satisfaire parce qu'il est lié au besoin d'amour, de reconnaissance et d'affirmation.

Pour ne pas perdre l'amour et la reconnaissance des autres, l'homme sacrifie souvent sa liberté. Mais il ne sait pas que l'amour a besoin d'air et qu'en sacrifiant la liberté on sacrifie du même coup les joies profondes du véritable attachement et de la reconnaissance de soi.

Apprendre à être libre, c'est en même temps, apprendre à s'aimer, à se reconnaître et à s'affirmer. Qu'est-ce alors que la liberté ? *La liberté, c'est l'aptitude à être responsable de sa vie, à arrêter des choix et à prendre des décisions, et la capacité d'en assumer les conséquences.* Je pourrais raconter ici l'histoire de plusieurs personnes qui, par peur des conséquences, ont refusé toute leur vie de faire des choix et de prendre des décisions.

Que se passe-t-il alors quand on ne choisit rien et qu'on ne décide rien ? Ce sont les autres et les événements qui choisissent et décident à notre place. Nous devenons, dans ce cas, des marionnettes dans les doigts de ce que nous appelons les circonstances de la vie. Nous vivons ainsi dans la peur, la frustration et la passivité parce que nous mettons notre vie entière dans les mains des autres, du sort ou de prétendues forces extérieures. Il existe des formes de croyances qui anéantissent. Croire en des « forces supérieures » ne signifie pas s'abandonner totalement au pouvoir de puissances extérieures. « Aide-toi et le ciel t'aidera », dit le proverbe. Il n'y a donc pas de liberté sans responsabilité. Tant que je ne récupère pas le pouvoir de fixer mes choix et de prendre moi-même mes décisions, je suis à la merci et sous la dépendance d'un monde extérieur matériel, humain ou spirituel qui m'engloutit. Par peur des conséquences, l'homme se nie et se soumet. Il annihile alors son besoin de liberté, ce qui lui donne souvent l'impression de n'être rien.

Je me souviens de l'histoire de Patrick, qui est venu me voir parce qu'il sortait de sa troisième tentative de suicide. Il regrettait beaucoup cette fois d'avoir été sauvé. Patrick, qui avait alors 23 ans, vivait encore chez ses parents. Étouffé, écrasé, anéanti par une mère omnipotente et omniprésente, il n'arrivait pas à quitter sa famille parce qu'il avait peur d'être incapable de se débrouiller tout seul. Sa mère l'avait surprotégé au point qu'il était convaincu que, sans elle, il ne pouvait rien. Cette aliénation l'enfermait dans une peur chronique du changement. Il était prisonnier de cette relation qui le contrôlait et le retenait sur place. Il était pris entre son sentiment d'impuissance et son besoin de liberté. Comme sa mère avait toujours tout décidé et tout choisi pour lui, il était totalement incapable de prendre la décision de partir, ce choix allant à l'encontre de ses désirs à elle. Il avait peur de perdre l'amour de ses parents, peur d'être abandonné, peur des conséquences d'un éventuel départ.

Au cours de sa démarche thérapeutique, il réalisa qu'il était venu me consulter parce qu'il avait au fond de lui un espoir de s'en sortir. Il m'avoua même qu'il souhaitait que je prenne pour lui la décision qu'il n'arrivait pas à prendre lui-même, ce que bien sûr je ne fis pas pour deux raisons : d'abord, j'aurais entretenu ainsi le fonctionnement enregistré dans la relation avec la mère ; ensuite, le conseil maintient toujours la dépendance et enlève la liberté. Partick devait prendre la responsabilité de son problème et arrêter lui-même le choix qui lui convenait. Mon rôle était surtout de lui communiquer ma foi profonde en ses capacités, ma reconnaissance de ses forces, mon acceptation de ses faiblesses et de ses indécisions et ma plus sincère affection.

Patrick a pris conscience qu'il s'était toujours senti redevable à sa mère et qu'il vivait beaucoup de culpabilité à l'idée de partir. Il se disait un fils ingrat, dénaturé, condamnable. Sa culpabilité et sa peur l'aliénaient et le privaient du besoin vital d'être libre dans sa relation avec les autres. Il avait d'ailleurs toujours le sentiment de devoir quelque chose à tous ceux qu'il côtoyait.

L'histoire de Patrick n'est pas unique. Il existe de nombreuses personnes qui sont complètement prisonnières de leurs relations. Ce fut le cas de Rose. Elle avait 54 ans lors de notre première rencontre. Son histoire m'a beaucoup touchée. Mariée à Auguste depuis plus de 30 ans, elle avait été l'épouse choyée que ses amies et ses sœurs enviaient. Auguste était en effet un homme charmant, rempli de délicatesse, qui, pendant toutes ces années, avait toujours été au-devant des désirs de sa femme. Jamais elle n'avait manqué de quoi que ce soit sur le plan matériel et jamais elle n'avait été privée de tendresse et d'affection. Selon toutes les apparences, elle avait épousé l'homme idéal et presque parfait. Pourtant, Rose n'était pas heureuse. Aussi se culpabilisait-elle constamment. Étant donné qu'elle avait un si bon mari, elle n'avait aucune raison de se sentir insatisfaite et malheureuse, croyait-elle. Mais elle l'était et son « mental » n'arrivait pas à dominer ses angoisses. Pourquoi Rose était-elle si malheureuse ?

Elle découvrit, au cours de son processus thérapeutique, que toute sa vie elle s'était sentie obligée d'être au service de son mari et d'être à l'écoute de tous ses besoins parce qu'il ne lui refusait rien. Elle avait ainsi entretenu une relation aliénante dans laquelle elle étouffait.

Il n'était pas question pour elle de se séparer d'Auguste. Là n'était pas, selon elle, la solution à son problème. Elle travailla plutôt à l'écoute d'elle-même et à sortir du « Je te donne tout, tu me dois tout » dans lequel elle s'était engagée sans trop s'en rendre compte. Parce qu'elle prit la responsabilité de son malaise, Rose réussit à s'en sortir sans perdre l'amour et l'attention de son mari. À mesure qu'elle retrouvait sa liberté d'être et d'agir, elle retrouva son équilibre et sa joie de vivre.

Beaucoup de relations sont ainsi basées sur l'aliénation réciproque et ce, parce que l'on a toujours l'impression de devoir à l'autre ce que l'on reçoit. Quand nous sommes arrivés en famille à Paris en juin 1982, nous n'avions pas encore trouvé de lieu pour habiter tous les six. En attendant de nous trouver un appartement, nous avons pris deux chambres au Foyer international d'accueil de Paris. Pour éviter les dépenses occasionnées par cette situation temporaire, une amie m'offrit l'appartement de sa mère près du parc Montsouris. Nous avons passé deux semaines à cet endroit avant d'emménager «chez nous», rue d'Arsonval, dans le XVe arrondissement. Quand nous avons quitté l'appartement, j'ai demandé à cette amie combien je lui devais pour ce merveilleux accueil. Elle m'a répondu : «*Tu ne me dois rien; peut-être un jour auras-tu l'occasion de rendre le même service à quelqu'un d'autre.*» Ce jour-là, j'ai compris ce qu'était la liberté. Moi qui avais passé toute ma vie à me sentir redevable à tout le monde, je me suis sentie libérée. J'accepte de plus en plus maintenant de recevoir sans me sentir obligée de remettre et je donne sans attendre quoi que ce soit en retour. Je me suis dégagée ainsi de nombreuses relations basées sur l'aliénation du «Je te donne tout, tu me dois tout.»

Je crois que la liberté n'a pas de prix et qu'il faut parfois accepter de perdre pour satisfaire ce besoin sans lequel il n'y a pas de véritable amour.

Donner à l'autre dans le but de remettre ce que l'on a reçu ou de le rendre redevable, c'est perdre sa liberté.

Si je fais le choix d'être libre, je dois en assumer les conséquences. Nos amis acceptent parfois très mal que nous nous libérions de nos aliénations. Ils acceptent très mal de perdre le pouvoir de nous emprisonner en nous rendant redevables de ce qu'ils nous donnent. Assumer les conséquences de ses choix, c'est parfois accepter certaines pertes qui sont au fond des gains par rapport à l'autonomie, à la libération intérieure et à l'amour de soi.

Apprendre à être libre et autonome, ce n'est pas se ficher du vécu des autres et cesser de les écouter et de les aimer, mais c'est se libérer de ses comportements qui emprisonnent en prenant la responsabilité de ses choix, de ses décisions et de son vécu, en en assumant les conséquences et en redonnant à l'autre la responsabilité de ce qui lui appartient.

Cette démarche libératrice est la seule qui nous permette de vivre heureux avec les autres dans le respect de ce qu'ils sont et dans le respect de nous-mêmes. C'est une démarche essentielle à l'exploitation des différences individuelles et des potentialités créatrices. C'est aussi une démarche indissociable de la satisfaction des autres besoins fondamentaux. En effet, généralement, quand un besoin psychique n'est pas satisfait, tous les autres sont touchés. C'est pourquoi un besoin non comblé entraîne une souffrance, une dysharmonie intérieure, un certain déséquilibre qui ne peut être retrouvé que par sa satisfaction. C'est aussi le cas du besoin de créativité.

g. Besoin de créativité

La créativité est une fonction naturelle de l'être humain dont l'exploitation assure le développement des capacités intellectuelles, imaginaires et pratiques, l'apprentissage de la liberté et l'actualisation des potentialités latentes.

Puisque la créativité est une fonction naturelle, une fonction psychobiologique comme le dit Jean Lerède, un besoin fondamental, voire une pulsion comme le souligne Michel Lobrot (1974), on peut dire que plus on crée, plus on existe pleinement. Les vrais créateurs, ceux dont les créations contribuent au développement de leur être, sont des êtres vivants, motivés, engagés, qui participent à leur vie, qui en sont les acteurs et non les spectateurs ou les exécutants.

Parce que la créativité est une fonction naturelle de l'être humain, il en résulte que tout le monde peut créer quels que soient l'âge et le statut social.

Malheureusement, cette fonction, bien qu'elle soit liée à la nature même de l'homme, n'est pas développée chez tous les êtres humains. Sur le plan éducationnel, les conditions essentielles au développement de la créativité ne sont malencontreusement pas toujours respectées. En effet, l'absence de contexte affectif favorable et le manque de respect des différences individuelles bloquent l'éclosion des capacités créatrices et conséquemment la croissance naturelle de l'enfant et de l'adolescent. Pour créer, l'enfant, tout comme l'adulte, a besoin de trouver sa vraie nature et de laisser s'exprimer sa spontanéité ; il a aussi besoin d'un entourage qui dégage un amour et une foi qui sont libérateurs de potentialités.

Trouver sa vraie nature, c'est se libérer des introjections qui empêchent l'actualisation du processus créateur. Certaines personnes sont tellement conditionnées par les greffes de leur éducation qu'elles ont du mal à savoir qui elles sont et ce qu'elles veulent devenir. Elles sont trop souvent ce que les autres veulent qu'elles soient : des modèles créés de toutes pièces. En effet, à mesure qu'elles grandissent, elles apprennent à se modeler selon un moule extérieur et à épouser le comportement que l'on attend d'eux. Elles sont aliénées, emprisonnées par le regard des autres. En ce sens, il existe une certaine forme d'éducation qui favorise le « personnage » et qui écrase la « personne ».

Arrive un moment dans la vie où l'« homme-personnage » se sent mal, angoissé, malheureux. La personne au fond de lui veut exister. C'est le moment de l'affrontement de la personne et du personnage. La personne veut prendre la place du personnage sous peine de troubles névrotiques, voire psychotiques importants. Elle veut vivre et prendre tout son espace. C'est le moment où le besoin de créer se manifeste puisqu'en faisant naître sa personne l'être se crée par le fait même.

Cette période de la vie est parfois difficile à traverser. C'est le moment de vérité, ce moment où l'être, s'il veut être heureux, doit laisser vivre la personne en se centrant sur elle, en l'écoutant, en l'acceptant telle qu'elle est et surtout en l'aimant. Cette étape de la naissance de la personne, de contact avec la vraie nature s'appelle « seconde naissance ». Contrairement à la première naissance, ici le sujet est l'auteur conscient de sa renaissance. La mort du personnage et la naissance de la personne, qui ne peuvent se réaliser que dans une atmosphère d'acceptation et d'amour, sont à la base de l'expression spontanée, de la libération des potentialités créatrices et de l'amour de soi parce que, en prenant contact avec la personne en lui, l'être humain prend automatiquement contact avec ce qui le distingue des autres, soit avec sa source de créativité.

La créativité étant l'expression de la différence, de l'unique en l'être, diffère selon le vécu de chacun, selon son histoire personnelle, ce pour quoi il est vivant, ce pour quoi il est sur cette terre.

L'être humain, à cause de sa différence, a quelque chose à apporter aux autres. C'est ce que j'appelle la « mission de vie » et que Paolo Coelho appelle « légende personnelle ». Et il ne pourra apporter ce quelque chose d'unique que s'il manifeste sa créativité. Si cette différence, cette unicité qui le caractérisent ne sont pas respectées par ses éducateurs, s'il choisit de se soumettre à un modèle de vie, à un conformisme social qui ne respecte pas ce qu'il est et s'il l'entretient, il étouffera sa créativité. L'être dont la créativité est étouffée n'a très souvent pas envie de vivre, il manque de motivation, d'intérêt dans la vie. Il ressemble à une marionnette qui se laisse guider par les autres et par les événements. Étouffer notre créativité, c'est nous empêcher de renaître, de nous manifester, et conséquemment de réaliser ce pour quoi nous sommes nés.

Le développement de la créativité est proportionnel au développement de la vie et à l'apprentissage de la liberté. C'est en créant que je me manifeste comme être vivant et que je m'affirme dans ma différence.

Il est écrit dans la Bible que Dieu a créé le monde. Pris symboliquement ce langage est très révélateur, peu importe les croyances de chacun, par rapport au phénomène de la création du monde. En effet, si Dieu, à qui l'on a donné d'autres noms selon les croyances, n'avait pas créé le monde, il ne se serait jamais manifesté à l'homme. Il existe donc, en grande partie, par son œuvre. Il est sa création. J'en déduis donc hypothétiquement que Dieu est le symbole de la pulsion créatrice par laquelle l'homme peut se manifester. Si cette hypothèse est juste, l'être humain a besoin de créer pour se réaliser. L'œuvre est le tremplin, la concrétisation extérieure de la force créatrice intérieure. Sans cette concrétisation, l'homme ne se réalise pas, n'existe pas. C'est donc ma création qui me confirme comme homme, qui confirme ma force créatrice intérieure. En sortant Dieu de l'homme, en le mettant uniquement extérieur à lui, certaines religions ont déformé le symbole divin et par le fait même diminué la grandeur de l'homme, lui enlevant cette force, cette puissance qui, d'intérieure, devenait uniquement extérieure à lui. L'homme a perdu ainsi tout pouvoir sur lui-même et est devenu à la merci du pouvoir des représentants de Dieu sur la terre. Il attendait tout de l'extérieur, il attendait tout de Dieu parce qu'il ignorait que Dieu était aussi en lui et qu'Il était l'expression de sa propre force créatrice.

Lorsque l'homme perd son pouvoir sur sa vie, il perd du même coup ses possibilités d'exploiter sa créativité et il perd aussi sa liberté. Il lui devient donc impossible de créer, de se créer et de renaître.

La créativité est un potentiel inné qui ne demande qu'à être libéré. Je crois que c'est ce potentiel créateur inné qui explique l'hypothèse de Rogers selon laquelle l'homme tend naturellement à s'actualiser. On peut pousser plus loin cette hypothèse. Si c'est la créativité qui est à l'origine de la tendance naturelle de l'homme à se réaliser, l'acte de créer est donc un acte essentiellement thérapeutique en ce sens qu'il libère l'homme de tout ce qui l'empêche de manifester sa différence. C'est aussi un acte prophylactique et curatif à cause, particulièrement, de son caractère relationnel.

La créativité constitue une relation entre le créateur et son œuvre et entre le créateur et les autres. Si je crée, je me crée. Créer, c'est renaître à chaque instant, c'est s'exploiter, se révéler à soi et aux autres, se dépasser. La création non seulement confirme le créateur, comme nous venons de le souligner, mais elle le manifeste, elle le crée en libérant ses potentialités latentes, ses forces cachées, ses talents enfouis, ses puissances intérieures. Créer, comme le souligne Jeanne-Marie Gingras qui s'est inspiré de l'œuvre de Paul Valery, c'est enfanter une œuvre qui enfante le créateur. Créer, c'est aller incessamment à la conquête de soi, c'est se découvrir, se transformer, se réaliser, s'aimer.

Il existe entre l'œuvre et le créateur une interrelation évidente. Quand on crée, écrit Yvan Landry (1983), on se projette sur un objet extérieur qui agit sur le sujet que l'on est. Dans ce processus, il y a interrelation, interinfluence du sujet et de l'objet. Le créateur (le sujet) transforme la matière (l'objet), qui le transforme. C'est un cycle en spirale qui se poursuit à l'infini. Chaque réalisation représente un pas dans l'autocréation de la personne qui crée.

Cette dialectique sujet-objet peut se retrouver aussi dans la relation du créateur avec les autres. Toute relation peut être créatrice et autocréatrice. Il y a entre les personnes qui entrent en relation, comme je l'ai mentionné précédemment, une interinfluence qui agit et transforme pour le meilleur et pour le pire.

La relation thérapeutique est le terrain privilégié de la transformation du thérapeute et du client, le terrain par excellence de l'actualisation du processus de création et d'autocréation.

Mais cette relation ne pourra être créatrice que si l'aidant a adopté une attitude non directive de respect des différences, de responsabilité et d'amour qui permet à l'homme de se créer et de créer sa vie.

L'attitude de l'aidant est un élément dominant dans le travail thérapeutique ou éducatif. Toute personne qui se place dans un rôle d'aide ne sera efficace qui si elle travaille à se transformer incessamment afin d'atteindre une meilleure connaissance d'elle-même et une plus grande manifestation de ses potentialités latentes. Pour ce faire, l'aidant ne cesse jamais, dans sa relation avec l'aidé, de se créer lui-même. Il se sert de ses forces et surtout de ses erreurs pour se remettre en question et pour se changer de façon à ce que son influence inconsciente soit de plus en plus bénéfique et propulsive pour l'aidé. C'est pourquoi, dans la pratique de l'*Approche non directive créatrice*MD, les erreurs de l'aidant sont considérées comme les symptômes d'un malaise intérieur à travailler. Ainsi, les erreurs de jugement, d'interprétation, de comparaison, de confluence, de prise en charge, de protection, de directivité dans le « contenu » peuvent être des moyens défensifs utilisés par l'aidant pour se protéger contre des blocages, des peurs ou des émotions non identifiées ou non acceptées. Elles sont pour l'aidant une occasion renouvelée de se connaître, de se comprendre et de s'exploiter davantage.

Notre approche n'est donc pas uniquement centrée sur l'acquisition de connaissances et de techniques. Selon moi, la véritable compétence d'un aidant est directement proportionnelle à sa capacité d'autocréation.

Le bon aidant, même s'il travaille à développer son savoir et son savoir-faire, est surtout un être préoccupé par le savoir-être. Il utilise ses erreurs d'intervention comme des moyens d'autocréation.

Il n'est pas un technicien qui applique mécaniquement les étapes d'une méthode apprise, mais un créateur qui sait que la technique est un outil qui n'a de sens que lorsqu'elle passe par l'être. L'aidant non directif créateur est donc une personne qui a le souci permanent d'utiliser ses erreurs non pour se dévaloriser mais pour se propulser. C'est pourquoi l'*Approche non directive est créatrice*MD. Elle permet à l'aidant comme à l'aidé de se créer en permanence par la recherche de la satisfaction de tous les besoins fondamentaux.

2. Les besoins psychiques et l'émotion : le processus psychique insatisfaisant

La satisfaction ou la non-satisfaction des besoins psychiques fondamentaux sont toujours accompagnées d'une émotion agréable ou désagréable à vivre. Si ses besoins sont comblés, l'individu connaîtra la joie, le bonheur, la paix. Par contre, si l'un de ses besoins n'est pas généralement satisfait, il sera triste, abattu ou malheureux parce que la satisfaction des besoins fondamentaux est essentielle à l'équilibre du fonctionnement psychique. Le besoin est donc lié à la vie émotionnelle, qui se trouve au cœur du psychisme. C'est pourquoi sa non-satisfaction fréquente perturbe tant l'harmonie intérieure. Elle entraîne tout un processus psychique interne qui, une fois déclenché, se répète sans que le sujet concerné en comprenne les mécanismes et la source. Cette répétition du processus psychique insatisfaisant peut se poursuivre parfois durant des mois et des années, le sujet étant complètement dépassé par ce qui se déroule en lui-même. Mû par un mécanisme interne qui le fait retomber incessamment dans des pièges qu'il ne connaît pas, il devient à la merci d'un système intérieur qui l'envahit entièrement. Seule la connaissance du fonctionnement de ce système peut l'aider à s'en libérer.

Tel qu'il est conçu par l'ANDC^{MD}, le processus psychique insatisfaisant est représenté graphiquement et schématiquement dans les schémas 3.1 et 3.2.

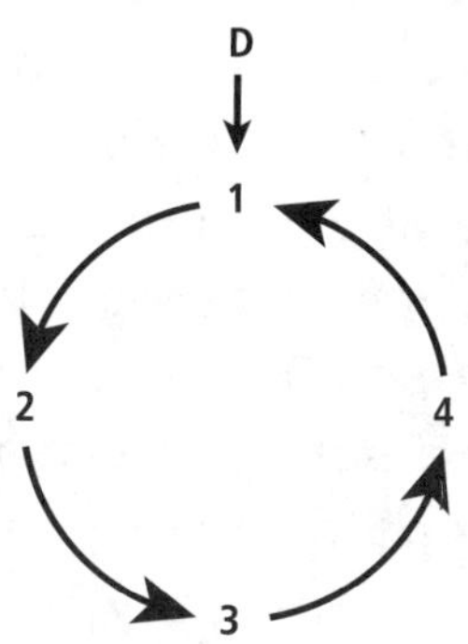

Schéma 3.1

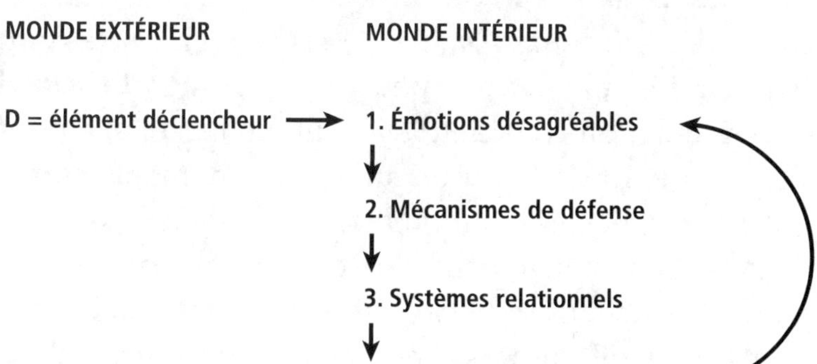

Schéma 3.2

Le cycle du processus psychique insatisfaisant s'est formé au cours de la vie de l'être humain et s'est fixé dans son inconscient à la suite d'expériences émotionnelles répétitives et semblables qui l'ont fait souffrir. Ces expériences difficiles, qui l'ont privé d'un besoin fondamental, ont marqué son psychisme au point qu'il s'est créé inconsciemment tout un système de défense qu'il répète incessamment chaque fois qu'une nouvelle expérience rappelle à sa mémoire inconsciente les expériences douloureuses du passé. Cette expérience devient alors l'élément déclencheur du processus.

Par exemple, s'il ne s'est jamais senti écouté et accepté de son père et de sa mère au point d'en souffrir et de ressentir un manque profond qu'il n'a pas exprimé, il bâtira tout un fonctionnement intérieur de défense qui se déclenchera automatiquement chaque fois que, dans sa vie quotidienne, il ne se sentira pas écouté et accepté d'une personne importante à ses yeux. Dans ce cas, tout manque d'écoute ou toute forme de rejet serviront d'éléments déclencheurs du processus psychique. Comment se déroule alors ce processus interne ?

Pour bien comprendre ce processus, partons d'abord de l'élément déclencheur. Comme l'être humain est essentiellement relationnel, il n'est pas isolé du monde extérieur mais en interaction constante avec lui. En ce sens, il peut influer sur son entourage et sur son environnement et être influencé par ceux-ci. L'action du monde extérieur sur l'homme dépend de son état affectif. C'est donc dire que le même élément déclencheur peut produire des effets différents sur des personnes différentes. En fait, l'élément déclencheur D, suscité consciemment ou inconsciemment par l'entourage, a pour effet de déclencher, dans le psychisme, des émotions agréables ou désagréables (1).

Si les émotions suscitées sont agréables, elles libèrent l'énergie et le potentiel créateur. Par contre, si elles sont désagréables et qu'elles ne sont ni écoutées ni exprimées, elles risquent de bloquer l'énergie vitale nécessaire à la réalisation de soi. Ces émotions désagréables non conscientisées et non-entendues sont plus profondes et plus marquantes si elles résultent de la formation d'un complexe, c'est-à-dire, de la formation d'une zone de sensibilisation très prononcée créée au cœur du psychisme à la suite d'expériences douloureuses. Pour résister à la souffrance des émotions, l'être humain se protège par des mécanismes de défense (2) dont l'intervention dans le processus psychique est inconsciente. Ces mécanismes forment une sorte de carapace qui l'empêche de sentir et d'écouter ses émotions. Il cherche donc une satisfaction secondaire, qu'il obtient en adoptant un fonctionnement psychique déterminé (3), c'est-à-dire un processus psychique qu'il répète incessamment et qui détermine sa façon inconsciente, habituelle et, à long terme, insatisfaisante de vivre toutes les relations. Emprisonné dans un système automatique dont les rouages échappent à sa conscience, il se retrouve toujours devant les mêmes problèmes relationnels, qui le privent en permanence de la satisfaction de ses besoins fondamentaux (4). Autrement dit, l'être humain qui se coupe de ses émotions par des mécanismes de défense obtient toujours comme résultat la non-satisfaction d'un ou de plusieurs besoins fondamentaux. C'est ce que j'appelle « la note à payer ».

René a 28 ans. Il fréquente assidûment Aline depuis deux ans déjà. Cette femme l'a littéralement conquis par son intelligence, sa débrouillardise, sa confiance en elle-même et sa grande beauté. D'après ce qu'il en dit, sur le plan de la communication, les échanges sont exceptionnels du point de vue de leur profondeur, de leur qualité et de leur complicité. Grâce à leurs intérêts communs et à leurs goûts partagés pour la psychologie et les arts, René était convaincu d'avoir trouvé la femme idéale. La perle rare, quoi!

Mais une ombre était apparue au tableau de sa relation et c'est ce qui l'avait amené à me consulter. Aline, aussi merveilleuse était-elle, semblait rester de glace devant les désirs sexuels et les besoins d'affection de René. La première année de leur relation, il a cru qu'elle avait besoin de se laisser apprivoiser. Mais vu l'intimité qu'ils vivaient sur les plans intellectuel, social et amical, il commença à se questionner sur les prétendues réserves de cette femme qu'il aimait tant. Autant leurs sujets de conversation étaient variés, autant ils n'abordaient jamais les questions de la sexualité et de l'amour.

Ce qui avait conduit René en thérapie, c'était une souffrance qu'il avait vécue dans toutes ses relations : le sentiment de n'être pas reconnu en tant qu'homme. Plus qu'un besoin de satisfaire ses désirs sexuels, René était envahi par l'insatisfaction de plus en plus grande que lui causait le manque de reconnaissance des femmes à l'égard de sa masculinité.

Fils cadet d'une famille de quatre garçons, il avait été élevé par une mère qui n'avait jamais caché sa déception devant la naissance d'un quatrième fils. Comme elle désirait profondément une fille, René ne s'est jamais senti reconnu en tant qu'homme par sa mère, ce qui le faisait beaucoup souffrir. Son besoin d'être reconnu était si fort qu'il a tout fait pour être accepté de sa mère, qu'il avait toujours mise sur un piédestal. Jamais il ne lui avait exprimé sa peine, sa tristesse et sa colère. Il avait toujours nié et refoulé son vécu par peur d'être rejeté ou humilié par elle. Comme il l'aimait beaucoup et l'admirait énormément, il lui accordait beaucoup de temps, d'attention, d'écoute, de présence au point d'en oublier ses propres besoins.

Au cours du processus thérapeutique, René découvrit qu'il répétait avec toutes les femmes le fonctionnement qu'il avait adopté avec sa mère : il les plaçait sur un piédestal et ne cessait d'être à l'écoute de leurs besoins et de leurs désirs. Il attirait toujours d'ailleurs des femmes admirables, devant lesquelles il se sentait inévitablement inférieur. Son complexe d'infériorité l'empêchait de prendre sa place dans la relation par peur du rejet et de l'humiliation. Il se rendit compte que la communication qu'il croyait extraordinaire n'était en fait qu'un monologue auquel il accordait une attention et une écoute exceptionnelles. Il prit conscience alors qu'il ne faisait aucune avance, n'exprimait aucun désir, aucun besoin, aucune émotion, ne se croyant pas à la hauteur, ce qui faisait de lui un excellent ami pour l'autre, mais non l'amant ou l'amoureux qu'il aurait voulu être. Ainsi, par peur du rejet (émotion), il refoulait ses désirs (mécanisme de défense) dans le but d'être reconnu (besoin). Il obtenait ainsi le contraire de ce qu'il recherchait, c'est-à-dire la non-satisfaction de ses besoins d'amour et de reconnaissance.

René dut d'abord apprendre à être à l'écoute de lui-même, des forces, des désirs, des besoins, des sentiments et des émotions qu'il avait toujours niés et refoulés pour plaire aux femmes. Grâce au processus thérapeutique de changement soutenu par l'ANDC^{MD}, il fit des découvertes quant à son fonctionnement psychique, qui l'ont fait avancer rapidement et avec satisfaction.

Cette histoire nous fait bien voir le déroulement du processus psychique insatisfaisant. Pour être mieux saisi, le cas de René a été résumé dans le schéma 3.3.

MONDE EXTÉRIEUR | **MONDE INTÉRIEUR**

Élément déclencheur →
- non reconnaissance de sa masculinité par les femmes

1. Émotions désagréables
- peine
- tristesse
- colère
- peur du rejet
- peur de l'humiliation par sa mère et par les femmes (amplifiées par un complexe d'infériorité)

↓

2. Mécanismes de défense
- négation
- refoulement

↓

3. Systèmes relationnels

↓

4. Insatisfaction des besoins

Schéma 3.3

Parce qu'il n'était pas reconnu en tant qu'homme (élément déclencheur), René vivait un ensemble d'émotions désagréables (1) qu'il n'exprimait pas. Étant niées et refoulées (2), ces émotions ont déclenché un système automatique (3) qui se répétait dans toutes ses relations avec les femmes et qui provoquait toujours les mêmes insatisfactions (4).

L'histoire de René se vit autrement chaque jour chez la plupart des individus. Seules une connaissance et une compréhension de nos propres processus psychiques insatisfaisants permettent d'ouvrir les portes d'une certaine forme de changement. Pour démystifier son processus interne, il est important de connaître chacun des éléments qui le composent. Je développerai donc, comme je l'ai fait avec les besoins fondamentaux, chacun des thèmes qui forment le processus psychique insatisfaisant : les émotions, les complexes, les mécanismes de défense et les systèmes relationnels.

C. Émotions

L'émotion, qui se situe au cœur du fonctionnement psychique, forme conséquemment le noyau du processus psychique insatisfaisant. Si ses besoins sont généralement satisfaits, l'être humain vivra dans la joie et connaîtra la paix intérieure. Par contre, si l'un ou plusieurs de ses besoins fondamentaux ne trouvent pas de satisfaction, il ressentira des émotions désagréables telles que la peine, la colère, la jalousie ou la peur. Malheureusement, il est à la base de certaines croyances philosophiques ou religieuses de considérer l'émotion désagréable à vivre comme un monstre à fuir, à nier ou à réprimer dans toutes les circonstances de la vie.

L'émotion est un phénomène psychologique naturel qu'on ne choisit pas de vivre ou de ne pas vivre. Elle intervient spontanément et régulièrement dans nos relations avec notre entourage et avec notre environnement.

Toute une gamme d'émotions agréables peut nous habiter quand on marche dans la nature, quand on observe un coucher de soleil ou une œuvre d'art ou quand on se trouve en compagnie de quelqu'un qu'on aime. Mais l'émotion est bipolaire comme l'énergie humaine. Il y a chez l'homme deux pôles énergétiques qui se complètent et s'attirent d'après le Dr Stone (1986), « le père de la polarité ». Détruire la polarité négative de l'énergie, c'est annihiler la positive. De même, écraser les émotions désagréables à vivre, c'est automatiquement diminuer l'intensité potentielle des émotions agréables.

Au lieu d'utiliser leur énergie vitale pour créer et se créer, certaines personnes dépensent une partie plus ou moins grande de leur potentiel énergétique à réprimer sans discernement leur vécu émotionnel. Elles deviennent ainsi des êtres amputés psychiquement dont le niveau d'énergie est si peu élevé qu'elles ne sont pas vraiment vivantes.

Quand je dénonce la répression de l'émotion, je n'entends pas par là qu'il faille se laisser submerger par elle, que nous devions la laisser nous envahir, nous dominer jusqu'à nous perdre. Il n'est pas plus sain de donner à l'émotion tout le pouvoir sur nos vies que de le donner à la raison.

Je fais une distinction claire entre libérer sans discernement les émotions refoulées et être en mesure de les gérer et de les exprimer de façon responsable dans l'ici et maintenant de la relation. Il ne s'agit pas de refouler l'émotion présente mais de l'accueillir, de l'identifier et de choisir de l'exprimer ou de ne pas l'exprimer sans toutefois verser dans la fuite défensive du vécu par peur du conflit, par peur de perdre ou de blesser. L'émotion vécue dans la situation présente a avantage à être exprimée, particulièrement dans les relations avec les personnes importantes dans nos vies : amis, amoureux, parents. Mais cela suppose que l'on soit dans un climat relationnel de confiance, en mesure d'être à l'écoute de son vécu et qu'on ne l'étouffe pas.

Mais pourquoi étouffe-t-on certaines émotions, sinon parce qu'elles nous font peur et honte ?

Considérer l'émotion désagréable comme un monstre à dompter et à cacher, c'est développer les sentiments de honte et de culpabilité qui asservissent l'homme au pouvoir extérieur.

En plus de souffrir psychiquement ou physiquement des émotions qui font mal, il doit ajouter à sa douleur la honte et la culpabilité, qui l'empêchent de se manifester. En apprenant à réprimer les émotions dites « honteuses », il apprend par le fait même à se laisser dominer par les principes et des croyances qui lui enlève sa liberté d'être.

Mais la haine, la jalousie, la colère et la peur ne sont menaçantes que parce qu'elles sont refoulées, niées, non reconnues. L'émotion est comme un enfant : quand nous ne nous en occupons pas, elle nous occupe. Une émotion contenue ne disparaît jamais. Elle se loge quelque part dans le psychisme et dans le corps et se manifeste un jour ou l'autre sous forme de maladies physiques ou psychiques ou sous forme de décharge violente et dangereuse.

Lorsque l'émotion est écoutée, acceptée, exprimée, elle ne fait jamais de ravages. C'est pourquoi, au lieu d'apprendre aux gens à nier leurs émotions, l'ANDC^MD favorise l'écoute, l'acceptation, la reconnaissance et surtout l'expression responsable du vécu émotionnel dans l'ici et maintenant de la relation. Il est en effet facile d'exprimer l'émotion vécue dans une situation passée alors qu'on ne la ressent plus. Le plus difficile est d'être à l'écoute de l'émotion présente et de l'exprimer sans vergogne. En réalité, ce n'est pas l'émotion qui est menaçante, mais le fait qu'elle soit refoulée et exprimée de façon irresponsable et défensive. Celui qui attaque parce qu'il a été touché provoque chez l'autre l'attitude défensive et celui qui se défend provoque l'attaque. Au lieu d'exprimer le vécu émotionnel qui entretient la relation et la communication, l'attaque et la défense ne servent qu'à couper, du moins temporairement, les liens relationnels et, à long terme, qu'à détruire ce qu'au fond on veut construire.

L'émotion n'est pas un monstre, encore moins une maladie honteuse à cacher. Elle est un phénomène naturel qui ne fait du tort que lorsqu'elle n'est pas entendue et respectée. La nier ou la provoquer, c'est ne pas suivre son processus naturel, qui n'est jamais violent et jamais menaçant lorsqu'elle est écoutée et reconnue dans l'ici et maintenant de la relation et de la situation.

Mais comment un intervenant peut-il suivre le processus naturel d'évolution de l'émotion des autres s'il a peur et honte de son propre vécu émotif? On ne peut, à mon avis, aider les autres à utiliser leur énergie vitale pour créer que si on a soi-même appris à reconnaître et à exprimer ses propres émotions. L'attitude non directive créatrice permet de libérer progressivement la honte et la culpabilité en écoutant ce qui se passe en soi dans l'ici et maintenant de la relation. C'est seulement dans un climat d'acceptation et d'amour que nous pouvons apprendre à accepter autant les émotions de colère, de jalousie et de peur qui nous habitent que nos élans de joie, de générosité et de plaisir.

La peine, la colère, l'envie sont des émotions que tout être humain vit à différentes périodes de

son existence. Le fait de les cacher, les nier et les refouler ne les soustrait pas de la relation.

Non exprimées verbalement, elles se dégagent par l'attitude non verbale et ont un effet sur l'inconscient des autres, qu'on le veuille ou non. Cet effet peut devenir si fort qu'il en arrive à perturber la relation au point de la détruire à long terme. Beaucoup d'échecs relationnels et de ruptures sont causés par le non-dit du vécu des partenaires. Ce vécu émotionnel n'est pas exprimé parce qu'on ne le connaît pas, parce qu'on n'a jamais appris à l'entendre ou parce qu'on en a honte. Aussi, au lieu de confier à l'autre ce qui se passe en soi, on l'assomme de jugements, de critiques, de blâmes qui, à la longue, enveniment la relation, détruisent la confiance et provoquent les séparations. J'accorde à l'écoute et à l'expression responsable du vécu émotionnel une importance capitale dans la relation. Cacher ce que l'on vit vraiment par rapport à ceux qu'on aime, c'est cacher ce que l'on est et montrer un personnage qui n'est pas soi, un personnage qui, de toute façon, par la perception inconsciente, finit toujours par être démasqué sans quoi la relation affective est vouée à l'échec.

Il n'y a pas, à mon avis, de relation durable et heureuse sans l'écoute et l'expression responsable des émotions, une expression honnête et respectueuse de l'autre qui, à la fois, ne blâme pas et ne ménage pas. Quand on ménage les autres, on ne fait en réalité que se ménager soi-même et que se protéger de la peur de perdre, de blesser, de décevoir. Mais, paradoxalement, plus on se ménage, plus on s'éloigne des autres. Apprendre à dire ce qu'on vit de façon authentique et responsable, apprendre à être congruent, c'est se donner des relations satisfaisantes parce qu'elles sont basées sur la confiance et la sécurité.

Comme l'émotion est au cœur du psychisme et, conséquemment, du processus psychique insatisfaisant, il est beaucoup plus facile, quand elle est entendue et acceptée, de trouver satisfaction à nos besoins fondamentaux. C'est quand elle est niée et non conscientisée que s'enclenche tout un processus inconscient qui maintient l'homme dans un système relationnel insatisfaisant dont les composantes lui échappent.

Je crois que, dans bien des cas, l'éducation a eu pour effet de semer la plus néfaste des peurs, celle qui brime tous les processus de libération, de création et de changement : la peur même de l'émotion. La peur non reconnue et non acceptée est une des émotions les plus responsables de l'insatisfaction des besoins fondamentaux. Elle prend plusieurs formes, plusieurs visages pour empêcher la personne de trouver l'amour, la sécurité, la reconnaissance, l'affirmation, la liberté. Par peur du rejet, de la solitude, du conflit, de la critique, par peur du ridicule, du jugement, de l'envahissement, de l'engagement, par peur aussi de l'erreur et de l'échec, par peur encore de décevoir, de déplaire, de déranger, de blesser, de perdre, par peur également d'être méchant ou simplement par peur de la folie, de la mort et du changement, l'homme se prive de choses qui sont essentielles à son équilibre. Les peurs non entendues sont des émotions qui bloquent l'énergie vitale, qui briment la satisfaction des besoins et qui enveniment la vie affective et relationnelle.

La peur, comme toutes les émotions désagréables à vivre, a besoin d'être reconnue sans être jugée. Vécue trop intensément et de façon traumatisante sans possibilité d'expression libératrice dans l'ici et maintenant de la relation, elle risque d'être à l'origine de complexes beaucoup plus difficiles à déloger.

D. Complexes

Le complexe est une zone de sensibilisation prononcée située au cœur du psychisme. Né de la conjonction de l'état psychique et des expériences affectives d'un individu, le complexe amène l'être humain à répéter des comportements qui ne le satisfont pas et le font souffrir.

La formation du complexe est directement reliée au vécu affectif. À la suite d'expériences relationnelles douloureuses et traumatisantes, il se crée dans le psychisme de l'être humain une importante zone de sensibilisation qui le fait réagir de façon intense à un déclencheur extérieur de moindre importance qui rappelle à sa mémoire inconsciente des souvenirs affectifs insupportables. Les réactions de la personne complexée sont toujours d'une ampleur considérable par rapport à des événements qui semblent anodins aux observateurs extérieurs. Ses réactions émotives spontanées et irrationnelles sont tellement fortes qu'elles sont incontrôlables par la raison, ce qui leur vaut souvent l'incompréhension et le rejet de l'entourage. C'est pourquoi on ne peut travailler avec des êtres humains et les aider sans connaître et sans comprendre les complexes de façon à ne pas juger et à ne pas condamner les réactions intenses des aidés habités par des vécus insupportables qui les font énormément souffrir et qui perturbent toutes leurs relations.

Le complexe n'est pas un mal honteux, pas plus que les émotions intenses qui l'ont fait naître et que leur présence entretient.

Aider les autres à découvrir leurs complexes, à comprendre leurs réactions dites, à tort, « exagérées » et à retrouver leur équilibre intérieur suppose que l'on a soi-même, comme aidant, travaillé à démystifier ses propres zones de vulnérabilité.

Prendre conscience d'un complexe n'est pas évident. L'individu est bien conscient, comme le dit Mucchielli (1980), de ses réactions et de sa souffrance, mais il ne comprend pas les mécanismes qui le font réagir si violemment à certains événements. La prise de conscience du malaise étant l'une des premières étapes du processus de libération, elle ne suffit pas à démystifier le complexe. Elle est toutefois essentielle. Ce livre ne peut que favoriser les prises de conscience des complexes qui nous habitent. Seul un travail thérapeutique qui permet de traverser toutes les étapes du processus de changement peut offrir à chacun la possibilité d'aller plus loin dans sa démarche personnelle de libération et d'acceptation, dans sa recherche d'équilibre et d'autonomie.

La source du complexe est donc dans l'histoire personnelle et surtout relationnelle de l'individu, dans son vécu affectif par rapport à des expériences douloureuses du passé. En fait, ce n'est pas l'expérience elle-même qui a été traumatisante mais le vécu affectif du sujet par rapport à cette expérience. Le même événement peut provoquer chez une personne un traumatisme important et, chez une autre, un simple mauvais souvenir. Tout dépend du vécu affectif de l'individu par rapport à l'événement et de son état psychique. Un fait considéré comme banal de l'extérieur peut produire, dans le psychisme, une immense faille à cause des résonances affectives qu'il a eues sur le sujet. Par contre, un événement catastrophique pour le regard extérieur peut n'avoir qu'une incidence négligeable chez celui qui le vit parce qu'affectivement il n'a pas été perturbant. Dans tous les cas , le complexe est souvent la cause de graves problèmes relationnels et c'est précisément la souffrance des échecs relationnels répétés qui amène les complexés à poursuivre une thérapie avec un thérapeute par l'ANDC[MD], spécialiste des relations humaines.

Pour mieux saisir le fonctionnement de la personne complexée, il est important, je crois, de connaître le nom des principaux complexes et d'expliquer, surtout par des exemples vécus, comment ils naissent et comment ils se manifestent.

Dans *Les complexes personnels* (1980), Mucchielli distingue six complexes que l'on retrouve fréquemment chez les êtres humains : le complexe d'abandon, le complexe de rivalité fraternelle, le complexe d'insécurité, le complexe de castration, le complexe de culpabilité et le complexe d'infériorité.

1. Complexe d'abandon

Le complexe d'abandon, qui est à l'origine de plusieurs dysfonctionnements psychiques, est décrit par Mucchielli de la façon suivante : « *Je réunirai sous ce nom des complexes parfois différenciés, tels les complexes de frustration affective, d'exclusion, de rejet.* »

Les sentiments directement expressifs de ce complexe sont la certitude d'être rejeté, laissé pour compte, mal aimé ou pas aimé du tout. Toute mise à distance, toute exclusion, tout rejet est vécu comme dramatique, mettant en question non seulement le MOI, mais l'existence. Le sentiment d'être délaissé, de n'intéresser personne, de n'avoir jamais aucune chance d'être entouré, caressé, aimé, reconnu, tourne facilement à l'état dépressif de vide existentiel, de perte du goût de vivre.

Par une polarisation de l'attention qui fait partie de l'extrême sensibilisation à l'attitude affective de tout autre à son égard, l'abandonnique n'est jamais sûr de la qualité de l'affection qu'il reçoit, la remet en question, doute de la sincérité de tous ses amis. Il est ainsi conduit non seulement à guetter les signes contradictoires de l'amour ou de l'amitié qu'on lui témoigne, mais aussi à les mettre à l'épreuve. Il se montre alors exigeant, revendicatif, ennuyeux, méchant même, pour se rendre compte des limites réelles de l'indulgence ou de l'affection, aboutissant nécessairement à des excès d'agressivité qui lui valent des rejets, d'où il tire la conclusion de sa solitude affective définitive. Cet isolement volontaire le fait s'exclure, d'où le renforcement du complexe. Ce qu'il attend ou exige avec insistance dans le cas où quelqu'autre lui manifeste de l'intérêt ou de l'amour, c'est l'absolue preuve qu'il est aimé inconditionnellement. L'avidité infinie de cet amour absolu ne peut rencontrer que la déception. (*p.* 57)

Au cours de mon expérience thérapeutique, j'ai rencontré un nombre impressionnant de personnes qui souffraient d'un complexe d'abandon. J'ai été particulièrement touchée par certaines histoires de vie, dont une en particulier, que je vais raconter ici à titre d'exemples.

Quand Émilie est venue me consulter, j'ai été impressionnée par son regard franc, sa poignée de main chaleureuse et sa grande beauté. Elle avait 27 ans. Mariée à Julien depuis quatre ans, elle venait en thérapie pour être soutenue dans son projet de séparation. Émilie était convaincue qu'elle n'était plus capable de vivre avec cet homme parce qu'elle était sûre qu'il ne l'aimait pas. Elle se sentait souvent rejetée, négligée, abandonnée par lui à cause de sa peur viscérale de l'abandon. Elle ne voyait chez Julien que les gestes et les paroles qui confirmaient son vécu affectif. C'est d'ailleurs un trait caractéristique des gens complexés, comme le souligne Mucchielli, que de projeter sur la réalité extérieure leur propre vécu et que de n'y percevoir que ce qu'ils redoutent. Aussi, Émilie, aveugle aux manifestations d'amour de son mari, ne s'arrêtait qu'à ce qu'elle interprétait comme une exclusion, un rejet, un abandon. Quand il regardait la télévision sans l'inviter à s'asseoir près de lui, elle se sentait exclue ; quand il faisait quelques heures supplémentaires de travail, elle ne se sentait pas importante pour lui ; quand il oubliait de l'embrasser le matin, elle se sentait mise de côté ; quand il ne lui téléphonait pas le midi au bureau, elle croyait ne plus l'intéresser. Enfin, chaque fois qu'il ne lui accordait pas toute son attention, elle se sentait abandonnée. Elle interprétait ses gestes, ses paroles et ses silences comme des manques d'amour. La présence de cet homme la mettait devant une carence qui la faisait beaucoup souffrir.

Pour attirer son attention et le mettre à l'épreuve, elle avait tendance à le questionner, à le harceler, à le blâmer sans arrêt, ce qui lui attirait le rejet et qui confirmait ses doutes par rapport aux sentiments de Julien. La réaction défensive des « abandonniques » est souvent la même : ils provoquent et enquêtent, ce qui leur attire le rejet, qui les fait fuir. Ayant tenté de confronter et de tourmenter son mari pendant quatre ans sans satisfaction, Émilie avait décidé d'en finir et de partir.

Mais dès la première séance, j'ai compris qu'elle aimait profondément Julien et que, si elle partait, elle se retrouverait de toute façon devant le même problème avec un autre homme puisqu'elle répétait son comportement avec tout le monde. Elle pouvait fuir Julien mais non se fuir elle-même.

Pourquoi Émilie réagissait-elle si mal à des déclencheurs aussi bénins pour le regard extérieur ? Qu'avait-elle vécu de si traumatisant pour avoir développé cette importante zone de sensibilisation qui la faisait beaucoup souffrir à la moindre parole ou au moindre geste qu'elle interprétait comme un rejet ?

Le complexe étant une structure interne de nature affective et irrationnelle, il n'est surtout pas du ressort de la conscience rationnelle défensive d'intervenir pour le dénouer. Le rôle de la raison dans le cas du complexe est d'identifier les émotions qui suscitent la souffrance. Ce qui importe surtout, c'est de pouvoir exprimer la charge affective à l'origine de sa formation dans l'ici et maintenant de la relation. Comme c'est dans la relation dysfonctionnelle de l'enfant avec ses parents que se créent généralement les complexes, ce n'est que dans une relation saine relativement prolongée qu'ils peuvent progressivement être apprivoisés. C'est ce type de relation transformatrice des affects qu'offre le thérapeute par l'ANDC^MD^, Une façon efficace et douce d'aborder une personne ainsi complexée est le travail sur l'imaginaire relationnel.

Grâce à l'exploitation de cette dimension, Émilie a libéré dans l'ici et maintenant de notre relation beaucoup d'émotions. De plus, certaines questions posées à sa sœur aînée lui ont donné de l'information au sujet des événements qui pouvaient être à l'origine de la formation de son complexe d'abandon. Lorsqu'elle avait cinq mois, sa mère, qui était atteinte d'une pneumonie, a dû quitter la maison pour plusieurs semaines afin de ne pas transmettre sa maladie à son bébé. Ce sevrage forcé eut sûrement sur Émilie un effet psychologique important. Plus tard, à l'âge de cinq ans, au moment où elle a commencé l'école, sa mère s'est trouvé un travail de serveuse dans un restaurant qui l'occupait toutes les fins de semaine et au moins trois soirs par semaine. En son absence, c'est sa sœur de 15 ans qui était responsable d'elle. Sa mère, qui avait été entièrement présente pendant presque cinq ans, n'était à peu près plus jamais à la maison. Émilie se souvient même de crises qu'elle faisait le matin pour ne pas aller à l'école et le soir pour ne pas aller au lit. Ce système a duré presque trois ans. À ce moment-là, sa sœur aînée, qui s'était beaucoup occupée d'elle et à laquelle elle s'était attachée comme à une mère, quitta la maison pour aller travailler. Pour la troisième fois, Émilie vécut un sentiment d'abandon insupportable. Jamais elle n'accepta les gardiennes qui remplacèrent sa sœur. Voyant que sa souffrance n'était pas entendue mais plutôt interprétée comme un caprice, elle choisit de se renfermer en elle-même, de se consacrer à ses études et de se refuser à toute forme d'attachement. Mais le manque était toujours présent. Malgré son attitude défensive d'individualiste, elle n'a pu contrôler son bouleversement intérieur lorsqu'elle rencontra Julien pour la première fois. Son besoin d'amour étant plus fort que tout, elle se laissa glisser dans cette aventure, qui la conduisit jusqu'au mariage. Profondément attachée à Julien, elle avait une peur permanente d'être abandonnée par lui, ce qui la faisait réagir de façon excessive au moindre élément réel ou imaginaire qui contribuait à confirmer sa peur.

Se sentir abandonné dans la relation amoureuse, c'est revivre l'abandon initial de la relation avec la mère ou avec le père.

Parfois, dans une relation affective importante, il suffit d'une situation d'apparence anodine pour déclencher, chez la personne complexée, tout un monde d'émotions confuses insupportables, cette situation rappelant à la mémoire inconsciente une souffrance, un drame, une mort, un abandon vécu dans le passé.

Dans ce cas, le partenaire qui déclenche la douleur représente le manque d'amour passé. Il devient menaçant parce qu'il est une source d'émotions intolérables. La peur de la personne complexée d'être rejetée et non aimée est tellement grande qu'elle choisira de fuir, de partir, d'abandonner avant d'être abandonnée. De plus, quand elle se sent rejetée, elle se met elle-même à repousser l'autre, ce qui lui attire inévitablement le rejet qu'elle veut s'épargner. La fuite, le rejet ou l'accaparement sont les mécanismes de défense privilégiés de celui qui est marqué par un complexe d'abandon. Fuir parce que la seule présence de l'être aimé le place devant son manque d'amour initial. Rejeter pour punir l'autre de lui avoir fait mal. La peur de l'abandon lui fait tellement mal qu'il préfère parfois vivre seul.

Voilà le paradoxe de l'« abandonnique » il fuit et rejette pour ne pas souffrir du manque d'amour et, quand il est seul, il vit un besoin d'amour considérable qui ne peut être comblé que par la relation qu'il fuit.

Seule une personne qui l'aime vraiment, qui a une sérieuse connaissance du problème et qui, conséquemment, est en mesure de comprendre et d'accepter les réactions de l'individu complexé sans en prendre la responsabilité et sans entrer dans la culpabilité et dans la prise en charge peut l'aider à satisfaire son besoin fondamental par l'écoute de son vécu.

La présence d'une telle personne aide beaucoup le complexé dans sa démarche thérapeutique de transformation, qui demande du temps, de la douceur et de l'amour. Privés d'amour, les gens marqués par le complexe d'abandon remettent en cause leur existence même. C'est d'ailleurs pour cette raison précise que Claude, poussé par son partenaire Édouard, a entrepris une thérapie avec moi.

Second enfant d'une famille de trois, il avait 18 mois quand son frère aîné est mort, happé par une voiture, et 20 mois quand sa sœur, Lucie, est née. Complètement effondrée par la mort de son fils, la mère de Claude reporta toute son affection sur celle qui la libéra de sa souffrance : la merveilleuse petite Lucie. Comme Claude se sentait délaissé, il adopta une attitude agressive envers sa mère et sa sœur, qui lui attira le rejet. Au cours de ces années, il entretint pour ces deux femmes une haine profonde qu'il projeta sur toutes les autres femmes. Seul son père, qui avait cherché à oublier sa douleur dans le travail, lui accordait de l'attention dans ses rares moments de présence à la maison et lui manifestait de l'amour. Vu son agressivité envers le sexe féminin, Claude s'était toujours éloigné des femmes. Aussi a-t-il vécu ses premières expériences sexuelles et amoureuses avec des hommes. Ses relations ne duraient jamais longtemps parce que ses amoureux ne comblaient pas ses attentes et ses manques affectifs. Sa peur d'être abandonné le rendait agressif chaque fois qu'il se sentait rejeté ou exclu. Le moindre signe, le moindre silence étaient interprétés comme un rejet et provoquaient chez lui des colères terribles. Aussi, par son attitude, il obtenait le contraire de ce qu'il cherchait : le rejet. Chaque fois qu'il vivait une rupture, il se jurait de ne plus jamais revivre de relation amoureuse. Mais son besoin d'amour était tellement fort qu'il retombait toujours dans les mêmes pièges sans avoir le pouvoir de les éviter. Fort heureusement pour lui, sa relation avec Édouard avait commencé sur une note bien différente de celle de ses histoires précédentes. Il l'avait rencontré lors d'un stage de désintoxication pour personnes alcooliques. Comme, au moment des thérapies de groupes, il avait raconté sa vie, Édouard connaissait toute son histoire. Claude vivait pour la première fois une relation où il se montrait tel qu'il était. Il avait jusque-là toujours caché sa vie à tous ses amis. Voilà pourquoi, après quelques mois de vie commune, au lieu de l'abandonner, Édouard, qui vivait difficilement l'agressivité et les harcèlements de Claude, lui proposa de faire une démarche thérapeutique. Je crois encore une fois que ce processus, qui fut très long, ne se serait pas réalisé sans l'appui et le soutien d'Édouard.

Je ne savais pas, quand j'ai commencé à travailler avec Claude, où ce processus le mènerait. Avec l'ANDC^{MD}, comme c'est le client qui dirige sa propre démarche, le thérapeute se tient prêt à composer avec un processus et des résultats qui diffèrent d'une personne à l'autre. Après avoir découvert la présence de son complexe d'abandon, il l'a d'abord accepté, ce qui a fait tomber certaines défenses et a contribué à diminuer son agressivité. La suite de la démarche s'est poursuivie dans le respect du rythme auquel Claude voulait aller pour vivre les étapes du processus de changement. Quelle que soit cette cadence, il est important de dire que l'on n'apprivoise pas la souffrance d'un complexe d'abandon aussi rapidement que celle d'une grippe. Sur le plan thérapeutique, il faut du temps, une grande capacité d'acceptation de la part de l'aidant et un climat de sécurité affective afin d'éviter que l'amélioration n'atteigne un stade de stagnation. L'essentiel du travail consiste d'abord à apprendre à vivre avec le complexe. Comme ce dernier est sous-tendu par des émotions et des sentiments d'une grande intensité, l'attitude non directive créatrice du thérapeute et sa présence attentive et chaleureuse sont les éléments essentiels pour favoriser le processus d'expression, d'acceptation et de changement. Une telle attitude est importante pour aborder ceux qui souffrent d'un complexe d'abandon et aussi ceux qui sont rongés par d'autres complexes, tel, entre autres, le complexe de rivalité fraternelle.

2. Complexe de rivalité fraternelle

Le complexe de rivalité fraternelle prend, la plupart du temps, naissance dans la petite enfance. Généralement, tous les enfants sont heureux d'avoir un petit frère ou une petite sœur. Mais l'arrivée d'un nouvel enfant n'est pas toujours bien vécue par celui qui, avant la naissance du bébé, occupait toute la place dans la vie de ses parents. Ce passage de la vie des aînés peut se dérouler sans problème si les parents incluent le plus vieux dans leur rapport avec le dernier, s'ils n'exigent pas de leur aîné de tout sacrifier pour le cadet. Pour beaucoup de mères, le bébé prend tout l'espace et le plus vieux est puni ou rejeté chaque fois qu'il demande de l'attention, chaque fois qu'il revendique ses droits, chaque fois qu'il exprime sa jalousie. Dans d'autres cas, par contre, c'est le bébé qui est perçu comme perturbateur dans la relation des parents avec l'aîné et qui est rejeté. C'est surtout l'attitude des parents envers l'enfant qui permet à ce dernier de traverser cette étape de sa vie sans problème ou qui l'en fait sortir avec un complexe de rivalité fraternelle.

Comment se manifeste ce complexe dans la vie des gens qui en sont marqués? Mucchielli (1980) écrit que ces personnes vivent toutes leurs relations familiales, affectives, sociales et professionnelles sous l'angle de la comparaison et de la rivalité. Elles ont un esprit de compétition difficile à vivre non seulement parce qu'elles veulent toujours la première place, mais parce qu'elles sont remplies de jalousie agressive à l'égard de toute personne qui leur dispute cette place. J'ajouterais que toutes leurs relations sont marquées par la répétition du triangle initial, composé de la mère, du frère ou de la sœur, et d'elle-même. Ce triangle relationnel étant formé dans sa famille, l'individu complexé le reproduit partout où il se trouve. Dans ses relations amoureuses, il rencontre souvent un rival de même que dans ses relations professionnelles ou sociales. Ce triangle perpétuel lui fait vivre des sentiments de jalousie qu'il projette facilement sur les autres. En effet, l'être habité par un complexe de rivalité fraternelle est toujours convaincu, partout où il passe, que des gens le jalousent, veulent sa place et qu'il doit se battre pour ne pas se laisser faire. Il est toujours en compétition pour battre le rival.

Le complexe de rivalité fraternelle est souvent associé au complexe d'abandon. L'enfant qui le vit a souffert du rejet ou du manque de sa mère – ou de son père – et de sa préférence pour le cadet ou l'aîné. On peut ici rappeler l'histoire de Claude, qui, ayant perdu sa place à la naissance de sa sœur Lucie, a adopté un comportement agressif et manifesté une haine farouche envers sa mère et sa sœur. Conséquemment, il se plaçait toujours dans une situation relationnelle où il avait un rival. Avant de rencontrer Édouard, il tombait presque toujours amoureux d'un homme qui avait déjà un partenaire. Il se retrouvait souvent ainsi dans le triangle qui le faisait énormément souffrir. Il avait constamment un rival à combattre. La plupart du temps, dans sa lutte pour avoir la place unique, il finissait perdant à cause de sa jalousie chronique, de son hostilité, de son mépris, de son agressivité.

Il arrive très souvent aux gens complexés d'obtenir par leurs comportements et leur

attitude exactement le contraire de ce qu'ils recherchent dans leurs relations affectives.

Perdants dans la relation initiale, ils se replacent inconsciemment dans des situations où ils aboutissent toujours au même résultat. Ils réagissent spontanément et excessivement à un déclencheur extérieur qui rappelle à leur mémoire inconsciente les événements initiaux qui les ont fait terriblement souffrir. Le déclencheur leur fait revivre à peu près la même souffrance sur laquelle ils n'ont pas de pouvoir parce que leur mécanisme de fonctionnement interne est inconscient et parce que trop souvent ils n'expriment pas ou expriment de manière défensive ou encore, s'ils disent leur vécu, ils ne sont pas accueillis dans l'expression des émotions intenses déclenchées par la situation présente.

Pour mieux comprendre ce mécanisme, suivons l'histoire de Claudine. Elle avait cinq ans quand son père est parti et jamais plus elle ne l'avait revu. Profondément attachée à lui, elle vécut cette rupture comme un drame insurmontable. À la suite de ce départ, elle a passé des nuits à faire des crises d'asthme tellement graves que sa mère avait peur de la perdre. Elle avait 23 ans quand elle est venue me voir. Grande, mince, particulièrement jolie et manifestement très intelligente, Claudine n'arrivait pas, malgré l'intérêt indéniable qu'elle suscitait chez les hommes, à vivre des relations amoureuses qui duraient plus de quelques semaines. Dès qu'elle se sentait attachée, elle quittait ses amoureux de peur d'être un jour abandonnée. Sans en être vraiment consciente, elle ne voulait plus investir comme elle l'avait fait avec son père parce qu'elle avait peur inconsciemment de revivre les mêmes douleurs.

Mais la cause principale de sa présence en thérapie était la nature de sa relation avec sa mère et avec son frère Jules, qui était d'un an son aîné. Après le départ de son père, Claudine, qui s'était toujours identifiée à lui, s'est retrouvée dans un triangle où elle se sentait carrément exclue. La mère et le frère vivaient à ses yeux une complicité qu'elle ne pouvait partager. Elle a tout fait pour attirer l'attention de sa mère : des crises, du chantage et même deux tentatives de suicide. Rien n'y avait fait : sa mère préférait Jules. Claudine avait développé une telle jalousie et une telle haine envers son frère qu'à 18 ans elle quitta la maison pour prendre un appartement. Son frère partit huit mois plus tard pour vivre avec son amoureuse. Elle crut alors qu'elle avait le champ libre et qu'elle pourrait occuper la première place dans la vie de sa mère. Mais chaque fois qu'elle téléphonait pour s'inviter à dîner, elle se retrouvait devant son frère, qui était, comme par hasard, toujours en visite au même moment.

Et le scénario se répétait : Claudine était convaincue que son frère prenait toute la place et elle se sentait toujours exclue et non considérée. Elle était jalouse de Jules, jalouse de ses relations avec sa mère, avec son amoureuse et avec les nombreux amis qui le fréquentaient. Autant son frère était sociable et entouré de gens, autant Claudine était seule. Chaque fois qu'elle se faisait une amie, la relation durait peu de temps parce qu'elle exigeait partout la première place. Pour éviter de vivre la souffrance des triangles, elle avait choisi une solitude qui ne la satisfaisait pas davantage. À cause de son complexe de rivalité fraternelle doublé d'un complexe d'abandon, elle vivait presque comme une torture toute relation affective et ne réussissait qu'à s'enfoncer dans le désespoir parce que, au lieu d'être à l'écoute de son malaise, elle s'en défendait par un mur de rationalisation qui la coupait complètement d'elle-même et des autres. Plutôt que d'exprimer clairement sa peine, sa colère ou sa jalousie, Claudine, qui en avait honte au point de les étouffer, ne s'exprimait que par explications, justifications, reproches, jugements qui n'avaient pour effet que d'éloigner les autres et que de la confirmer dans son sentiment d'abandon qu'elle n'arrivait pas à dénouer.

MONDE EXTÉRIEUR		**MONDE INTÉRIEUR**
Élément déclencheur - manque d'attention de la mère	→	**1. Émotions** - peine - colère - jalousie - peur de l'abandon - peur des autres
		↓
		2. Complexes - d'abandon - de rivalité fraternelle
		↓
		3. Mécanismes de défense - rationalisation - justifications - explications - accusations - jugements - fuite
		↓
		4. Besoins non satisfaits - besoin d'être aimée - besoin d'être écoutée

Schéma 3.4

Un important travail de connaissance de leurs processus psychiques est essentiel pour permettre aux personnes complexées d'apprivoiser leur fonctionnement intérieur. Le schéma 3.4 illustre le processus psychique insatisfaisant appliqué à l'histoire de Claudine.

Tant que Claudine n'a pas compris tout ce que déclenchait en elle ce qu'elle interprétait comme des signes de non-attention de la part de sa mère, de son frère, de ses amis, elle a répété les mêmes comportements insatisfaisants. Pour se sortir de ce système automatique interne, elle a dû découvrir et accepter son besoin viscéral d'être aimée et écoutée, et prendre les moyens de satisfaire ses besoins fondamentaux sans lesquels elle vivait un déséquilibre intérieur et beaucoup de souffrance. C'est cette élucidation que permet l'*Approche non directive créatrice*MD. Le thérapeute par l'ANDCMD , à l'écoute du processus psychique, est en mesure, de par sa formation, de saisir le processus interne de ses clients au moment où ces derniers lui fournissent des éléments d'élucidation évidents. Il ne fait jamais cette intervention arbitrairement, mais seulement quand l'aidé lui fournit clairement l'information qui lui permet de le faire sans brusquer son rythme et sans le diriger.

Je pourrais, pour développer davantage le complexe de rivalité fraternelle, ajouter plusieurs autres exemples. Je me limiterai au cas d'Alexandre, qui vivait, par rapport à son frère, employé dans le même milieu professionnel que lui, une jalousie trop grande pour être qualifiée. Alexandre avait acquis une habileté remarquable à manipuler. S'étant attiré par des cadeaux, des compliments, des services de toutes sortes la faveur de tout le monde, il avait réussi à démolir la réputation de son frère, Éloi, au point d'en faire un monstre aux yeux des gens. Rejeté d'à peu près tout le monde, Éloi, réagissait avec beaucoup d'agressivité, ce qui contribuait à confirmer les dires d'Alexandre.

Un jour, le directeur de l'entreprise décida de muter Éloi dans une succursale d'une autre ville. En peu de temps, il fit à cet endroit une impression remarquable. Il gagna la confiance de tous par sa franchise, son honnêteté, son sens de l'organisation et sa capacité de travail. Il obtint facilement un poste à la direction et passa de promotion en promotion en moins de deux ans, ce qui rendit Alexandre fou de jalousie et très malheureux. Ce n'est qu'un an plus tard qu'il est venu me consulter. Sa sœur cadette, qui avait de graves problèmes financiers, est venue habiter avec lui chez ses parents, qu'il n'avait jamais quittés en dépit de son âge avancé. Il se retrouva seul et abandonné à cause d'une rivale qui, selon lui, avait pris sa place. Coincé dans le triangle original qui s'était formé entre son frère, sa mère et lui, il avait tenté de s'en sortir par la manipulation, mais, cette fois, il n'avait pas réussi. Sa sœur, à qui il avait fait une réputation de profiteuse et de prostituée, avait réussi à son tour par la manipulation à lui réserver auprès de la famille le sort qu'il avait fait vivre à Éloi. Il était effondré, car son système de défense ne donnait plus les résultats escomptés.

C'est parce que ses mécanismes de manipulation ne procuraient plus d'effets qu'il sentit le besoin de faire face à sa souffrance intérieure. Cette démarche, qui le mit en contact avec son complexe de rivalité fraternelle, l'amena au creux de ses émotions de colère, de peine et de jalousie refoulées. C'est surtout l'acceptation de ses sentiments, qu'il jugeait honteux, qui lui permit d'aller plus loin dans le travail sur lui-même, de se libérer de souffrances anciennes et de vivre plus facilement, tel qu'il était, en relation avec ses forces comme avec ses faiblesses.

On voit encore une fois, par l'expérience d'Alexandre, que le complexe de rivalité fraternelle, lorsqu'il n'est pas dénoué et surtout accepté, peut pousser l'être à répéter des comportements qui l'empêchent de vivre en harmonie avec lui-même et les autres parce qu'il ne sait pas s'en protéger. Autant il est perturbateur par la souffrance psychique qu'il provoque, autant peut l'être aussi le complexe d'insécurité qui souvent l'accompagne.

3. Complexe d'insécurité

Le complexe d'insécurité naît évidemment d'un besoin de sécurité non satisfait. Causé par le manque d'encadrement et le manque d'amour, causé aussi par l'insécurité que les éducateurs communiquent par influence inconsciente et causé enfin par l'application obligatoire de principes et de croyances imposés sans respect des différences individuelles, il se manifeste par diverses formes d'angoisse, d'anxiété et d'obsession. Hanté par la peur des maladies, par la peur du manque, par la peur de la mort et par la peur du changement et de l'imprévu, l'individu complexé se défend par tout un système de protection qui ne réussit pas à calmer ses angoisses. C'était d'ailleurs le cas de Jacqueline. Quand je l'ai connue, elle avait environ 45 ans. Elle est venue me voir dans le but de se libérer d'une peur obsessionnelle qui l'empêchait de dormir, de sortir et de vivre. Une voyante, qu'elle avait rencontrée trois semaines plus tôt, lui avait dit qu'elle voyait la mort dans ses mains. Sachant très bien qu'il ne s'agissait pas d'un épisode de l'opéra de *Carmen* de Bizet, mais de l'expression possible d'un complexe d'insécurité, j'accompagnai Jacqueline avec beaucoup d'écoute, d'acceptation et d'amour.

Les gens qui sont marqués par un complexe d'insécurité ont tendance à consulter les voyants de toutes sortes pour infirmer leurs peurs angoissantes. Ils ont aussi l'habitude de doter leur appartement ou leur maison d'un système d'alarme, d'un coffre-fort, d'un verrou et d'accumuler, par peur d'en manquer, argent, nourriture, assurances de tous genres. C'était bien le cas de Jacqueline. Elle avait économisé au cours des années des milliers et des milliers de dollars qu'elle entassait au cas où il lui arriverait quelque chose. Avare au point de ne rien donner à personne et de se faire payer tous les services qu'elle rendait, elle utilisait de nombreux moyens pour se préparer à faire face aux éventuels accidents, maladies ou catastrophes qui pourraient lui arriver. Elle était tellement obsédée par ses peurs que tous les soirs, après s'être mise au lit, elle se levait deux ou trois fois pour vérifier si le verrou était bien mis, si toutes les fenêtres étaient fermées, si le feu de la cuisinière était éteint et j'en passe! Chaque fois que le téléphone sonnait, elle avait peur d'apprendre une mauvaise nouvelle; aussi choisissait-elle parfois de ne pas répondre. À cause de son complexe, elle se méfiait de tout le monde et vivait constamment dans la peur, l'inquiétude et l'angoisse. Ses comportements l'empêchaient de vivre en relation avec les autres. Elle était privée ainsi de ce dont elle avait le plus besoin.

Je dois noter ici que Jacqueline, à la suite de plusieurs séances, a réussi à comprendre ses mécanismes internes et à apprendre à vivre autrement avec son complexe, le but du travail thérapeutique avec l'ANDC^MD n'étant pas d'éliminer définitivement le complexe, mais plutôt d'apprendre à l'aidé à bien vivre avec lui. Ainsi, quand Jacqueline a abandonné la démarche thérapeutique, elle vivait moins d'angoisses mais n'était pas entièrement libérée des souffrances de son complexe d'insécurité. Je ne veux pas induire le lecteur en erreur et lui faire croire que l'ANDC^MD^ est une approche miracle qui produit des résultats spectaculaires en des temps records. Elle procède par étapes, dans le respect du vécu du client et de son rythme de progression. On ne change pas en deux temps trois mouvements tout un système ancré en soi depuis des dizaines d'années. Ce qu'on peut changer en réalité, se réalise dans le processus de prise de conscience et d'acceptation que je décrirai au chapitre 4.

Lorsque j'ai communiqué avec Jacqueline, six mois plus tard, elle me dit qu'elle avait définitivement cessé de consulter des spécialistes de toutes sortes pour se rassurer et qu'elle arrivait d'un voyage organisé par l'animateur de pastorale de sa paroisse. Parfois encore envahie par des peurs et des angoisses desquelles elle se défendait auparavant par la réclusion dans son appartement, elle avait maintenant la force d'y réagir par une sortie qui la distrayait et qui lui faisait réaliser chaque jour davantage que ses peurs n'avaient pas de fondements réels dans la réalité. Au lieu de s'enfermer seule dans un encadrement à structure fermée qui l'étouffait et qui l'enfonçait dans son problème, elle s'était créé un nouvel encadrement à structure plus ouverte qui la mettait en contact avec les autres et qui lui permettait de trouver la chaleur humaine dont elle avait tant besoin. Son complexe d'insécurité n'était pas disparu, mais, parce qu'elle le connaissait et l'acceptait, elle savait maintenant comment vivre avec lui de façon à ce qu'il la fasse moins souffrir. J'ai été très surprise des progrès rapides de Jacqueline, sachant très bien que son histoire passée avait été des plus difficiles à vivre.

Quelques mois après la mort de sa mère, alors qu'elle avait à peine deux ans, son père s'était remarié à une chanteuse de cabaret qui se sentait brimée dans sa liberté par la présence de l'enfant. Aussi demanda-t-elle à son mari de choisir entre elle et sa fille. C'est ainsi que, du jour au lendemain, Jacqueline se retrouva dans un établissement pour enfants abandonnés. Après trois ans dans le milieu, elle fut adoptée par un couple sans enfants et vécut relativement heureuse avec eux durant toutes ses années d'études primaires. À ce moment-là, à cause d'un grave accident, son père adoptif, devenu paraplégique, perdit son travail, ce qui força sa femme, qui avait très peu d'instruction, à trouver du travail afin de subvenir aux besoins de la famille. Comme elle ne voulait pas se séparer de Jacqueline, elle décida d'ouvrir une maison d'accueil et de recevoir chez elle trois autres enfants. Jacqueline, qui vivait seule avec ses parents depuis près de sept ans, se retrouva avec une sœur plus âgée qu'elle et deux frères plus jeunes. L'arrivée de ces trois enfants bouleversa énormément sa vie. Elle se souvient que c'est à ce moment-là qu'elle a commencé à vivre des peurs et des angoisses insupportables. Elle s'enfermait des heures dans sa chambre pour pleurer en silence, ne voulant surtout pas ajouter à la souffrance déjà très grande de ses parents adoptifs.

Je crois que l'histoire de Jacqueline est nettement marquée par l'abandon et par l'insécurité : insécurité suscitée par le manque d'amour à la mort de sa mère, insécurité causée par l'influence inconsciente de l'inquiétude et de la souffrance de ses parents adoptifs après l'accident, insécurité occasionnée par les changements fréquents de milieux de vie, de situations et d'encadrements. Quand elle quitta ses parents pour aller travailler comme couturière, elle crut mourir de peur. C'est là qu'elle a commencé à s'entourer de systèmes de protection de toutes sortes pour calmer des angoisses qui ne la quittaient partiellement que lorsqu'elle était au travail ou qu'elle visitait sa famille adoptive. Encadrée par une structure hyper rigide qu'elle avait échafaudée pour se sécuriser et qui ne lui donnait pas la satisfaction qu'elle recherchait, il était impossible à cette femme de se soustraire à ses mécanismes de défense et à ses angoisses en quelques séances de thérapie. La thérapie n'est pas une panacée qui règle tous les problèmes d'angoisse et toutes les difficultés que rencontre un être humain en quelques heures. Il est utopique de croire qu'une démarche thérapeutique libère définitivement de tous les problèmes tous ceux qui la vivent. Il y aura toujours dans une vie des obstacles à franchir, des difficultés à vivre, des problèmes à régler qui nous poussent à grandir intérieurement et à trouver en nous-mêmes nos véritables ressources.

L'Approche non directive créative^MD, comme l'approche rogérienne, n'a pas pour but premier d'aider l'individu à résoudre ses problèmes mais plutôt de l'aider à les affronter avec plus de pouvoir, plus de force intérieure et plus de confiance en sa capacité de les régler.

C'est cette philosophie qui sous-tend l'ANDC^MD dans son approche des complexes tels que le complexe d'abandon, le complexe de rivalité fraternelle, le complexe d'insécurité déjà développés et le complexe de castration.

4. Complexe de castration

Mucchielli (1980, p. 62) définit le complexe de castration comme « *la difficulté à s'affirmer personnellement de manière autonome et responsable, à faire sa vie, et cela à cause, chez l'homme comme chez la femme, de l'influence d'un entourage castrateur*». Ce complexe, ajoute-t-il, se manifeste par une grande timidité, un manque notable de spontanéité et d'initiative, une tendance exagérée à la soumission, à l'obéissance et à la dépendance de même que par une négation de la sexualité. Pour masquer leur faiblesse, certaines personnes complexées adoptent des attitudes autoritaires, rigides et tranchantes de domination écrasante. Dans tous les cas, le sujet est incapable de se séparer du parent castrateur malgré l'enfer de la relation.

Plusieurs causes, précise Mucchielli (p. 62-63), sont à l'origine de la formation du complexe de castration. D'abord, l'attitude castratrice de la mère ou du père qui, pour casser le caractère, étouffe toutes les initiatives de son fils ou de sa fille, l'humilie et lui fait honte.

Au nombre de ces causes s'ajoute la destruction de l'image du père dans le langage de la mère ou la destruction de l'image de la mère dans le langage du père.

Le garçon qui entend sa mère présenter son père comme un être méchant, égoïste et monstrueux refusera de s'identifier à lui, ce qui le privera d'une étape indispensable dans sa recherche d'équilibre. Un tel enfant risque alors, en s'identifiant plutôt à la «mère modèle», de ne développer que son côté féminin et de rejeter sa partie masculine. C'était d'ailleurs le cas d'Éric. À 38 ans, il vivait encore chez ses parents et ne manquait jamais une occasion de critiquer ou de démolir son père. Pour lui, cet homme était le bourreau de sa mère. De nature très efféminée, il n'avait jamais vécu de relations amoureuses avec les femmes et ses rapports sexuels avec les hommes n'étaient dans l'ensemble que platoniques. Incapable de vivre sa sexualité, il passait sa vie entre sa mère, son travail et ses livres. Manipulateur-né, il savait obtenir des autres tout ce qu'il voulait et n'hésitait pas, quand il n'arrivait pas à ses fins, à critiquer, à détruire ou à dominer de façon très castratrice tous ceux qui lui résistaient. Créant la dépendance par sa grande générosité, par sa disponibilité et par la peur qu'il semait autour de lui, il parvenait à s'accaparer la faveur de tous. C'était un être d'une étonnante sensibilité qui, au fond, ne réussissait à s'affirmer que lorsqu'il avait le pouvoir. Il manipulait et utilisait les autres comme sa mère l'avait manipulé et utilisé d'une façon subtile et difficile à percevoir. Comment, en effet, peut-on se sentir exploité par un être aussi généreux, aussi disponible, aussi attentif à ses moindres besoins? Non conscient de son fonctionnement, il vivait, contrairement aux apparences, une profonde souffrance intérieure sur laquelle il n'avait aucune prise. Autant il savait dominer les autres, autant il était impuissant à dominer son monde psychique. C'était un être qui présentait l'image de la puissance et de l'infaillibilité, mais qui, au fond, n'était que fragilité et faiblesse.

Travailler avec un individu qui a une telle peur de montrer sa vulnérabilité n'est pas facile. La première fois qu'il vint me voir, c'était à la suite de la mort de sa mère. Se retrouvant seul avec un père qu'il avait toujours condamné et qu'il n'aimait pas le rendait très anxieux. Pourtant, il n'était pas question pour lui d'aller vivre ailleurs. Il préférait supporter l'enfer que se trouver seul. Au cours de nos premières rencontres, il a raconté sa vie en faisant intervenir beaucoup plus son père, sa mère et son frère que lui-même. Il restait dans les détails d'une narration qui l'excluait le plus possible. Je sentais qu'il me faisait confiance mais qu'en même temps il avait très peur de se montrer tel qu'il était. Quand il m'annonça, à la cinquième séance, qu'il allait beaucoup mieux et qu'il n'avait plus besoin de revenir, je ne fus pas surprise. J'ai respecté son choix sachant que le pousser à poursuivre sa démarche avec moi n'aurait que détruit sa confiance et que renforcé son système de défense. Je l'ai toutefois invité à revenir s'il en sentait le besoin.

Ce n'est que huit mois plus tard qu'il m'a demandé un autre rendez-vous. Il était prêt cette fois à aller plus loin. Il a poursuivi sa démarche pendant plus d'un an. Ce fut un processus de prises de conscience et surtout d'acceptation. La dernière fois que je l'ai rencontré, il venait de quitter la maison de son père pour emménager dans un appartement avec l'homme qu'il aimait secrètement et platoniquement depuis plus de cinq ans. Même s'il était conscient de son comportement défensif de manipulateur ou de dominateur et des émotions qui les sous-tendaient, il ne s'en dégagea pas complètement pour autant, mais il s'acceptait assez dans son processus pour pouvoir reconnaître ses défensives et son vécu et pour accepter son rythme de changement.

Devenant moins castrateur lui-même, il bâtissait progressivement des relations plus vraies et plus satisfaisantes dans lesquelles il n'avait pas toujours peur d'être vu.

Beaucoup d'autres causes, souligne Mucchielli (p. 63), sont à l'origine du complexe de castration, comme la surprotection, l'infantilisation et les peurs angoissantes des parents devant la vie, la sexualité, la liberté de leurs enfants.

Le complexe de castration, qui bloque l'affirmation de soi ou qui provoque une affirmation autoritaire et intransigeante, naît des souffrances de l'humiliation, de la honte et de l'écrasement.

Par peur d'être humilié, culpabilisé et psychologiquement châtré, l'individu complexé s'effacera le plus possible ou s'imposera péremptoirement en relation. Dans un cas comme dans l'autre, il n'arrivera pas à déloger la souffrance profonde de ses sentiments d'infériorité et de culpabilité.

5. Complexe de culpabilité

Le complexe de culpabilité est un de ceux que l'on retrouve le plus fréquemment en thérapie. Sur le plan émotionnel, d'après Mucchielli (p. 65), l'individu complexé vit une peur exagérée de l'erreur et de l'échec.

Pour éviter l'humiliation de la faute commise, le complexé de culpabilité développe un sens excessif du devoir. C'est un perfectionniste qui ne calcule pas ses efforts et qui travaille sans relâche. Il ne s'accorde ni repos, ni détente, ni plaisir.

Pour éviter la faille qu'il redoute, il passe son temps à calculer et à prévoir. C'est un être asservi au regard des autres, qu'il perçoit comme des juges. Il a tendance à minimiser ses succès et à dramatiser ses échecs. Comme il se croit toujours dans l'erreur, il recherche les punitions pour se déculpabiliser quand il ne se punit pas lui-même. Il a énormément besoin de l'accord des autres et besoin d'être reconnu.

Dans sa forme défensive, le complexe de culpabilité s'exprime par l'adoption d'une attitude qui juge. L'individu complexé devient, dans sa relation avec les autres, un justicier, celui qui punit le mal, les erreurs et les fautes des autres. Inconscient de sa culpabilité, il culpabilise son entourage.

Née d'une éducation faite d'humiliations, de honte, de chantage affectif, de reproches, la personne complexée se sent coupable de tout plaisir, sexuel ou autre, coupable de ses erreurs et de ses fautes, coupable de ses pensées, coupable chaque fois qu'elle ne respecte pas les principes religieux et moraux qui lui ont été inculqués, coupable aussi du malheur et de la souffrance des autres.

Yvan était un homme d'environ 40 ans lorsqu'il a commencé sa thérapie avec moi. Il avait quitté sa femme, Hélène, quelques mois plus tôt parce qu'il étouffait dans cette relation qui durait depuis cinq ans. Étant incapable de retourner vivre avec elle par besoin de liberté, il n'en vivait pas moins une grande culpabilité, ce qui donnait beaucoup de pouvoir à Hélène, qui se servait de ce sentiment pour le dominer. Ce complexe de culpabilité, né de sa relation avec sa mère, était tellement fort qu'Yvan avait tendance à mettre sur lui tous les torts de l'échec de son couple. Il n'avait aucune raison, croyait-il, d'avoir laissé une femme aussi parfaite. Aussi se sentait-il très coupable de faire vivre à Hélène la souffrance de son départ. Pour se déculpabiliser, il allait la voir régulièrement même s'il n'en avait aucune envie et il prenait en grande partie la charge de leur petite fille de deux ans. En fait, il s'organisait pour payer très cher sa liberté.

Un grand nombre de ceux qui souffrent d'un complexe de culpabilité ont tendance à prendre, pour se déculpabiliser, la responsabilité entière des problèmes et des souffrances des autres, ce qui est très lourd à porter et qui entretient le sentiment de culpabilité. D'autres, par contre, rejettent toute la responsabilité de leur vécu et de leurs difficultés sur les autres, comme le faisait Hélène. Dans les deux cas, la vie relationnelle s'en trouve largement atteinte. D'une part, en mettant la responsabilité de l'échec sur le compte d'Yvan, Hélène ne se remettait pas en question et ne tentait rien pour se changer. Elle travaillait plutôt à changer son mari par des reproches, des accusations et des manipulations. Une telle attitude ne pouvait qu'entraîner la déception.

Tenter de changer l'autre et attendre qu'il change, c'est nécessairement vivre en relation, des insatisfactions permanentes.

De son côté, en prenant la responsabilité totale de son vécu et de celui d'Hélène, Yvan faussait complètement la relation. Pour se déculpabiliser, il se niait et ne se respectait pas. À cause de son manque d'authenticité, il communiquait en permanence à sa femme des doubles messages qui rendaient toute communication presque impossible. Il s'est créé de cette façon, entre les deux partenaires, une interdépendance insupportable. Même s'ils ne vivaient pas ensemble et se faisaient mutuellement beaucoup souffrir, ils étaient incapables de se quitter. Pour en sortir, Yvan a dû apprendre à récupérer le pouvoir sur sa vie en remettant à Hélène la responsabilité de son vécu. Après avoir pris conscience de son processus psychique, il a adopté devant Hélène une attitude défensive opposée à celle qu'il avait toujours eue. Il s'est mis d'abord à vivre un sentiment de haine à son égard, sentiment qu'il vivait depuis longtemps mais qu'il avait toujours refoulé. Puis, il a rejeté sur elle de nombreux blâmes. Son attitude n'était ni inconsciente ni compensatoire. Elle était l'expression réelle de son vécu. Yvan en voulait à Hélène de l'avoir culpabilisé et de l'avoir maintenu ainsi dans la dépendance. Il comprit, plus tard, qu'il répétait avec elle le système qu'il s'était créé avec sa mère et il comprit aussi qu'il avait, toute sa vie, entretenu une attitude de « coupable » qui attirait à lui tous les reproches et tous les jugements condamnables.

Sa mère était une personne froide et sèche qui avait beaucoup de caractère. La relation d'Yvan avec cette femme fut toujours difficile parce qu'elle n'acceptait pas la nature délicate et sensible de son fils. Chaque fois qu'il faisait une bêtise – échapper un verre de lait, perdre un foulard, obtenir une mauvaise note –, elle en faisait un drame à n'en plus finir. Il était culpabilisé et puni exagérément à la moindre petite faute. Yvan craignait sa mère en même temps qu'il l'admirait d'une certaine façon. C'est peut-être pour cette raison qu'il avait choisi une femme qui lui ressemblait beaucoup : grande, mince, distante, sèche, autoritaire et très déterminée. Comme elle savait ce qu'elle voulait, Hélène exigeait beaucoup d'Yvan, qui faisait tout pour lui rendre la vie agréable et rien qui ne soit répréhensible à ses yeux. Pour éviter la culpabilité suscitée par ses reproches, il redoublait d'attention, ce qui n'était pas de tout repos.

De toute façon, Yvan était coincé. S'il restait avec Hélène, il était constamment culpabilisé par elle et, s'il partait, la culpabilité le suivait. Son départ lui a appris que seul un travail sur lui-même pouvait le libérer de ses sensations d'étouffement et qu'il devait s'occuper de son complexe de culpabilité pour trouver la liberté. Ce qui l'a beaucoup aidé, c'est qu'il était décidé à ne pas abandonner le processus thérapeutique avant d'avoir acquis une certaine autonomie.

Les complexes, ne l'oublions pas, sont nés d'émotions intenses et traumatisantes qui se ravivent chaque fois qu'un déclencheur extérieur rappelle à l'inconscient la souffrance de l'événement initial.

Ce phénomène se produit pour tous les complexes expliqués jusqu'à maintenant. Voyons comment il se manifeste dans le cas du complexe d'infériorité.

6. Complexe d'infériorité

Combien de fois rencontrons-nous de ces personnes timides qui ont une peur viscérale du ridicule et pour qui le regard extérieur est un regard moqueur ? Combien de personnes sont bloquées dans leur expression parce qu'elles ont peur de faire rire d'elles ? Hypersensibles, elles ont un sentiment profond d'incapacité et d'insuffisance qui, comme le souligne Mucchielli (p. 68), les amène à ne pas se faire confiance, à douter d'elles-mêmes et à se déprécier constamment. À tous les points de vue, beauté, habillement, capacités, réalisations, etc., elles se comparent aux autres en s'infériorisant. Ces personnes font généralement tout pour passer inaperçues dans un groupe.

Il existe cependant des gens complexés qui, pour cacher leur complexe d'infériorité, adoptent une forme défensive de supériorité.

Ces personnes recherchent la valorisation par la vantardise en essayant de prouver qu'elles ont raison, qu'elles savent tout et qu'elles sont meilleures que toutes les autres, c'est-à-dire plus belles, plus intelligentes, plus cultivées, plus capables. Souvent, pour se faire valoir, elles démolissent l'image des autres par des critiques qui n'en finissent plus. Cherchant à se faire voir, à se faire admirer, elles étalent leurs connaissances ou exhibent leur corps. Elles ont besoin de s'affirmer à tout prix, de se rebeller comme des adolescents et de montrer qu'elles ne sont pas d'accord.

Mucchielli (p. 68) donne plusieurs causes à l'origine du complexe d'infériorité, qui se manifeste particulièrement à l'adolescence : les paroles et les comparaisons infériorisantes des éducateurs, les échecs répétés à l'école et, parfois, les handicaps physiques.

Gaston, qui avait 49 ans au moment de sa thérapie, était habité par ce complexe depuis son enfance. À l'école, il avait eu beaucoup de mal à apprendre. Ses mauvaises notes en faisaient la risée des élèves et surtout de ses frères aînés, tous très instruits. Forcé, à la suite d'échecs répétés, de laisser l'école très jeune pour aller travailler, il s'est toujours senti inférieur à ses frères, qui, comme leur père, avaient poursuivi des études de médecine, de chirurgie et de psychiatrie.

À 22 ans, il avait épousé une fille-mère, qu'il amenait rarement dans sa famille parce qu'il en avait honte. Il a d'ailleurs passé sa vie à la rabaisser pour émerger un peu. Travailleur inlassable, il n'a jamais privé sa famille de quoi que ce soit en dépit du fait qu'il fréquentait régulièrement les hôtels, les tavernes et les bars. C'était un alcoolique qui ne réussissait à oublier sa peur du ridicule qu'en buvant. Quand il entrait chez lui en état d'ébriété, il insultait sa femme en devenant très arrogant envers elle. Possessif et jaloux, il avait, au fond, très peur qu'elle se lasse d'un être aussi peu intéressant que lui.

Père de quatre enfants, il avait toujours eu une préférence pour sa fille cadette Nancy. Intelligente et pleine de talents, il avait mis en elle tous ses espoirs. Il n'avait rien épargné pour payer ses études et était très fier de ses succès à l'école. Il voulait qu'elle devienne la professionnelle qu'il n'avait jamais pu être. Nancy, qui ressemblait beaucoup à son père, avait hérité de sa sensibilité, de sa générosité et de son sens du travail. Très proche de lui, elle était la seule, dans la famille, qui réussissait à lui parler et à se faire entendre de lui sans qu'il ne se sente menacé. C'était d'ailleurs elle qui lui avait proposé une cure de désintoxication et qui, quelques mois plus tard, l'avait encouragé à entreprendre une démarche thérapeutique. Au cours des étapes de ce travail sur lui-même, il a pris conscience de beaucoup de choses à propos de lui-même qui ont contribué à développer sa confiance en lui. Il s'est d'abord rendu compte que ses mauvais résultats scolaires n'étaient pas dus à un manque d'intelligence mais à une carence affective très importante. Il a découvert aussi, dans les thérapies de groupe avec des alcooliques, que grâce à son honnêteté, à sa sensibilité et à sa capacité d'écoute il s'attirait, dans ce milieu de gens qui avaient traversé des épreuves semblables aux siennes, beaucoup d'affection et était valorisé. Lui qui s'était toujours senti inférieur intellectuellement, il comprit que ses qualités de cœur étaient grandement appréciées.

Dans sa démarche thérapeutique, il a vraiment démystifié son processus psychique et compris pourquoi tous les sourires, tous les regards rieurs l'écrasaient, le privaient de tous ses moyens et le coupaient de toutes ses relations.

Le schéma 3.5 illustre le processus psychique insatisfaisant appliqué à l'histoire de Gaston.

Il est possible que les histoires vécues de Gaston, d'Alexandre, de Claude, de Jacqueline, etc., trouvent un écho à l'intérieur d'autres personnes. En effet, le complexe, qui est né d'une souffrance profonde, d'origine relationnelle, fait très souvent partie intégrante du psychisme humain. Le reconnaître et en accepter les manifestations sont des étapes nécessaires pour soulager, du moins partiellement, la douleur qu'il cause. Cette zone de sensibilisation importante ancrée dans le psychisme a besoin d'être écoutée et respectée pour se libérer. Il est donc fondamental pour chaque personne de prendre conscience de ses complexes et de les accepter comme faisant partie de sa nature profonde pour apprendre à vivre avec sa sensibilité et pour apprendre surtout à s'en protéger. C'est là la seule voie de la libération.

Le complexe est un élément important qui compose l'état psychique de la plupart des individus et qui les rend très vulnérables vis-à-vis de certains déclencheurs extérieurs. Connaître nos processus psychiques, c'est découvrir une à une leurs composantes en partant des éléments déclencheurs qui font naître les émotions que souvent nous cherchons à fuir en faisant intervenir des mécanismes de défense inconscients qui nous privent de la satisfaction de nos besoins fondamentaux et qui empoisonnent les relations affectives. Ce sont ces mécanismes qui feront l'objet des prochaines pages.

MONDE EXTÉRIEUR		MONDE INTÉRIEUR
Élément déclencheur - sourires, regards	→	**1. Émotions** - peur du ridicule - peur de l'échec - colère amplifiée par un complexe d'infériorité
		↓
		2. Mécanismes de défense - critique - supériorité - fuite dans l'alcoolisme
		↓
		3. Fonctionnement d'inférieur
		↓
		4. Besoin d'être reconnu non satisfait

Schéma 3.5

E. Mécanisme de défense

*Le mécanisme de défense est, dans la conception de l'*ANDC[MD]*, un moyen inconscient utilisé par le psychisme pour se protéger contre la présence des émotions désagréables qui émergent du processus relationnel réel ou imaginaire.*

Au moment de sa formation, le mécanisme de défense constitue un moyen de survie. L'enfant le bâtit pour échapper à des souffrances insupportables. Par exemple, s'il vit des expériences douloureuses de rejet, il peut inconsciemment adopter une attitude de retrait, de fermeture ou de fuite pour éviter de revivre ce genre d'expériences. Il n'en reste pas moins que l'intervention inconsciente du mécanisme de défense a des effets nuisibles sur la santé physique et psychique parce qu'il enferme l'être derrière des murs qui l'étouffent. Comme l'énergie qu'il utilise pour maintenir ces murs est puisée à même l'énergie vitale créatrice, il n'exploite qu'une fraction de ses potentialités latentes. De plus, sa relation avec les autres est difficilement satisfaisante parce que ses mécanismes de défense inconscients l'empêchent de montrer ce qu'il vit vraiment. Enfin, lorsque la personne se défend inconsciemment, elle ne peut découvrir ses processus psychiques et donner satisfaction à ses besoins parce que son attitude défensive bloque l'écoute de la vie émotionnelle.

Toutefois, il n'est pas dans la perspective de l'ANDC[MD] d'éliminer les mécanismes de défense. Je suis bien consciente que leur intervention, dans bien des cas, contribue à assurer la survie psychique. Le but de la démarche proposée par rapport aux mécanismes de défense est d'aider la personne à en prendre conscience de façon à constater leurs effets négatifs dans le processus relationnel et de façon non pas à les extraire du psychisme, mais à les reconnaître honnêtement.

C'est la prise de conscience et l'acceptation des mécanismes de défense et des émotions qui les suscitent qui permettent à l'homme de dépasser ses peurs par des mécanismes de protection. Ainsi, au lieu de se défendre inconsciemment, il apprend à se protéger de façon consciente. Mais avant de parler de façon plus détaillée des mécanismes de protection, revenons aux mécanismes de défense et voyons quels sont les principaux moyens inconscients que prend le psychisme pour se protéger.

La notion de mécanisme de défense a été développée par la psychanalyse (Freud) et plus tard par la Gestalt thérapie (Perls). C'est donc en s'inspirant de ces deux écoles que l'ANDC^MD tire sa conception des mécanismes de défense, qu'elle présente sous l'angle de la philosophie non directive créatrice. Au lieu de considérer le mécanisme de défense dans le sens psychanalytique, comme moyen qu'a l'individu de se protéger inconsciemment contre les conflits intérieurs suscités par l'influence des désirs, des instincts et des pulsions sur le monde extérieur, elle le définit, je le répète, comme un moyen inconscient utilisé par le psychisme pour se protéger contre la présence d'émotions désagréables qui émergent du processus relationnel réel ou imaginaire. Ce moyen inconscient peut prendre différentes formes. En effet, l'homme peut se défendre en bloquant l'expression de ses émotions ou en les attribuant aux autres.

Dans chacun des cas, l'émotion est niée, refoulée, voire écrasée, parce qu'elle fait peur et qu'elle est jugée inacceptable. Au lieu d'exprimer la peine, l'agressivité, la jalousie, la peur, la méfiance, l'individu étouffera ces émotions inadmissibles à ses yeux et s'en défendra inconsciemment par des mécanismes de défense tels que le refoulement, l'introjection, la fuite, la rationalisation, la confluence, l'autopunition, la projection et le personnage.

1. Refoulement

Le refoulement est un mécanisme de défense qui se manifeste très tôt dans la vie d'une personne. Pour ne pas être jugé, l'enfant refoule certaines émotions dont l'expression est perçue comme incorrecte, voire anormale, par ses éducateurs. À force de refouler ainsi ses émotions, il en vient parfois à ne plus les sentir, ce qui l'empêche de savoir ce qu'il est et ce qu'il veut.

Le refoulement des émotions entraîne beaucoup de conséquences. Pour les comprendre, citons le cas de Lisette, qui est venue me voir à la suite d'une rupture. Au cours de sa relation avec Jean, elle n'avait à peu près jamais exprimé ses difficultés, ses insatisfactions, ses malaises par peur de le blesser, de lui déplaire ou de le perdre, ce qui n'avait pas empêché Jean de la quitter. Le départ de son amoureux fut pour elle très difficile à accepter et à vivre. Elle lui en voulait d'être parti et n'avait qu'une envie : lui faire mal comme elle avait mal. Toutefois, elle se sentait coupable de vouloir blesser l'homme qu'elle aimait et qu'elle avait d'ailleurs toujours ménagé pour pouvoir le garder. À cause de ce sentiment de culpabilité, elle avait une très mauvaise image d'elle-même. Se croyant monstrueuse, elle parlait rarement d'elle et refoulait ses désirs, ses émotions et ses sentiments. Elle était ainsi entraînée inconsciemment dans un cycle de fonctionnement qui la faisait souffrir. Ce cycle est représenté dans le schéma 3.6.

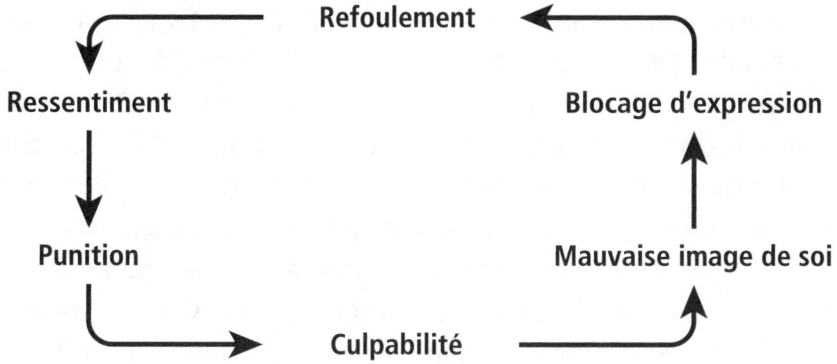

Schéma 3.6

J'ai remarqué que ce fonctionnement est commun à toutes les personnes refoulées parce qu'elles n'expriment pas leur vécu et qu'elles se ferment (refoulement). Elles en veulent à l'autre de ne pas les satisfaire et de les faire souffrir (ressentiment). Aussi cherchent-elles à se venger de façon dissimulée et à nuire à l'autre par des insinuations, des critiques sournoises, des coups détournés ou de l'indifférence feinte (punition), ce qui leur donne l'impression d'être méchantes et coupables (culpabilité et mauvaise image de soi). Elles cherchent donc inconsciemment à cacher cette image qu'elles n'aiment pas (blocage d'expression), à la refouler (refoulement) et à présenter d'elles-mêmes une façade de bonté, de magnanimité, de pardon complètement fausse, qui les amène toujours dans les mêmes souffrances et dans les mêmes insatisfactions.

On voit comment le refoulement peut être néfaste et destructeur pour les relations et pour la personne. En effet, on sait que l'émotion refoulée ne disparaît pas. Elle est enregistrée par le corps ou captée par le psychisme, et agit ainsi contre le sujet pour le détruire ou pour l'éteindre. C'est pourquoi je crois qu'il est important que tous les aidants apprennent aux aidés à écouter leurs émotions, à les accepter et à les exprimer de façon responsable. Mais comment peuvent-ils y arriver s'ils n'ont pas d'abord appris eux-mêmes à être à l'écoute de leur vécu, à l'accueillir et à le dire ? C'est pour cette raison que le travail sur soi doit être, à mon avis, à la base de la formation des professionnels de la santé physique et psychologique. C'est l'attitude non directive de l'intervenant surtout qui favorise la prise de conscience et la levée appropriée des mécanismes de défense, et qui favorise l'acceptation de la vie émotionnelle qu'ils nient. L'émotion contenue agit contre l'homme au lieu de le libérer, le refoulement étant un mécanisme de défense tourné contre soi tout comme l'introjection, qui contribue à l'entretenir.

2. Introjection

Marie Petit (1984, p. 36) définit l'introjection comme « *une façon de sentir, de juger, d'évaluer, que nous avons empruntée à quelqu'un d'autre (le plus souvent à nos parents) et que nous avons intégrée dans notre comportement sans jamais l'assimiler* ».

L'introjection est une greffe qui empêche la personne de découvrir et de manifester sa véritable personnalité. Habitée par des jugements, des principes, des valeurs, des croyances qui ne lui appartiennent pas, et qu'elle a adoptés pour ne pas perdre l'amour de ses parents, elle ne parvient pas à se définir, à se distinguer et à développer sa créativité. L'introjection fait de l'homme un reproducteur et non un créateur. Elle lui construit une fausse personnalité qu'il maintient au prix d'une dépense importante de son énergie vitale et créatrice.

Pour expliquer davantage ce mécanisme de défense, j'apporterai l'exemple de Ginette. Élevée par des parents très sévères, elle était remplie, à 35 ans, de principes qui l'empêchaient de satisfaire son besoin d'amour et qui l'ont maintenue, malgré elle, dans le célibat. Elle refusait de répondre aux avances d'un camarade de travail (tout en les encourageant très subtilement) parce qu'il avait 28 ans, qu'il était divorcé et qu'il ne fréquentait pas les églises. Elle avait introjecté, dans sa famille, qu'une femme sérieuse et de bonne réputation se devait de choisir un mari plus âgé qu'elle. Elle avait aussi introjecté qu'un divorcé n'était ni fiable ni intègre, encore moins s'il n'était pas catholique pratiquant.

De tels principes n'ont rien d'alarmant quand ils sont bien intégrés, qu'ils font partie de la personnalité réelle de l'individu et qu'ils ne le rendent pas déchiré et malheureux comme l'était Ginette. Il n'existe ni principe ni croyance idéals. Il n'y a d'idéals que ceux et celles qui nous conviennent et nous définissent. Ce qui est bon pour les uns ne l'est pas nécessairement pour les autres.

Un principe qui naît de ce que nous sommes et de ce que nous vivons réellement ne contribuera qu'à nous aider à nous réaliser. Par contre, une croyance greffée ne réussira qu'à nous couper de ce que nous sommes et qu'à nous priver de la satisfaction de nos besoins fondamentaux.

C'est précisément par besoin d'être aimé que l'enfant a moulé ses comportements sur les principes de ses éducateurs. Et c'est paradoxalement ces greffes qui, plus tard, le privent de cet amour dont il a tant besoin. En effet, l'introjection favorise la création du personnage qui agit en fonction de principes qui ne lui appartiennent pas plutôt que d'agir en fonction de la personne.

Par exemple, si nous avons introjecté que la jalousie est une émotion honteuse et inacceptable, nous refuserons d'écouter notre propre jalousie, nous la nierons, la refoulerons et tenterons de la cacher aux autres. Ce refoulement aura une incidence sur nos relations affectives. En créant de la confusion dans la communication, il provoquera l'éloignement entre les partenaires, ce qui aura pour conséquence de nous priver de la satisfaction de nos besoins d'amour. L'attitude défensive nous retire ce que nous recherchons, c'est-à-dire la satisfaction de nos besoins fondamentaux.

Il en est ainsi des croyances de toutes sortes. Quand elles sont introjectées, elles nous empêchent d'être nous-mêmes.

Toutes les introjections à propos de la vieillesse, transmises d'une génération à l'autre, ont pour effet de rendre cette partie de la vie parfois triste en bloquant des réalisations qui pourraient être importantes.

N'est-il pas un peu annihilant d'introjecter qu'en vieillissant on est moins beau, on devient inutile, on ne peut plus travailler, on ne peut plus faire l'amour, on perd la mémoire, on retourne en enfance, on devient impotent, etc. ? De telles croyances, véhiculées par l'éducation et entretenues par la société, préparent l'individu à se forger une vieillesse malheureuse et sont souvent très exagérées par rapport à la réalité. Lozanov (1984), le créateur de la suggestologie, appelle ces croyances des « suggestions négatives » ; il considère qu'elles bloquent la libération des potentialités vitales et créatrices.

Les enfants, parce qu'ils sont plus influençables, introjectent parfois des croyances qui les marquent pour la vie. Un exemple raconté à ce sujet par Jacques Salomé lors de sa conférence du 25 septembre 1987 à Montréal m'a beaucoup touchée. Je me permets de raconter cette histoire en sachant que certains détails ont pu m'échapper, mais le fond reste le même. C'est l'histoire de Julie. Un jour, alors qu'elle était petite fille, Julie prenait son bain avec l'aide de sa tante, qui était au bord de la baignoire et qui, tout en la lavant, répondait à ses questions. C'est ainsi que la petite vint à montrer son clitoris et à demander : « *Qu'est-ce que c'est, ça* ? » Et la tante de répondre simplement : « *Ça, ma chérie, c'est un porte-bonheur.* »

À la sortie du bain, la petite court voir sa mère à la cuisine et lui dit : « *Maman, regarde, j'ai un porte-bonheur.* » La mère de lui répondre : « *Crois-moi, ma fille, ce n'est pas un porte-bonheur, c'est un porte-malheur.* »

Il est possible qu'à la suite d'une telle histoire et de l'éducation qu'elle aura reçue l'enfant introjecte la version annihilante de sa mère et que cette introjection influe sur son comportement sexuel à l'âge adulte.

L'introjection est vraiment un mécanisme de défense qui, non seulement empêche la personne de trouver sa personnalité propre, mais aussi un mécanisme qui lui enlève le bien précieux de sa liberté.

On ne peut se libérer d'une introjection sans d'abord en prendre conscience. Mais la prise de conscience ne suffit pas. Découvrir et respecter sa propre personnalité et se défaire petit à petit de la personnalité greffée par l'éducation demandent beaucoup d'écoute de soi, un désir profond de faire face à ce qui se passe en soi et de l'accepter sans le fuir.

3. Fuite et évitement

La fuite constitue un moyen d'échapper à une peur. Tout être humain se crée une façon inconsciente de fuir certaines expériences parce qu'elles sont trop angoissantes.

Pour échapper aux événements et aux personnes qui lui causent de la souffrance, l'homme adopte fréquemment une manière personnelle de fuir son vécu. En fait, ce ne sont pas tant les réalités extérieures qu'il fuit que les émotions souffrances qu'elles lui font vivre.

Ainsi, pour se soustraire aux émotions douloureuses, il fuit dans l'imaginaire ou dans le travail. Certains fuient dans le sommeil, la télévision, le sport ou la musique. D'autres s'évadent dans les voyages, les départs, la sexualité, la drogue, l'alcool, le tabac, la nourriture. D'autres enfin se réfugient dans la méditation, la vie spirituelle, la prière, les œuvres de charité.

La plupart de ces moyens de fuite n'ont rien de répréhensibles en eux-mêmes. Ils deviennent nuisibles, à la longue, lorsqu'ils sont utilisés de manière abusive et inconsciente pour fuir une émotion non exprimée. La fuite adoptée comme mécanisme de défense inconscient empêche l'individu de donner satisfaction à ses besoins fondamentaux. Par contre, ce dernier peut choisir consciemment de prendre du recul par rapport à certaines personnes pour voir clair en lui et pour reconnaître plus facilement les émotions qui le rendent défensif.

L'histoire de Serge peut, à ce sujet, nous fournir quelques éclaircissements. Il avait avec ses parents des relations difficiles. À la suite de chicanes et de conflits, il avait pris l'habitude de partir en claquant les portes et de passer quelques semaines sans remettre les pieds dans sa famille. Lorsqu'il revenait, après quelque temps, il fallait peu de chose pour qu'il retombe dans les mêmes discordes et qu'il fuie avec autant de souffrance et de rage au cœur. Quand il a commencé sa thérapie, il était très perturbé par cette situation. Il aimait ses parents, mais ne pouvait s'entendre avec eux. Aussi fuyait-il et revenait-il régulièrement sans qu'il y ait vraiment de changement. Il aboutissait toujours au même résultat parce qu'il n'était pas conscient des émotions qui l'habitaient en présence de sa famille. Il vivait un chaos émotionnel insupportable duquel il se défendait inconsciemment par des blâmes, des reproches et des accusations de toutes sortes.

Serge a découvert, dans sa démarche thérapeutique avec l'ANDC^MD, que son grand besoin d'amour et de reconnaissance le poussait à revenir chez lui, et que chaque fois il était déçu et souffrait beaucoup parce qu'il avait le sentiment qu'il n'était pas important aux yeux de ses parents. Aussi, pour attirer leur attention, il leur faisait des crises, les provoquait et partait comme il le faisait quand il était un petit garçon.

La famille étant le lieu où se sont formés généralement les complexes, les mécanismes de défense et les fonctionnements psychiques insatisfaisants, il est évident que, quand on s'y retrouve, on risque d'entretenir ses processus psychiques insatisfaisants. Nous faisons face aux éléments déclencheurs qui sont à l'origine de la formation de nos complexes, ce qui nous met en contact avec des émotions très douloureuses. Retourner fréquemment dans une famille où nous avons connu beaucoup de souffrance et de frustration, quel que soit notre âge, c'est risquer de revivre ces souffrances passées à moins que nous ayons pris conscience de nos fonctionnements psychiques et que nous ayons adopté des moyens de protection conscients qui nous empêchent de répéter des comportements insatisfaisants qui entretiennent la dépendance.

C'est d'ailleurs ce qu'a fait Serge. Il a d'abord choisi consciemment de se tenir à distance de sa famille. Au lieu de fuir de façon automatique, il a pris la décision de prendre du recul.

Entouré d'un environnement dont l'influence inconsciente entretient les complexes et les fonctionnements répétitifs insatisfaisants, il est assez difficile, voire dans bien des cas impossible, de s'en dégager et même d'en prendre conscience. Aussi est-il préférable de s'éloigner non seulement pour voir clair en soi, mais pour renforcer le psychisme qui dans des situations de souffrances répétées s'affaiblit comme le corps qui, lorsqu'il passe d'une maladie à l'autre.

Il est donc important de prendre conscience de ses moyens de fuite de façon à les utiliser consciemment de manière constructive pour son mieux-être au lieu de s'y soumettre inconsciemment et avec tellement d'insatisfaction.

Lorsque Serge est retourné en visite dans sa famille quelque temps plus tard, il connaissait son fonctionnement psychique, il savait quels éléments déclencheurs avaient sur lui un effet désagréable. Il avait donc beaucoup plus de pouvoir sur lui-même. Il n'était plus question pour lui de retomber automatiquement dans les comportements qu'il avait affichés auparavant. S'il lui arrivait de le faire, il pouvait plus facilement se reprendre parce qu'il était conscient de ses processus internes. Au lieu de fuir, il choisissait consciemment de partir et de prendre du recul. La différence entre la fuite et le recul ne se voit pas extérieurement puisqu'elle se trouve dans le vécu. Quand on fuit (mécanisme de défense), on se sent mal intérieurement parce qu'on agit contre le déclencheur alors que lorsqu'on choisit consciemment de prendre du recul (mécanisme de protection), on se sent bien parce qu'on agit pour soi.

La fuite est un mécanisme de défense qui ne se manifeste pas uniquement par l'envie de partir, de s'éloigner ou de couper les ponts mais aussi par l'évitement. Quand elle se trouvait dans un groupe, dans sa famille, au travail ou ailleurs, Charlotte évitait toujours d'exprimer ses idées, ses désaccords ou ses besoins par peur de déplaire, de choquer, d'être jugée ou rejetée. Lorsqu'elle le faisait, elle parlait au nom de tout le monde ou s'exprimait de façon impersonnelle. Elle utilisait souvent des expressions du genre de celles-ci : « *Dans notre société, rares sont les personnes qui ne pensent pas de telle façon...* », « *La plupart des gens que j'ai rencontrés disent que...* » L'usage de sujets impersonnels, tels les « nous », « on » « les gens », était fréquent dans son langage. Son attitude défensive inconsciente rendait Charlotte bien insatisfaite. Frustrée quand elle évitait de s'affirmer, elle l'était tout autant par le peu d'effet de ses interventions impersonnelles. Elle avait le sentiment de n'être pas importante aux yeux des autres, ce qui la rendait malheureuse chaque fois qu'elle se trouvait en groupe.

Elle avait probablement adopté ce mécanisme de défense au moment de l'adolescence. À cette époque-là, elle avait vécu avec sa mère des périodes très difficiles. Chaque fois qu'elle exprimait une idée qui n'allait pas dans le sens des croyances de cette dernière, elle avait droit à des réactions agressives qui lui faisaient peur. Charlotte avait alors appris à se taire afin d'éviter les crises ou à parler de façon générale et impersonnelle pour ne pas provoquer de réactions aussi bouleversantes pour elle. Mais son silence et ses interventions effacées la privaient de la satisfaction d'un grand besoin : celui d'être reconnue. C'est d'ailleurs un événement récent de non-reconnaissance qui l'avait amenée en thérapie. Son employeur avait offert à une collègue de travail moins qualifiée et moins ancienne qu'elle une promotion qui, d'après elle, aurait dû lui être destinée. Le fait que son travail impeccable et ses qualités n'aient pas été reconnus lui faisait vivre beaucoup de souffrance. Incapable de réagir par peur de choquer et de déplaire, elle évitait de rencontrer sa compagne et son patron, et taisait tout ce qu'elle avait à exprimer. La collègue élue, choisie pour sa capacité d'expression et d'affirmation, devenait une menace d'autant plus grande qu'elle représentait tout ce que Charlotte enviait profondément.

Ses mécanismes de refoulement, d'évitement et de fuite la privaient de la satisfaction d'un besoin fondamental. Charlotte ne pouvait entreprendre de démarche de changement sans connaître les mécanismes automatiques qui la coupaient d'elle-même et de ses besoins. Le mécanisme de défense, je le répète, intervient inconsciemment pour protéger l'individu contre des émotions insupportables à vivre et particulièrement contre la peur. Ainsi, Charlotte avait choisi la fuite et l'évitement pour se protéger contre ses peurs du jugement et du rejet. Elle donnait ainsi aux autres un pouvoir qui l'infériorisait et l'empêchait de se manifester.

Pour être reconnue et aimée, elle évitait de s'affirmer et finissait par se conformer aux idées de tout le monde, ce qui lui valait le contraire de ce qu'elle recherchait : la non-reconnaissance des autres.

Le schéma 3.7 représente le « processus psychique insatisfaisant » appliqué à l'histoire de Charlotte.

MONDE EXTÉRIEUR		MONDE INTÉRIEUR
Élément déclencheur - manque de reconnaissance de son employeur	→	**1. Émotions** - envie - peur de déplaire - peur de choquer - peur d'être jugée - peur d'être rejetée
		↓
		2. Mécanismes de défense - évitement - fuite - refoulement
		↓
		3. Besoin d'être reconnue non satisfait

Schéma 3.7

C'est d'ailleurs le propre du mécanisme de défense que d'apporter à la personne exactement le contraire de ce dont elle a besoin parce qu'il a, dans bien des cas, pour effet automatique, de briser la communication. En effet, l'être qui se défend se coupe de ses émotions, ce qui l'empêche de rester en contact avec lui-même et, conséquemment, avec les autres. Ainsi, lorsqu'il refoule, introjecte et fuit, il obtient le résultat décevant et frustrant de s'éloigner des autres au lieu de s'en approcher, ce qui le prive de la satisfaction de ses besoins fondamentaux. Ce même phénomène se produit fréquemment avec la rationalisation.

4. Rationalisation

L*a rationalisation est un mécanisme défensif qui consiste à faire appel inconsciemment à la raison pour résoudre des problèmes d'ordre émotif ou affectif.* Autrement dit, nous rationalisons parce que nous avons peur de l'émotion qui surgit et que nous n'acceptons pas de la laisser vivre. C'est un des mécanismes de défense les plus utilisés et les plus gênants pour ce qui est des relations humaines. En effet, il bloque le processus relationnel parce qu'il décroche l'individu de son vécu et de lui-même. En effet, qui rationalise, refoule.

Comment se manifeste la rationalisation ? Nous utilisons inconsciemment ce procédé défensif lorsque nous contenons nos émotions pour entrer dans la justification, la généralisation, l'explication, l'intellectualisation, la morale. Il y a, dans certaines manifestations de la rationalisation, une tendance à exercer un pouvoir sur l'autre ; en effet, celui qui généralise et interprète se présente très souvent comme le détenteur de la vérité. La rationalisation exprime aussi un certain manque de confiance en soi. L'émotion étant le cœur du psychisme, il est évident qu'exprimer ses émotions, c'est, par le fait même, manifester son essence et sa différence, ce qui suppose une capacité à s'aimer assez pour être à l'écoute de soi et à se reconnaître suffisamment pour se manifester tel que l'on est dans sa subjectivité profonde.

L'intervention de la raison a, bien sûr, sa place dans toute démarche d'organisation, de structure, de planification, de conscientisation sans lesquelles notre vie serait chaotique, désordonnée, déréglée. Toutefois, dans le monde des émotions, qui ne relève pas de son domaine, elle n'est utile que pour nous aider à comprendre notre structure psychique et surtout pour nous permette d'identifier notre vécu émotif dans l'ici et maintenant de la relation. Dans ce dernier cas, elle travaille en harmonie avec l'émotion plutôt que de se couper d'elle par la rationalisation. En tant qu'intervention défensive, la rationalisation a pour effet de fausser la réalité, de déplacer la cause des problèmes et de couper, du moins pour un certain temps, les liens de la relation.

L'un des autres dangers de la rationalisation, c'est qu'elle peut nous conduire dans des systèmes qui nous servent de croyances. Parfois, à force de justifications et d'explications, nous nous servons à nous-mêmes et aux autres des arguments rationnels que nous finissons par croire et par prendre pour des vérités absolues. Certaines personnes, dans le but de fuir l'émotion qui les fait souffrir, finissent par se faire croire à elles-mêmes, par exemple, qu'elles ne sont pas émotives, qu'elles n'ont pas besoin d'amour ou qu'elles n'ont peur de rien ou même qu'elles ne sont pas du tout défensives. Cette attitude les rend rigides, fausses et impersonnelles et rend impossible toute relation authentique parce que ces personnes nient leur réalité psychique.

Effectivement, pour échapper à la souffrance, l'homme utilise plusieurs moyens de rationalisation. Lorsqu'ils interviennent de façon inconsciente, c'est-à-dire en tant que mécanismes de défense, les moyens de rationalisation ont un effet positif temporaire parce qu'ils favorisent plutôt la servitude que la libération. C'est le cas de toutes les techniques qui ont pour objectif la maîtrise des émotions. Ces techniques de rationalisation ont le même effet sur le psychisme que la plupart des médicaments chimiques sur le corps. Elles anesthésient la douleur pour un temps, mais n'en travaillent pas la cause.

La pratique de ces techniques peut constituer un moyen de protection intéressant dans certaines situations. Toutefois, elles ne suffisent pas à régler la source des problèmes. Il ne faut pas oublier que la souffrance psychique naît de l'émotion et qu'elle ne peut être soulagée que par la libération de l'émotion.

Les techniques de maîtrise du vécu émotif et de pensée positive, de même que certaines pratiques de nature spirituelle, ne sont d'un secours inestimable que si elles ne sont pas utilisées en tant que systèmes défensifs de rationalisation de la souffrance mais comme moyen de création.

Dans le premier cas, elles coupent l'individu de lui-même et lui enlèvent la possibilité de mieux se connaître et de découvrir la puissance libératrice et créatrice de son monde émotif.

Afin de mieux me faire comprendre, je vais citer le cas de Marie-Ève. À la suite d'un grave conflit avec son ex-mari, elle a vécu, pendant des mois, des sentiments de haine atroce et fut même habitée par un désir de vengeance aigu. Pour fuir ces sentiments qu'elle jugeait horribles, elle s'est mise à pratiquer des techniques de toutes sortes et à faire de longues prières sur le thème de l'amour et du pardon, qu'elle répétait plusieurs fois par jour. Après des semaines d'utilisation de cette « gymnastique psychique », elle s'est rendu compte qu'elle en était à peu près au même point et que sa haine n'était pas délogée mais simplement anesthésiée. C'est à ce moment qu'elle a décidé d'entreprendre une démarche thérapeutique, au cours de laquelle elle a pris contact avec les sentiments qu'elle cherchait à nier et à fuir pour éviter de vivre la souffrance et la culpabilité. Mais c'est en prenant contact avec sa haine et en l'acceptant qu'elle s'en est libérée d'abord et qu'elle a fait par la suite des découvertes sur son fonctionnement qui l'ont amenée à récupérer le pouvoir sur sa vie.

Pendant des semaines, elle avait tenté de rationaliser son émotion. Ce n'est qu'en respectant son vécu et qu'en nageant dans le sens du courant qui l'habitait qu'elle a pu retrouver la paix intérieure.

Les exemples de rationalisation sont nombreux. Chaque fois qu'on généralise, qu'on moralise, qu'on interprète les autres, qu'on se justifie ou qu'on sent le besoin de s'expliquer dans une situation à conflit, on perd contact avec le vécu et, conséquemment, avec l'autre. La rationalisation, bien que personne n'y échappe, mérite d'être conscientisée afin d'assurer des relations plus vraies, plus saines, plus intenses et plus longues.

Les difficultés relationnelles naissent en grande partie d'attitudes défensives qui coupent la communication.

Autant la rationalisation peut être source de confusion, voire de conflit, autant peut l'être aussi la confluence.

5. Confluence

Le mécanisme de la confluence a été largement développé par la Gestalt thérapie. Marie Petit (1984, p. 40) dit de la personne confluente qu'elle ne « *distingue pas ses propres limites de celles de l'environnement*». Pour l'ANDC^{MD}, la confluence est un procédé défensif qui consiste à se nier soi-même pour se perdre dans l'autre comme deux fleuves se perdent dans l'océan. Elle résulte d'un manque de connaissance de soi, de confiance en soi, d'autonomie et d'amour de soi.

La personne confluente, parce qu'elle ne connaît pas ses besoins et ses limites et qu'elle n'est pas à l'écoute de ses émotions, ne peut pas savoir ce qui la distingue des autres. Habitué, par peur de perdre et par manque de confiance en elle-même, à adopter les pensées, les opinions, les goûts, les croyances, voire les besoins et les émotions des autres, même s'ils ne correspondent pas aux siens, elle vit dans une confusion permanente qui l'empêche de se manifester, de s'affirmer, de se réaliser. C'est souvent un être profondément insatisfait parce qu'il ne connaît pas de véritables relations. Cherchant constamment à se fondre dans son environnement, c'est-à-dire à penser comme l'autre, à être comme l'autre ou à ménager l'autre, il n'arrive pas à être une personne entière. C'est un être dépendant qui, inconsciemment, se perd dans ses relations.

Comme l'individu confluent se définit ponctuellement par les gens qu'il fréquente, il a du mal à cerner son opinion personnelle. Sa pensée fluctue au rythme des personnes qu'il côtoie. Il a introjecté très jeune, dans ses relations avec les figures parentales, que pour être aimé et reconnu il devait s'approprier tout ce que l'autre pensait, aimait, voulait et croyait. C'était son moyen de satisfaire ses besoins fondamentaux d'amour et de valorisation. Il a donc, par la suite, répété ce mécanisme dans toutes ses tentatives de relations jusqu'à ce qu'il en arrive à une insatisfaction chronique. Par peur de décevoir, d'être critiqué, jugé, rejeté, de déplaire, il s'est asservi à l'autre au point de ne plus exister.

La confluence est un mécanisme de défense courant duquel on ne se défait progressivement que par l'intégration de la notion de responsabilité. Cela suppose un travail de connaissance et de reconnaissance de soi, qui demande du temps et un certain investissement.

En relation d'aide et en éducation, la confluence est un écueil qui guette tous les thérapeutes et tous les éducateurs. Si l'aidant entre en confluence avec l'aidé, il n'y a plus d'aide possible.

On voit encore une fois ici l'importance capitale pour un aidant, qu'il soit animateur, professeur, médecin ou thérapeute, de travailler sur lui-même. Seules une bonne connaissance de soi et une capacité à s'assumer dans sa différence et à distinguer ce que l'on est de ce qu'est l'autre permettent une relation d'aide efficace. Si, par exemple, l'aidé raconte une histoire vécue qui ressemble à la mienne, je risque en tant qu'aidant d'entrer en confluence avec lui et de lui projeter mes propres visions, mon propre vécu, mes propres solutions, ce qui aura pour effet de le maintenir dans la confusion et la dépendance.

Dans la vie quotidienne, les histoires de confluence sont nombreuses. Des liens se construisent et se détruisent sur ce procédé défensif. Je vais rapporter ici un exemple qui m'a particulièrement touchée.

Lorsque j'ai rencontré Camille pour la première fois, elle était profondément malheureuse. Elle vivait avec Maxime, son mari, une période de séparation marquée par la vengeance et le désespoir. Son histoire ressemble à celle de bien des couples. Pendant les 12 années qu'elle avait vécu avec lui, Camille s'était presque toujours niée pour garder l'amour de cet homme qu'elle avait beaucoup aimé et admiré dans les débuts de leur relation amoureuse. Jamais elle n'osait exprimer directement ses désirs, ses besoins et ses opinions, sinon de façon tellement confuse qu'ils n'étaient pas entendus. N'étant pas consciente de sa confluence avec lui, elle s'est empêchée de s'affirmer par peur de le perdre et surtout par peur des moyens de vengeance de cet homme qu'elle connaissait bien pour avoir été témoin à plusieurs reprises de ses réactions vis-à-vis des gens qui l'affrontaient. Maxime était un homme qui s'attachait facilement la faveur des autres par sa générosité et sa remarquable disponibilité. Malheureusement, il utilisait trop souvent ces qualités pour manipuler et asservir les êtres pour lesquels il avait un attachement affectif.

Étouffée par sa dépendance et par sa peur d'affirmer ses opinions différentes, Camille, qui avait entrepris une démarche thérapeutique avec moi, a pris un jour la décision, à la suite d'un événement où Maxime avait sollicité son appui, de se manifester telle qu'elle était. Elle se rendait bien compte que, de toute façon, sa confluence habituelle avec lui ne lui attitrait pas plus de respect ni d'amour. Aussi, par souci d'authenticité, elle a refusé de prendre parti dans un conflit qui l'opposait depuis des mois à son frère aîné. Elle voulait qu'il assume la responsabilité de ses erreurs et qu'il s'occupe, sans elle, de ce problème relationnel qui n'était pas le sien. Cette décision, qu'elle a exécutée avec beaucoup de courage, lui a coûté sa relation et sa réputation. En effet, comme elle habitait une petite ville de campagne, elle était relativement connue, d'autant plus qu'à titre d'institutrice elle avait rencontré au cours de ses 15 ans de carrière de nombreux élèves et de nombreux parents. Comme son mari, Maxime, était incapable d'accepter le changement de sa femme, et comme il ne supportait pas qu'elle pose sa différence et ses limites, il a utilisé son moyen de défense privilégié, la vengeance punitive, dans le but de l'asservir à nouveau. On retrouve fréquemment ce fonctionnement chez les manipulateurs et les pervers-narcissiques. Lorsqu'ils perdent leur emprise sur l'autre, ils utilisent des moyens de vengeance pour maintenir leur pouvoir. Maxime a donc divulgué dans la famille et dans le milieu de travail de sa femme, où il était connu et apprécié pour sa légendaire gentillesse, des confidences que Camille lui avait faites au cours de ces années et même des extraits de lettres qu'elle lui avait écrites et qui pouvaient, hors du contexte, la desservir largement. Par ses talents de manipulateur et par la subtilité de son attitude de « pauvre victime », il a réussi à s'attirer la compassion de certaines personnes de son entourage et de l'entourage de sa femme, ce qui valut à Camille de nombreux jugements. C'est à ce moment que, poussée à bout, et n'étant d'ailleurs plus amoureuse de lui, elle décida de quitter son mari, de déménager et de demander une mutation dans son travail. Maxime, qui avait voulu la « dompter », ne s'attendait pas à perdre définitivement son pouvoir sur elle.

Ce n'est que quelques mois plus tard que Camille comprit jusqu'à quel point elle avait été elle-même la principale source de toutes ses souffrances avec Maxime. Elle constata, en effet, qu'elle s'était placée en position de dominée par son manque de confiance en elle. Toutefois, elle était consciente que la présence de Maxime dans sa vie lui avait beaucoup appris. Grâce à cette relation, elle avait découvert et travaillé sa tendance à prendre parti pour garder l'amour des autres ou pour les protéger. Camille a compris qu'en travaillant son fonctionnement dans ses rapports avec son ex-mari, elle s'était défaite d'un poids qui marquait toutes ses relations. Cette expérience douloureuse lui avait appris à affirmer ses limites et sa différence et surtout à laisser aux autres la responsabilité des conséquences de leurs paroles et de leurs actes. Toute sa vie elle s'était trahie par manque d'affirmation et ne s'était attiré que de la frustration et de la souffrance.

Ce que Camille a appris à travers cette expérience, elle ne l'oublierait jamais. D'abord, elle s'est rendu compte des conséquences de la confluence. Elle a vu comment ce mécanisme pouvait être à l'origine de nombreux problèmes relationnels. Elle a, en effet, perdu des camarades et des amis tout simplement parce qu'ils étaient en confluence avec Maxime sans même être directement concernés. Elle s'est aussi aperçue que, dans sa vie, elle s'était elle-même éloignée de certaines personnes pour avoir été en confluence avec d'autres. Elle s'était approprié plusieurs fois l'opinion et le vécu de Maxime par rapport à des gens qu'elle connaissait bien et avait adopté avec eux une attitude de mépris, d'indifférence ou de rejet qu'elle avait empruntée à son mari et qui ne lui appartenait pas, et ce, tout simplement pour être aimée et pour le protéger.

Ce fut un apprentissage douloureux et long, mais Camille, que j'ai revue deux années plus tard, m'a confié que jamais un seul instant elle n'avait regretté d'avoir payé ce prix pour sa libération. Elle savait que les amis qui lui restaient de cet endroit où elle avait passé plus de 15 ans de sa vie étaient de vrais amis. Elle appréciait aussi beaucoup le fait d'être devenue, grâce à cette expérience, plus responsable, plus autonome, plus libre. Même si elle a librement choisi de ne plus revoir Maxime, elle n'a jamais senti le besoin de se venger, de le critiquer, de le démolir. Elle a fait le choix de le quitter pour elle-même et c'est pourquoi ce fut un choix qui lui a ouvert les portes de l'autonomie.

Se libérer de la confluence par la responsabilité, c'est en même temps s'ouvrir le chemin de la véritable liberté et c'est se créer des relations vraies, satisfaisantes et propulsives. C'est d'ailleurs étonnant de constater jusqu'à quel point l'intégration de la responsabilité libère des mécanismes automatiques qui nous emprisonnent tout comme nous venons de le voir avec la confluence et comme nous l'observerons avec l'autopunition.

6. Autopunition

L'autopunition est un mécanisme de défense développé par la psychanalyse et repris par la Gestalt thérapie sous le nom de rétroflexion. L'ANDC^MD le définit comme un procédé défensif qui consiste à se priver de la satisfaction d'un besoin fondamental en se faisant souffrir par culpabilité ou par peur des réactions provoquées par l'expression de ses propres émotions.

Il y a, chez la personne qui s'autopunit, une tendance inconsciente à vouloir punir l'autre ou à le culpabiliser.

Mathilde a 14 ans. Elle vit seule avec sa mère depuis la mort de son père à la suite d'une longue maladie, alors qu'elle avait à peine 10 ans. N'ayant pas accepté cet événement, qui l'a fait beaucoup souffrir, Mathilde a entretenu du ressentiment envers sa mère, qu'elle a rendue responsable de ce qu'elle a vécu. Comme elle avait peur de son agressivité et de sa colère, et qu'elle ne voulait pas subir le rejet qu'elle faisait vivre à sa mère, elle adoptait une attitude de fermeture et de retrait qui la privait de toute relation avec la personne de laquelle elle avait le plus besoin d'amour et d'attention, et ce, pour la punir d'avoir laissé mourir son père.

C'est d'abord la mère qui est venue me consulter. Elle-même ébranlée par la mort de son mari, elle vivait difficilement le mutisme de sa fille unique. Quand Mathilde accepta enfin, après de nombreuses demandes de sa mère, de venir me voir, il n'y avait entre la mère et la fille que des contacts très superficiels et très froids. Ce n'est qu'après quelques séances que l'adolescente vit clair en elle-même. Elle découvrit, en exprimant sa colère envers sa mère, qu'elle se sentait coupable de la mort de son père. Sa souffrance étant trop grande, elle avait projeté sur sa mère sa propre culpabilité et s'était punie en se coupant de toute relation avec elle et de l'amour dont elle avait tant besoin par peur de la faire mourir aussi.

L'autopunition est un mécanisme complexe qui mérite d'être élucidé pour s'en dégager. Certaines personnes vont jusqu'à s'enlever la vie parce que la culpabilité et la souffrance sont trop grandes à supporter.

Il existe plusieurs façons de s'autopunir. Sur le plan corporel, le Dr Moreau (1983, p. 124) cite plusieurs exemples : « *Faire une crise d'asthme lorsqu'on redoute l'abandon* ; *se ronger l'estomac quand on craint d'agir* (...) ; *avoir la gorge serrée au lieu d'exprimer sa colère* ; *avoir la diarrhée le lundi matin par peur de retourner à l'école ou de passer un examen* (...) ; *souffrir de maux de tête à force de* (...) *supporter les enfants qui jouent* ; *se ronger les ongles ou se gratter* ; *souffrir d'insomnie faute de pouvoir manifester son irritation* ; *devenir impuissant lorsqu'on ne se sent pas aimé.* »

À cela, on pourrait ajouter tous les problèmes d'anorexie, de boulimie, d'énurésie, d'encoprésie, et j'en passe. On s'autopunit également en s'imposant des surcharges de travail, en se privant de ce dont on a besoin, en se coupant de personnes que l'on aime et aussi en se méprisant, en s'infériorisant, en se comparant, en se diminuant par peur des émotions qui nous habitent et surtout dans le but généralement non conscient de manipuler, de punir ou de culpabiliser pour obtenir l'attention et la reconnaissance tant recherchées.

Malheureusement, la personne qui s'autopunit devient son propre bourreau et ne fait que se détruire en prenant, très souvent inconsciemment, de bien mauvais moyens pour obtenir la satisfaction de ses besoins fondamentaux d'amour et de reconnaissance.

S'autopunir, c'est entretenir le fonctionnement de victime qui nous maintient dans l'insatisfaction, dans la dépendance et, paradoxalement, dans la solitude.

Pour ne pas perdre de vue le schéma du fonctionnement psychique insatisfaisant, le processus de l'autopunition est représenté dans le schéma 3.8.

Travailler le mécanisme d'autopunition, c'est d'abord en prendre conscience et surtout travailler le problème de culpabilité qui le sous-tend et le fonctionnement de victime qui l'entretient de façon à ce que le besoin fondamental soit directement satisfait. C'est le rôle du thérapeute par l'ANDC[MD] d'aider son client à voir clair en lui et à s'accepter tel qu'il est dans toutes les étapes de sa démarche de libération.

Dans les milieux d'éducation qui se devraient, à mon avis, d'être les lieux par excellence de l'approche prophylactique en matière de santé physique et mentale, l'autopunition pourrait être abordée en substituant la notion de conséquence à celle de punition.

MONDE EXTÉRIEUR | **MONDE INTÉRIEUR**

Élément déclencheur → **1. Émotions**

- mort du père

1. Émotions
- culpabilisation
- ressentiment
- agressivité

↓

2. Mécanismes de défense
- autopunition

↓

3. Fonctionnement de victime

↓

4. Besoin d'être aimée non satisfait

Schéma 3.8

C'est toute la notion de responsabilité qui est en cause ici. Par la punition, l'éducateur met l'éduqué en position de dépendance. Il se place, par son rôle de justicier, en position de pouvoir. Au contraire, par le concept de conséquence, c'est l'éduqué qui prend en main sa propre démarche éducative. Connaissant les limites de l'éducateur, il peut choisir, en connaissance de cause, de les respecter ou de les enfreindre. Dans les deux cas, il aura à faire face aux conséquences de son choix et à les assumer. Pour développer cette responsabilité chez l'éduqué, l'éducateur doit être clair dans l'expression de ses limites et dans l'expression des conséquences agréables et désagréables du respect ou du non-respect des dites limites. Au lieu d'être puni et culpabilisé, l'enfant apprend à choisir et à assumer les conséquences de ses choix. Il apprend ainsi non pas à se défendre par l'autopunition, mais à se connaître, à se reconnaître et à s'affirmer dans sa différence ainsi qu'à faire des choix qui correspondront à ses propres besoins. Il apprend, en un mot, à être responsable de sa vie. En ce sens, la prise de conscience de nos projections est très révélatrice.

7. Projection

La projection est un mécanisme psychique qui intervient dans toutes les relations de l'individu avec son entourage et avec son environnement. Sous sa forme naturelle et positive, elle est, à mon avis, l'un des meilleurs moyens de connaissance de soi. Sous sa forme défensive, elle a pour effet, comme tous les mécanismes de défense non acceptés, de perturber le processus relationnel. Dans ce dernier cas, l'ANDC^MD la définit comme *un procédé inconscient qui consiste à rejeter sur l'autre ce que nous refusons inconsciemment d'accepter comme faisant partie de nous.*

La personne qui se défend par la projection réagit à son entourage en lui attribuant les pulsions, les habitudes, les émotions qu'elle n'accepte pas de vivre elle-même parce qu'elle les juge inconsciemment anormales, mauvaises ou insupportables.

Il me vient ici à l'esprit l'histoire d'un élève que j'ai eu dans mes classes de français il y a quelques années. Il s'agissait d'un garçon qui n'arrivait pas à établir de contacts avec ses camarades. Lors des échanges à deux ou des activités d'équipe, il gardait une distance qui en faisait un être très solitaire. Il ne participait pas à la vie de groupe, même en présence des autres, il se retirait et travaillait seul. Au moment d'une activité où j'avais proposé aux élèves d'exprimer leur vécu de façon responsable par rapport au groupe, il a dit qu'il n'aimait pas l'école, qu'il détestait tous ses professeurs et qu'il exécrait les élèves de sa classe parce que tout le monde le rejetait. Son témoignage a fait réagir un bon nombre de ses camarades. Plusieurs lui ont rappelé comment ils avaient été rejetés eux-mêmes dans leurs tentatives d'approche. En réalité, Joël avait projeté sur son entourage son propre rejet. Il reprochait aux autres de le rejeter alors que c'est lui-même qui les repoussait.

L'histoire de Joël avait une cause bien simple. Fils d'un professionnel aisé, il voulait à tout prix poursuivre ses études à l'école privée, qui, selon ses parents, était mieux cotée et plus appropriée à son statut social. Malheureusement, il avait échoué aux examens d'évaluation et avait par conséquent été refusé. Il a donc dû se replier sur l'école publique, qu'il fréquentait par dépit et parce qu'il n'avait pas le choix. Il était convaincu, avant même d'y mettre les pieds, que cette école offrait un mauvais enseignement, que les professeurs n'étaient pas compétents et que les élèves n'étaient pas intelligents. Aussi avait-il rejeté en bloc tout ce qui concernait ce milieu, qu'il ne voulait fréquenter que temporairement.

On voit ici qu'à la suite des introjections venant de sa famille Joël avait projeté sur tous les gens du milieu son propre rejet, son propre mépris. Comme il trouvait inacceptable le fait de rejeter et de mépriser les autres, il se défendait de son malaise en projetant à l'extérieur son propre vécu. Ce fut aussi le cas de Stéphane, qui reprochait aux autres leur agressivité alors qu'il était lui-même habité par ses pulsions agressives refoulées.

Et que dire de David ? Séducteur-né, il avait eu cette année-là la chance d'être placé dans un groupe où le nombre de filles excédait de beaucoup celui des garçons. Un jour, à la fin de la classe, il est venu me parler d'un problème qui le préoccupait grandement et qui l'empêchait même de bien travailler. Il se sentait envahi par les filles, qui, d'après lui, le draguaient continuellement. En tant que professeur, j'avais observé exactement le contraire. J'avais vu, à tous les cours, le jeune David faire du charme à toutes les belles filles du groupe : c'était un sourire par-ci, un clin d'œil par-là, un frôlement d'épaule, un mot flatteur, enfin il adoptait, sans s'en rendre compte, tous les moyens pour plaire, se faire remarquer et se faire aimer. Il réussissait d'ailleurs merveilleusement bien.

Pourquoi David projetait-il sur les autres son côté séducteur? Il avait bien sûr introjecté que la séduction était une chose négative et inacceptable. En effet, son père était un homme très charmeur et très charmant, bien qu'il fût très fidèle. Cependant, il avait une mère qui l'avait élevé en ridiculisant la nature séductrice de son mari. David ne pouvait donc accepter de ressembler à son père sur ce point, par peur d'être ridiculisé par sa mère.

Je lui fis part de mes observations et aussi de mon acceptation de ce qu'il était. Il a compris qu'il avait introjecté les jugements de sa mère et que cela ne lui appartenait pas. En s'appropriant son côté charmeur, il récupérait le pouvoir qu'il donnait aux filles et devenait plus conscient de ses gestes et de leurs conséquences, ce qui lui a permis, tout en restant le séducteur que j'avais connu, de voir clair en lui et autour de lui.

Ce phénomène de projection, qui se manifeste, comme on le voit ici, dans les relations de toutes sortes, se retrouve aussi, par conséquent, dans la relation éducative et thérapeutique. Le professeur, le parent, le thérapeute ne sont pas à l'abri de ce mécanisme défensif. Si, par leurs interventions, ils projettent sur l'aidé leurs propres peurs, leur propre colère, leurs propres introjections, ils faussent et retardent le processus d'aide, et ne font que créer la confusion dans la démarche. On en revient toujours invariablement à la raison pour laquelle l'ANDC^{MD} centre son approche non seulement sur la libération des potentialités créatrices de l'aidé, mais sur l'autocréation de l'aidant par le travail permanent qu'il effectue sur lui-même pour se connaître et s'accepter de façon à réduire de plus en plus les possibilités de projection. Plus il saura distinguer ce qui lui appartient de ce qui appartient à l'autre, moins il sera directif dans le « contenu » de son approche. C'est ce travail permanent qui fait de la relation d'aide avec l'ANDC^{MD} d'abord et avant tout une relation humaine et non une technique de résolution de problèmes.

Mais la projection n'est pas toujours un mécanisme de défense au sens où je l'ai définie ; elle fait, à mon avis, partie inhérente de l'être. Il est tout à fait normal que l'être humain voie le monde avec ce qu'il est. Autrement dit, l'entourage et l'environnement reflètent ce que nous sommes. La preuve en est qu'un même événement, raconté par des personnes différentes, fournit des éléments d'information qui diffèrent d'une personne à l'autre. Chacun le voit en fonction de son propre vécu. Seuls peuvent être objectifs les éléments directement observables. Mais l'état affectif d'un individu lui fait projeter sur l'événement ses propres émotions.

Il est donc fondamental, comme nous le voyons ici, pour éviter la confusion dans nos relations, de distinguer ce que nous voyons de ce que nous vivons.

L'observation peut nous offrir une information objective qui éveille un vécu subjectif. Je peux très bien observer, par exemple, que Lucette ne me regarde jamais dans les yeux quand elle parle (objectivité). Cette observation peut me déranger et me faire vivre des émotions désagréables (subjectivité). Mais si j'en déduis que Lucette est une femme hypocrite, fausse, non fiable, je suis dans une démarche projective d'interprétation qui ne part pas et ne parle pas de l'autre mais de moi.

Tant que, dans une relation, je limite mes interventions à une observation objective de l'autre et à l'expression de mon vécu, le contact est maintenu. Si je dis à Lucette, par exemple, « *J'observe que tu ne me regardes pas et je me sens mal, j'ai peur de ne pas t'intéresser et j'ai peur aussi de te décevoir* », j'entretiens la relation parce que je ne rends pas Lucette responsable de mes émotions ; je les reconnais, les accepte et les assume.

Ce qui se passe dans la plupart des cas, c'est que, pour nous libérer du malaise non défini, nous l'attribuons à l'autre par la projection. Comme nous ne sommes pas à l'écoute de nous-mêmes, nous fonctionnons de façon automatique sans même être conscients de nos émotions, des éléments déclencheurs et de nos mécanismes de défense. C'est pourquoi, dans sa formation, le futur thérapeute apprend, par l'ANDC^MD^, à distinguer clairement ce qu'il observe (élément déclencheur) de ce qu'il vit (émotions) pour éviter de tomber automatiquement dans la projection ou dans ses manifestations, tels la critique, le jugement, l'interprétation. S'il projette inconsciemment sur l'autre son malaise, il coupe le processus relationnel, du moins temporairement, et vit des insatisfactions permanentes. Il doit donc alors, pour le rétablir, regarder en quoi ses jugements, ses critiques, ses interprétations, ses projections peuvent lui fournir de l'information sur lui-même. S'il a projeté sur l'autre de l'hypocrisie, de la fausseté, de la non-fiabilité, serait-ce qu'il est lui-même hypocrite, faux et non fiable ? C'est tout à fait possible bien que difficilement acceptable parce qu'il a introjecté que ces caractéristiques sont condamnables. Il est donc beaucoup plus commode pour lui d'attribuer ces qualités, qu'il juge méprisantes, à l'autre.

Ce qui nous dérange chez les autres, c'est, le plus souvent, ce que nous ne voulons pas voir de nous-mêmes. Dans ces cas-là, il est certainement plus facile de les juger et de les critiquer que de nous remettre en question.

Mais serait-il possible de projeter sur les autres ce qui ne nous appartient pas ?

Il existe toujours un lien, à mon avis, entre ce que je projette et ce que je suis. Parfois, il s'agit d'un lien direct, comme je viens de l'expliquer, et parfois d'un lien indirect. Dans le cas de l'exemple de Lucette, la projection peut faire découvrir à celui qui la fait qu'il n'arrive pas à faire confiance aux gens qui ne le regardent pas dans les yeux parce que son père (transfert), qui lui parlait sans le regarder, n'a jamais tenu ses promesses envers lui.

La projection, qu'elle s'exprime sous forme de jugement, de conseil, d'interprétation ou de critique, ne parle jamais de l'autre mais de soi-même. C'est quand on est convaincu du contraire qu'elle fait des ravages relationnels de toutes sortes.

En effet, la projection fausse la relation puisqu'en l'utilisant pour se défendre le sujet attribue à l'objet, pour se libérer de ses émotions désagréables, des caractéristiques qui ne lui appartiennent pas. Il prend ainsi un pouvoir sur l'autre, le pouvoir de l'étiqueter, de le blâmer. Au lieu de dire à l'autre ce qu'il vit, il l'en rend responsable. Autrement dit, au lieu de lui dire qu'il a peur du rejet, peur de le perdre, de le décevoir, peur d'être jugé, peur du ridicule ou au lieu de lui dire sa peine, sa souffrance, sa jalousie, son agressivité, il le blâme, l'accuse, le juge, le critique, ce qui a pour effet de briser l'harmonie et de détruire la confiance.

Le travail sur la projection est l'un des plus difficiles à accomplir parce qu'il remet en question tout un fonctionnement de vie et tout un monde de relations de pouvoir. Au nom du «ressenti» de la «perception» et de l'«intuition» certaines personnes se permettent des projections dominatrices. Par les expressions «*Je sens que tu* », «*Je perçois que tu...* » et «*J'intuitionne que tu* », elles se donnent le droit et le pouvoir de décider pour les autres, elles prétendent les connaître mieux qu'ils se connaissent eux-mêmes, elles se posent en justicières, en supérieures, en dominatrices.

Au lieu d'utiliser leur senti et leur intuition pour diriger leur propre vie, certaines personnes s'en servent, comme je l'ai déjà mentionné, pour mener celle des autres.

Au nom de l'intuition et de la perception, on ne peut faire n'importe quoi, surtout pas dominer la vie des autres. Combien d'enfants sont perturbés pour une grande partie de leur vie par des parents qui leur ont transmis, bien inconsciemment et bien involontairement, leurs peurs, leurs insécurités et leurs faiblesses! Combien de gens se laissent diriger par le pouvoir qu'ils donnent aux psychologues, aux thérapeutes et à tous les professionnels de la santé physique et psychique. Cette conception passive de la santé qui consiste à remettre sa vie entre les mains des autres sans même se demander si ce qu'ils nous disent, proposent ou ordonnent convient ou non à ce que l'on est, mène très souvent à la dépendance et à l'insatisfaction. Dans la conception de l'ANDC[MD], l'aidé est le seul maître de sa vie et lui seul peut choisir, s'il en est capable, ce qui lui est favorable.

En ce sens, le travail sur la projection a pour avantage de nous fournir un moyen efficace et permanent de connaissance de soi et de pouvoir sur soi. La projection est le baromètre psychique le plus fidèle qui soit. L'homme voit le monde avec ce qu'il est. Quand il est bien et heureux, il voit surtout du beau et du merveilleux autour de lui. Quand il est mal dans sa peau, quand il souffre, quand il vit de l'angoisse, de la tristesse ou de l'agressivité, il projette autour de lui ce qu'il vit aussi.

L'ANDC[MD], dans la formation des aidants, apprend à l'intervenant à distinguer clairement ce qu'il observe de ce qu'il vit de façon à éviter la projection et de façon à découvrir comment l'utiliser pour mieux se connaître. Comme personne n'est à l'abri de ce phénomène défensif, l'aidant qui tombe dans le piège du jugement, de l'interprétation, de la critique, du conseil apprend à se servir de ces écueils pour accomplir un travail sur lui-même et pour découvrir davantage ce que sa projection lui dit de lui-même.

Si, par exemple, il observe que l'aidé bouge constamment les doigts, il peut en même temps se rendre compte que ce mouvement perpétuel l'agace. Aussi risque-t-il, s'il n'est pas conscient de ce qu'il voit chez l'autre et de ce que cela lui fait vivre, de projeter sur l'autre son agacement et de lui dire quelque chose comme ceci : « *Je sens que tu es agacé en ce moment.* » Ou bien : « *Je perçois que tu es nerveux.* » Ce genre de reformulation projective a souvent pour conséquence de placer l'aidé dans la confusion puisqu'elle parle de l'aidant.

Utilisée dans les relations humaines, la projection défensive est souvent la cause des problèmes relationnels de toutes sortes parce que la communication ne véhicule pas le vécu réel de chacun mais sa réaction défensive. Il n'y a pas de relation harmonieuse possible quand interviennent les mécanismes de défense, particulièrement la projection.

Le phénomène défensif non conscientisé et non accepté provoque la rupture de la relation vraie au sens où le climat de confiance et d'affection disparaît pour être remplacé par la méfiance, le rejet et finalement l'indifférence.

Le travail sur la projection est d'abord et avant tout un travail d'observation et d'écoute de ses émotions. Quand on projette, c'est qu'on n'est pas à l'écoute de soi, de ses souffrances et surtout de ses peurs. On ressent un malaise et on cherche à s'en libérer en l'attribuant à l'autre. On se pose en connaisseur de l'autre alors qu'on ne se connaît pas soi-même, alors qu'on n'est même pas conscient de ce qu'on vit. On se pose en juge, conseiller, critique, supérieur ou interprète alors qu'on ne connaît pas les émotions, les intentions et les pensées des autres. On reproche à l'autre ce qu'on lui fait soi-même. C'est une communication qui ne peut aboutir qu'à la superficialité, qu'à la fausseté ou qu'à l'échec.

Travailler le mécanisme défensif de la projection, c'est récupérer le pouvoir sur sa vie ; c'est se connaître assez, être suffisamment à l'écoute de soi pour savoir comment satisfaire ses besoins fondamentaux.

Travailler le mécanisme de la projection, c'est aussi se connaître assez pour refuser de donner à l'autre le pouvoir de nous étiqueter, de nous diriger et de nous rendre responsable de ses malaises, de ses problèmes, de ses frustrations et de ses échecs.

Souvent, par manque de connaissance de soi et de confiance en soi, nous nous laissons dominer par des gens qui prétendent connaître la vérité sur nous, sur notre tempérament, sur notre caractère, sur notre passé, sur notre avenir, sur notre vécu. En fait, à propos des autres, en dehors des observations objectives, on ne peut énoncer que des hypothèses en étant bien conscient qu'on peut facilement se tromper.

J'ai eu un jour, dans un groupe de formation, une dame qui gardait les yeux fermés presque continuellement pendant que je parlais (observation objective). Comme je ne me sentais pas très à l'aise avec cette attitude, j'ai d'abord pris conscience de mon malaise et j'ai émis des hypothèses au sujet de la cause de cet état de fait. Plusieurs hypothèses me sont apparues et chacune d'elles était au fond l'expression de mes peurs. Peut-être était-elle fatiguée. Peut-être n'était-elle pas intéressée par mes propos. Peut-être se coupait-elle de moi ou du groupe parce qu'elle n'était pas bien en notre présence. J'ai découvert, en parlant avec elle après la classe, qu'elle avait un problème visuel très important. Comme elle me voyait à peine, elle fermait les yeux pour bien m'entendre et pour éviter la souffrance d'une vision faible et très embrouillée.

On voit ici comment la projection et l'interprétation, à cause des émotions qui les sous-tendent, peuvent nous entraîner sur de fausses pistes et comment elles peuvent mettre l'autre dans un cadre qui ne lui ressemble pas. La vérification, au contraire, laisse à l'autre toute la place parce qu'elle lui donne son espace et parce que lui seul peut la confirmer ou l'infirmer.

La projection non conscientisée et non reconnue est un mécanisme de défense très perturbateur qui entraîne d'autres procédés défensifs, parmi lesquels le personnage.

8. Personnage

L'enfant apprend très jeune à présenter une image de lui-même qui ne lui ressemble pas, mais qui a pour avantage de lui attirer l'approbation et l'amour de ses éducateurs. Il enregistre ainsi inconsciemment que ce qu'il est vraiment n'est pas correct et que, pour être aimé, il doit être ce que ses parents et ses professeurs veulent qu'il soit. C'est alors qu'une partie importante de lui-même est niée et remplacée par un personnage qu'il croit idéal. Et pour maintenir l'image, il ira jusqu'au conformisme le plus annihilant et jusqu'au mensonge le plus innocent et le plus inconscient. Sauver l'image devient presque, pour lui, une question de survie en ce sens qu'elle est inconsciemment liée à l'amour. Perdre l'image, c'est perdre l'amour.

Il n'en reste pas moins qu'il est très difficile d'entrer en relation véritable avec un personnage. Pourtant, trop souvent, le monde est un théâtre où se rencontrent des personnages qui présentent aux autres des images fausses d'eux-mêmes, des images de force, de réussite, de flegme, d'indifférence, des images qu'ils croient nécessaire de maintenir pour se sentir acceptés. Malheureusement, ils ne se rendent pas compte que ce mécanisme de défense les prive de leur liberté et d'amour vrai. Ils sont prisonniers de leur personnage et n'arrivent pas à avoir avec les autres de véritables relations. Seules les « personnes » peuvent entrer en relation avec les autres, pas les « personnages » parce que les rencontres de ces derniers les uns avec les autres sont marquées par le mensonge, par le besoin de paraître et de prouver ou par la négation totale du vécu et des intentions réelles, ce qui n'a pour conséquence que d'entraîner l'insatisfaction, la déception, voire dans bien des cas le mépris.

Sans authenticité, la communication est impossible parce que le manque de vérité fait naître le doute et la méfiance, et détruit la confiance.

Toutefois, je crois que l'authenticité pure dans toutes les situations de la vie n'existe pas. Il y a en chaque être humain, y compris en nous-mêmes, un personnage qui se manifeste sporadiquement et qui sert à masquer le vécu réel lorsqu'il est jugé inadmissible. N'est-il pas courant pour certaines personnes de sourire alors qu'elles sont angoissées, de se montrer indifférentes alors qu'elles sont touchées, d'affirmer que tout va bien alors que tout va mal ? N'arrive-t-il pas à d'autres de dire que telle chose leur fait plaisir alors qu'elle les embête, d'offrir leurs félicitations alors qu'elles n'ont pas apprécié, d'exprimer leur affection alors qu'elles ne la vivent pas ou de présenter une image de richesse matérielle, de culture ou de succès qui ne correspond en rien à leur situation réelle ou à leur véritable nature intérieure ?

De telles attitudes défensives interviennent inconsciemment quand se manifestent en nous la peur d'être rejeté, la peur de blesser, la peur de décevoir, la peur d'être jugé ou d'être ridiculisé, ou toutes les autres peurs ou émotions que nous n'acceptons pas parce que nous les jugeons irrecevables.

La prise de conscience des interventions du personnage comme mécanisme défensif nous permet de découvrir l'émotion ou le complexe qui déclenche son apparition automatique. C'est d'ailleurs ce qui a permis à Anne d'améliorer toutes ses relations et de sortir d'un sentiment profond de solitude qui la rendait très malheureuse. Enseignante dans une école polyvalente, elle avait, avec ses élèves, des relations désagréables qu'elle réussissait à contrôler par le pouvoir de son rôle et, avec ses collègues, des relations superficielles et distantes qui rendaient sa vie professionnelle vide de sens et d'intérêt. Femme d'un riche industriel, elle était mère d'un fils unique de 14 ans qui avait toujours été sa fierté et qui avait été, au cours des dernières années, sa raison de vivre. C'est précisément sa relation avec cet adolescent qui l'avait amenée en thérapie. Ce jeune garçon, qui avait toujours été l'enfant parfait et idéal, avait adopté depuis quelques mois une attitude de rejet envers sa mère. D'enfant modèle qu'il avait toujours été, il était devenu d'une insolence et d'une insubordination telles qu'Anne avait entièrement perdu toute emprise sur lui. Il rejetait tout ce qui venait d'elle. Aussi refusait-il catégoriquement de se faire couper les cheveux, de porter autre chose que des jeans sales et troués, de faire ses devoirs, de passer ses soirées à la maison. En l'absence presque totale du père, Anne se trouvait seule à affronter ce problème, qui la dépassait complètement.

Lors de notre première rencontre, elle était effondrée, défaite, perdue. Toutes les valeurs qu'elle avait inculquées à son fils étaient maintenant rejetées en bloc et ridiculisées. C'est pour me parler de lui qu'elle est venue me consulter dans le but d'obtenir des moyens de ramener son fils à la raison. Se doutait-elle à ce moment-là que c'est par elle seulement que des changements pouvaient s'opérer? Comme son fils refusait toute démarche thérapeutique et toute espèce de relation d'aide, elle décida, en désespoir de cause, de venir me voir toutes les semaines parce que, disait-elle, j'étais la seule personne avec qui elle pouvait partager sa souffrance. Elle avait trop honte des résultats de ses méthodes d'éducation pour en parler à qui que ce soit au travail ou dans sa famille. Partout elle continuait à présenter une image de satisfaction et de réussite qui la coupait de son vécu réel et des autres.

Ce n'est qu'au bout de quelques semaines de thérapie qu'Anne réussit à voir sa réalité en face. Comme son mari était un homme d'affaires bien connu et que, par surcroît, il était maire de la ville, elle avait élevé son fils en fonction du paraître et lui avait appris, comme elle le faisait elle-même, à présenter partout une image de perfection, de gentillesse, de politesse, de générosité, de disponibilité, de savoir-faire et de savoir-dire sans jamais tenir compte de ce qu'il ressentait ou vivait dans cette mascarade quasi permanente. Cet enfant était pour elle la confirmation apparente de la réussite de ses parents. Aussi, à cause de ses manières calculées, de ses attitudes apprises, il avait, à l'école, connu le rejet de tous ses camarades et traversé ainsi, dans le ridicule et l'intimidation, toutes ses années d'études primaires. Puisqu'il avait reçu une éducation où pleurer, crier, manifester ses peurs ou son agressivité étaient pour ainsi dire interdits, il poursuivait sa route dans le refoulement et la négation de lui-même pour conserver l'amour de ses parents. C'est lorsqu'il commença l'école secondaire que les choses se mirent à se gâter. Il comprit vite que pour se faire des amis il devait laisser tomber ses manières hautaines et ses inhibitions, et changer son comportement. À cette époque de la vie où le jeune préfère généralement rejeter ses parents que de perdre des amis, il s'opposa de plus en plus aux principes de l'éducation qu'il avait reçue pour se laisser influencer par ses camarades. Devant ce changement, Anne était démunie.

C'est sa démarche thérapeutique qui lui fit prendre conscience qu'elle s'était elle-même coupée de relations satisfaisantes parce qu'elle maintenait une image qui n'avait rien à voir avec ce qu'elle était. Elle réalisa que toute sa vie elle s'était emprisonnée dans un personnage pour plaire à ses parents et, plus tard, à son mari. Elle constata en plus qu'elle avait élevé son fils dans le même fonctionnement qui la rendait elle-même malheureuse à cause de la profonde solitude qui en résultait. Son fils lui manifestait inconsciemment, par son attitude, qu'il ne voulait plus du personnage qui l'éloignait des autres. Anne vit alors les choses d'une tout autre manière. Alors qu'elle croyait que son fils avait besoin d'aide, elle s'aperçut que c'est précisément ce qu'elle réprouvait chez lui qui l'avait aidée, elle, à voir la source du problème de rejet qu'elle avait toujours connu.

Il arrive souvent qu'un événement qui ébranle la personne fasse disparaître progressivement le personnage étouffant et permette une renaissance libératrice. Découvrir la présence du personnage comme mécanisme de défense, c'est se donner la chance de se libérer de principes et de croyances introjectées qui nous font souffrir et nous empêchent de vivre des relations saines et équilibrées.

Le personnage, comme tous les autres mécanismes de défense, intervient dans nos vies quand nous vivons une émotion ou quand nous avons une pensée ou une intention que nous jugeons inacceptable.

En réalité, les gens hyper défensifs sont généralement des gens hypersensibles et hyperémotifs qui ont peur de leurs émotions et qui ne les acceptent pas.

Ils s'emmurent pour se protéger et se donnent sur les autres un pouvoir qui masque l'émotivité, qu'ils considèrent comme une faiblesse ou ils s'accrochent complètement par manque de confiance en eux. Autrement dit, les attitudes de domination, de supériorité, de pouvoir et d'évitement sont des attitudes défensives qui cachent des peurs insupportables. Adopter ces attitudes, c'est utiliser une grande partie de l'énergie vitale pour nier l'émotion et se défendre contre soi-même et non contre l'autre. En effet, le principal ennemi de l'être défensif, c'est lui-même. Il se défend de son propre vécu, qu'il refuse de voir et d'écouter parce qu'il en a peur. Que son attitude défensive soit tournée contre lui-même ou contre l'autre, il en sort toujours fatigué, frustré, malheureux et, en quelque sorte, perdant.

Quand il est sur la défensive et qu'il n'en est pas conscient, l'être humain ne peut pas avancer. Il se place dans une situation inconsciente de stagnation causée par l'aveuglement et l'inconscience. N'étant pas capable de voir objectivement les éléments extérieurs qui déclenchent son vécu et n'étant pas à l'écoute de ses émotions, il adopte spontanément un comportement défensif qui lui fait parfois prendre le pouvoir sur l'autre et qui lui enlève, à coup sûr, tout pouvoir sur lui-même. Il agit de façon automatique, sans être conscient des mécanismes de son fonctionnement interne. Il est donc psychiquement à la merci des autres, en dépit de toutes les apparences.

La compréhension de ce phénomène est importante en relation d'aide.

L'aidant doit connaître ses besoins, ses peurs, ses complexes et ses mécanismes de défense. S'il ne connaît pas ses propres processus psychiques, il utilisera, dans les moments où il vivra des malaises, des procédés défensifs automatiques qui mobiliseront les mécanismes de défense de l'aidé, ce qui aura pour effet d'empêcher, pour un temps plus ou moins long, la réalisation efficace de la relation d'aide.

En effet, lorsqu'une personne se défend, elle déclenche automatiquement et généralement chez l'autre une attitude défensive. Nous sommes alors face à deux êtres qui se défendent et même qui s'attaquent, mais qui ne sont plus en relation parce qu'ils ne sont plus à l'écoute l'un de l'autre et parce qu'ils ne s'écoutent pas.

Au contraire, l'être qui reconnaît son vécu émotif qui l'accepte ne sent ni le besoin intempestif de se défendre par le refoulement et la soumission ni celui d'attaquer pour avoir le pouvoir; il décide plutôt de faire face à ses émotions pour s'en libérer. Cet être-là choisit la voie de l'amour de lui-même. Pour lui, il ne s'agit pas de gagner ou de perdre mais d'être heureux en étant pleinement lui-même. Au lieu d'utiliser son énergie vitale dans un cycle stérile et insatisfaisant de soumission et de rébellion, il choisit d'être à l'écoute de ce qu'il ressent et de laisser vivre ses émotions de façon à ce que son énergie soit employée pour créer et se créer au lieu d'être utilisée pour les refouler. En étant attentif à son vécu, il peut remplacer progressivement ses mécanismes de défense inconscients par des moyens conscients de se protéger que l'ANDC^MD^ appelle des « mécanismes de protection ». S'il ne prend pas conscience de son fonctionnement psychique et s'il n'apprend pas à se protéger consciemment pour satisfaire ses besoins fondamentaux, il développe alors des processus psychiques répétitifs ou fonctionnements dont la compréhension lui échappe et qui l'entraînent toujours vers le même type de problèmes relationnels qu'il n'arrive jamais à résoudre.

F. Les systèmes relationnels

J'appelle système relationnel un ensemble formé de deux ou plusieurs personnes qui sont en relation affective et dont les fonctionnements psychiques inconscients déclenchent des comportements défensifs qui s'alimentent mutuellement et qui entretiennent un mode de relation et de communication compulsif, répétitif et insatisfaisant.

Nos systèmes relationnels naissent du cycle de nos processus psychiques inconscients. Ce cycle, comme nous le savons, est basé sur la recherche de satisfaction de nos besoins fondamentaux d'amour, de reconnaissance, d'acceptation, d'affirmation, de liberté et de création. Certains événements ou certaines personnes servent d'éléments déclencheurs qui provoquent en nous des émotions désagréables de peur, d'angoisse, de colère, de peine ou de jalousie. Ces émotions non écoutées, non reconnues, non acceptées parce qu'elles sont jugées inadmissibles, entraînent l'intervention automatique des mécanismes de défense. Lorsque nous nous défendons, nous cherchons inconsciemment une satisfaction secondaire à nos besoins fondamentaux. En effet, si, par exemple, nous avons une peur inconsciente d'être rejetés ou jugés dans l'expression de nos émotions, nous nous en défendons pour nous protéger et pour tenter de trouver une certaine satisfaction, bien incomplète, à nos besoins d'amour et de reconnaissance. Malheureusement, nous nous attirons, de cette façon, exactement le contraire de ce que nous recherchons parce qu'au lieu de favoriser la relation, les mécanismes de défense l'entravent.

C'est lorsque ce processus insatisfaisant se répète compulsivement dans toutes nos relations affectives que l'on peut parler du développement d'un système relationnel. Pour bien comprendre la formation du système relationnel, le schéma 3.9 nous rappelle comment se construit le cycle du fonctionnement psychique insatisfaisant.

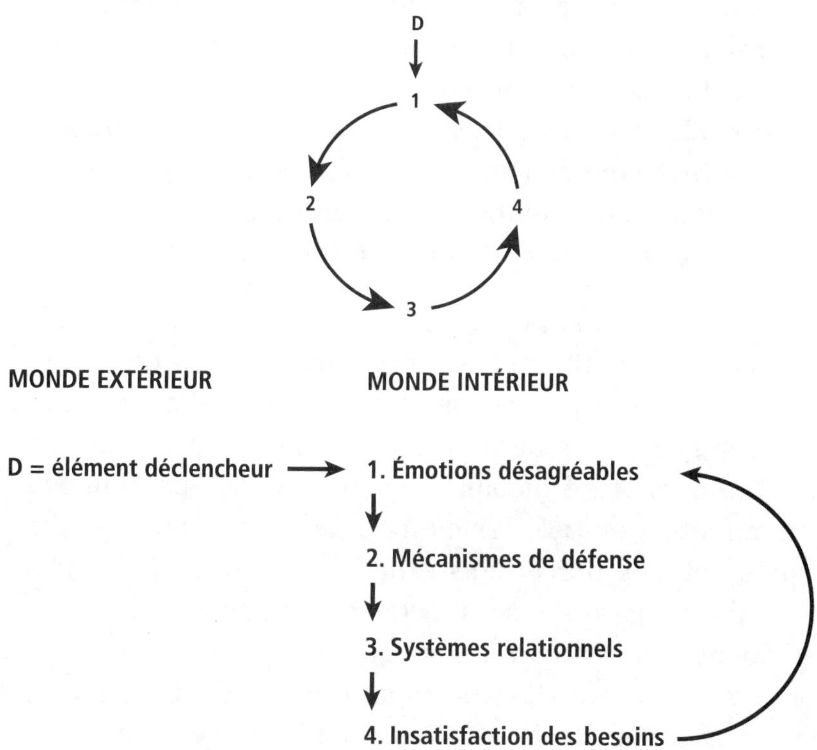

Schéma 3.9

Certains éléments déclencheurs, issus de l'entourage ou de l'environnement, nous font vivre des émotions désagréables (1). Ces émotions sont vécues de façon répétitive et très intense lorsque s'est formée dans le psychisme une zone de sensibilisation prononcée que l'on appelle « complexe ». Pour nous protéger contre la souffrance, notre psychisme crée spontanément des mécanismes de défense inconscients (2), qui briment la satisfaction de nos besoins fondamentaux. Nous nous enfermons ainsi dans un processus inconscient qui nous pousse à adopter, dans nos relations, les mêmes modes insatisfaisants de comportement (4).

C'est la répétition constante du même processus qui crée le système relationnel, ce processus psychique répétitif inconscient qui pousse l'être humain, dans ses relations affectives, vers des personnes qui ont toutes le même genre de problèmes psychiques. Le système relationnel est un phénomène né de la relation et entretenu par la relation.

Il se forme dans la relation de l'enfant avec ses parents ou avec ses substituts. Pour être aimé, l'enfant crée tout un processus psychique inconscient qu'il répète dans presque toutes ses relations affectives au cours de sa vie. Adulte, il sera toujours attiré inconsciemment par des personnes qui présentent à peu près les mêmes caractéristiques psychologiques que ses précédents éducateurs. Il établira constamment dans ses relations affectives avec elles des systèmes relationnels souffrants parce que ces personnes ont des comportements et des réactions qui le renvoient à l'expérience affective de la relation première avec son père et avec sa mère. Ainsi, parce qu'il a acquis un tel processus psychique inconscient au cours de son enfance et de son adolescence, il s'attirera des personnes qui ont des processus complémentaires aux siens de façon à les nourrir et à les maintenir parce que, pour lui, ce genre d'individus représente sa seule expérience de l'amour.

En effet, chaque fonctionnement psychique attire un fonctionnement complémentaire, ce qui forme un « système » sur le plan relationnel. Ce système, parce qu'il est constitué de l'interrelation de modes de comportement inconscients et répétitifs, entraîne toujours les mêmes insatisfactions dans les relations d'une personne. Si elle n'en prend pas conscience, elle passera d'une relation à l'autre pour rencontrer les mêmes culs-de-sac. C'est ce qui explique pourquoi les systèmes relationnels s'agencent en couples inséparables. On rencontre donc souvent le bourreau et la victime, le déserteur et l'abandonnique, le juge et le coupable, le sauveur et le protégé, l'envahisseur et l'envahi, le supérieur et l'inférieur, le dominateur et le dominé, le missionnaire et le disciple, le manipulateur et le manipulé. Dans la réalité du monde psychique, ces fonctionnements psychiques sont imbriqués les uns dans les autres pour former un tout. Ils ne sont classifiés ici que pour satisfaire les besoins de la conscience rationnelle qui veut comprendre pour ensuite pouvoir procéder au processus de transformation. Très souvent, tous ces systèmes sont plus ou moins présents dans nos relations affectives, ce qui n'est pas catastrophique mais normal. Dans ce cas, le seul fait de travailler l'un d'entre eux produit un impact bénéfique sur tous les autres.

On retrouve donc ces systèmes relationnels souffrants dans les relations affectives où la charge émotionnelle formée par les blessures psychiques de l'un des partenaires est le plus déclenchée par l'autre. Ce phénomène se produit entre les amoureux, entre certains amis, entre le parent et l'enfant, entre le frère et la sœur. À cause du phénomène transférentiel, le même problème peut se manifester parfois entre un professeur et un l'élève, entre un thérapeute et un client, voire entre un médecin et un patient, entre un employeur et un employé. Dans la relation de ces personnes entre elles se créent souvent, de façon automatique, des systèmes relationnels qui entretiennent la dépendance et l'insatisfaction. Pour améliorer la relation et rendre le contact plus vrai et plus libre, il est fondamental que chaque personne impliquée dépiste les fonctionnements psychiques inconscients qui sous-tendent ses relations et l'empêchent d'être heureuse dans sa vie affective. C'est d'ailleurs le rôle des thérapeutes par l'ANDC^{MD} d'aider ceux qui vivent des problèmes relationnels à déceler leurs modes de comportements répétitifs inconscients et les modèles psychiques qui les font naître. Donc, pour détecter et démystifier ce qui caractérise chacun des fonctionnements psychiques inconscients et ce qui les constitue en systèmes, l'aidant doit connaître chacun d'eux dans leur différence et dans leur complémentarité. Il faut toutefois savoir qu'à l'intérieur du psychisme, tout fonctionne globalement. Rien n'est compartimenté. Cependant la conscience rationnelle a besoin de repères pour faciliter le travail sur soi. C'est pour éclairer le lecteur, lui permettre de comprendre ses processus relationnels et lui fournir ces repères de libération que je les présente ci-après, séparément.

1. Le bourreau et la victime

Le bourreau

Le bourreau est un être qui, dans toutes ses relations affectives, adopte, au moindre sentiment inconscient de rejet, d'impuissance ou de culpabilité, un comportement qui s'exprime par la colère défensive, la violence physique ou verbale ou d'autres moyens de pouvoir, de coercition, de domination ou de répression.

Le bourreau est une personne hyperémotive et hypersensible qui réagit intensément à tout ce qui la blesse parce qu'elle est marquée par un manque profond d'amour et de sécurité. Ayant généralement été privée très jeune de l'amour dont elle avait besoin, elle accepte difficilement, surtout dans ses relations affectives, toute forme d'indifférence ou de rejet. Le bourreau est un être qui parfois fait peur parce qu'il a peur et parce qu'il est malheureux. Son attitude lui attire exactement le contraire de ce qu'il recherche. Au lieu de se gagner l'amour dont il a tant besoin, il repousse les gens qu'il aime par sa façon répressive d'exprimer sa souffrance. Il répète ce fonctionnement dans ses relations affectives, chaque fois qu'il se sent rejeté par quelque déclencheur que ce soit.

En réalité, derrière la colère défensive et la domination, il y a souvent beaucoup de peine et de peur, et derrière la peine se dissimule souvent une colère réelle réprimée.

Les gens colériques et répressifs cachent, dans la plupart des cas, une sensibilité à fleur de peau. C'est en retournant sa souffrance contre l'autre, par la violence et par la répression, que le bourreau se coupe de sa propre souffrance, celle qu'il fuit pour éviter de supporter l'intolérable. Il refuse de voir cette douleur, ce manque insupportable d'amour qui l'habite. Il refuse inconsciemment de raviver la plaie à l'origine de la formation de son fonctionnement.

L'origine du comportement du bourreau

L'enfant ne naît pas avec un fonctionnement de bourreau. Il l'acquiert dans sa relation avec les autres, particulièrement dans sa famille. C'est le résultat de la formation de tout un processus psychique construit sur des épisodes de souffrance insoutenables.

Souvent, le petit enfant devient « bourreau » parce qu'il est rejeté plus ou moins péremptoirement dans sa sensibilité, dans son émotivité et dans sa différence. Comme il n'est pas reçu ni reconnu dans sa peine et dans sa souffrance, il réprime ses émotions, qu'il finit par décharger, de façon impérieuse, sur les autres chaque fois qu'il perçoit le moindre signe de rejet, de culpabilité ou d'impuissance. Comme il ne se sent pas aimé dans ce qu'il est, il trouvera un moyen efficace d'attirer l'attention, un moyen qui dérange, libère et fait peur. Son expérience affective sème en lui une peur inconsciente d'être rejeté dans sa sensibilité, une peur qui le pousse à la violence, à la domination, à la répression. Réprimé lui-même dans son hyperémotivité, il réprime. Effrayé lui-même à l'idée de perdre l'amour, il domine et fait peur pour mieux posséder l'être qu'il maintient dans la dépendance par la frayeur.

Il existe une autre façon, en éducation, de former des bourreaux : la culpabilisation. L'enfant peut devenir bourreau lorsqu'il est constamment culpabilisé par un parent qui le rend responsable de son propre vécu, de ses souffrances, de ses problèmes, de ses échecs, de ses erreurs et de ses choix. Dans ce cas, pour se dégager de la culpabilité généralement inconsciente, il pique des colères qui font peur et adopte même parfois envers la personne qui le culpabilise des paroles cinglantes et des gestes violents qui entretiennent la sujétion.

Aussi paradoxal que cela puisse paraître, le bourreau n'arrive pas à se défaire de ses comportements répressifs parce qu'il en a besoin. Il a d'abord besoin de décharger sa souffrance sur l'autre, mais il a surtout besoin de se sentir exister dans le regard de l'autre. Comme il a une peur viscérale de ne pas être aimé, il obtient, par la peur qu'il suscite, une certaine attention, une certaine force qui lui permet d'asservir l'autre. Il cherche ainsi, inconsciemment, une satisfaction, bien secondaire, à son besoin d'amour, une satisfaction qu'il entretient parce qu'il n'en connaît pas d'autre.

On voit pourquoi le bourreau s'attire toujours des victimes. Il a développé ce fonctionnement psychique précisément pour se donner une certaine forme d'attention sans trop avoir mal. Enfant, il était rejeté dans sa sensibilité, il a donc choisi inconsciemment, pour être aimé, de nier ses émotions de peine et de peur, et, pour ne plus souffrir, de décharger sa douleur sur les autres. Pour ce faire, il a besoin d'une victime. Le bourreau a très peur d'être à l'écoute de cette sensibilité qui lui a fait si mal. L'écouter signifierait, dans son expérience de vie, être rejeté ou culpabilisé, ce qui lui est insupportable. Il fait donc le choix inconscient, pour se protéger, de se nier et de vivre l'inconfort des conséquences de ses colères et de ses attitudes répressives. Il trouve d'ailleurs toujours des victimes pour l'aider à entretenir son fonctionnement. Quoi qu'il en soit, dans ses relations, ne serait-il pas aussi une victime ? N'est-ce pas lui qui s'attire toujours le rejet et la désapprobation des autres ? N'est-ce pas lui qu'on qualifie de « méchant » et que l'on rend responsable des échecs relationnels ? N'est-ce pas lui qui se retrouve le plus souvent seul et incompris ? N'est-ce pas lui qu'on blâme, accuse, critique, exclut ? N'est-il pas, quelque part, le bouc émissaire de la victime ? Comment peut-il s'en sortir sinon en prenant d'abord conscience de son processus psychique (voir schéma 3.10) ?

On voit donc que le bourreau est, d'une manière générale, un grand émotif dont les colères ne sont que des mécanismes de défense qu'il utilise inconsciemment pour se protéger d'une profonde souffrance.

La victime

D'ailleurs, c'est aussi pour éviter de souffrir de son manque de confiance en elle-même que la victime, complément du bourreau, met toute la responsabilité de son vécu, de son impuissance, de ses déceptions, de ses frustrations, de ses erreurs, de ses choix, de ses décisions sur les autres. C'est encore pour éviter de souffrir qu'elle se plaint et se fait toute petite pour ensuite reprocher, blâmer, accuser, culpabiliser et critiquer. En dépit des apparences, elle a sur le bourreau une forme de pouvoir bien différente mais non moins efficace en ce sens qu'elle réussit, par ses plaintes et par ses critiques, à se trouver des appuis qui entretiennent avec elle le rejet et la culpabilisation de celui qui ne cherche qu'à être aimé.

MONDE EXTÉRIEUR

Élément déclencheur →
- rejet
- culpabilisation

MONDE INTÉRIEUR

1. Émotions
- peur de perdre
- peine
- culpabilité
- colère
  (amplifiée par un complexe d'abandon)

↓

2. Mécanismes de défense
- protection
- jugement répressif
- domination

↓

3. Fonctionnement du bourreau

↓

4. Besoins non satisfaits
- besoin d'être aimée
- besoin d'être reconnue
- besoin d'être écoutée
- besoin d'attention

Schéma 3.10

C'est donc dire qu'autant l'attitude de la victime que celle du bourreau sont des attitudes de pouvoir sur l'autre qui entretiennent l'asservissement. De son côté, le bourreau utilise un pouvoir de domination, de répression, d'intimidation alors que la victime détient le pouvoir de culpabiliser, de rejeter, de comploter. Dans un conflit relationnel, la tendance des personnes extérieures au conflit est généralement de favoriser la victime, de l'appuyer, voire de la plaindre et de l'aider, et c'est cela qui fait sa force. Elle utilise inconsciemment son rôle de victime pour attirer la sympathie et pour culpabiliser son bourreau, ce qui lui donne, en dépit des apparences, un pouvoir plus subtil et très efficace sur celui qui l'intimide. Inutile de nous étendre sur le nombre de « pauvres » victimes de nos sociétés certaines réelles, d'autres défensives.

Mais qu'est-ce donc qu'une victime et comment le devient-on ?

La victime défensive est une personne très sensible qui réagit à sa souffrance par l'apitoiement, la plainte, la coalition, la culpabilisation, la critique par derrière, l'irresponsabilité et même le rejet.

En effet, dans ses relations affectives, elle rejette ceux qui lui posent des limites et les rend responsables de tout ce qu'elle vit et de tout ce qui lui arrive de désagréable et de douloureux. Les fonctionnements du bourreau et de la victime prennent tous les deux leur source dans le manque d'amour.

L'enfant qui ne se sent pas aimé, à qui l'on n'accorde pas suffisamment d'attention ou à qui l'on ne fait pas suffisamment de place choisira le moyen efficace pour attirer l'attention et pour recevoir l'amour de ses parents. Dans le but de culpabiliser ses éducateurs, il peut devenir agité, méchant, insupportable ou plaintif et critique. Autrement dit, il adoptera spontanément l'attitude qui ira chercher le regard de sa mère ou de son père. Il comprendra très tôt que, lorsqu'il joue un rôle de bourreau ou de victime, il a un pouvoir sur ses parents, le pouvoir de se faire écouter, le pouvoir d'attirer leur attention. Ainsi, chaque fois qu'il sera contrarié, rejeté, agressé, il adoptera cette attitude inconsiemment dans toutes ses relations affectives croyant que c'est la seule façon d'aller chercher amour et écoute. Aussi, s'il se place en victime, tombera-t-il spontanément dans la plainte, la critique, le jugement chaque fois qu'il vivra un malaise dans sa vie relationnelle. Il apprendra de cette façon qu'en rendant l'autre responsable de son vécu il obtient une certaine satisfaction puisqu'il fait ainsi réagir son partenaire, qui, par le fait même, lui procure une certaine forme d'attention. Il lui faut donc un bourreau pour pouvoir se plaindre de quelque chose et obtenir ainsi la réaction qui lui donne le sentiment d'exister et la sympathie de son entourage.

Le fonctionnement de la victime se construit généralement de la même façon que celui du bourreau. L'enfant agressé, réprimé, négligé ou battu peut avoir des réactions colériques, violentes et répressives, ou se faire tout petit et se défendre par des plaintes et par des blâmes. Très souvent, l'attitude répressive des éducateurs a pour conséquence de former les fonctionnements bourreau-victime chez le même enfant. Autrement dit, le bourreau est aussi une victime et réciproquement.

En tant qu'éducateurs, nous pouvons aussi contribuer à développer un fonctionnement de victime chez l'enfant. C'est le cas de celui qui grandit dans un milieu surprotégé, un milieu où son père, sa mère ou leurs substituts attribuent toujours aux autres la responsabilité de tout ce qui leur arrive de désagréable. Ces parents veulent éviter à leurs enfants toute souffrance physique et psychique, mais, en même temps, par leur prise en charge et leur surprotection, ils sont eux-mêmes source de souffrance. L'enfant apprend ainsi qu'être aimé signifie être pris en charge, être dégagé de toute responsabilité quant à son vécu, à ses erreurs et à ses choix. Aussi vit-il constamment avec un manque de confiance en lui-même et entretient-il une peur permanente d'être rejeté. En effet, la victime qui ne connaît que l'approbation, le soutien, l'attention et la prise en charge accepte mal qu'on lui résiste ou qu'on lui pose des limites. Elle a intégré inconsciemment le concept selon lequel être aimée signifie être approuvée et prise en charge. Lorsque quelqu'un lui pose une limite, lui exprime un malaise ou lui retourne la responsabilité de son vécu et de ses problèmes, elle a beaucoup de difficulté à l'accepter parce qu'elle interprète ces interventions comme un rejet ou un manque d'amour. Aussi tentera-t-elle de se défendre par les doléances et les blâmes, qui entretiennent son fonctionnement de victime et qui entretiennent sa dépendance envers le bourreau et envers son entourage.

Se plaindre de quelqu'un et le critiquer, c'est lui accorder une grande importance, c'est démontrer en quelque sorte qu'il ne nous est pas indifférent.

Il y a dans cette attitude de la victime un asservissement évident au bourreau. La victime est aussi dépendante de son entourage, duquel elle recherche un appui, un encouragement, une approbation, voire une aide. Son irresponsabilité lui enlève toute forme d'autonomie. C'est souvent le cas des employés qui se servent de leur syndicat pour se plaindre d'un problème relationnel avec le patron.

On retrouve souvent dans les relations employeur-employé le système bourreau-victime. Il s'agit d'échanges basés sur le système « gagnant-perdant » qui n'ont rien à voir avec les relations puisqu'il est l'expression de mécanismes de

défense qui se manifestent par l'attaque et la défense. Le patron a la force du pouvoir, l'employé celle de la coalition. Dans ce système, les personnes n'existent plus. Seule sont présents la cause désincarnée et les faits.

Il n'existe plus de véritables relations humaines dans ces cas-là parce que ce ne sont pas le pouvoir et la coalition qui rapprochent les êtres humains mais le vécu. En travaillant sur les faits et les problèmes, on passe à côté des personnes, ce qui donne comme résultat que même les gagnants sont perdants.

L'être humain entretient des relations gagnant-perdant tant qu'il répète des modes de comportement qui le coupent de son vécu et de ses émotions. Réprimer l'autre comme le bourreau ou le rendre responsable de tout comme la victime, c'est entretenir des relations douloureuses et insatisfaisantes.

Ici, la notion de responsabilité est importante. Si le bourreau réagit violemment, c'est qu'il se sent rejeté et coupable du vécu de la victime. Si la victime se plaint, c'est qu'elle se sent dominée, qu'elle ne se fait pas confiance et qu'elle refuse de prendre la responsabilité de ce qui lui appartient. En effet, si elle n'est pas bien ou si elle est malheureuse, elle est sûre que la responsabilité de sa souffrance appartient à l'autre, aussi versera-t-elle dans le blâme, les lamentations et le reproche. Elle accepte mal les limites et les faiblesses des autres, surtout quand elles sont un obstacle à la satisfaction de ses propres besoins. Elle cherche constamment quelqu'un qui pourra la prendre en charge sur le plan psychologique, voire physique et matériel, quelqu'un à qui elle pourra attribuer la cause de ses déboires. Comme elle a pris l'habitude de rendre les autres responsables de ses malaises, elle établira toujours des relations qui lui donneront raison de se plaindre et de critiquer. Elle a besoin d'un bourreau pour justifier ses plaintes et pour satisfaire son besoin de sécurité affective. Comme elle a peur de perdre, elle cherche cette forme d'assujettissement qui la maintient dans un système duquel elle ne pourra s'échapper que pour en trouver un autre en tous points semblable. Aussi se rapprochera-t-elle d'un être sensible, qui se culpabilise facilement et qui, comme elle, a besoin d'amour et de sécurité affective. Au départ, il tentera tout pour lui plaire, mais il finira par s'exaspérer devant son insatisfaction qu'il interprétera comme un rejet, un manque d'amour et de reconnaissance. C'est ainsi que commencera le cycle des colères et des plaintes défensives qui les enfermera tous les deux dans un système de dépendance et d'insatisfaction alimenté par leurs modes inconscients de comportements complémentaires.

Ayant tous les deux un besoin vital d'amour, ils sacrifient leurs besoins de liberté, d'écoute, d'affirmation, de création par peur de perdre une certaine sécurité qui, paradoxalement, les détruit. Pour ne pas souffrir, la victime, comme le bourreau, adopte un processus psychique automatique qui lui attire exactement ce qu'elle veut fuir. Appuyons cette affirmation par un exemple vécu.

J'ai reçu un jour en thérapie une dame dans la quarantaine qui en paraissait au-delà de soixante tellement elle était défaite et malheureuse. Mère de trois garçons de 18, 21 et 22 ans sur lesquels elle avait mis tout son amour et ses espoirs, elle se retrouvait, à 45 ans, frustrée et profondément déçue de sa vie, avec le goût profond de mourir. Née de parents commerçants et aisés, elle n'avait jamais été privée de quoi que ce soit, du moins sur le plan matériel. Malheureusement, elle avait souffert du manque de présence de son père et de sa mère qui, très occupés par les clients, avaient très peu de temps à consacrer à leur fille. Aussi compensaient-ils leur absence par des gâteries qui ne la satisfaisaient pas. Très jeune, la petite Andréane avait découvert le seul moyen de mobiliser l'attention de sa mère : les larmes. Lorsqu'elle était malade ou qu'elle avait de la peine pour une raison ou pour une autre, Andréane réussissait toujours à faire sortir l'un de ses parents du magasin, même aux heures d'affluence. C'est ainsi qu'au cours de son enfance et de son adolescence elle a développé ce fonctionnement de victime défensive, qu'elle a entretenu jusqu'à ce qu'elle rencontre l'homme qu'elle devait épouser : Pascal.

De 12 ans son aîné, Pascal était un homme beau, riche et physiquement très solide. Andréane voyait en lui l'être sur lequel elle pourrait toujours compter et qui ne la priverait de rien. Effectivement, elle avait, sur un simple souhait, tout ce qu'elle désirait. Au cours des premiers mois de leur vie commune, leur histoire fut des plus idylliques. Andréane avait non seulement le confort dont elle avait besoin, mais l'amour et la présence d'un homme qu'elle aimait et qui l'aimait. Toutefois les choses se gâtèrent après la naissance de leur premier fils. Ayant beaucoup souffert de l'absence de ses parents, Andréane voulut donner à ses enfants ce qu'elle n'avait pas reçu. Elle consacra tout son temps à son fils aîné, ce qui provoqua le drame qui allait marquer la suite de sa vie. Pascal, qui se sentait négligé, voire abandonné, commença à réagir par de violentes colères desquelles Andréane n'a trouvé le moyen de se protéger que par un plus grand dévouement auprès de ses enfants, qui devinrent sa raison de vivre. Se sentant de plus en plus oublié, Pascal redoublait ses colères et Andréane se rapprochait de ses enfants qui devenaient, en vieillissant, les complices de leur mère dans cette histoire malheureuse. Par son attitude de victime plaintive auprès de ses fils, de même que par les critiques défavorables qu'elle ne cessait de formuler par rapport à leur père, elle a réussi à leur faire mépriser ce père, auquel ils ne se sont pas identifiés. À 45 ans, elle se retrouvait avec des fils qui rejetaient leur condition d'homme et avec un mari colérique et violent. Déçue de sa relation de couple, qu'elle entretenait par des plaintes et des critiques, et déçue du résultat de son éducation surprotectrice, elle vivait un sentiment d'échec et d'inutilité insupportable. Comme elle n'acceptait pas que son fils aîné soit homosexuel, elle en reportait la faute sur son mari, qu'elle décrivait comme un être ignoble. Pourtant, elle admettait que quelque chose la rattachait à cet homme qui lui faisait parfois très peur, mais qui lui assurait une certaine sécurité matérielle et psychologique. Andréane reconnaissait qu'entre ses périodes de violence Pascal redoublait d'attention et de générosité à son égard. Ils étaient liés par un besoin d'amour réciproque et une peur de perdre l'autre qui les rendaient dépendants. Andréane avait besoin de Pascal, qu'elle méprisait et rejetait, de même que Pascal avait besoin de sa femme, qu'il agressait par ses décharges colériques incontrôlées lorsqu'il se sentait abandonné. Ils étaient prisonniers de leurs systèmes relationnels et incapables d'en sortir.

Inutile de s'étendre sur le travail qu'ils firent pour retrouver une certaine quiétude, un travail qui passa par la connaissance de soi et l'acceptation des résultats de leur union. C'est toujours une partie du travail thérapeutique importante à traverser que celle de se déculpabiliser et de se décharger de la responsabilité de la vie des autres, particulièrement quand il s'agit de ses enfants. Il n'y a pas d'autre voie pour trouver la paix et l'autonomie et, conséquemment, par influence inconsciente, pour rendre les autres libres. Pour franchir cette étape, la victime, comme le bourreau, doit connaître son fonctionnement psychique, qui est représenté dans le schéma 3.11.

L'exemple d'Andréane et de Pascal nous montre bien les points communs qui rapprochent la victime du bourreau : le besoin d'amour, la peur de perdre l'autre et le complexe d'abandon. Seuls les distinguent leurs mécanismes de défense. Par cette structure commune, non seulement ils s'attirent l'un l'autre, mais ils portent en eux le fonctionnement complémentaire opposé au leur.

Autrement dit, le bourreau est aussi une victime et réciproquement. Il y a, pour se sortir de ce fonctionnement automatique, tout un travail qui commence par la prise de conscience, mais qui ne peut se poursuivre avec satisfaction que dans le respect des étapes du processus de libération de l'ANDC^MD^. Ce même processus s'applique aussi dans le cas du système relationnel abandonnique-déserteur.

MONDE EXTÉRIEUR		**MONDE INTÉRIEUR**
Élément déclencheur - rejet des autres - colère défensive	→	**1. Émotions** - peur de s'affirmer - peur du rejet - doute de soi (amplifiées par un complexe d'abandon)
		↓
		2. Mécanismes de défense - plainte - critique - blâme - rejet
		↓
		3. Fonctionnement de victime
		↓
		4. Besoin d'être aimée non satisfait

Schéma 3.11

2. L'abandonnique et le déserteur

L'abandonnique

L'*abandonnique est un être habité par une peur permanente, voire obsessionnelle, de perdre l'amour des autres et d'être abandonné, qui le pousse à prendre tous les moyens pour plaire.*

Chez l'abandonnique, le moindre oubli, la moindre distraction, la moindre absence, le moindre retard peuvent être perçus comme une mise à distance. Il a une peur viscérale d'être rejeté qui lui fait interpréter tout geste ou absence de geste comme une exclusion. C'est un être marqué par un complexe d'abandon qui le fait énormément souffrir et qui se manifeste dans toutes ses relations affectives.

Aussi, pour ne pas être rejeté, pour ne pas être abandonné, il manifestera un besoin vital de plaire inconditionnellement. Il se niera, se manquera de respect, se laissera envahir, cédera sa place aux autres. L'abandonnique va même parfois jusqu'à prendre la responsabilité des émotions, des problèmes, des déceptions, des échecs et des choix des autres pour leur être agréable. C'est souvent un être généreux à outrance, disponible à l'excès, qui s'oublie totalement pour éviter l'intolérable : le manque d'amour. Il a tellement peur d'être rejeté qu'il ira jusqu'à s'avilir pour garder l'amour de l'autre ou il l'abandonnera pour ne pas être lui-même abandonné.

Malheureusement, son attitude ne fait que lui attirer le contraire de ce qu'il recherche. Comme il ne s'affirme pas ou le fait par la décharge d'une agressivité refoulée, il n'est ni respecté ni vraiment aimé.

L'abandonnique, mettant ni plus ni moins sa vie au service de l'autre, quand il est amoureux ou fortement attaché à quelqu'un, n'arrive jamais à se faire vraiment respecter.

C'est un être qui n'ose pas se définir, qui n'ose pas poser ses limites, qui n'ose pas trop s'avancer de peur de déplaire et de perdre. Comme il prend la responsabilité de ce qui appartient à l'autre, il ne sait pas vraiment qui il est et ce qu'il veut, ce qui fait qu'il est souvent un objet que l'on utilise, que l'on exploite et que l'on manipule. Son manque d'amour de lui-même l'empêche de se respecter et de croire en lui.

L'abandonnique, c'est l'enfant qui a effectivement été abandonné par ses parents ou rejeté par eux. C'est l'enfant aimé non pour lui-même mais pour ce qu'il apporte aux autres. On retrouve fréquemment ce fonctionnement chez les enfants réellement abandonnés par les parents légitimes, les enfants en foyers nourriciers, les enfants abandonnés par l'un des parents au moment des séparations ou de la mort, les enfants de parents qui se disputent continuellement, les enfants de parents malades, absents, narcissiques ou profondément craintifs. Ces enfants grandissent dans la peur constante d'être rejetés ou délaissés, la peur de perdre. Ils sont convaincus qu'ils ne sont pas dignes d'être aimés. Puisqu'on les rejette, c'est, croient-ils, qu'ils ne suscitent pas l'amour; c'est pourquoi ils ressentent le besoin de prendre tous les moyens pour plaire. Ils seront serviables, attentifs, présents, charmeurs, manipulateurs et même menteurs. Les abandonniques iront souvent jusqu'à verser dans les mécanismes de la confluence et du personnage parce qu'ils ont peur que leur personne ne soit pas acceptée et aimée. Ce fonctionnement inconscient n'a qu'un seul but : plaire ou, au pire, ne pas déplaire. Aussi sont-ils très malheureux lorsqu'ils sont affectivement rejetés ou abandonnés. Ils connaissent alors une souffrance qu'ils supportent très mal et de laquelle ils se libèrent par la fuite ou par la rupture. En ce sens, l'abandonnique est aussi un déserteur. Il accaparera celui qui l'a rejeté ou le fuira parce qu'il est trop blessé et parce qu'il manque d'amour de lui-même et de confiance en sa valeur. Habitué à exister par l'amour des autres, il se sent diminué quand il perd cet amour. Il choisira donc de fuir. Mais comme sa souffrance le poursuit, il tentera de prouver à l'autre (son père, sa mère, son ami, son conjoint, etc.) qu'il vaut la peine d'être aimé. De cette façon, il continue à lutter contre lui-même et à entretenir ce sentiment d'abandon, qui le hante continuellement.

Malheureusement, l'abandonnique, qui, on le voit bien, peut facilement devenir la victime, s'enlise dans son fonctionnement parce qu'il déforme sa responsabilité personnelle dans ses relations. Ou bien il croit qu'il ne mérite pas l'amour de l'autre et qu'il ne vaut pas la peine d'être aimé, auquel cas il cherchera à plaire par tous les moyens et à prouver qu'il est quelqu'un de bien, ce qui le maintient dans la dépendance la plus totale, ou bien il se convainc, par projection, que c'est l'autre qui ne vaut pas la peine d'être aimé et qu'il n'a pas besoin de lui. Il se bâtit alors une indépendance farouche pour ne pas souffrir du rejet. Dans chacun de ces cas, il se leurre. En réalité, dans la relation affective, l'abandonnique s'attire des personnes qui refusent de s'engager parce qu'il se rejette lui-même, ne se reconnaît pas, ne s'aime pas et ne croit pas en lui. Il s'attire des déserteurs parce qu'il se nie, se laisse envahir, accepte l'inacceptable et ne se respecte pas. C'est précisément ce manque d'amour de lui-même qui le pousse vers un déserteur. Comme il n'a pas suffisamment de considération pour lui-même, il a besoin de travailler son rapport avec l'amour de soi. Il aura à apprendre à s'aimer assez pour que, dans ses relations avec les autres, il en arrive à se choisir plutôt que de se nier pour plaire, au risque d'être rejeté.

L'abandonnique doit apprendre à accepter de perdre parfois l'amour des autres pour gagner l'amour de lui-même.

C'est sa voie de libération. Ce n'est que lorsqu'il commencera à se choisir d'abord, dans toute situation, qu'il cessera de s'attirer partout *des déserteurs, c'est-à-dire des êtres qui ont peur de l'amour parce qu'ils ont été victimes d'un amour emprisonnant ou d'un manque d'amour qui les a fait beaucoup souffrir.*

Le déserteur

À cause d'une éducation étouffante ou marquée par le manque, certains déserteurs souffrent d'une peur d'être aimés liée à une peur effroyable de perdre leur liberté. Dès qu'ils se sentent possédés, ils rejettent. Toutefois, comme ils ont un grand besoin d'amour, ils sont attirés par les abandonniques, qui vont leur manifester un amour possessif. Ce sont des êtres déchirés entre leur besoin d'être aimés et leur grand besoin de liberté. Dès qu'ils sentent l'emprise de l'autre, ils fuient parce qu'ils ont peur de perdre cette liberté qui leur est si chère.

En fait, le déserteur répète le fonctionnement intégré dans sa relation avec les figures parentales. Comme il avait besoin d'amour, il ne pouvait se passer de son père et de sa mère. Par contre, comme cet amour était plutôt malsain, il s'en protégeait pour garder son espace et sa liberté.

Dans ses relations affectives, le déserteur a tendance à ne s'engager qu'à moitié. Quand il vit un sentiment d'abandon ou qu'il se sent accaparé par l'autre, il se rétracte et se retire par peur de souffrir ou d'être englouti par l'amour de l'autre ou par peur d'être rejeté ou abandonné comme il l'a été par ses principaux éducateurs.

Les déserteurs peuvent être aussi des gens aux prises avec un fonctionnement d'abandonnique. Ayant souffert de l'abandon et du rejet, ils se protègent de la douleur par le retrait. Ils ont beaucoup de mal à s'engager dans une relation par peur de perdre. Lorsqu'ils se livrent et s'abandonnent, ils le regrettent souvent parce qu'ils ont peur de décevoir, de déplaire ou peur d'être étouffés par l'amour de l'autre et d'être déçus. Aussi, chaque fois qu'ils s'engagent, ils reculent pour se protéger. Ils sont donc tiraillés entre leur besoin d'amour et leur peur du rejet.

On voit ici comment l'abandonnique et le déserteur se ressemblent. C'est d'ailleurs ce qui les attire l'un vers l'autre. Ils ont le même besoin d'amour, la même peur de perdre l'autre, le même complexe d'abandon et le même mécanisme de fuite pour échapper à la souffrance. Ces deux fonctionnements se complètent et s'entretiennent mutuellement. L'abandonnique et le déserteur ne pourront réussir à se libérer que s'ils acquièrent une grande connaissance d'eux-mêmes, une confiance totale en soi et en l'autre et une profonde honnêteté de façon à bien distinguer ce qui leur appartient de ce qui ne leur appartient pas.

C'est d'ailleurs la démarche qu'ont poursuivie François et Martine. Quand ils sont venus me consulter, ils songeaient sérieusement à se quitter, en dépit du fait qu'ils étaient très amoureux l'un de l'autre, parce que leur relation les insécurisait énormément. François, dont le travail le forçait à quitter régulièrement leur lieu de résidence pour des périodes plus ou moins longues, vivait avec une peur permanente de perdre Martine, qui lui témoignait peu d'affection.

En thérapie, Martine découvrit que sa froideur était un moyen de défense contre sa peur de perdre François, qui était souvent absent. Quant à François, il prit conscience qu'il avait choisi ce travail pour ne pas souffrir, en présence de sa femme, de sa peur du rejet. Il s'est bien rendu compte qu'en fuyant la réserve de Martine il n'échappait pas à sa propre peur de l'abandon, qui le poursuivait même à l'étranger. On s'aperçoit ici jusqu'à quel point la non-expression du vécu peut éloigner des gens qui s'aiment.

Souvent, on tait ses émotions par peur de décevoir, de déplaire, d'être rejeté ou jugé et on provoque ainsi, à long terme, la déception, le rejet et le jugement que l'on veut éviter.

Il y a dans la prise de conscience du processus de formation des systèmes relationnels un travail libérateur qui rapproche les êtres parce qu'il favorise la satisfaction du besoin fondamental d'être aimé. L'aidant doit savoir que c'est effectivement le manque d'amour qui est à l'origine de la formation de la plupart des systèmes. C'est encore le manque d'amour ajouté au manque de reconnaissance qui est à la base de l'élaboration des fonctionnements complémentaires d'envahisseur et d'envahi.

3. L'envahisseur et l'envahi

L'envahisseur

L'envahisseur est celui qui, lorsqu'il ne se sent pas important et reconnu, ne respecte pas les limites et le territoire physique, psychique et professionnel des autres, et qui ne respecte pas leur différence. Pour combler ses besoins d'attention et de reconnaissance inconscients, il s'approprie quelque chose qui appartient à la personne ou au groupe duquel il a besoin d'être reconnu.

Le monde est rempli d'envahisseurs. Il suffit de lire les journaux pour s'en convaincre. Toutes les guerres, les révoltes, les révolutions sont nées d'un problème d'envahissement. Non respectés dans leurs croyances, dans leurs différences, dans leurs particularités, dans leur besoin de liberté, des peuples entiers se cabrent et se défendent, ce qui n'empêche pas les envahisseurs de s'imposer, de s'infiltrer, de s'approprier des espaces et des choses qui ne leur appartiennent pas.

L'envahisseur a un besoin viscéral d'être important pour ceux à qui il accorde de la considération. Quand son besoin de reconnaissance n'est pas satisfait, il tente de posséder et de contrôler, aussi s'impose-t-il par l'envahissement.

C'est un être qui supporte mal qu'on lui pose une limite parce que la limite lui enlève son moyen défensif de reconnaissance. Aussi tentera-t-il, par tous les moyens, de l'enfreindre. Le limiter, c'est le priver de la satisfaction d'un besoin fondamental, ce qui l'insécurise complètement. Il y a, chez l'être habité par ce fonctionnement, un grand besoin d'amour qu'il manifeste par le pouvoir et la domination plus ou moins subtile. On retrouve ce fonctionnement chez les gens qui ont connu un milieu familial où ils n'étaient jamais reconnus, où ils manquaient d'attention ou chez l'enfant dont les parents imposaient des règles sévères à partir de croyances ou de principes introjectés ou pour se défendre contre leur souffrance.

C'est d'ailleurs le cas de Dominique. Fils aîné d'une famille de 12 enfants, il a connu une enfance relativement heureuse. Sa famille formait un clan tout à fait spécial qui se faisait remarquer par un sens du partage et de l'entraide exceptionnel. En effet, dans son milieu familial, tout appartenait à tout le monde. Comme ils étaient plusieurs frères, ils portaient indifféremment les mêmes vêtements et partageaient les mêmes jouets et la même chambre. Lorsque l'un deux recevait un cadeau, c'était pour le mettre dans la boîte commune. Personne n'avait de territoire, donc personne ne posait de limites à ce sujet. Cette attitude se reflétait sur le plan psychique. La vie privée n'existait pratiquement pas. Le seul moyen de protection psychique était la fermeture. Autant Dominique pouvait-il rire et s'amuser avec ses frères et sœurs, autant était-il muet pour tout ce qui concernait son vécu et sa vie intime. Par contre, le père de Dominique, prisonnier de ses croyances religieuses, était parfois d'une sévérité excessive sur le plan éducationnel. Il imposait des règles strictes et des principes dépassés et punissait ceux qui les transgressaient. Même s'il se sentait aimé de son père, Dominique en avait peur.

Ayant grandi dans un milieu sans frontières personnelles, il avait du mal avec les limites imposées par ses professeurs à l'école secondaire, d'autant plus qu'il réagissait mal à la sévérité de certaines autorités. Cherchant constamment à se soustraire des exigences présentées d'une manière péremptoire et à enfreindre les limites posées par ses éducateurs, il écopait souvent d'un rejet ou d'une punition. Devant une limite, Dominique se sentait rejeté et pas important. D'une part, il avait appris à tout partager et à tout prendre, il pouvait donc difficilement accepter de se limiter à son seul territoire ; dans sa famille, rien n'était vraiment à lui, à l'autre. Comme la notion de territoire et de limites est vraiment liée à la notion d'identité, Dominique ne savait pas vraiment qui il était et ce qu'il voulait. Il trouvait son importance dans l'envahissement du monde des autres pour satisfaire ses besoins inconscients de reconnaissance et d'attention. C'était un être non défini, sans territoire, sans limites, qui ne pouvait trouver sa place que dans le territoire des personnes de son entourage. Lui refuser l'accès à un territoire qui n'était pas le sien équivalait à lui dire qu'il n'était rien, à ne pas le reconnaître puisqu'il se définissait et se reconnaissait par l'autre. De plus, il vivait le refus d'accès à un territoire comme un manque d'appartenance, donc comme une exclusion. D'autre part, ayant subi une éducation trop stricte, il ne voulait plus laisser aux adultes le pouvoir de décider de sa vie.

L'envahisseur se définissant par l'autre, il a besoin de s'infiltrer dans le monde de l'autre pour se sentir exister et aimé. Autrement, son besoin de sécurité et de reconnaissance n'est pas satisfait. Malheureusement, il n'accepte pas toujours que les autres en fassent autant.

Ayant été insécurisé dans son enfance par le manque de territoire, Dominique a trouvé sa sécurité dans l'envahissement. Venant d'une famille où la différence n'était pas valorisée, il supportait mal d'être exclu d'un monde qui ne partageait pas ses croyances et ses pensées, d'un monde qui ne lui ressemblait pas. Alors il envahissait, ce qui le maintenait paradoxalement dans une forme de dépendance et de pouvoir. Il envahissait pour se sentir reconnu et il obtenait ainsi le contraire de ce qu'il recherchait : le rejet. Il ne se rendait pas compte que l'envahissement est une forme de pouvoir sur la vie des autres. Lui qui ne voulait plus être dominé devenait en quelque sorte un dominateur par son besoin d'envahir et son manque de respect des limites extérieures.

C'est d'ailleurs ce qui a amené Dominique en thérapie. Conjoint de Liette depuis plus de cinq ans, il avait connu des années de bonheur dans la première période de leur vie commune parce qu'alors ils partageaient tout. Petit à petit Liette commença à poser des limites et à délimiter son territoire, ce qui eut pour conséquence de transformer leur relation fusionnelle en relation de pouvoir. Comme Dominique vivait les limites comme des rejets, il se protégeait de sa souffrance par la transgression. Faisant fi des demandes de Liette, il s'infiltrait dans ses affaires sans vergogne, ce qui provoquait, chaque fois, un conflit et un rejet systématique. Se retrouvant seul avec le sentiment qu'il n'était rien et qu'il ne possédait rien, Dominique redoublait ses tentatives d'envahissement pour retrouver sa place dans le territoire délimité par Liette.

Dominique vivait d'ailleurs le même problème au travail. Très serviable et très disponible, il occupait progressivement le territoire de ses collègues et même de ses patrons.

On retrouve ici les habitudes inconscientes de l'envahisseur. Par sa disponibilité et par sa serviabilité, il se donne sur les autres des droits qu'il croit être siens. Ce système manipulateur fonctionne plus ou moins longtemps, du moins jusqu'à ce que l'envahi se rende compte qu'il paie cette générosité de sa liberté.

C'est ce qui est arrivé à Dominique. Sa compagne de vie et son patron immédiat ont réagi fortement à ses intrusions. Il s'est senti rejeté et complètement perdu, sans ressources, avec le risque très cuisant de perdre son emploi et de s'attirer une séparation qu'il ne souhaitait pas. N'ayant plus la main haute sur le territoire des autres, il était désemparé, désespéré, décontenancé.

Il mit du temps à voir clair en lui. S'étant toujours cru propriétaire de son environnement, il eut beaucoup de mal à conscientiser et accepter son besoin de reconnaissance et son besoin d'attention. Ce n'était qu'à ce prix qu'il pouvait voir ses propres limites et, conséquemment, respecter celles des autres et se faire respecter, l'envahisseur étant parfois un envahi. Il eut aussi beaucoup de mal à accepter que le fonctionnement de Liette différait du sien. Il aurait voulu qu'elle ait les mêmes limites que lui. Ce travail sur lui-même l'a donc amené à découvrir sa différence et à accepter celle de sa conjointe. Il pouvait admettre qu'elle n'ait pas le même fonctionnement que lui, qu'elle n'ait pas les mêmes besoins, les mêmes désirs et les mêmes exigences de vie.

Dominique, qui avait un fonctionnement d'envahisseur, découvrit sa responsabilité dans ce qu'il s'était créé sur le plan relationnel à cause de ce fonctionnement, ce qui lui a permis de récupérer le pouvoir qu'il se donnait sur les autres pour guider sa propre vie. Il découvrit aussi qu'il n'était pas responsable du vécu de Liette ni de celui de son patron. En effet, il s'était attiré ces personnes dans sa vie parce qu'elles avaient adopté un mode inconscient de comportement complémentaire du sien : le fonctionnement d'envahi.

L'envahi

L'envahi est un être qui, d'une manière générale, ne pose pas de limites, ne délimite pas son territoire physique, psychique et professionnel, n'arrête pas de choix, ne prend pas de décisions, ne manifeste pas sa différence par peur de ne pas être aimé.

Pour satisfaire son besoin d'amour et de reconnaissance, l'envahi, qui est souvent un abandonnique, laisse « la clé sur la porte » pour garder l'amour de ceux qui lui accordent une certaine importance. Il ira jusqu'à se prostituer, au sens large du terme, pour être aimé. Il a, envers ceux qui lui réservent une certaine attention, une reconnaissance infinie qui le rend redevable à l'autre et esclave de celui-ci.

L'envahi, comme l'abandonnique, ne se respecte pas. Il laisse à ceux qui lui manifestent de l'intérêt la porte ouverte sur sa vie et sur ses propriétés. Il ne s'assure d'aucun moyen de protection parce qu'il a peur de perdre l'autre. Il paie ainsi très cher son besoin d'être aimé et reconnu. Il le paie de sa liberté et n'obtient qu'un amour bien peu satisfaisant parce qu'il est basé sur la « redevance ».

Il est très difficile de se sortir d'un fonctionnement d'envahi. Celui qui s'en sort paie parfois sa libération de la perte de l'amitié de ceux de qui il a tout fait pour être aimé.

C'est l'histoire douloureuse de Marie-Pierre qui me vient ici à l'esprit. Âgée de 39 ans, Marie-Pierre est venue me consulter parce qu'elle vivait des angoisses prolongées, qui commençaient à l'empêcher de fonctionner normalement tant avec ses enfants qu'avec les malades de qui elle s'occupait comme infirmière. Elle mit un certain temps à découvrir la source de ses angoisses. Elle comprit enfin un jour qu'elle était profondément malheureuse parce que sa vie ne lui appartenait pas. À la maison, elle se laissait envahir par son conjoint, ses enfants, sa famille, ses amis et, au travail, par les malades et les médecins. Elle n'avait aucun temps pour elle, aucun espace pour se retirer. Elle n'osait surtout pas poser ses limites ni exprimer ses besoins de peur de perdre l'amour dont elle avait tant besoin. Dévouée et généreuse, elle satisfaisait son besoin de reconnaissance par un accueil et une disponibilité sans borne. Elle était donc à un moment de sa vie où elle devait choisir entre la satisfaction qu'elle éprouvait à se donner sans relâche aux autres et la satisfaction de retrouver une certaine liberté de vivre et d'agir. Comme elle payait d'angoisses sa servitude, elle décida de se créer un espace de vie et, pour ce faire, de poser des limites à son entourage. Ce fut catastrophique.

Habitués à s'introduire dans sa vie quand bon leur semblait, son conjoint, ses enfants et ses amis vécurent très difficilement les limites qu'elle établissait et les décisions qu'elle prenait.

L'envahi doit accomplir un travail exceptionnel pour émerger de son fonctionnement. C'est la question des droits acquis qui est touchée ici. S'étant laissé envahir de tous côtés, il a laissé aux autres des pouvoirs sur sa vie. Lorsqu'il leur retire ces supposés droits, il s'attire inévitablement des réactions de désapprobation et de rejet. Pour se sortir de ce fonctionnement, il doit accepter de perdre.

On se dégage difficilement d'un fonctionnement d'envahi sans perdre certaines relations. C'est précisément ce qu'il y a de plus pénible à vivre. Comme l'envahi se laisse envahir par peur de perdre, il lui est douloureux d'accepter de perdre pour se libérer de ce fonctionnement psychique insatisfaisant. C'est une étape qu'il ne peut traverser sans soutien.

Ce qui pousse les envahis à se dégager de leur manière d'être et d'agir, c'est qu'il arrive un moment dans leur vie où le besoin d'espace et de liberté devient vital. Sans cette liberté, ils angoissent, ils étouffent, ils perdent le goût de vivre. L'envahi est en quelque sorte un peu mort. Il cherche à renaître et paie parfois cette renaissance de la perte de relations qui lui étaient chères. S'il choisit de mourir aux yeux de l'autre pour s'ouvrir à lui-même, il trouvera facilement satisfaction à ses besoins fondamentaux. La liberté est un des plus grands besoins de l'homme. Pour elle, depuis des siècles, des êtres humains ont mis leur vie en danger.

Mais il ne suffit pas d'être libre physiquement pour être heureux, il faut aussi être libre d'être soi, libre de partager ou non son espace vital, libre de poser ses limites ; la liberté psychique est tout aussi capitale.

Sans cette liberté intérieure par rapport aux autres, il n'existe pas de relations satisfaisantes.

Une seule relation dans la liberté vaut mille relations dans la dépendance et dans l'esclavage.

Être libre, c'est être capable d'arrêter des choix, de prendre des décisions et d'en assumer les conséquences.

Être libre, c'est être capable d'établir ses limites et de délimiter clairement son territoire physique, psychique, idéologique et professionnel et ce, dans le respect des autres.

Être libre, c'est aussi respecter les limites et le territoire des autres.

Être libre, c'est poser sa différence sans l'imposer et respecter celle de l'autre.

Être libre, c'est connaître ses priorités et agir en conséquence.

Être libre, c'est pouvoir donner sans attendre en retour et pouvoir recevoir sans se sentir redevable.

Être libre, enfin, c'est être responsable de ce que l'on vit et de ce que l'on est, et c'est refuser de prendre la responsabilité de ce que vivent les autres sans toutefois manquer de compassion à leur égard.

C'est cette liberté qui rend les relations humaines si agréables et si harmonieuses. Quand on l'a découverte, il ne nous est plus jamais possible de s'enfermer dans des relations qui nous maintiennent sous le joug d'une dépendance malsaine. Quand on l'a connue, on choisit toujours de perdre des relations étouffantes pour se gagner des relations saines, créatrices et propulsives, dans lesquelles on est autonome. C'est précisément ce choix de perdre des relations étouffantes qui m'a fait m'ouvrir à ce que je suis maintenant. Une grande partie de ma vie j'ai donné aux autres un grand pouvoir sur moi. Je me suis laissé envahir dans mes territoires physique et psychique sans vraiment réagir parce que je ne voulais pas perdre l'amour des autres.

Je me suis rendu compte un jour que je n'avais plus ni amour ni respect de moi-même, et que, pour être aimée, je niais complètement mes émotions et mes besoins; de plus, je ne posais pas ou peu de limites. Je me suis retrouvée ainsi avec le sentiment profond de n'être rien et avec une souffrance incontournable. Des situations précises d'envahissement se sont présentées et j'ai choisi de prendre le risque d'établir des limites claires. J'ai même choisi de vivre des ruptures avec certaines personnes et cela ne s'est pas fait sans souffrance et sans angoisse. J'ai payé cher le choix que j'ai fait de me respecter et de me choisir, mais ce que j'ai gagné n'a pas de prix. Ce moment, l'un des plus pénibles de ma vie, fut un moment clé de ma renaissance. Depuis ce jour, je suis davantage en contact avec ma force intérieure et ma créativité. Je suis convaincue que, sans ce choix fondamental, qui a marqué ma vie, je n'aurais jamais pu diriger le centre de formation de thérapeutes que j'ai créé, je n'aurais jamais pu m'occuper avec autant de succès d'une école de plus de 500 adultes ni prendre la responsabilité de l'organisation de la formation et de l'animation des 50 personnes qui travaillent au centre en tant que formateurs, qu'assistants psychopédagogiques, que directeurs de recherche, que superviseurs ou que régulateurs.

C'est vraiment parce que j'ai accepté de me choisir et de me respecter en posant clairement mes limites que je suis entourée de 4 enfants libres et responsables, de collaborateurs compétents dans ma vie professionnelle et d'amis fidèles dans ma vie privée, avec qui j'entretiens des relations claires, basées sur l'expression responsable du vécu et sur le respect des autres et de moi-même.

Ce travail de libération et de recherche d'autonomie, qui passe par des étapes plus ou moins difficiles, se retrouve aussi dans la démystification du système relationnel juge-coupable.

4. Le juge et le coupable

Le juge

Il y a, entre les fonctionnements de juge et de coupable, une complémentarité évidente en ce sens que le juge est aussi un coupable et vice versa.

Le juge est précisément celui qui, pour échapper à son vécu émotif et à sa culpabilité, projette sur les autres, par des jugements péremptoires, son propre vécu et les rend responsables de tout ce qui lui arrive de désagréable.

Le juge se libère de ses problèmes, de ses difficultés, de ses frustrations, de ses déceptions, de ses souffrances en les projetant sur les autres. Il ne prend pas la responsabilité de son vécu parce qu'il a peur de son émotion et se sent lui-même coupable de ce qu'il vit.

La formation de ce fonctionnement débute très tôt dans l'enfance de l'individu et se présente de la façon suivante.

Étant d'abord fréquemment jugé et culpabilisé par des éducateurs non responsables de leur vécu, l'enfant apprend à se juger sévèrement lui-même. Il devient très dur envers lui. Il manifeste alors une peur obsessionnelle d'être jugé de laquelle il se défend en jugeant les autres.

Le schéma 3.12 illustre le fonctionnement du juge.

MONDE EXTÉRIEUR		MONDE INTÉRIEUR
Élément déclencheur - jugement des autres	→	**1. Émotions** - peur de perdre - peur du jugement (amplifiées par un complexe de culpabilité)
		↓
		2. Mécanismes de défense - protection - jugement
		↓
		3. Fonctionnement du juge
		↓
		4. Besoin d'être aimé non satisfait

Schéma 3.12

Comme la plupart des fonctionnements psychiques, celui du juge prend sa source dans le besoin d'amour non satisfait.

En effet, l'enfant se juge et modèle ses comportements en fonction du désir de ses éducateurs pour éviter d'être jugé, rejeté, non aimé. Ainsi, il ne sait pas qui il est, ce qu'il veut parce qu'il est branché sur le besoin de plaire et d'être aimé. Aussi se sent-il non seulement « incorrect » et coupable lorsqu'il est jugé, mais il se sent aussi rejeté. En ce sens, le juge est souvent aussi un coupable et un abandonnique.

Toute la vie de la personne marquée par ce fonctionnement est centrée sur la peur de ne pas être ce qu'elle doit être, de ne pas dire ce qu'elle doit dire, de ne pas faire ce qu'elle doit faire. Elle est donc souvent inhibée, retenue et renfermée. Le jugement qu'elle porte sur elle-même, de même que la peur qui la hante d'être jugée, limite considérablement son pouvoir d'action et de création. Elle s'en protège donc par des jugements péremptoires et intempestifs, qui lui attirent le rejet qu'elle fuit. Autrement dit, le juge fait exactement aux autres ce qui le fait souffrir parce qu'il n'est généralement pas conscient de son processus psychique. Il juge pour ne pas être jugé. Il juge pour se protéger.

En réalité, celui qui est habité par ce fonctionnement psychique n'est pas lui-même ; c'est pourquoi on se sent si mal en sa présence. Sa peur du jugement non exprimée et projetée sur l'autre en fait un être souvent impitoyable et froid qui, par son attitude de supériorité et de culpabilisation, suscite le rejet. Ayant introjecté, dans son éducation, qu'il était incorrect, désagréable, imparfait, il a très peur d'être vu. Il juge ses imperfections et ne les accepte pas, ce qui, bien sûr, l'amène à juger et à ne pas accepter les faiblesses ou les erreurs des autres. Il est aussi exigeant avec les autres qu'avec lui-même. Il n'accepte rien, ne pardonne rien, n'excuse personne. Il juge et culpabilise comme il se juge et se culpabilise, parce qu'il ne se pardonne aucune erreur.

Le juge est au fond un être d'une sensibilité à fleur de peau, un être qui a besoin d'être écouté et accepté sans jugement. L'ANDC^MD est très efficace avec les gens qui ont construit ce système. Par l'écoute non directive créatrice, ils apprennent à s'accepter et à s'aimer sans se condamner.

On ne peut se défaire d'un fonctionnement de juge défensif sans s'entourer de gens qui nous font vivre une expérience de l'autorité différente de l'expérience culpabilisante de l'enfance.

Travailler avec un intervenant qui nous accepte tel que nous sommes sans nous juger, de façon à développer l'amour de soi et à déloger progressivement la culpabilité, c'est se libérer d'un carcan qui empêche de vivre : la peur du jugement et le jugement.

C'est précisément ce rapport commun avec la culpabilité qui lie le juge au coupable. Hyper protégé par le mécanisme du jugement, il se défend contre sa propre culpabilité en culpabilisant. C'est pourquoi il s'attire toujours un être marqué, comme lui, par un complexe de culpabilité, un être qui a développé un fonctionnement de coupable.

Le coupable

Le coupable est un individu qui, lorsqu'il est habité par la culpabilité, a tendance à prendre la responsabilité de tous les problèmes des autres et à s'en défendre par l'autopunition.

Ayant été lui-même culpabilisé par ses éducateurs, le coupable a acquis le sentiment, commun au juge, de n'être pas correct et, pour se défendre contre sa souffrance qu'il refoule, il s'autopunit dans le but inconscient ou non avoué de punir l'autre et de le culpabiliser à son tour.

On retrouve ici le même processus psychique que chez le juge à la différence près du mécanisme de défense. Le premier se défend par le jugement, l'autre par l'autopunition ; mais dans les deux cas, il y a un grand besoin d'amour, une peur du rejet et du jugement ainsi qu'un complexe de culpabilité très prononcé. On observe aussi un lien étroit entre ces fonctionnements psychiques complémentaires et ceux du bourreau et de la victime. Le juge prend du pouvoir comme un bourreau et le coupable se punit comme une victime.

C'est le phénomène d'autopunition qui prend de l'importance dans le cas du fonctionnement du coupable. Par ce mécanisme de défense, ce dernier entretient les jugements du juge, qu'il confirme, mais il devient aussi, d'une façon indirecte, le juge qui, en se punissant, punit l'autre. Cette subtilité entretient par le fait même la culpabilité chez le partenaire, qui continue à se défendre par le jugement, ce qui nourrit la culpabilité du coupable. Et nous assistons à l'établissement d'un cycle interminable qui maintient la dépendance réciproque et l'insatisfaction.

Ce cycle se brise lorsque l'insatisfaction de l'un des partenaires devient insupportable. C'est ce qui est arrivé à Mélanie. Quand elle a décidé d'entreprendre une démarche thérapeutique, elle n'était pas consciente de son mécanisme d'autopunition. Aussi se sentait-elle démunie devant les jugements répétés de Claire, son amoureuse depuis déjà six ans. Non seulement elle prit conscience du mécanisme qui entretenait les jugements de sa compagne, mais elle découvrit comment il se manifestait. Si cette dernière lui reprochait ses retards, elle décidait de ne plus sortir ; si elle jugeait certains vêtements trop provocants, elle les retournait au magasin ; si sa copine lui faisait une remarque négative sur l'émission qu'elle écoutait, Mélanie fermait le poste et s'enfermait dans sa chambre ; si Claire la jugeait malhabile au golf, elle cessait de jouer et allait prendre un verre au bar. Ce système se poursuivait inlassablement au point qu'il leur était devenu impossible de communiquer par peur d'être culpabilisées et rejetées.

Découvrir un mécanisme de défense n'est pas toujours facile puisqu'il intervient spontanément et inconsciemment dans le processus psychique pour le protéger contre la souffrance. Cesser de s'autopunir et de punir l'autre signifiait, pour Mélanie, faire face à sa culpabilité et à sa peur du rejet et du jugement. Remplacer l'autopunition défensive par l'expression du vécu émotif n'est pas une chose évidente. Il existe dans cette démarche un risque de ne pas être accepté dans l'expression des émotions. De plus, cela suppose que Mélanie soit à l'écoute d'elle-même, qu'elle soit attentive à ce qui se passe en elle. Cette capacité ne s'acquiert pas du jour au lendemain puisque, par son attitude défensive, elle s'était coupée de ses émotions, qui lui faisaient peur et dont l'expression possible lui faisait honte. Il y a, dans cette démarche de libération, tout un travail de prise de conscience et surtout d'acceptation et d'amour de soi. C'est par ce processus que l'être humain finit par faire face à son fonctionnement psychique et par trouver des moyens pour améliorer son bien-être personnel et relationnel. C'est aussi par ce processus que se dénouent les fonctionnements complémentaires du missionnaire et du disciple.

5. Le missionnaire et le disciple

Le missionnaire

Le missionnaire est celui qui se protège de son vécu émotif par l'introjection de principes et de croyances qu'il présente aux autres comme des vérités absolues.

Le missionnaire n'admet généralement aucune vérité en dehors de la sienne, ce qui explique son besoin de « convertir » ou de juger ceux qui ne pensent pas comme lui ou qui ne croient pas aux mêmes choses que lui.

Il s'estime d'une certaine façon supérieur aux autres, plus avancé, plus parfait, la perfection étant, pour lui, la capacité de se mouler sur les principes et les croyances de la pensée qu'il représente. Convaincu que sa « croyance » peut sauver les autres, il juge ceux qui n'y adhèrent pas et va même jusqu'à les mépriser.

On trouve ce genre de fonctionnement dans tous les domaines de la vie sociale, politique, intellectuelle et spirituelle. Partout le missionnaire se caractérise par une habileté remarquable à présenter, de façon plus ou moins alléchante, les avantages de ses croyances ou de sa division d'appartenance, et à dénigrer de façon irrespectueuse tout ce qui existe en dehors de lui. Il y a, chez ce type psychologique, un besoin de convaincre, d'avoir raison et un besoin de pouvoir. Comme il est persuadé de détenir la vérité, il s'arroge sur les autres, subtilement ou directement, des pouvoirs remarquables. Étant lui-même victime de ses introjections, il travaille à imprégner les autres des principes et des croyances qui lui ont été greffés lors de son éducation.

Le missionnaire vient généralement d'un milieu familial où les parents fondent leur approche éducative sur des principes et des croyances qu'ils ont eux-mêmes introjectés. Ces parents élèvent leurs enfants dans le respect de règles auxquelles ils se plient eux-mêmes sans savoir si elles conviennent à ce qu'ils sont. Ces principes, de nature religieuse, politique ou sociale, présentés comme des vérités indiscutables, sont imposés aux enfants, qui les adoptent et y modèlent leur pensée, leur vécu et leur comportement. Ces croyances introjectées sont souvent des greffes qui les empêchent de se connaître et de prendre contact avec eux-mêmes parce qu'elles ont pour fonction de les niveler. Comme leur comportement est guidé par les mêmes principes, ils agissent tous de la même façon et pensent tous de la même manière. Sortir des vérités reconnues comme seules valables par leurs éducateurs risquerait de leur faire vivre un rejet et une insécurité insupportables. Habitués à se mouler sur des croyances qui leur viennent de l'extérieur, ils ont besoin de ces cadres de pensée pour guider leur vie. C'est pourquoi, lorsqu'ils se détachent d'une école de principes, c'est pour en adopter une autre. Comme ils n'ont pas été habitués à écouter ce qui se passe en eux, à découvrir ce qui est bon et mauvais pour eux, comme ils ne font pas confiance à leur propre senti, ils se modèlent sur des grilles toutes faites qui leur servent de patrons à suivre sans trop se poser de questions.

On comprend alors pourquoi le missionnaire est aussi un disciple, un être coupé de lui, un être qui trouve son importance et son pouvoir dans l'adoption et la transmission d'introjections qu'il pose comme des vérités. Les deux fonctionnements sont nés du même processus psychique (voir schéma 3.13).

Certains enfants adoptent inconsciemment un fonctionnement de missionnaire et de disciple tout simplement pour s'attirer l'amour de leurs parents. Pour être aimés, ils s'approprient les principes et les croyances qui leur sont imposés. Ils y modèlent toute leur façon de vivre sans jamais se demander si elles leur conviennent ou pas. Toute leur vie est calquée sur un patron dessiné à l'avance, qu'ils essaient de suivre le mieux possible pour ne pas être jugés et rejetés. Ils grandissent avec un besoin de maîtres et de guides parce qu'ils ne savent pas orienter leur vie sur ce qu'ils sont. Ils ne connaissent pas leurs propres besoins, leurs propres pensées parce qu'ils n'ont jamais été à l'écoute de leur vécu.

Le problème du missionnariat est un phénomène international. Des peuples entiers, habités par une croyance philosophique ou religieuse, tentent de convertir les autres à leurs convictions.

MONDE EXTÉRIEUR | **MONDE INTÉRIEUR**

Élément déclencheur → **1. Émotions**
- principes et croyances imposés

1. Émotions
- peur du rejet
- peur du jugement
(amplifiées par les complexes d'insécurité et d'abandon)

↓

2. Mécanismes de défense
- introjection
- projection

↓

3. Fonctionnements psychiques
- missionnaire
- disciple

↓

4. Besoins non satisfaits
- besoin d'être aimé
- besoin d'être rassuré

Schéma 3.13

Est-ce à dire que les maîtres sont inutiles et qu'il faut les bannir? Est-ce à dire que les croyances et les écoles de pensée, dans tous les domaines, sont à rejeter? Bien au contraire. Le problème ne se pose pas de cette façon. La multiplicité des courants de pensée est une richesse où il est agréable de puiser selon nos besoins. Elle nous permet d'acquérir le respect des différences et l'ouverture d'esprit. Les écoles de pensée peuvent aussi nous aider à nous définir et à trouver notre propre voie.

L'homme a besoin de maîtres à différentes époques de sa vie pour se connaître et pour découvrir son propre chemin. Toutefois, lorsqu'il se nie pour suivre le maître et sa pensée, lorsqu'il introjecte des valeurs et des croyances sans vérifier si elles sont ou non en accord avec lui-même, il devient un automate, qui agit sur commande, comme une marionnette.

Il devient alors un disciple sans âme, un être aplani qui répète ce qui lui a été enseigné et qui s'en sert comme d'une vérité pour niveler les autres.

Le disciple

Bien sûr, on ne devient pas disciple sans en avoir la responsabilité. Pour sortir de ce fonctionnement, la personne doit effectuer tout un travail de découverte d'elle-même. C'est la seule façon pour elle de bien distinguer ce qui lui convient de ce qui ne lui convient pas, la seule façon d'établir clairement ses propres points de ressemblance et de différence avec l'école de pensée qu'elle choisit de suivre. Dans ce cas et dans ce cas seulement, ses adhésions à certains courants de spiritualité, de philosophie, de psychologie ou de politique sont des adhésions libres et propulsives. Autrement, cette personne devient le disciple-missionnaire de principes qui lui servent de moules ne correspondant pas à ses états intérieurs.

Le problème de la libération des introjections se pose de façon particulière chez un grand nombre d'adolescents. C'est d'ailleurs souvent ce qui explique les principales causes des « crises d'adolescence », qui font si peur aux parents.

L'adolescence étant la période par excellence d'affirmation de soi, il est tout à fait normal qu'à ce moment de sa vie le jeune cherche à se dégager des introjections imposées par son éducation pour laisser sa vraie nature se manifester.

Il s'engage souvent, à cette période de la vie d'un être humain, une lutte de pouvoir entre les éducateurs, qui veulent continuer à imposer leurs valeurs, leurs principes et leurs croyances, et les adolescents, qui veulent à tout prix trouver leur propre pensée. Malheureusement, ce combat se termine parfois avec un gagnant et avec un perdant : ou bien c'est le parent qui s'efface ou bien c'est le jeune. Dans un cas comme dans l'autre, ce résultat est très néfaste. J'ai vu dans ma carrière d'enseignante au secondaire beaucoup de déchirements entre parents et adolescents causés par des luttes de pouvoir au sujet des valeurs et des croyances.

Je retiens, entre autres, l'histoire de Jeanne, qui, à l'école, était rejetée de la plupart de ses camarades. C'était une fille timide et retirée. On aurait dit qu'elle n'était pas de son temps. Tous les élèves se moquaient de sa coiffure et de son habillement. Quand on connaît le rapport de l'adolescent avec son corps, on peut comprendre la souffrance d'une jeune fille de 14 ans ridiculisée à ce sujet.

Intégrer ce type d'élèves à un groupe, c'est, pour un enseignant, plus difficile que d'intervenir auprès d'un délinquant. Généralement, pour aider ces adolescents, il faut rencontrer les parents. Dans le cas de Jeanne, ces derniers vivaient très retirés à la campagne et ne venaient « en ville » que pour les courses du vendredi soir et la messe du dimanche. Ils élevaient leur fille avec les principes et les exigences qui les avaient façonnés eux-mêmes. Quand on connaît l'éclatement et la libération que connut le Québec dans les années 1960, on ne peut que comprendre le décalage entre les parents qui n'ont pas fait « le saut » et leurs enfants, adolescents. Les parents de Janine étaient implacables. Pour eux, la jeunesse était corrompue et leur fille devait, coûte que coûte, échapper à cette dépravation. Aussi Jeanne ne sortait-elle jamais et ne recevait-elle chez elle aucun ami. De toute façon, elle n'en avait pas. Tous ceux qui la connaissaient la traitaient de « niaiseuse », de « nounoune » ou d'« épaisse ».

Avec elle, je me sentais plutôt dépourvue et impuissante à l'aider. À l'attention que je lui accordais, elle répondait par un attachement démesuré. Régulièrement, elle m'écrivait des poèmes d'amour, qu'elle me remettait avant les cours. Cette attitude m'accaparait beaucoup parce que Jeanne réclamait mon attention de façon possessive, malgré mes limites. Plus je m'intéressais à elle, plus elle s'accrochait à moi. Il me fallait trouver le moyen de l'intégrer au groupe pour qu'elle ait envers moi une attitude moins accaparante. J'ai d'abord choisi de proposer à tous les élèves une activité qui pourrait peut-être faciliter les choses. Je leur ai demandé d'écrire un texte dans lequel ils avaient à faire un portrait d'eux-mêmes, à parler de leur histoire de vie, de leur relation avec leurs parents et de leur vécu par rapport au groupe-classe dans lequel ils se trouvaient. J'ai mis un accent particulier sur le contenu authentique du texte et sur la présentation verbale. Mon intention était de favoriser chez mes élèves l'expression de leur vécu et, conséquemment, de donner à Jeanne une occasion d'exprimer sa souffrance. Lors d'une rencontre personnelle avec elle, je l'encourageai fortement à ne pas fuir l'exercice et à raconter honnêtement son histoire, ce qu'elle fit.

Il faut dire que Jeanne avait honte de raconter sa vie à ses camarades, d'autant plus qu'elle avait toujours, à l'école, dépensé une énergie considérable à la dissimuler et à tenter de paraître « déniaisée » aux yeux des autres. Mais, chez les adolescents, la fausseté n'est pas pardonnée. Pour se faire aimer, Jeanne prenait la mauvaise voie, celle du personnage, pour présenter d'elle une image qui manifestement ne lui ressemblait pas.

Comme elle avait une grande confiance en moi, elle accepta de s'exprimer sur ces sujets qu'elle avait toujours voulu taire à ses camarades : la souffrance du rejet qu'elle vivait en classe et la souffrance causée par la mentalité rétrograde de ses parents. Elle a réussi à parler d'elle sans trop blâmer les autres, en essayant plutôt de se questionner sur les moyens à prendre pour s'en sortir.

L'aveu de son histoire réelle eut un effet qu'elle n'attendait pas. Autant les adolescents peuvent être impitoyables dans certains cas, autant ils peuvent être empathiques dans d'autres cas. La réaction des élèves fut pour elle des plus encourageantes.

À la suite de cette communication, quelque chose a manifestement changé pour elle. D'abord, elle a laissé son personnage, ce qui a rendu ses rapports avec les autres plus vrais. Elle s'est rendu compte qu'en se cachant pour être aimée elle s'attirait le rejet. Elle gagnait donc à être elle-même. L'acceptation progressive des autres à son égard a contribué à augmenter sa confiance en elle. C'est alors qu'elle commença à s'affirmer de plus en plus et à se faire une place dans le groupe.

Son changement ne fut pas sans lui causer de sérieux problèmes à la maison. De fille soumise qu'elle était, elle devenait arrogante et effrontée. Ce n'est que lors de la remise des bulletins que j'ai eu l'occasion de rencontrer ses parents pour la première fois.

Très défensifs et très catégoriques au départ, ils se sont adoucis lorsqu'ils ont compris que mon seul but était d'aider leur fille, qui d'ailleurs obtenait de bien piètres résultats scolaires. Au cours de cette rencontre, j'ai appris et compris beaucoup de choses sur l'histoire de Jeanne. Sa mère, qui était apparemment autrefois une très jolie femme, avait fait avec son père un mariage précipité parce qu'elle était enceinte. Née sept mois après le mariage de ses parents, Jeanne croyait, comme on le lui avait dit, qu'elle était née prématurément. Plus ou moins rejetés par leurs familles respectives pour une question de principes nés de croyances religieuses, les parents de Jeanne s'étaient retirés à la campagne sur un petit coin de terre qu'ils cultivaient, pour cacher leur honte et leur faute. Ils avaient tous les deux tellement souffert de cette expérience qu'ils voulaient à tout prix en préserver leur fille. C'est pourquoi ils l'avaient élevée avec des principes qui limitaient au maximum la liberté de leur enfant. Ces principes, nés d'introjections défensives, et de leur expérience douloureuse, contribuaient à détruire la relation qu'ils souhaitaient établir avec leur adolescente. Je leur proposai donc de raconter honnêtement leur histoire à Jeanne et de lui expliquer pourquoi ils lui imposaient tous ces principes, qui causaient leur désaccord. Je leur suggérai de parler de leurs peurs et de leurs souffrances.

Quand les parents expriment leurs émotions et leur vécu, il est surprenant de voir combien ils se rapprochent de leurs enfants et de leurs adolescents.

Je ne sais pas s'ils ont fait cet aveu à leur fille, mais je sais qu'ils ont adouci leur attitude envers Jeanne.

L'introjection de principes, de valeurs et de croyances naît d'expériences souffrantes de rejet et de jugement. En comprendre la cause, c'est s'ouvrir une porte sur la compréhension, l'acceptation et l'amour de soi-même, et c'est, par conséquent, se donner une ouverture plus grande sur la différence des autres. Il n'y a pas de vérités absolues. Il n'y a que des peurs inconnues d'eux-mêmes desquelles le missionnaire et le disciple se protègent pour ne pas souffrir du manque d'amour. On s'aperçoit, par ce travail sur soi, que les autres, comme soi-même, n'ont pas besoin d'être endoctrinés pour être heureux, mais qu'ils n'ont besoin que d'être aimés. L'endoctrinement maintient dans la dépendance et le missionnaire et le disciple, et détruit leur relation. C'est la même dépendance qui entretient la relation du sauveur et du protégé dont je vais maintenant décrire le système relationnel.

6. Le sauveur et le protégé

<u>Le sauveur</u>

Le fonctionnement du sauveur est l'un de ceux que l'on rencontre le plus souvent dans les relations humaines. On le reconnaît chez celui qui a un besoin compulsif de protéger, de ménager, de prendre les autres en charge pour les empêcher de souffrir.

C'est le fonctionnement d'un grand nombre de parents, de thérapeutes et d'éducateurs, qui ont adopté ce comportement pour se protéger contre leur propre souffrance et leur impuissance.

Le sauveur est celui qui souffre de la douleur des autres et de son incapacité à la faire disparaître. Donc, pour éviter de souffrir lui-même d'impuissance, il tente de diminuer ou de déloger la douleur de l'autre en le protégeant, en le maternant, en le ménageant ou en le prenant en charge.

En réalité, l'attitude du sauveur est une attitude projective. En essayant d'interrompre la souffrance de l'autre, il cherche à extirper sa propre douleur. Au fond, ce n'est pas vraiment l'autre qu'il ménage mais lui-même. Mais pourquoi est-il si concerné par la souffrance des autres ? Pourquoi en est-il si ébranlé ?

Le sauveur, c'est l'enfant qui, très jeune, a été rendu responsable de la souffrance de ses frères et sœurs ou même de ses parents. Très tôt, il a compris que lorsque l'autre est malade, blessé ou malheureux, il doit prendre en charge sa souffrance. Il y a à la base de la formation de ce fonctionnement des sentiments très forts de culpabilité et d'impuissance. Le sauveur, qui a été rendu responsable et coupable de la souffrance des autres, cherchera par tous les moyens à réduire ou même à prévenir cette souffrance pour ne pas lui-même connaître la douleur oppressante de la culpabilité et de l'impuissance. Son comportement de sauveur se manifestera de façon automatique dans toute situation dramatique ou devant toute personne blessée ou malheureuse, même s'il n'est pas directement concerné. Il en viendra à prendre l'autre en charge pour prévenir une blessure éventuelle et se défendre contre sa peur de la souffrance que lui cause le malheur des autres.

C'est d'ailleurs ce que faisait Laurier avec son frère Paul. Partageant tous les deux le même appartement, Laurier, l'aîné d'une famille de sept enfants, avait pris en charge son jeune frère étudiant à l'université. Non seulement il s'occupait de tous ses besoins d'ordre matériel et physique, mais il se sentait responsable de tous les problèmes de Paul tant sur le plan universitaire que sur le plan affectif. Devant les malaises de son frère, Laurier redoublait d'attention, d'affection et prodiguait maints et maints conseils. Il avait établi avec son jeune frère le même type de relations qu'il avait observé chez ses parents. Protecteur inconditionnel de Paul, il en était arrivé, comme sa mère le faisait avec son père, à prendre sur ses épaules la responsabilité de tout ce qui lui arrivait et de tout ce qu'il vivait. Devant ce système de maternage, Paul réagissait comme son père, par des mouvements d'impatience, de l'ingratitude et des colères qui faisaient très peur à Laurier et auxquelles il répondait par plus de ménagement, de protection et de prise en charge et aussi par des plaintes culpabilisantes. C'était vraiment le cul-de-sac incontournable.

Il est très fréquent de voir des enfants d'une même famille adopter entre eux les mêmes systèmes relationnels que ceux de leurs parents.

Le système relationnel qui s'établit entre le père et la mère se retrouve, à cause du phénomène d'identification et par l'influence inconsciente des éducateurs et de leurs modes d'éducation, chez les enfants. Laurier, qui s'était identifié à sa mère, avait développé un fonctionnement de sauveur. Fils aîné d'une mère malade et plaintive, il a grandi dans la souffrance de voir sa mère indisposée et le besoin de faire l'impossible pour la soustraire à ses indispositions fréquentes, voire permanentes. Devant l'insuccès de ses moyens de protection et de prise en charge, il redoublait d'attention pour fuir sa propre culpabilité. En effet, Laurier se sentait profondément coupable du mauvais état de santé de sa mère, qui ne manquait pas d'occasions de se plaindre de tout et de rien. Il n'était jamais à l'écoute de lui-même, sa culpabilité prenant toujours le dessus sur ses propres besoins, ses propres désirs, son propre vécu. « Sauveur » de sa mère, il n'avait jamais remarqué qu'il était aussi dolent qu'elle et que c'était précisément ce côté de sa nature qui provoquait les colères et les rejets de son père et de son frère. C'est au cours du processus thérapeutique avec l'ANDC^{MD} qu'il prit conscience de son mode de fonctionnement. Il découvrit qu'il était non seulement sauveur mais aussi victime, les deux fonctionnements étant parfois indissociables.

C'est ce qui arrive fréquemment à celui qui est marqué par le fonctionnement du sauveur. Il n'est souvent pas conscient qu'en sauvant l'autre il se sauve lui-même et que c'est surtout lui qui a besoin d'aide, que c'est lui qui a besoin de travailler à se défaire de ces responsabilités qui ne lui appartiennent pas.

Dans la relation sauveur-protégé, le sauveur est souvent un perdant parce que ses interventions défensives pour aider l'autre ne sont souvent pas aidantes. Elles ont pour conséquence de suggérer inconsciemment à l'aidé qu'il a besoin d'être pris en charge, qu'il n'a pas la force de s'en sortir seul, qu'il n'est pas en mesure de trouver lui-même les solutions à sa souffrance, qu'il est faible et impuissant.

L'attitude du sauveur entretient la dépendance, l'insécurité et le manque de confiance en eux-mêmes chez ceux qu'ils cherchent à protéger contre leur souffrance. Il y a une conséquence

grave à entretenir une attitude de ménagement et de prise en charge dans nos relations affectives. Cette attitude fausse complètement la réalité intérieure et place la relation sur une base de manque d'authenticité et de manque de vérité qui finissent par la détruire.

Le sauveur ménage son partenaire dans le but conscient de l'empêcher de souffrir. Mais ce qu'il fait surtout, je le répète, c'est, inconsciemment, se protéger contre sa propre souffrance. Il y a donc à la base de ce fonctionnement un besoin d'amour de soi à combler. En effet, plutôt que de s'occuper de ses malaises, le sauveur ménage et protège. On voit bien le lien ici avec le fonctionnement d'abandonnique. Quand il ménage, il se nie quelque part, il n'est pas authentique. Son manque d'authenticité, bien inconscient, rend, à long terme, la présence de l'autre lourde à porter et risque de lui faire perdre celui qu'il a ménagé pour ne pas souffrir d'impuissance.

C'est ce qui est arrivé à Mario. Dans sa relation avec Solange, il s'est toujours privé, et pendant des années, de dire son vécu désagréable pour ne pas la blesser. Comme Solange était de nature très sensible et très impulsive, il avait peur de la faire souffrir et surtout, ce qu'il n'osait pas s'avouer, il avait peur de ses réactions de peine et de colère. Aussi, pour se ménager, il évitait de lui exprimer ses malaises, ses peurs et ses limites.

Solange était une femme qui avait des besoins sexuels très pressants. Pour lui plaire et pour ne pas la frustrer, Mario répondait à ses attentes sans tenir compte de ses propres limites. Il faisait de nombreux efforts pour la satisfaire dans le but de ne pas la décevoir et surtout parce qu'il ne pouvait supporter ses frustrations. Il ignorait qu'en ménageant Solange il créait un fossé dans leur relation. Il ignorait qu'en agissant de cette façon il manquait d'authenticité et qu'il plaçait son rapport avec la femme qu'il aimait sur une base de non-dit qui les éloignait chaque jour davantage au point qu'elle finit par partir en lui reprochant de ne l'avoir aimée que pour son corps. Il vécut ce « verdict » comme une injustice inacceptable. C'est d'ailleurs la souffrance de cette séparation qui l'a mené en thérapie.

Mario n'acceptait pas qu'après avoir fait tout ce qu'il avait pu pour la satisfaire Solange le quitte en lui faisant un tel reproche. Il en était effondré. Il devenait ainsi, à l'entendre parler, la victime d'un bourreau sans cœur et sans âme. C'est au cours de sa démarche thérapeutique avec l'ANDC^MD^ qu'il découvrit comment, par son fonctionnement de sauveur, il s'était attiré ce dénouement. Il prit conscience de sa responsabilité dans cet échec relationnel. C'était la seule façon pour lui de ne pas retomber avec une autre personne dans le même système insatisfaisant qui l'avait perdu dans ses trois relations précédentes. À 40 ans, il se retrouvait seul avec deux enfants de mères différentes, ce qui n'était pas de tout repos. De plus, cette découverte pouvait aussi lui être très bénéfique dans sa relation avec ses enfants qu'il adorait, mais qu'il avait aussi tendance à surprotéger. Pour éviter d'être abandonné de ses enfants comme il l'avait été des femmes qu'il avait aimées, il avait besoin de travailler sur lui-même. On sait que, très souvent, l'enfant surprotégé se révolte et qu'il en veut à ses parents de l'avoir privé de son autonomie. C'est pourquoi le fonctionnement du sauveur mérite d'être élucidé (voir schéma 3.14).

Ce même schéma psychique se reproduit à peu près de la même façon chez le protégé.

MONDE EXTÉRIEUR		MONDE INTÉRIEUR
Élément déclencheur - souffrance réelle ou potentielle des autres	→	**1. Émotions** - sentiment de culpabilité - peur de perdre (amplifiées par les complexes de culpabilité et d'abandon)
		↓
		2. Mécanismes de défense - projection
		↓
		3. Fonctionnement de sauveur - missionnaire - disciple
		↓
		4. Besoin de s'aimer non satisfait

Schéma 3.14

Le protégé

Le protégé recherche inconsciemment quelqu'un pour le prendre en charge, et sa faiblesse apparente suggère aux autres qu'il a besoin d'être ménagé.

C'est l'enfant que ses éducateurs ont toujours défendu auprès des autres enfants et qui n'a jamais fait face à ses difficultés parce que quelqu'un le faisait à sa place.

Le protégé s'attire un sauveur à cause de son attitude dépendante et aussi parce qu'il projette sur les autres son propre besoin d'être pris en charge, ce qui fait de lui aussi un sauveur. Pour bien comprendre cette attirance complémentaire du sauveur et du protégé, revenons à Laurier et à Paul. Sauveur de son frère cadet, Laurier faisait tout pour le protéger de la souffrance. Puis quand Paul rejetait son attention et ses conseils, il s'en plaignait et réussissait ainsi à le culpabiliser et à le rendre responsable de sa propre douleur, ce qui calmait Paul pour un certain temps et lui faisait adopter par rapport à son frère aîné une attitude de douceur et de ménagement, attitude qui entretenait l'insatisfaction dans leur relation parce qu'elle maintenait la complémentarité de leurs fonctionnements psychiques.

On se rend compte ici que ce qui pousse les gens à travailler leurs systèmes insatisfaisants, c'est souvent l'échec relationnel. On s'aperçoit aussi qu'en travaillant sur un système relationnel on touche d'autres éléments, d'autres systèmes dont la compréhension est nécessaire au processus de changement. Rien n'est isolé, détaché dans l'être humain. Toucher un aspect du monde psychologique, c'est influer sur tous les autres; de même, le travail sur une partie du corps n'est efficace que s'il est abordé dans une perspective de globalité. C'est de cette façon que l'ANDC^MD aborde tous les systèmes relationnels, y compris le système supérieur-inférieur.

7. Le supérieur et l'inférieur

Les fonctionnements du supérieur et de l'inférieur se retrouvent généralement chez les êtres marqués d'un complexe d'infériorité.

L'inférieur

L'inférieur est un être qui, à cause d'un manque profond de confiance en lui-même, se dévalorise et se diminue de façon chronique. C'est un perfectionniste qui attend d'avoir atteint l'excellence pour se manifester.

Il lui est pénible de passer à l'action. Il est souvent retiré et frustré parce qu'il ne se permet ni de se tromper ni de faire une erreur, encore moins de subir un échec.

Le point de référence de l'inférieur n'est pas lui-même mais les autres, auxquels il se compare en permanence à son désavantage. Sa frustration lui cause une douleur profonde. Conscient du fait qu'il possède certains talents et certaines capacités, il n'arrive pas à les actualiser parce qu'il est convaincu que les autres peuvent le faire beaucoup mieux que lui-même. Il se perd dans la comparaison. Il donne à l'autre une importance démesurée qui l'empêche d'être en contact avec ses propres valeurs, ses propres capacités créatrices. C'est un être inhibé et malheureux parce qu'il se sous-exploite et ne vit pas à la hauteur de ce qu'il est.

L'inférieur, c'est l'enfant à qui l'on a demandé la perfection et qui a été beaucoup plus dévalorisé qu'encouragé et félicité. C'est celui que ses éducateurs ont comparé défavorablement à ses frères et sœurs, à ses copains, à ses cousins. La comparaison a toujours un effet néfaste sur l'être humain parce qu'elle est formée de jugements qui survalorisent les uns et dévalorisent les autres. Elle comporte aussi le désavantage d'encourager la performance.

L'enfant élevé dans la comparaison orientera ses comportements vers le regard des autres et risquera de se créer des relations fondées sur la compétition et le pouvoir.

Dire à un enfant : «*Ton travail m'intéresse particulièrement, j'aime bien ce que tu as fait*», c'est le reconnaître, le valoriser, l'encourager à continuer, développer sa confiance en lui-même et le propulser. Mais lui dire : «*Ton travail est meilleur que celui de tous les autres*», c'est le supérioriser, c'est le considérer en fonction des autres et non de lui-même, c'est lui suggérer inconsciemment que son importance et sa valeur ne dépendent que de sa capacité à dépasser les autres. Il y a dans cette attitude éducative une reconnaissance non pas pour l'être mais pour sa performance. L'enfant ainsi éduqué aura le sentiment de n'être rien s'il ne dépasse pas ses pairs. Il ne trouvera sa satisfaction et sa raison de vivre que dans ses exploits performants. Il n'apprendra jamais à se reconnaître pour ce qu'il est. Il grandira habité d'une insécurité permanente.

Inversement, l'enfant dévalorisé par des comparaisons qui l'infériorisent éprouvera un profond sentiment d'incompétence.

La comparaison infériorisante ou supériorisante a pour effet, à court et surtout à long terme, d'amener l'être à croire que sa valeur ne tient qu'à ses capacités à être meilleur que les autres.

Dans tous les autres cas, il vivra un sentiment d'inanité.

L'inférieur est un être qui souffre du manque d'amour. Il est habité d'un manque profond d'amour pour lui-même qui vient en bonne partie de son éducation. Ayant grandi avec la conviction que pour être aimé il fallait être parfait et meilleur que tous, il a la certitude inconsciente que s'il n'arrive pas à atteindre ces deux conditions, il sera rejeté ou ne sera plus aimé. Aussi vit-il un déchirement pénible. D'une part il s'efforce d'être parfait et d'être le meilleur parce qu'il croit que c'est la seule façon pour lui d'aller chercher l'amour des autres; d'autre part ses exigences de perfection et de performance étant trop grandes, il est souvent incapable de passer à l'action, ce qui entretient son manque de confiance en lui-même, sa frustration, sa conviction qu'il ne vaut pas la peine d'être aimé.

Sur le plan comportemental, il est bien évident que la meilleure façon pour un inférieur de prendre confiance en lui-même, c'est d'agir. Mais il lui est impossible d'en arriver là sans d'abord prendre conscience de son processus psychique et sans l'accepter (voir schéma 3.15).

L'inférieur, qui a été éduqué par le jugement comparatif, a acquis une habitude automatique à se comparer et à se juger qui l'empêche d'agir et de s'affirmer dans sa différence. Ayant toujours l'autre comme point de référence, il ne sait pas qui il est vraiment. Il n'existe qu'en fonction de l'autre et non de lui-même. Comme son fonctionnement l'amène à se comparer défavorablement, il choisit de fréquenter des êtres qui se supériorisent ou qui ont tendance à se placer au-dessus des autres, ce qui lui permet d'entretenir son sentiment d'infériorité.

<u>Le supérieur</u>

Le supérieur est un être qui, comme l'inférieur, a un grand manque de confiance en lui-même, mais qui présente pour cacher ce manque une fausse attitude de supériorité. Le supérieur est un inférieur qui ne s'accepte pas, qui ne se reconnaît pas comme tel. Ayant été infériorisé, dévalorisé ou insécurisé sur le plan éducationnel, il cherche, pour se protéger contre la souffrance de son impuissance et de ses peurs, à montrer de lui une image contraire de ce qu'il est. Il devient alors vantard, hâbleur, voire menteur, pour donner l'impression qu'il est capable de tout.

Comme l'inférieur, le supérieur a peur de ne pas être aimé s'il n'est pas au-dessus des autres ; aussi se place-t-il dans cette position de supériorité, du moins par la parole lorsqu'il ne peut le faire par l'action. C'est celui de qui l'on dit qu'il est un « grand parleur et petit faiseur ». Le supérieur est une personne qui cherche constamment à prouver aux autres généralement de façon plus ou moins subtile, qu'il est bon, intelligent, capable, débrouillard ou qu'il sait ce que les autres ne savent pas. Cet acharnement à vouloir absolument prouver quelque chose n'est que l'expression d'un besoin de se prouver à lui-même qu'il vaut la peine d'être reconnu et aimé. Son insécurité et son manque de confiance en lui sont tellement grands qu'il les surcompense par des paroles et des gestes qui tentent de prouver qu'il est capable de tout.

MONDE EXTÉRIEUR		**MONDE INTÉRIEUR**
Élément déclencheur - comparaison	→	**1. Émotions** - peur de perdre - peur de décevoir - peur de l'échec - peur de l'erreur (amplifiées par les complexes d'infériorité et de rivalité fraternelle)
		↓
		2. Mécanismes de défense - jugement comparatif
		↓
		3. Fonctionnement d'inférieur
		↓
		4. Besoins non satisfaits - besoin d'être aimé - besoin d'être reconnu

Schéma 3.15

Au fond, le supérieur est un inférieur qui s'ignore ou qui ne s'accepte pas.

Ce sont d'ailleurs les conséquences désagréables de son fonctionnement de supérieur qui ont conduit Marc-André en thérapie. Vivant sa troisième peine d'amour en l'espace de deux ans, il n'arrivait plus à maintenir l'image dégagée qu'il avait réussi à présenter dans les deux premiers cas.

Profondément malheureux et défait, il ne pouvait plus se mentir parce qu'il se heurtait à son manque de confiance et à sa conviction profonde qu'il ne valait pas la peine d'être aimé parce qu'il n'était rien et ne s'aimait pas lui-même.

Marc-André, qui s'était décidé à venir me voir après avoir assisté à une conférence sur l'*Approche non directive créatrice*^MD^, était loin d'être à l'aise pour se livrer entièrement. Je crois que la confiance qu'il avait en moi l'a beaucoup aidé.

Le supérieur a beaucoup de difficulté à accepter l'aide des autres. Ayant adopté ce fonctionnement parce qu'il refuse d'accepter son sentiment d'infériorité, il lui est très pénible de se montrer tel qu'il est vraiment parce qu'il a une peur viscérale de ne pas être aimé. C'est pourquoi on retrouve rarement ce type de personnes en thérapie. Quand elles ont un problème d'ordre relationnel, elles ont plutôt tendance à croire que c'est l'autre qui a besoin d'aide. Il leur faut souvent faire face à une situation dramatique qui leur fait vivre des émotions tellement fortes qu'elles n'arrivent plus à s'en cacher pour se décider à accepter l'aide des autres.

On voit ici jusqu'à quel point l'acceptation du thérapeute est importante pour aider le client à s'accepter tel qu'il est. Cette acceptation est aussi importante chez l'éducateur. S'étant senti accepté et même aimé dans son manque de confiance, dans ses peurs, dans son insécurité, Marc-André a poussé de plus en plus loin la confidence, ce qui lui a permis de découvrir qu'il perdait tous ses amoureux parce qu'il leur donnait une fausse image de lui-même.

La situation de Marc-André est très paradoxale : il « jouait » le supérieur pour être aimé et il s'attirait, de cette façon, exactement le contraire de ce qu'il recherchait, c'est-à-dire le rejet.

Le supérieur est un être qui impressionne pour quelque temps, mais qui finit par décevoir lorsque sont perçus, son insécurité, son manque de confiance en lui-même et son besoin de prouver sa valeur. Ce n'est qu'en se montrant tel qu'il est qu'il trouve l'acceptation qu'il recherche. Malheureusement, le couple inférieur-supérieur s'enlise dans la souffrance et l'incompréhension parce qu'il ne voit pas clairement son fonctionnement. Le supérieur a besoin de l'inférieur pour entretenir son fragile sentiment de supériorité. La réciproque est vraie aussi. Ces deux fonctionnements complémentaires s'appellent et s'attirent tant qu'ils n'ont pas été démystifiés, tout comme dans le cas du système dominateur-dominé.

8. Le dominateur et le dominé

Le dominateur

Le dominateur est un être qui, pour se protéger contre sa fragilité, cherche constamment à se maîtriser, à dominer les autres et, conséquemment, à prendre le pouvoir sur eux.

L'être marqué par ce fonctionnement est habité par la peur de l'inconnu et la peur de sa vulnérabilité. Il contient ses émotions, ses désirs, ses besoins parce qu'il en a peur. Son monde intérieur est tellement nié et retenu qu'il ne le connaît pas. C'est pour lui une menace qu'il faut étouffer pour ne pas être englouti.

Au fond, le dominateur a peur de ses émotions et de ses désirs, et il s'en protège par la rationalisation, c'est-à-dire par la généralisation, la justification, l'explication, l'intellectualisation, la

morale, ce qui l'amène à maîtriser et à contrôler son monde émotionnel et celui des autres.

Le dominateur n'est pas un bourreau, mais un contrôleur. Il cherche constamment à niveler les autres pour se sécuriser. Il contrôle leur vie comme il dirige la sienne. Il ne veut surtout pas faire face à la complexité du vécu humain. Aussi travaille-t-il à le banaliser, à le rationaliser en le plaçant dans les moules d'une généralisation qui aplanit et maintient dans la dépendance.

Le dominateur n'est pas un leader parce qu'il est beaucoup trop directif dans le contenu. Par son attitude défensive, il contrôle les réactions des autres, il contrôle leurs besoins, leurs désirs, leurs peurs comme il le fait des siens. En ce sens, il ne se respecte pas et par conséquent ne respecte pas la différence des autres.

On suit un dominateur par peur et par obligation, et non par admiration et par amour comme on le fait avec le véritable leader.

Un leader, c'est quelqu'un qu'on suit à cause de ce qu'il est et de ce qu'il dégage, c'est quelqu'un qui a sur nous, par sa personnalité, une influence inconsciente propulsive et bénéfique.

Un leader, c'est un être dont la présence et le charisme nous aident à manifester notre différence, à réaliser nos potentialités, à exprimer notre créativité, ce qui n'est pas le cas avec le dominateur.

Souvent placé en situation de pouvoir, l'attitude réprimante du dominateur a pour effet de niveler les personnalités, d'étouffer les potentialités et de réprimer la créativité.

Le dominateur, contrairement au leader, n'est pas un créateur, mais un reproducteur qui se sert d'idées toutes faites pour maintenir son action dirigeante et brimer cette expression du vécu qui lui fait si peur. Il dépense toute son énergie vitale à contenir ses émotions et celles des autres. Son attitude entretient le manque de confiance et l'asservissement.

Le dominateur, parce qu'il se coupe de lui-même, a beaucoup de mal à entrer en relation intime avec les autres. Il a peur de l'amour et de l'affection parce que ce sont des sentiments difficiles à maîtriser. Tiraillé entre son besoin vital d'être aimé et sa peur de sa vulnérabilité, il vit des relations souvent très insatisfaisantes. Le dominateur a, en fait, peur de souffrir comme il a souffert lorsqu'il était enfant, peur d'être rejeté dans son besoin d'amour, peur d'être ridiculisé dans sa sensibilité et dans sa féminité.

On retrouve ce fonctionnement chez un grand nombre d'éducateurs et aussi chez plusieurs enseignants. Yves, qui enseignait l'histoire au secondaire, n'était pas tellement aimé de ses élèves, qui l'avaient surnommé « le robot ». N'étant pas lui-même très entiché de son travail, il limitait son enseignement exclusivement à la matière. Il ne laissait aucune place à l'expression du vécu, à la communication, à l'interrelation. Il ne connaissait de ses élèves que leur nom, leur comportement en classe et leurs résultats en histoire. Toute intervention qui sortait de ce cadre était banalisée, ridiculisée ou rejetée. Les jeunes l'écoutaient parce qu'ils avaient peur du ridicule. Yves les dominait par ce moyen qui l'avait maintenu, lui, sous la domination de ses parents. Il est venu me consulter après avoir assisté à une journée d'animation que j'avais organisée dans son école pour le personnel enseignant. Son but précis était de travailler, le plus efficacement possible, sa perspective de changement de carrière. Il voulait laisser l'enseignement parce que la tâche était trop exigeante et que les élèves étaient moins intéressés et moins intéressants qu'autrefois. Les raisons qu'il donnait à son besoin de changement étaient extérieures à lui-même. En fait, il mettait la responsabilité de son problème sur le monde extérieur. Il constatait que, depuis quelques années, les jeunes ne se laissaient plus diriger facilement.

Comme l'ANDC^MD est une approche qui, comme l'approche rogérienne, est centrée davantage sur la personne que sur le problème, Yves a pu découvrir son fonctionnement de dominateur et les conséquences de ce fonctionnement dans sa vie personnelle et professionnelle. Il comprit pourquoi sa femme, qu'il aimait pardessus tout, l'avait abandonné pour un autre homme.

Yves avait eu une enfance tout à fait spéciale. Sa mère avait quitté son père alors qu'il avait six ans. Ce fut une séparation peu ordinaire qui marqua l'enfant profondément à cause de ses conséquences. Sa mère, qui avait découvert et assumé son homosexualité, était partie avec une autre femme. Cette histoire de la vie de couple de ses parents avait beaucoup influé sur son éducation. En effet, son père, qui avait très peur que son fils devienne homosexuel, a d'abord pris tous les moyens pour en avoir la garde. Il a ensuite élevé son garçon en ridiculisant toutes les réactions, tous les gestes qu'il interprétait comme féminins. Il fallait qu'Yves soit mâle, donc rationnel. Il avait classé l'expression du vécu émotif, l'intérêt pour les arts et les travaux ménagers du côté de la féminité, donc de l'homosexualité. Il s'inquiétait donc de toutes les rencontres qu'Yves avait avec sa mère parce qu'il considérait que cette femme, qu'il avait pourtant follement aimée, était anormale, voire malade.

C'est dans ce climat de domination qu'Yves a grandi. Très jeune, il a appris à contenir ses émotions, ses désirs et ses besoins et à nier ses goûts naturels pour la vie artistique. Au cours de sa démarche thérapeutique, il comprit qu'il avait besoin de dominer par la rationalisation et le contrôle des émotions et des réactions des autres non seulement parce qu'il l'avait été lui-même, mais parce qu'il avait une peur oppressante de ses qualités dites « féminines » et de sa vulnérabilité, qui représentaient pour lui une menace d'homosexualité.

Le processus transitionnel d'Yves dura plus de deux ans. Au cours de cette période, il renoua les liens coupés avec sa mère et entreprit, à temps partiel, une formation de graphiste. Le risque d'être homosexuel ne lui faisait plus peur parce qu'il avait découvert que sa mère était une femme à la fois solide et sensible, fragile et équilibrée. Il réussit à son contact à se défaire de ses préjugés, à accepter celle qui lui avait donné la vie et par conséquent à s'accepter dans sa vraie nature. C'est à ce moment-là qu'il a arrêté sa thérapie, non pas que tous ses problèmes fussent réglés, mais parce qu'il allait beaucoup mieux.

Yves était-il homosexuel ? A-t-il laissé l'enseignement ? La réponse à ces questions, je l'avoue, n'a pas une importance majeure pour un thérapeute par l'ANDC^{MD}. Ce qui est fondamental, c'est que le client découvre qui il est et qu'il agisse dans le respect de lui-même de façon à être bien et heureux. La découverte de son processus psychique et de son fonctionnement de dominateur a servi à Yves de voie de libération.

Le dominateur, tel que dépeint dans le schéma 3.16, est parfois aussi un dominé. Il domine parce qu'il se domine. C'est pourquoi il attire quelqu'un qui a un fonctionnement de *dominé, c'est-à-dire quelqu'un qui, par peur de ses émotions, se domine et se laisse dominer.*

<u>Le dominé</u>

Le dominé est évidemment aussi un dominateur parce que, par attitude projective, il a tendance à faire aux autres ce qu'il se fait à lui-même. Il ne peut se libérer de ce fonctionnement qu'en portant une attention spéciale à ce qu'il vit, en acceptant les peurs qui le paralysent et qu'en ne laissant pas le dominateur contrôler ses émotions et ses réactions. C'est une démarche plus ou moins longue qui ne peut aboutir qu'à la libération par la découverte de soi.

MONDE EXTÉRIEUR		**MONDE INTÉRIEUR**
Élément déclencheur - le ridicule	→	**1. Émotions** - peur de l'inconnu - peur de la vulnérabilité - peur du rejet - peur du ridicule (amplifiées par un complexe d'abandon) ↓ **2. Mécanismes de défense** - rationalisation ↓ **3. Fonctionnement du dominateur** ↓ **4. Besoin d'être aimé non satisfait**

Schéma 3.16

Pour terminer avec les systèmes relationnels, abordons le manipulateur et le manipulé.

9. Le manipulateur et le manipulé

Les fonctionnements de manipulateur et de manipulé prennent leur source, comme tous les autres, dans le besoin d'être aimé et reconnu.

Le manipulateur

Le manipulateur est un charmeur, celui qui se place au service des autres et qui prévient même leurs besoins dans le but de les rendre redevables et d'obtenir ce qu'il veut.

C'est un système des plus aliénants parce qu'il prive l'être de sa liberté.

Le manipulateur a un tel besoin d'amour et d'attention qu'il projette sur l'autre ce besoin en lui prodiguant une attention soutenue qui emprisonne ce dernier. Il se rend indispensable pour les autres de façon à créer une dépendance qui lui assure la fidélité inconditionnelle de ceux qu'il a choisi d'aimer. Il attend de la reconnaissance, de l'amour et de l'acceptation parce qu'il donne beaucoup dans le but intéressé de recevoir quelque chose de précis.

Voici comment s'entretiennent les fonctionnements complémentaires du manipulateur et du manipulé. Quand il veut quelque chose, le premier donne pour atteindre son but et s'assurer l'amour de l'autre, lequel se laisse manipuler et accepte tout parce qu'il se croit aimé et redevable. « Je te donne tout, tu me dois tout. » « Je ne peux pas te refuser ça, tu es tellement bon pour moi. »

Ils dépendent ainsi l'un de l'autre pour répondre à leur besoin pressant d'être aimé.

Mais leur relation, si belle soit-elle en apparence, finit toujours par se ternir lorsqu'une lutte intérieure s'engage entre leur soif d'amour et leur goût de liberté. Prisonnier de ses propres pièges, le manipulateur est tiraillé entre son besoin de l'autre et son besoin d'espace. Il veut être entièrement libre sans respecter la liberté de ceux qu'il aime. Aussi ne supporte-t-il pas leurs limites et n'a-t-il aucune considération pour leur territoire. C'est souvent un envahisseur qui se donne des droits sur les autres sous prétexte que sa générosité lui en donne le pouvoir. Sa façon d'envahir est différente de celle de l'envahisseur décrite précédemment. Il envahit par une générosité, un charme et une gentillesse intéressés.

Le manipulateur procède d'une façon très subtile. Pour comprendre son fonctionnement psychique et son mode de comportement, prenons l'exemple vécu de Rose. Elle était directrice d'une école secondaire et avait 38 ans quand elle est venue me consulter, non pas en tant que thérapeute, mais en tant que pédagogue. Elle voulait que je lui donne des moyens de rendre ses professeurs plus attachés à l'école et plus motivés dans leur travail. Il m'était impossible de m'adresser à Rose en dissociant en moi la pédagogue de la thérapeute. Je suis d'ailleurs profondément convaincue qu'un bon pédagogue a aussi, quelque part, une âme de thérapeute. J'ai donc compris, en écoutant Rose, qu'elle n'était pas satisfaite de sa propre relation avec certains professeurs parce qu'ils ne répondaient pas à ses attentes. On voit ici une caractéristique du manipulateur : il a par rapport aux autres des attentes bien précises et supporte difficilement que ces dernières ne soient pas satisfaites. Aussi, dans ce cas, redouble-t-il d'attention et de générosité tout en étant subtilement incitatif dans ses exigences. Ainsi, pour s'assurer que « ses » professeurs répondent à ce qu'elle attendait d'eux, Rose était très généreuse, très disponible et ne manquait jamais une occasion de les complimenter.

Le compliment est un des arguments les plus forts du manipulateur. Comme l'être humain a besoin d'être reconnu et valorisé, il est évident que le compliment répond parfaitement à ce besoin. C'est pourquoi l'homme se sent généralement si redevable envers ceux qui le reconnaissent. Évidemment, il n'y a rien de répréhensible à être généreux, serviable et à valoriser quelqu'un, bien au contraire. Le problème qui se pose avec le manipulateur, c'est qu'il utilise l'éloge et le service pour placer l'autre au service de ses besoins. Il n'agit jamais gratuitement. Il ne pense pas nécessairement ce qu'il dit. L'important pour lui n'est pas d'être sincère mais d'avoir ce qu'il veut coûte que coûte. Aussi le compliment n'est-il pas une reconnaissance de l'autre mais un moyen systématique dont il se sert, souvent inconsciemment, pour servir ses intérêts. À ce moyen, il ajoute parfois l'offrande de cadeaux, de faveurs et de son temps. Comme il n'est pas entièrement conscient des motifs de son fonctionnement, il ne comprend pas, comme ce fut le cas de Rose, que les gens qu'il « sert » ne lui vouent pas une reconnaissance éternelle. Rose traitait ses professeurs d'ingrats et se disait victime d'une injustice inacceptable. Prise émotivement dans son système, elle était incapable de voir ses responsabilités dans ce qui lui arrivait. En fait, les professeurs qui avaient réagi dans le sens de ses attentes au cours des premières années de son mandat avaient progressivement changé leur attitude pour devenir plus ou moins indifférents aux générosités de leur directrice. Ils en profitaient sans ressentir le besoin de lui rendre la pareille. Impuissante devant leur comportement, elle cherchait désespérément d'autres moyens de se les approprier. Sa démarche auprès de moi, au lieu de lui fournir des moyens, lui a fait découvrir son mode de comportement et son processus psychique (voir schéma 3.17).

Le manipulé

Il est évident que le manipulateur s'associe sur le plan personnel et professionnel à des *manipulés, c'est-à-dire à des êtres qui, pour satisfaire leur besoin d'amour et de reconnaissance, trouvent une satisfaction à se sentir importants aux yeux de quelqu'un qui leur donne de l'importance.* Le manipulé, qui a une soif insatiable d'être aimé, sera reconnaissant envers celui qui lui accorde de l'attention. Il acceptera même d'être utilisé pour ne pas perdre son amour. Il se niera, s'écrasera, se taira parce qu'il est souvent marqué, comme le manipulateur, d'un complexe d'abandon et d'un manque profond d'amour de lui-même.

MONDE EXTÉRIEUR		**MONDE INTÉRIEUR**
Élément déclencheur - indifférence - non-reconnaissance - rejet	→	**1. Émotions** - déception et frustration - peur de perdre l'amour - impuissance - peur du rejet (amplifiées par les complexes d'abandon et d'insécurité) ↓ **2. Mécanismes de défense** - blâme - jugement - accusation - critique - projection ↓ **3. Fonctionnement du manipulateur** ↓ **4. Besoins non satisfaits** - besoin d'être aimée - besoin d'être reconnue

Schéma 3.17

Quand j'ai entendu l'histoire de Marielle, j'ai vu une fois de plus jusqu'où pouvait aller un être marqué du fonctionnement de manipulé pour ne pas perdre l'amour de quelqu'un. Son histoire est celle d'une prostituée qui n'arrivait plus à se sortir des pièges dans lesquels elle s'était emprisonnée. À l'âge de 20 ans, elle avait abouti dans ce réseau à la suite de sa rencontre avec Jef, qui avait le double de son âge. Née dans une famille désunie par des conflits permanents, elle avait quitté son milieu à 15 ans pour travailler comme plongeuse dans une brasserie. Il s'agissait d'un endroit plutôt douteux, dont la clientèle se composait de chômeurs, d'assistés sociaux et de toxicomanes. C'est là qu'elle a rencontré Jef, qui était d'ailleurs un habitué des lieux. Bafouée dans son milieu familial, Marielle trouva en cet homme la première personne au monde prenant le temps de s'occuper d'elle, de l'écouter et de la reconnaître. Elle connut au cours des premiers mois de leur rencontre les plus féeriques moments de sa vie. Elle éprouvait envers Jef une reconnaissance infinie, lui portait un amour sans bornes, avait en lui une confiance aveugle. Il était tellement bon, tellement généreux qu'elle en oubliait ses attitudes louches, ses amis bizarres, ses problèmes d'alcoolisme et les mystères de sa vie, auxquels elle n'avait pas accès. C'est d'abord à la drogue qu'il l'entraîna, pour ensuite la pousser à la prostitution. En dépit de ses réticences, de ses peurs et de ses répulsions, elle répondait toujours aux désirs de Jef parce qu'elle ne voulait pas le perdre et qu'elle lui était reconnaissante pour tout ce qu'il lui avait donné. Elle se retrouvait à 20 ans dans un rouage qui la rendait très malheureuse. Quitter ce travail, c'était pour elle perdre le seul être qui l'avait un jour reconnue, mais qui maintenant la faisait marcher par la peur.

Malheureusement, elle n'a pas poursuivi sa démarche avec moi. Sa peur la maintenait prisonnière d'un système duquel elle n'arrivait pas à se dégager. Bien sûr, l'histoire de Marielle raconte un cas extrême de manipulé mais non moins intéressant pour autant. Elle nous fait voir comment et pourquoi le manipulé en arrive à ne plus exister pour garder l'amour des autres.

On voit ici comment le besoin et le manque d'amour sont à l'origine de la formation de tous les systèmes relationnels que ce soient l'amour des autres ou l'amour de soi. Est-ce à dire que les parents sont responsables de leur formation ?

Je crois que nous dégager, au détriment des autres, de toute responsabilité par rapport à ce que nous sommes ne fait que nous enlever les moyens de nous libérer de nos fonctionnements insatisfaisants.

Il est clair que nous les avons intégrés inconsciemment lorsque nous étions jeunes, mais nous avons maintenant seuls la possibilité de nous en libérer de façon consciente. En attribuer la responsabilité aux autres, c'est nous enlever ce pouvoir.

Comme le fonctionnement est souvent un mode de comportement complémentaire à un mode opposé, est-ce à dire qu'il est préférable de le travailler en couple ? Dans la conception de l'ANDC^MD, il est important que chacun des membres du couple comprenne et démystifie ses propres modes de fonctionnement psychique pour en travailler les conséquences relationnelles en situation thérapeutique. Il est possible de faire cette démarche dans une relation thérapeutique individuelle ou même en couple. Aborder un système relationnel, c'est toucher par le fait même tous les processus psychiques qui sont à l'origine de sa formation, c'est découvrir les besoins fondamentaux, c'est apprendre à être à l'écoute des émotions, des désirs, des peurs et à s'en servir pour libérer les insatisfactions. Aborder un système relationnel, c'est prendre conscience des complexes et des mécanismes de défense, et c'est aussi comprendre enfin ce qui pousse la personne à agir de façon automatique et frustrante.

Travailler un fonctionnement insatisfaisant sur le seul plan du comportement, c'est comme tenter de guérir un mal de tête avec un médicament chimique. Le symptôme disparaît, mais le mal gruge encore à l'intérieur et se manifeste de la même manière ou d'une manière différente.

En ce sens, l'ANDC[MD] tient compte de la subjectivité et de la subtilité du monde psychique et aussi de l'effet du monde extérieur. Il y a, en fait, interrelation et interinfluence entre ces deux mondes. Des stimuli principalement inconscients de l'entourage agissent sur le psychisme de l'individu, qui réagit de façon comportementale en fonction des répercussions de ces stimuli sur son propre fonctionnement interne. Réciproquement, le vécu psychique d'un être humain se dégage inconsciemment pour influencer son entourage. L'effet de cette interinfluence sur l'individu n'est ni observable ni mesurable parce que l'action réciproque d'un individu sur un autre passe d'abord par le vécu émotif et mobilise tout le psychisme, qui réagit en fonction de ce qui se vit consciemment ou inconsciemment en lui-même. On ne peut donc tirer des conclusions sur la personne humaine, faire des interprétations ou porter des jugements en se fondant uniquement sur la seule observation du comportement. Il se passe, à l'intérieur du psychisme, trop d'éléments importants qu'on ne peut négliger dans l'approche éducative et thérapeutique, des éléments tels que les besoins, les désirs, les émotions, les sentiments, les mécanismes de défense, les complexes, voire les intuitions, qui sont des guides de l'action. Tous ces éléments, présentés séparément ici pour les besoins de satisfaction de la conscience rationnelle, sont en réalité imbriqués les uns dans les autres et s'interinfluencent constamment. Il y a en l'homme, comme le disait Jung, une part importante d'irrationnel et de non mesurable qui fait que personne d'autre que l'individu concerné ne peut se définir, s'étiqueter et s'interpréter. C'est cette part d'irrationnel qui le rend unique et seul capable de trouver les réponses à ses questions et les solutions à ses problèmes parce qu'elle forme, avec la partie rationnelle, une force qui propulse l'être humain vers sa réalisation et son autonomie.

Faire de la relation d'aide selon l'ANDC^{MD}, que ce soit en tant qu'éducateur ou professionnel de la santé physique ou psychique, c'est être en mesure d'aider l'éduqué, le client ou le patient à voir clair en lui-même, à comprendre son fonctionnement intérieur de façon à ce qu'il récupère le pouvoir sur sa vie, qu'il cherche en lui-même, par la connaissance qu'il en a, les solutions à ses problèmes et, conséquemment, qu'il apprenne à développer l'amour de lui-même, sans lequel il n'y a pas de changement véritable. C'est cet amour de soi, qui sert de fondement et d'objectif au processus thérapeutique d'évolution, qui fait l'objet du prochain chapitre.

Chapitre 4
Respect du processus de libération et de changement

Le processus thérapeutique de changement de l'ANDC[MD] est un processus non directif créateur parce qu'il est centré sur le respect du fonctionnement psychique de la personne humaine et de son rythme de croissance. Il s'agit d'une démarche initiatique en ce sens qu'elle a pour but la mort du personnage et la renaissance de la personne.

Changer selon la conception de l'ANDC[MD], c'est devenir de plus en plus authentique, c'est être de plus en plus soi-même, c'est travailler à faire renaître la personne enfouie sous les traits du personnage créé par l'introjection, c'est aller à la recherche de sa vraie nature.

Changer, c'est trouver ses critères personnels de satisfaction et de bonheur. Changer, c'est exploiter toutes ses dimensions sans en exclure ou sans en privilégier une seule.

Voilà pourquoi la démarche thérapeutique de changement de l'ANDC[MD] n'est pas axée sur la résolution de problèmes mais sur l'attitude à adopter vis-à-vis de ces problèmes. Travailler l'attitude qui est le reflet incontrôlable de la personne globale et de son fonctionnement psychique inconscient, c'est travailler non pas à résoudre les difficultés mais à y faire face avec plus de pouvoir. Dans son travail, le thérapeute par l'ANDC^{MD} respecte le rythme de croissance de l'aidé. Ce rythme suit certaines étapes qui ne peuvent être escamotées si l'on veut en arriver au changement véritable. Ce sont ces étapes du processus d'évolution, qui sont en fait les étapes de notre libération, de notre renaissance, de notre transformation profonde, qui font l'objet de ce chapitre.

Pour aborder les choses de façon plus concrète, disons que tout aidé, quel qu'il soit, passe par chacune de ces étapes pour atteindre la satisfaction qu'il recherche, pour atteindre sa réalisation et l'amour de lui-même :

A. La prise de conscience

B. L'acceptation

C. La responsabilité

D. L'expression

E. L'observation

F. Le choix des mécanismes de protection

G. Le passage à l'action créatrice

Pour aborder ce processus, il est essentiel de savoir que lorsque nous vivons un problème, le respect de ces étapes conduit de façon certaine, à plus ou moins long terme, au changement et à la satisfaction. L'échec du processus dépend tout simplement du fait qu'une ou plusieurs étapes ont été escamotées.

Généralement, quand nous nous heurtons à un problème, nous cherchons des moyens rapides de le régler par le changement du comportement extérieur, comme l'a fait

Juliette. Son histoire est assez spéciale. Née d'une mère *victime* qui se plaignait constamment des attitudes et des réactions du père, Juliette, qui voulait protéger la mère qu'elle aimait, a choisi inconsciemment, très jeune, de remplacer l'homme de la maison auprès de cette femme si malheureuse. Aussi a-t-elle développé au maximum ses qualités masculines pour devenir l'homme que sa mère attendait. À 20 ans, elle avait une allure très masculine et souffrait énormément parce qu'aucun garçon ne lui manifestait de l'intérêt et de l'attention. Elle avait vingt-trois ans quand elle a vu son premier thérapeute. Celui-ci lui a conseillé fortement de changer son apparence extérieure en portant des jupes au lieu de pantalons, en faisant allonger ses cheveux, en maquillant ses yeux. Juliette, qui voulait vivre une relation amoureuse comme celle de sa sœur Annie, a fait de nombreux efforts pour suivre les conseils de son thérapeute, mais en vain. Elle se sentait fausse, artificielle et ridicule dans ces déguisements. Elle a donc laissé sa démarche thérapeutique pour la poursuivre un an plus tard avec moi. C'est alors qu'elle a compris et accepté pourquoi il lui avait été impossible de régler son problème par des changements de comportement. En effet, son choix inconscient de s'identifier à un garçon lui avait valu l'amour de sa mère et aussi celui de son père, qui avait toujours souhaité avoir un fils. Juliette avait non seulement une apparence masculine, mais elle avait aussi appris, avec son père, à être une excellente joueuse de hockey, de baseball et de football.

Changer son allure extérieure pour la rendre plus féminine, c'était toucher sa peur inconsciente de ne pas être aimée par ses parents. Elle avait adopté cette attitude pour ne pas perdre leur amour; elle ne pouvait la changer sans reconnaître et sans accepter son besoin d'amour et sa peur de perdre. Elle ne pouvait non plus changer quoi que ce soit sans accepter le mécanisme de défense qu'elle avait adopté inconsciemment pour se protéger contre cette peur, c'est-à-dire le personnage masculin. Ce sont cette connaissance et cette acceptation d'elle-même qui lui étaient nécessaires pour s'ouvrir au changement. Autrement, le changement aurait été artificiel et peu durable. La compréhension de son fonctionnement psychique et le respect des autres étapes du processus de libération ont permis à Juliette de travailler non seulement son problème avec les hommes mais aussi tous ses problèmes relationnels, y compris ceux qui marquaient depuis toujours sa relation avec ses parents. Juliette avait un besoin vital de plaire et d'être aimée au point de se nier elle-même. Lui faire changer uniquement son comportement pour régler le problème, c'était lui suggérer inconsciemment que, pour être aimée, elle devait répondre aux critères des autres comme elle l'avait toujours fait, sans se respecter elle-même. Aborder un problème en se concentrant sur le fonctionnement de la personne, c'est aider cette dernière à prendre le pouvoir sur sa vie et lui donner des moyens de faire face à toutes les difficultés sans qu'elle ne se sente trop démunie. C'est en lui-même seulement que l'être humain peut trouver la solution à tous ses problèmes et c'est par ses propres outils intérieurs qu'il peut les résoudre. Voilà ce que permet d'atteindre le processus d'évolution de l'approche non directive créatrice^MD^. Pour le rendre plus compréhensible, je développerai chacune des étapes qui le composent.

A. Prise de conscience

Le *Petit Robert* définit la conscience comme la « *faculté d'avoir une connaissance de soi ou comme un état dans lequel l'être humain se connaît tel qu'il est, ce qui lui permet de bien se distinguer des autres.* »

La conscience de soi constitue vraiment la première étape du processus de libération et de changement. Sans elle, il n'y a pas de transformation possible. Déjà Socrate, il y a 2000 ans, par son « *Connais-toi toi-même* », avait compris l'importance capitale de la connaissance de soi.

Dans la conception de l'ANDC^{MD}, cette conscience de soi, qui se fait par étapes et progressivement, est essentielle pour se réaliser et pour aider les autres à le faire.

Plus s'agrandit notre champ d'ouverture sur nous-mêmes, plus s'agrandit notre champ d'ouverture sur le monde.

Autrement dit, la véritable connaissance du monde passe inévitablement par la connaissance de soi ; autrement, elle n'est qu'un savoir désincarné et non intégré.

L'éducation scolaire, si elle reste centrée sur l'apprentissage de connaissances intellectuelles, de principes et de croyances toutes faites, a pour conséquence de former des têtes pleines qui ne sont pas munies pour affronter la vie. Des milliers de personnes sortent des écoles et apprennent tant bien que mal à se débattre dans un réseau de relations humaines complexes, où elles n'arrivent à se glisser que par des comportements empruntés et des mécanismes de défense inconscients qui leur assurent un équilibre bien précaire. En réalité, c'est souvent par la négation d'eux-mêmes que les hommes se fraient un chemin dans leur vie.

Sur le plan relationnel, ils tentent de répondre à l'image type du travailleur idéal présentée implicitement par le milieu. Leurs contacts sont faits de gestes calculés, de paroles pesées et de comportements standardisés parce qu'ils ne sont pas prêts à faire face à la complexité et à la mouvance qui les habitent. Ils connaissent beaucoup de choses sur leur travail mais à peu près rien sur eux-mêmes. Ils sont pour eux un labyrinthe inconnu qu'ils refusent de traverser parce qu'ils sont insécurisés par la noirceur d'un monde qui les suit partout, d'un monde qui les dépasse, d'un monde qui les guide à leur insu.

Préparer des êtres humains à la vie, c'est d'abord et avant tout leur apprendre à se connaître et à s'accepter tels qu'ils sont et c'est ensuite leur apprendre à vivre les relations humaines dans le respect de leur différence et de celle des autres.

Sans cet apprentissage, l'homme reste un automate qui suit des normes, qui réagit de façon automatique à tout événement et qui ainsi perd le pouvoir sur sa vie.

C'est la connaissance de soi qui est vraiment à la base de toute formation. C'est la prise de conscience de ce que nous sommes qui devrait être le support de toute forme d'éducation. Cette prise de conscience commence par l'apprentissage inhabituel de l'écoute de soi. Apprendre à être attentif à ce qui se passe en soi n'est pas chose évidente. C'est plutôt à la fuite de soi que l'éducation nous convie, ce qui a pour conséquence qu'elle participe à la formation de fonctionnements qui rendent les relations superficielles et insatisfaisantes.

Apprendre à être à l'écoute de soi, c'est accepter de porter une attention constante à nos malaises ou à nos bien-être physiques et psychiques.

Au lieu de mettre nos corps et nos cœurs à la disposition des spécialistes dans l'attente passive qu'ils nous fournissent la recette miracle de la guérison, nous apprenons, avec l'écoute de soi, à prendre notre vie en main.

Non pas que nous n'ayons plus besoin des autres, mais au lieu de donner aux autres l'entière responsabilité de nous soulager, nous apprenons ainsi à être les principaux agents de nos propres transformations.

S'écouter, c'est sentir tous les malaises et toutes les tensions du corps ; c'est aussi ressentir le vécu, les émotions, les sentiments. C'est parce que l'homme n'arrive pas à se sentir et à ressentir qu'il se crée des maladies physiques et psychiques plus ou moins graves. Le manque d'attention à ce qui se passe en lui, en particulier à l'émotion, pousse l'individu à régler ses malaises en luttant contre sa souffrance par l'adoption automatique de mécanismes de défense qui mobilisent une grande partie de l'énergie vitale. Ne pas écouter le langage du corps et de l'émotion, c'est nager à contre-courant et se priver des ressources énergétiques nécessaires à la création et à la réalisation de soi. L'écoute de soi est le point de départ d'une prise en charge de sa vie qui conduit à la libération. Apprendre à écouter ce qui se passe en soi, c'est souvent, surtout pour celui qui n'en a pas l'habitude, faire face au chaos, au néant. Le monde des émotions, des sentiments et des désirs est tellement complexe et chargé qu'il est difficile de déceler, dans ce magma, la source émotive de nos problèmes.

La connaissance de soi commence d'abord par la reconnaissance de ce trouble indéfini qui nous habite sporadiquement ou constamment.

C'est précisément cette reconnaissance qui nous mènera plus loin et nous aidera à éclairer le labyrinthe de façon à nous préparer à le franchir avec plus de sécurité. Être à l'écoute de ce magma, c'est ouvrir la porte de l'identification des émotions, des besoins, des complexes, des mécanismes de défense et des systèmes relationnels, c'est prendre la route de la découverte de notre fonctionnement psychique. Être attentif à ce qui se passe en nous, c'est nous donner la possibilité de prendre conscience et de connaître ce qui nous habite et nous constitue, tant physiquement que psychiquement, de façon à pouvoir nous donner les éléments qui nous permettent de devenir les maîtres de notre vie.

Bien qu'essentielle au processus de libération et de changement, la prise de conscience de nos malaises et de nos bien-être physique et psychique n'est que la première étape du processus de transformation. Elle ne suffit pas. En effet, je ne crois pas que le seul fait de prendre conscience de nos souffrances ou de la source de nos souffrances suffise à nous en libérer. Je ne crois pas que le seul fait de connaître nos systèmes relationnels et de connaître ce qui les constitue suffise à faire disparaître la douleur qu'ils nous causent.

La prise de conscience a pour avantage de donner des éléments d'information qui

permettent d'aller plus loin. Mais se limiter à elle seule, c'est tout simplement ouvrir la porte du changement et rester sur le palier.

Une deuxième étape suit la «prise de conscience» : l'acceptation.

B. Acceptation

Il n'y a pas de changement ou de transformation possible sans acceptation de soi. C'est l'une des étapes les plus difficiles à franchir. Beaucoup de gens n'arrivent jamais à traverser cette étape parce qu'ils jugent condamnable ce qu'ils sont.

S'accepter tel qu'il est n'est pas chose facile pour celui qui dépense une grande partie de son énergie à se cacher derrière le personnage qu'il voudrait être. La peur du rejet et du jugement demeure l'une des plus importantes qui soient. Pour être accepté de son entourage, pour ne pas être jugé, l'enfant modèle sa personnalité sur ce que ses éducateurs voudraient qu'il soit et non sur ce qu'il est vraiment. Très jeune, il découvre la honte, cet insupportable sentiment d'humiliation et d'infériorité qui intervient chaque fois qu'il dévoile cette partie de lui-même qui est jugée inacceptable, irrecevable. Pour ne pas vivre ce sentiment intolérable, il choisit très tôt de se mouler au modèle proposé ou imposé et de nier sa vraie personnalité.

La plupart des personnes qui font des démarches thérapeutiques ou des démarches de croissance le font dans le but de se débarrasser de certains éléments qui les constituent, ce qui les fait passer d'une thérapie à une autre, d'une école de développement personnel à une autre pour se retrouver, au bout du compte, avec un plus gros bagage de mécanismes de défense pour se protéger contre eux-mêmes. Ils apprennent ainsi à se blinder, ce qui a pour seul avantage de les couper de l'émotion et par conséquent de les rendre insensibles à la souffrance. À long terme, ces fortifications sont la cause de problèmes physiques, psychiques et relationnels plus ou moins graves qu'ils ne savent plus affronter.

C'est le cas de plusieurs clients que j'ai rencontrés en thérapie. Ils arrivent avec l'espoir et l'attente claire que je leur trouve enfin le moyen par excellence de se débarrasser de leur nature colérique, jalouse, hermétique, intolérante, passive, sensible ou émotive. Pour illustrer ceci, je raconterai l'expérience de Jules. À cause de son histoire de vie, il avait développé un complexe de rivalité fraternelle qui lui faisait vivre un sentiment intense de jalousie chaque fois que quelqu'un était valorisé, reconnu en sa présence. Toute sa vie, il avait lutté énergiquement pour cacher ce sentiment qu'il jugeait horrible et qui contaminait toutes ses relations affectives. Après avoir fréquenté différents centres de croissance, il se retrouvait en possession de nombreuses méthodes de rationalisation, de pensée positive, d'affirmations de toutes sortes qui avaient donné des résultats à court terme, mais qui n'avaient pas suffi à le libérer de cette jalousie qui revenait sans cesse et qui le possédait de toutes parts. Plus il luttait contre elle, plus elle prenait de place.

Lutter contre soi-même, c'est nager à contre-courant pour finalement se retrouver au même point, mais avec moins d'énergie.

Jules a été très surpris lorsque je lui ai fait remarquer qu'il ne s'acceptait pas dans sa jalousie. Comment pouvait-il accepter ce monstre qu'il combattait depuis des dizaines d'années ? Il attendait de moi que j'extraie de son psychisme les éléments qui le faisaient souffrir. L'ANDC[MD] *n'est pas une thérapie d'extraction mais une thérapie de transformation par l'acceptation.* Tant que Jules n'a pas accepté sa nature jalouse, il a lutté contre cette partie de lui-même. Il est devenu alors son propre ennemi parce qu'il y avait en lui une partie qui se battait contre l'autre. Cette guerre intérieure peut durer toute une vie. C'est l'affrontement perpétuel de la personne et du personnage. Seule l'acceptation de la personne peut arrêter cette guerre. C'est quand Jules a pu s'accepter comme un être jaloux sans se condamner, sans se juger anormal ou incorrect qu'il s'est réapproprié son énergie vitale pour se créer à partir de ce qu'il est.

C'est avec ce qu'il est que l'homme doit composer sa vie, non avec ce qu'il croit qu'il devrait être.

Pourquoi Jules refusait-il de reconnaître cette partie de sa nature véritable ? Tout simplement parce que, dans son histoire éducative, il avait été carrément rejeté et jugé chaque fois qu'il avait manifesté sa jalousie. Il avait appris très jeune que, pour être aimé de ses parents et de ses autres éducateurs, il devait écraser ce sentiment visiblement horrible et méprisable. Il avait développé, à l'égard de sa jalousie, une honte insupportable qui rendait sa souffrance deux fois plus grande. En plus de souffrir de son sentiment de jalousie, il souffrait d'une humiliation profonde à la seule pensée qu'elle pourrait être perçue de son entourage. C'est d'ailleurs le problème de tous ceux qui n'acceptent pas quelque chose d'eux-mêmes : ils dépensent une énergie incroyable à lutter contre ce qu'ils sont et à vivre ce sentiment de honte qui les engloutit davantage.

Franchir l'étape de l'acceptation, c'est se donner le droit d'être soi-même avec ses forces et ses faiblesses. Reconnaître ses faiblesses, c'est se donner la possibilité de reconnaître aussi ses forces et de les utiliser pour se créer. Reconnaître ses faiblesses, c'est se donner la chance d'apprendre à vivre avec ce qu'on est au lieu d'apprendre à vivre en luttant contre soi. Lutter contre soi-même, c'est essayer de vivre en rejetant une partie de sa nature. Celui qui se rejette a tendance à rejeter les autres, ce qui fait qu'il est lui-même souvent rejeté. S'accepter, c'est se respecter dans sa globalité et apprendre à respecter les autres pour ce qu'ils sont et non pour ce qu'on voudrait qu'ils soient, dans le respect de nos limites. C'est en nous acceptant tels que nous sommes dans nos besoins, dans nos émotions, dans nos complexes, dans nos mécanismes de défense, dans nos fonctionnements psychiques que nous pourrons utiliser ce que nous sommes pour croître et nous réaliser. Passer notre vie à essayer de nous changer pour devenir une image idéale dans le but d'échapper au rejet et au jugement, c'est nous amputer, par le jugement que nous portons sur nous et le rejet de ce que nous sommes, de l'énergie créatrice de la transformation profonde.

Changer, c'est paradoxalement arrêter de se changer pour devenir authentique et vrai.

Changer, c'est nous libérer de tous les principes et de toutes les croyances qui nous empêchent d'être nous-mêmes.

Changer, c'est apprendre à se soustraire du pouvoir que l'on donne au regard de l'autre pour découvrir le respect inconditionnel de soi-même.

Changer, c'est laisser mourir le personnage qui nous étouffe pour faire renaître la personne.

Changer, c'est nous transformer dans le sens de notre vraie nature.

Changer, c'est, pour employer une image, nager dans le sens du courant énergétique qui nous habite et nous constitue.

Changer, c'est apprendre à nous choisir en permanence plutôt que de modeler notre vie sur le monde extérieur.

Changer, c'est apprendre à vivre avec ce que nous sommes.

Changer, c'est tout simplement s'accepter. Il n'y a pas d'autre voie.

C'est d'ailleurs ce qu'a réalisé Céline, qui avait passé sa vie à lutter contre son indiscipline. Elle n'avait aucun sens de la ponctualité, de la parole donnée et de la structure sous toutes ses formes. C'était une femme qui manquait beaucoup de sécurité et qui n'avait aucune notion de territoire et de limites. Le problème qui se posait pour elle était qu'elle travaillait depuis des années à devenir disciplinée, structurée, organisée, mais en vain. Élevée par un père hyper autoritaire et hyper discipliné, elle se sentait très malheureuse et très anormale dans son indiscipline. Aussi cherchait-elle constamment à la cacher. Pour ce faire, elle avait adopté les mécanismes du mensonge et de la manipulation. Elle avait acquis une habileté à mentir et à manipuler qui faisait marcher même son père. C'était d'ailleurs le seul moyen qui lui permettait d'amadouer cet homme rigide et de le désarmer. À 29 ans, elle se retrouvait en thérapie parce qu'elle souffrait profondément du manque de confiance que les gens avaient en elle, ce qui, bien sûr, entretenait son insécurité. Tant que Céline n'a pas accepté son fonctionnement psychique, c'est-à-dire son grand besoin d'amour et de reconnaissance, ses complexes d'abandon et d'insécurité, ses peurs du rejet et du jugement ainsi que ses mécanismes de défense (mensonge et manipulation), elle ne pouvait pas voir qu'elle était aussi très souple, très disponible, très ouverte, très généreuse et qu'elle avait cette sensibilité et cette douceur qui la rendaient, aux premiers contacts, si attachante. Elle ne pouvait non plus être à l'écoute de la créativité qu'elle n'exploitait pas par manque d'encadrement.

C'est l'acceptation qui a permis à Céline de se transformer. Ce qu'elle eut le plus de mal à accepter fut sa tendance naturelle à mentir. Quand elle comprit qu'il s'agissait d'un mécanisme de défense qu'elle utilisait pour garder l'amour des autres, elle l'accepta d'autant plus qu'elle réalisa que, par ce moyen, elle s'attirait le contraire de ce qu'elle recherchait.

Ce n'est que par l'acceptation que nous pouvons apprendre à vivre avec nous-mêmes et à trouver les moyens d'utiliser nos énergies positives et négatives pour construire notre vie. C'est un objectif dont la réalisation passe par la responsabilité.

C. Responsabilité

La transformation commence d'abord par la prise de conscience et l'acceptation de ce que l'on est. Mais ces deux étapes essentielles à notre renaissance ne suffisent pas pour susciter la métamorphose que nous recherchons. Nous connaître et nous accepter ne peuvent conduire au changement que si nous savons nous responsabiliser. J'ai déjà parlé de la responsabilité comme fondement de l'*Approche non directive créatrice*^MD^. J'en parle maintenant comme condition indispensable au changement. Il n'y a pas de renaissance possible sans capacité à prendre la responsabilité de ce que l'on est et de ce que l'on fait. On voit ici comment il importe de se connaître et de s'accepter pour être responsable.

La responsabilité, je le répète, c'est la capacité d'un individu à se prendre en charge, à s'assumer et à se réaliser le plus entièrement possible.

L'être qui rend toujours les autres responsables de ce qu'il vit, de ce qu'il dit, de ce qu'il choisit et de ce qu'il fait se prive en permanence d'un besoin fondamental chez l'être humain, le besoin de liberté.

En effet, rendre les autres responsables de ce que nous sommes, c'est leur donner du pouvoir sur notre vie, c'est nous rendre dépendants et nous enlever toute possibilité d'autonomie et de changement. Au lieu de rechercher en nous la cause de nos malaises, de façon à nous donner des moyens d'action pour nous transformer, nous mettons sur l'autre la responsabilité de nos souffrances, ce qui nous place dans une situation de victime qui tente de changer l'autre ou, si l'autre ne change pas, de victime qui accuse, blâme, critique, reproche, rejette. Ce genre de comportement, que l'on retrouve partout, ne favorise aucun changement, aucune transformation. Il ne peut mener qu'à l'insatisfaction, la déception, la frustration.

La responsabilité constitue la voie de l'autonomie. Il n'y a pas d'autre route possible pour devenir autonome.

Annie avait un grand besoin d'amour et d'affection dans sa relation de couple. Malheureusement, il y avait entre elle et son partenaire une certaine froideur, une certaine distance qui s'était installée au fil des ans et qui la rendait triste et toujours insatisfaite. Elle reprochait à son compagnon d'être insensible et impassible, ce qui avait pour effet de l'éloigner davantage. Au cours de sa thérapie avec l'*Approche non directive créatrice*MD, elle prit conscience du fait que, pour satisfaire ses besoins, elle cherchait à changer « l'autre » plutôt que de se changer elle-même. Le besoin d'amour et d'affection n'a pas disparu, mais au lieu d'attendre que son mari change pour le combler, elle a cherché une façon de prendre la responsabilité de ses besoins. Cette nouvelle attitude lui a permis de faire de nombreuses découvertes sur elle-même. Elle a compris pourquoi elle s'empêchait de satisfaire ce besoin fondamental. Elle exprimait à son partenaire un double message. D'une part elle voulait de l'affection et de la tendresse, et d'autre part elle en avait peur, ce qui la rendait plutôt distante et froide. Elle avait en effet très peur de s'abandonner dans cette relation parce qu'elle craignait de souffrir. Aussi n'arrivait-elle pas à s'engager pleinement avec l'homme que pourtant elle aimait et qu'elle avait choisi. L'amour véritable se détruit petit à petit s'il n'y a pas d'engagement de part et d'autre. Annie prit conscience du fait qu'elle tenait beaucoup à sa relation de couple, mais qu'elle ne s'y était jamais investie pleinement de peur d'en sortir perdante et abandonnée.

L'observation du cas de Annie nous permet de constater qu'en prenant la responsabilité de son besoin, elle peut d'abord trouver comment, par son propre fonctionnement inconscient, elle se sabote elle-même dans la recherche de ce qu'elle veut. En prenant conscience de ce fonctionnement psychique et en l'acceptant, elle peut trouver en elle les moyens de se satisfaire.

Être responsables, c'est accepter de trouver en nous-mêmes la source et la résolution de tous nos problèmes.

Cette démarche commence par la relation entre parents et enfants. Il existe des relations qui, en ce sens, entretiennent ce que j'appelle la « victimite », cette maladie chronique qui consiste à blâmer systématiquement les autres de tout ce qui nous arrive de désagréable, en particulier nos parents. Il est vrai que l'éducation contribue largement à former la structure psychique de l'enfant, qui est par nature très flexible et très influençable. Très jeune, il apprend ce qui est correct et ce qui ne l'est pas, ce qu'il doit dire et ne pas dire, ce qu'il doit faire et ne pas faire pour être aimé. Mais tous les parents de la terre ont leurs principes et leurs croyances, et élèvent leurs enfants avec leur propre bagage éducationnel et psychologique ainsi qu'avec ce qu'ils croient être le meilleur, compte tenu de leurs limites, de leurs faiblesses et de leur propre héritage éducatif. C'est donc dire que nos enfants sont porteurs des forces et des faiblesses de l'éducation que nous leur avons donnée avec le meilleur de nous-mêmes dans les limites de nos blocages, de nos complexes, de nos mécanismes de défense et de nos systèmes relationnels. Ils ne sont donc pas à l'abri de tous les problèmes. Il se peut qu'un jour ils fassent une démarche thérapeutique où ils prendront conscience qu'ils fonctionnent selon le modèle proposé par l'éducation qu'ils ont reçue et non selon leur propre modèle. En réalité, les parents sont responsables de leurs problèmes mais pas de ceux de leurs enfants. Il se peut qu'ils aient fait des erreurs parce qu'ils ne sont pas parfaits, mais ils sont responsables de ce qu'ils vivent en ce qui concerne leurs erreurs mais non de ce que vivent leurs enfants.

Je suis consciente du fait que je touche ici un point délicat qui peut être très dérangeant. Il est si facile de nous décharger sur nos parents de la responsabilité de nos souffrances, si facile de les blâmer de tout ce que nous vivons de désagréable, mais à quoi cela sert-il? Où cela nous mène-t-il? Quelle satisfaction y a-t-il à toujours accuser les autres de ce qui nous fait souffrir? En quoi cela règle-t-il nos problèmes? Cette attitude n'a pour conséquence que d'entretenir le ressentiment et nous enlever le pouvoir de changer quelque chose à notre vie.

Aborder nos problèmes de façon responsable, c'est accepter ce que nous sommes devenus et prendre la responsabilité de nous transformer en travaillant à la recherche de la personne en nous. Être responsables, c'est nous donner les moyens de prendre en charge la démarche de faire renaître la personne du personnage créé par nos introjections. Cette démarche se réalise paradoxalement par l'acceptation de ce personnage qui fait partie de nous. On ne peut connaître la renaissance de la personne que si on reconnaît le personnage, si on l'accepte sans le juger, sans le condamner, si on apprend à vivre avec lui. C'est d'ailleurs ce qu'a fait Donald et ce qui lui a permis de retrouver la paix intérieure.

Donald avait un fonctionnement d'envahi qu'il avait adopté par peur de perdre l'amour de ses parents. Pour ne pas déplaire, il acceptait toutes les formes d'envahissement sans réagir. Comme il habitait un petit village et était entouré de sa famille et de celle de sa conjointe, il avait le sentiment de n'être plus chez lui dans sa propre maison. Les gens entraient chez lui comme dans un moulin, empruntaient ses affaires sans souvent les lui remettre, arrivaient à n'importe quelle heure du jour pour lui demander un service. Donald acceptait tout sans dire un mot de peur de les choquer et de perdre leur amour. Lorsque je l'ai reçu pour sa première visite en thérapie, j'ai pu voir la colère et le ressentiment qui l'habitaient depuis des années, mais qu'il n'osait jamais exprimer. Il critiquait et blâmait ses frères et ses beaux-frères, mais ne faisait rien pour se faire respecter. Donald n'était pas reconnu.

Le besoin d'être reconnu s'avère directement lié à la capacité à se faire respecter, donc à se faire reconnaître.

Mais Donald, pour satisfaire ce besoin, avait appris à tout endurer et à se laisser envahir, ce qui lui valait le contraire de ce qu'il recherchait. Il a d'abord accepté le personnage tolérant qu'il s'était façonné au cours de sa vie et il a vu jusqu'à quel point ce personnage, qui n'était pas lui-même, le faisait souffrir.

Prendre la responsabilité de son problème consistait avant tout pour Donald à voir comment il s'attirait lui-même cet envahissement, ce manque de respect qui le faisait tant souffrir. Se responsabiliser, c'était ensuite essayer de trouver en lui les moyens d'apaiser sa souffrance plutôt que d'en rejeter la responsabilité sur les autres. Ce travail fut pour lui très pénible parce qu'il touchait sa peur de ne plus être aimé. Il ne pouvait le faire qu'en acceptant d'abord de se choisir au lieu de choisir les autres et en acceptant effectivement de perdre l'amour et la reconnaissance des autres par respect pour lui-même.

Acquérir la capacité de prendre la responsabilité de sa vie est souvent chose difficile parce qu'elle suppose un apprentissage de la liberté, un apprentissage à se choisir d'abord. Cet apprentissage est délicat pour deux raisons.

D'abord nous avons introjecté qu'il était égoïste et incorrect de penser à nous avant de penser aux autres.

Il ne nous est possible d'être vraiment disponibles pour les autres, de vraiment aimer les autres que si nous sommes à l'écoute de nous-mêmes et de nos besoins fondamentaux. Le seul moyen d'être utile aux autres consiste à s'occuper de soi d'abord.

La deuxième raison pour laquelle l'apprentissage de la liberté s'avère si laborieux réside dans le fait que devenir responsable, c'est accepter de perdre. En effet, la responsabilité conduit à la liberté, mais il n'y a pas de liberté possible sans perte. Être libre, c'est savoir choisir; et dans tout choix il y a une perte. Si on ne sait pas choisir et accepter de perdre, on n'est jamais libre. C'est toujours ce moment qui est le plus critique à traverser dans toute démarche de renaissance : l'acceptation de perdre.

Donald avait le choix entre continuer à se laisser envahir et établir clairement ses limites pour se faire respecter. En faisant ce choix de façon responsable, il ne pouvait qu'accepter de perdre. Effectivement, il a beaucoup perdu. La plupart de ses frères, beaux-frères et voisins n'ont pas accepté son changement d'attitude à leur égard. Ils l'ont blâmé, critiqué, rejeté, ce qui n'a pas manqué de causer à Donald beaucoup de souffrance. Toutefois, à long terme, il a gagné le respect et l'amour de lui-même et, par le fait même, il a gagné sa liberté. Au lieu de se faire tout petit, il s'affirme dans le respect de ses besoins, ce qui lui vaut d'être enfin respecté et reconnu. La responsabilité est vraiment l'une des principales voies de la renaissance. Sans elle, il n'y a pas d'autonomie, pas de liberté intérieure. Mais cette capacité de voir en soi la responsabilité de ses souffrances s'accompagne d'une capacité de s'exprimer.

D. Expression

L'expression dont il est question ici est surtout l'expression verbale. Bien sûr la parole est présente dans les relations humaines, mais trop souvent elle s'avère impersonnelle. Les hommes parlent de tout entre eux, sauf d'eux-mêmes.

Le non-dit est la principale cause des échecs relationnels. Pour ne pas blesser l'autre, pour ne pas le déranger, pour ne pas lui déplaire, pour ne pas être jugé ou rejeté par lui, l'être humain tait ce qu'il vit ou dit le contraire de ce qu'il pense.

Une telle attitude fausse les relations et conduit soit à l'insatisfaction, soit à la rupture.

Mais pourquoi est-il si difficile de parler de soi et de dire à l'autre ce que l'on vit par rapport à lui ? Pourquoi a-t-on si peur de dire, de parler, de communiquer ce que l'on vit et ce que l'on est ?

L'expression constitue la quatrième étape du processus d'évolution de l'ANDC^MD^. Exprimer ce que nous sommes sans nous connaître vraiment, sans nous accepter dans nos faiblesses comme dans nos forces et sans prendre la responsabilité de ce que nous vivons, c'est risquer de tomber dans l'expression défensive qui blesse, qui condamne, qui attaque et qui détruit. Ce type d'expression est toujours porteur de conflits et c'est pourquoi il fait si peur. S'exprimer dans l'acceptation de soi et dans la responsabilité a toujours pour effet de rapprocher les personnes au lieu de les éloigner. Mais il faut reconnaître que c'est un travail de longue haleine que celui d'apprendre à s'accepter sans se juger et à se responsabiliser. C'est précisément ce travail qui fait d'abord partie de la formation des thérapeutes par l'ANDC^MD.

S'exprimer de façon responsable, c'est assumer la responsabilité de son vécu et refuser de se charger de celui de l'autre. Tous nos problèmes prennent leur source en nous-mêmes. Si nous réagissons mal à tel déclencheur extérieur, ce n'est pas celui-ci mais notre fonctionnement psychique qui est en cause. L'expression responsable ne brise pas les liens, elle les entretient parce qu'elle chasse le non-dit, ce perturbateur relationnel par excellence.

Pourquoi le non-dit est-il si destructeur ? Tout simplement parce que tout ce qui n'est pas dit dans une relation ne disparaît pas, mais reste présent. Le non-dit, qui contient souvent une charge émotive importante, se dégage de l'être par son attitude inconsciente. Il crée alors un fossé entre les personnes, un fossé qui s'élargit de plus en plus et à cause duquel la communication devient impossible parce qu'il n'y a plus de relation vraie entre elles.

La relation naît souvent de l'expression des émotions et des sentiments agréables. Elle meurt par manque d'expression des émotions désagréables.

C'est le non-dit qui tue les relations humaines. Au lieu d'exprimer son vécu, l'individu le tait ou dit ce qu'il croit que l'autre aimerait entendre ou encore il critique, blâme, accuse en s'adressant à d'autres personnes qu'à celles concernées. Il y a donc une communication à double message qui insécurise et détruit la confiance et l'amour.

Lorsque le message inconscient qui se dégage de l'attitude contredit le message conscient de la parole ou de l'action, la communication n'est plus possible. Seuls subsistent alors des malaises profonds sur lesquels on n'a pas de prise. La communication à double message insécurise parce qu'elle place l'être dans une impuissance totale qui l'empêche de renouer contact avec l'autre. Voilà pourquoi il s'avère si important de se connaître, de s'accepter et de se responsabiliser pour s'exprimer. C'est la seule façon d'émettre des messages clairs et harmonieux.

C'est toute la conception de l'harmonie qui est en cause ici. Il est faux de croire que seules les paroles qui expriment un vécu agréable sont harmonieuses.

L'harmonie naît de l'authenticité, peu importe si le vécu exprimé est plaisant ou douloureux. Paradoxalement, la plupart des personnes qui cachent leur vécu pénible le font pour sauvegarder l'harmonie alors qu'elles créent ainsi la dysharmonie la plus totale dans leurs relations.

Est-ce à dire qu'il faille toujours et partout exprimer tout ce que l'on ressent et tout ce que l'on vit? Je ne crois pas. C'est un moyen de protection sain que de choisir de ne pas se livrer à tout le monde. Il est des personnes avec lesquelles on peut décider de ne pas le faire parce qu'elles ne nous inspirent pas confiance ou parce que nous n'avons avec elles aucune affinité ou simplement parce que nous n'avons pas envie de mettre de l'énergie dans un engagement qui ne nous intéresse pas. C'est donc dire qu'avec certaines personnes, au travail, dans la famille ou ailleurs, nous pouvons choisir consciemment de nous taire. Cependant, nous devons être assez honnête avec nous-même pour nous assurer que ce choix n'est pas une fuite.

Avec les êtres pour qui nous avons une affection particulière, avec ceux qui nous sont chers et à qui nous accordons une grande importance dans notre vie, la question qui se pose n'est pas de savoir si nous devons dire ou ne pas dire ce que nous ressentons mais bien comment et quand le dire.

Le « comment » s'apprend par l'acceptation de soi et la responsabilité. Il y a dans le « comment » un respect de soi, une capacité à se donner de la place et de l'importance. Il y a aussi dans le « comment » une aptitude à se reconnaître, à s'aimer et à se donner le droit de se poser dans ce que l'on est sans se juger. Par contre, dans le « quand » se trouve la faculté de respecter l'autre. C'est la dialectique congruence-empathie qui est en jeu ici ou, si on préfère, la dialectique du respect de soi et du respect de l'autre. Il est essentiel de rappeler que la congruence ou le respect de soi est un préalable à l'empathie et au respect de l'autre.

Dans le cas d'un attachement affectif important, il demeure donc essentiel de s'exprimer, de dire authentiquement ce que l'on vit. Malheureusement, ce qui empêche des gens qui s'aiment de s'exprimer dans leur peine ou leur douleur, c'est non seulement la panoplie de peurs, comme je l'ai dit précédemment, mais aussi l'orgueil et le pouvoir. Les relations affectives se détériorent souvent par des jeux de pouvoir qui détruisent l'amour. C'est ce qui est arrivé à Caroline. Elle vivait avec Yves une relation amoureuse qui avait connu des moments très intenses au cours des premières années mais qui s'effritait de plus en plus, à son grand désespoir. Il s'était installé entre eux une relation de pouvoir qui faussait complètement leur réalité affective. Profondément amoureuse d'Yves, Caroline n'exprimait jamais son affection, son amour, sa tendresse sous prétexte qu'elle se sentirait humiliée en se montrant si vulnérable. Elle taisait donc tous ses sentiments et adoptait cette attitude avec toutes les personnes auxquelles elle était attachée. Lors d'un conflit, elle cachait et niait ses émotions pour ne pas vivre cette humiliation qu'elle considérait comme une forme de rabaissement. Elle devait, selon elle, garder la tête haute pour ne pas montrer qu'elle avait été blessée ou touchée. Elle considérait sa vulnérabilité comme une faiblesse et était convaincue qu'en l'exprimant, elle donnait à l'autre tout le pouvoir sur elle-même. Elle n'arrivait donc à exprimer son vécu avec prudence et parcimonie que lorsque l'autre exprimait le sien. Il y avait dans son attitude le reflet d'un besoin de contrôler ses émotions, mais aussi de garder un pouvoir sur les autres, le pouvoir de celui qui fait parler mais ne se livre pas.

Elle comprit au cours de sa démarche thérapeutique avec l'*Approche non directive créatrice*MD qu'elle adoptait ce mécanisme de défense pour se protéger contre sa peur de ne pas être aimée pour ce qu'elle est. Caroline avait peur de montrer sa vulnérabilité parce qu'elle ne s'acceptait pas dans cette partie d'elle-même qu'elle jugeait condamnable. Elle n'acceptait pas son besoin des autres par peur du rejet et du jugement.

Les jeux de pouvoir brouillent l'expression authentique du vécu, ce qui a pour conséquence, encore une fois, de refroidir la relation. Il importe donc, dans une relation affective qui nous tient à cœur, de dépasser les mécanismes de pouvoir et la peur d'être rejetés et jugés pour parvenir à exprimer notre vécu. C'est le seul moyen de nous rapprocher des gens que nous aimons. Si le risque de s'exprimer conduit à l'éloignement, c'est qu'il a été défensif ou qu'il a été l'expression d'un besoin de distance nécessaire.

Mieux vaut une séparation claire vécue dans l'authenticité qu'une relation insatisfaisante envenimée par le non-dit.

L'expression de soi dans l'acceptation et la responsabilité libère et rapproche en même temps qu'elle favorise la satisfaction des besoins fondamentaux d'amour, de reconnaissance et d'affirmation. Il s'agit d'une autre étape indispensable au processus de changement, celle qui précède l'observation.

E. Observation

Il n'est pas toujours possible de se transformer du jour au lendemain. Le processus initiatique de mort du personnage et de renaissance de la personne peut se dérouler rapidement dans certains cas, mais il peut aussi demander plus de temps dans d'autres cas. C'est dans le respect du rythme de chacun que se déroule l'*Approche non directive créatrice*MD. Franchir les étapes du processus de libération et de changement, c'est nous respecter dans notre rythme personnel de mutation et d'évolution vers notre mieux-être, et c'est accepter nos critères personnels de satisfaction et de bonheur. En effet, l'objectif de la démarche de transformation est de trouver sa propre façon d'être heureux.

La recherche du bonheur a fait l'objet d'études philosophiques de toutes sortes et ce, depuis des siècles, voire des milliers d'années. Le bonheur, cet état intérieur de bien-être, de plénitude et de satisfaction profonde, ne s'atteint pas par des recettes miracles applicables à tout le monde mais par des avenues qui diffèrent d'une personne à l'autre. L'objet de l'éducation et de la thérapie est d'aider la personne à trouver ses propres critères de bonheur, à découvrir quand et comment elle atteint ces moments de bien-être qui caractérisent sa façon à elle d'être heureuse. L'un peut être heureux dans la contemplation, l'autre dans l'action. L'un peut choisir l'aventure, l'autre la stabilité. L'un aime le calme de la nature, l'autre la vie trépidante des villes. L'un apprécie la multiplicité des relations, l'autre préfère la solitude. En résumé, le bonheur se trouve dans le respect non défensif de soi-même. Il n'est pas gratuit et il n'est jamais atteint une fois pour toutes. La mort du personnage, par laquelle on doit passer pour l'atteindre, ne se fait pas sans peurs et sans souffrances. Le bonheur est comme la liberté : il se gagne jour après jour.

Je crois profondément au bonheur.

L'état intérieur de plénitude est un état que l'on atteint de plus en plus souvent et de plus en plus longtemps quand on prend la longue et cahoteuse route qui mène au cœur de soi.

C'est le chemin de la découverte, de l'acceptation et de l'amour de soi-même. Sortir des moules préfabriqués du personnage pour trouver sa vraie nature est la seule voie de libération possible. C'est une démarche parfois difficile, j'en conviens, parce que les matrices sécurisent. Elles ont l'avantage de représenter la sécurité du connu. Les briser pour nous en dégager, c'est faire face à l'inconnu qui nous habite. Il y a donc toujours, dans tout processus d'évolution, un dépassement de peurs sans lequel nous n'atteignons jamais le véritable noyau de notre être, celui-là seul qui nous fait connaître le vrai bonheur. Évoluer, c'est faire face à la peur de perdre, à la peur du rejet, à la peur de la solitude, à la peur du jugement et du ridicule, à la peur de perdre le contrôle, à la peur de l'émotion, à la peur de l'inconnu, voire à la peur de la mort et de la folie. Évoluer, c'est, dans le respect de son rythme de croissance, prendre le risque de dépasser une à une ces peurs pour atteindre le cœur de soi. Et la seule façon de le faire, c'est de prendre conscience de ces peurs et de les accepter de façon responsable.

C'est à ces moments de la démarche de croissance qu'intervient la période d'observation de soi. Le fait d'avoir pris conscience de ce que nous sommes, de l'avoir accepté et exprimé de façon responsable ne suffit pas à assurer la renaissance définitive. Chaque découverte nous ouvre la porte d'une autre découverte et l'exploration de soi se poursuit en permanence. Il ne suffit pas de connaître et d'accepter le fait que nous avons besoin d'amour, que nous avons peur de perdre l'autre, que nous sommes marqués par un complexe d'abandon et que nous nous défendons par le refoulement pour changer définitivement de processus et pour adopter une démarche plus satisfaisante. Le fait de se connaître et de s'accepter demeure essentiel au processus de changement, mais il est suivi d'une période indispensable d'observation.

S'observer, c'est se voir tomber dans les mêmes fonctionnements, c'est se regarder dans son fonctionnement. On ne peut pas devenir automatiquement une personne parce que l'on connaît et accepte le personnage. Distinguer le « vrai self » du « faux self » en soi, comme les appelle Winnicott (1980), ce n'est pas instantanément se débarrasser du second pour épanouir le premier. Nous découvrir et nous accepter dans nos besoins, dans nos peurs, dans nos complexes, dans nos mécanismes de défense et dans nos fonctionnements psychiques ne peut être source d'évolution que si nous nous observons sans jugement, que si nous nous voyons vivre nos processus insatisfaisants, que si nous nous regardons tomber dans les mêmes pièges, réagir aux mêmes types d'éléments déclencheurs, bloquer les mêmes besoins à cause des mêmes peurs et adopter les mêmes mécanismes de défense.

Si Hélène, par exemple, accepte le fait qu'elle juge, critique et blâme, et sait qu'elle le fait chaque fois qu'elle a peur d'être jugée, rejetée et non aimée, elle ne cessera pas de juger et d'avoir peur pour autant. Le mécanisme de défense interviendra encore, de façon automatique, chaque fois que la peur apparaîtra. Le fait de nous connaître et de nous accepter dans notre fonctionnement ne le change pas automatiquement, mais il nous permet de comprendre, par l'observation, quand et comment nous engageons nos processus psychiques insatisfaisants et comment nous pouvons les transformer en processus satisfaisants.

Je distingue clairement l'observation de la dissociation. Selon moi, la dissociation est un mécanisme défensif de rationalisation utilisé pour se couper de l'émotion en situation. L'observation n'est pas défensive. Aussi est-elle parfois très difficile à réaliser dans les situations à forte charge émotionnelle. L'observation consiste en fait en une opération non défensive de nature intellectuelle qui se fait pendant et après les passages émotivement chargés d'angoisse, de colère, de peine ou de peur. Elle est, en quelque sorte, une forme de regard sur nos processus, établi à la lumière de nos découvertes passées et avec l'ouverture des découvertes à venir. C'est une démarche qui se fait régulièrement en thérapie. Elle consiste à déceler, ici et maintenant, les différents éléments du fonctionnement psychique qui nous conduisent à la souffrance. Souvent, dans des circonstances difficiles à vivre, nous réglons nos problèmes en renforçant nos mécanismes de défense ou en changeant de comportement sans jamais tenter de voir la source intérieure du problème. L'observation constitue une étape exigeante, mais tellement profitable qu'elle ne peut être escamotée dans le processus d'évolution. C'est le rôle des éducateurs et des thérapeutes que d'aider les gens à observer leurs processus psychiques de façon à se donner des moyens efficaces pour obtenir la satisfaction de leurs besoins fondamentaux. Une démarche globale doit favoriser ainsi l'intervention du cerveau gauche et du néocortex dans le processus de croissance et de changement.

En remplaçant le culte de la raison par le culte de l'intuition, l'homme risque d'escamoter une étape importante de son processus de changement : l'étape de l'observation. C'est cette période plus ou moins longue du regard sur nous-mêmes qui nous ouvre les portes du changement et du bonheur pour la simple raison qu'elle nous permet de trouver les mécanismes de protection qui vont nous donner la possibilité de vivre de façon satisfaisante avec ce que nous sommes, et non en essayant d'extraire de nous ce qui nous constitue et que nous rejetons parce que nous ne l'acceptons pas.

F. Choix des mécanismes de protection

Les mécanismes de protection sont des moyens conscients choisis librement par une personne dans le but de se protéger contre sa souffrance psychique et pour assurer la satisfaction de ses besoins fondamentaux.

Contrairement au mécanisme de défense, qui est un déclencheur automatique inconscient mis en place par le psychisme pour couper l'individu de sa souffrance émotionnelle, le mécanisme de protection est adopté à la suite d'un processus conscient d'acceptation responsable et d'observation du fonctionnement interne.

Alors que le mécanisme de défense est mis en place par le psychisme pour fuir l'émotion, le mécanisme de protection l'accueille.

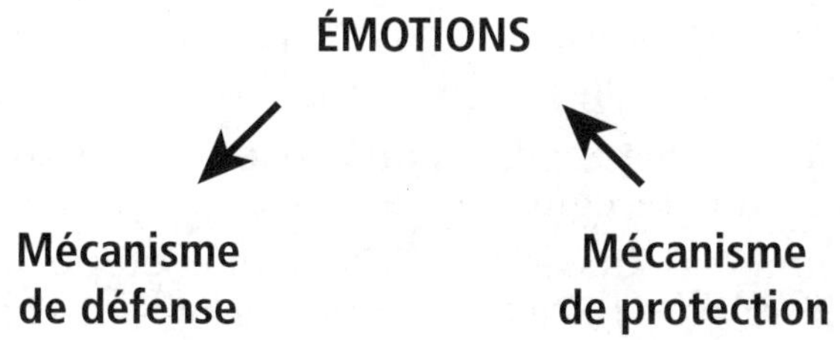

Schéma 4.1

Si le mécanisme de défense possède le désavantage d'emprisonner l'individu, d'hypothéquer son énergie vitale et de risquer de détruire ses relations, il présente en revanche l'avantage de le protéger temporairement contre la souffrance ou contre la peur de souffrir. L'enlever complètement, c'est mettre l'être humain psychiquement à nu et en faire la cible naïve du monde extérieur. Vivre sans protection dans ce monde de pouvoir, c'est s'enlever toute chance de réalisation et de bonheur.

Le but du thérapeute par l'ANDC[MD] n'est donc pas d'amener la personne à se défaire de ses

mécanismes de défense mais à en prendre conscience, à les accepter, à les assumer et à les remplacer par des mécanismes de protection.

Quand le mécanisme de défense est reconnu, la relation se rétablit et la communication reprend de façon plus satisfaisante. Toutefois, il y a pour moi une différence entre la protection et la défense. Sur le plan psychique, l'homme se défend inconsciemment pour se mettre à l'abri du monde extérieur quand il se sent menacé alors qu'il se protège consciemment pour respecter son monde intérieur. En ce sens, le choix des mécanismes de protection suppose une connaissance des processus psychiques et une acceptation responsable de ce qui les constitue de façon à transformer un processus insatisfaisant en un processus satisfaisant.

Pour comprendre l'intervention du mécanisme de protection dans le processus de libération et de changement, empruntons l'image mythologique du labyrinthe et du Minotaure. Pour la majorité des individus, leur monde psychique est un labyrinthe non éclairé que chacun parcourt au gré des événements en passant d'une avenue à l'autre et en se heurtant sans cesse aux mêmes culs-de-sac intérieurs et extérieurs. En effet, au plan psychique, l'homme poursuit trop souvent son chemin dans la noirceur sans trop connaître les routes qu'il emprunte et sans trop savoir où il va. Il se fraie un chemin en essayant de se défendre contre ce monstre de la peur (le Minotaure) qu'il n'a pas clairement identifié. Dans son labyrinthe intérieur, il doit continuellement faire face à cette peur du Minotaure qui le fait contourner tous les obstacles et qui l'empêche de se promener librement dans les avenues les plus belles et les plus révélatrices de lui-même. L'ANDC^MD permet justement à l'être de jeter une certaine lumière sur son labyrinthe, de voir qui est le Minotaure et où il se trouve. Cet éclairage est permis grâce à la prise de conscience de l'émotion et du fonctionnement psychique que favorise la démarche d'évolution de l'approche non directive créatrice[MD]. Connaître et accepter ses peurs et ses autres émotions dites « négatives » que j'appelle symboliquement des Minotaures, ses mécanismes de défense, ses fonctionnements et ses besoins insatisfaits, c'est se donner des moyens de prendre sa vie en main. Au cours de ces premières étapes, l'aidé prend conscience du fait qu'il contourne ou fuit ses peurs et ses autres émotions et il découvre que ses mécanismes de défense le privent de la satisfaction de ses besoins fondamentaux. C'est à ce moment que, après une période plus ou moins longue de conscientisation, d'acceptation, il en arrive à trouver en lui la force d'accueillir ses Minotaures et de s'en protéger consciemment par le choix de mécanismes de protection appropriés.

Pour bien illustrer la différence entre le processus qui entretient l'insatisfaction des besoins fondamentaux et celui qui mène à leur satisfaction par le mécanisme de protection, je représenterai le cycle du fonctionnement psychique de chacun de ces processus sous deux formes schématisées (voir schéma 4.2).

LE PROCESSUS INSATISFAISANT

MONDE EXTÉRIEUR		**MONDE INTÉRIEUR**
Élément déclencheur	→	**1. Émotions désagréables**
		↓
		2. Mécanismes de défense
		↓
		3. Fonctionnement relationnel
		↓
		4. Insatisfaction des besoins

Schéma 4.2

Jacques, qui ne se sent pas aimé et reconnu de sa mère, verra ses besoins d'amour et de valorisation non satisfaits, ce qui lui fera vivre de douloureuses émotions de peine et peut-être même d'angoisse, émotions qui seront d'autant plus insupportables si elles sont causées par un complexe d'abandon. Aussi, pour se protéger contre sa souffrance, adoptera-il un mécanisme de fuite chaque fois qu'un élément déclencheur conscient ou inconscient, si minime soit-il, lui fera revivre ce sentiment de rejet qui le fait tellement souffrir. Ainsi maintiendra-t-il un processus psychique répétitif insatisfaisant qui entretiendra l'insatisfaction de ses besoins fondamentaux.

Toutefois, si Jacques prend conscience de ce processus, s'il en accepte les composantes de façon responsable au point de les exprimer et s'il adopte une habitude d'observation de son fonctionnement chaque fois qu'il se heurte à des situations désagréables, il pourra trouver des moyens de protection qui vont lui permettre de satisfaire ses besoins et de découvrir cet état intérieur de bien-être et de paix que j'appelle le bonheur. Le schéma 4.3 illustre le déroulement du cycle du besoin satisfait.

MONDE EXTÉRIEUR		**MONDE INTÉRIEUR**
Élément déclencheur	⟶	**1. Émotion désagréable**
		↓
		2. Mécanisme de protection
		↓
		3. Satisfaction du besoin

Schéma 4.3

Dans le schéma 4.3, le cycle du processus répétitif insatisfaisant est brisé parce que la personne, grâce à un mécanisme de protection, trouve satisfaction à son besoin. Mais comment le mécanisme de protection peut-il permettre la satisfaction du besoin ?

Michèle, qui avait un complexe d'abandon, souffrait d'une jalousie chronique chaque fois qu'elle se trouvait avec son amoureux en présence d'autres femmes. Comme Pierre-Paul avait beaucoup d'entregent et était quelque peu séducteur, l'insécurité de Michèle s'en trouvait augmentée et cela la rendait profondément malheureuse. Quand elle est venue me rencontrer, elle voulait le quitter parce qu'elle souffrait trop quand elle n'était pas seule avec lui. Toutefois, elle était très amoureuse de cet homme qui la séduisait à chaque instant. Après avoir franchi les étapes de prise de conscience, d'acceptation responsable d'elle-même et d'observation, elle découvrit un moyen qui pourrait la protéger contre le mal qui l'avait poussée initialement à vouloir quitter Pierre-Paul. Son moyen de protection fut de faire une demande claire à l'homme qu'elle aimait en prenant le risque qu'il refuse d'accéder à cette demande. Pour ce faire, elle a dû bien sûr affronter ses peurs (le Minotaure). Elle lui a dit de façon non ambiguë qu'elle avait besoin d'attention et de sécurité affective, qu'elle souffrait beaucoup de le voir si charmant avec les autres femmes et qu'elle avait peur de ne pas être aimée et de le perdre. Le sachant d'une nature plutôt charmeuse et séductrice, et très intéressé par la gent féminine, elle ne voulait pas nécessairement le changer mais plutôt se protéger contre la souffrance de sa blessure d'abandon. Aussi lui demanda-t-elle de lui manifester, lorsqu'ils étaient en présence de femmes attirantes, qu'elle demeurait sa préférée, celle qu'il avait choisie pour compagne de vie. Elle n'avait besoin d'être rassurée que par un clin d'œil, un regard complice, une attention particulière, un geste de tendresse ou un mot d'amour. Pierre-Paul, qui aimait vraiment Michèle et qui tenait à cette relation, accéda à sa demande avec beaucoup d'enthousiasme.

Sa demande claire a donc permis à Michèle de retrouver satisfaction à ses besoins fondamentaux et de participer aux rencontres amicales et mondaines sans se sentir menacée. Il est important de souligner ici que l'étape du choix des mécanismes de protection appropriés est impossible à franchir si elle n'est pas précédée du travail exigé par les étapes précédentes. Comment Michèle aurait-elle pu exprimer clairement et de façon responsable ses peurs, ses besoins et ses résistances si elle n'en avait pas été consciente et si elle ne les avait pas acceptés ?

Il existe ainsi plusieurs moyens conscients de se protéger de la souffrance dans le respect de ce que nous sommes. Parmi ceux-ci, je retiens, outre la demande claire, la vérification, le choix de l'entourage et de l'environnement, la délimitation du territoire et l'établissement des limites, les nouvelles expériences de vie et la transformation des attentes en objectifs.

Avant d'être en mesure de choisir un moyen de protection approprié, l'individu doit d'abord, je le répète, connaître son fonctionnement psychique, l'accepter de façon responsable et avoir traversé une période plus ou moins longue d'observation de son comportement répétitif insatisfaisant. Le choix et la mise en place des moyens de protection supposent aussi que la personne est prête à dépasser ses peurs et à prendre le risque de perdre.

Il n'y a pas d'évolution et de libération possibles sans acceptation de perdre. C'est le risque du choix, c'est le risque de la vie. Seule cette capacité à prendre ce risque nous rend vivants, heureux et libres.

C'est précisément le rôle du mécanisme de protection que de favoriser l'apprentissage du respect de soi, de la liberté et de la créativité. Voilà pourquoi j'accorde beaucoup d'importance à la description d'un certain nombre de mécanismes de protection, d'autant plus qu'il s'agit là d'une notion nouvelle en psychologie et en éducation, typique à l'ANDC^MD^, qui n'a jamais été abordée en tant que telle.

1. La demande claire

La demande est un moyen de protection peu ou mal utilisé. Pour certaines personnes, elle est synonyme de dépendance en ce sens que demander c'est quémander, mendier, quêter. Aussi se piquent-elles de n'avoir besoin de personne et d'être en mesure de se débrouiller seules. Ce faisant, elles souffrent profondément parce que leurs besoins fondamentaux d'amour, d'affirmation, de reconnaissance et de sécurité ne sont souvent pas satisfaits.

La dépendance est un état intérieur qui se manifeste à travers l'attitude. Aussi, ce n'est pas la demande en tant que telle qui exprime la dépendance, mais les intentions et les sentiments qui la sous-tendent. La demande est aberrante quand celui qui l'exprime le fait de façon manipulatrice ou péremptoire. Autrement dit, si la demande est un ordre déguisé qui n'admet pas de refus, elle entretient la dépendance et, dans ce cas, elle n'est pas un mécanisme de protection mais un mécanisme de défense, un moyen de pouvoir diffus.

Pour que la demande soit un mécanisme de protection, elle doit être claire, précise et elle doit implicitement respecter la liberté de refus ou d'acceptation de celui à qui elle s'adresse.

Autrement, elle est aliénante. C'est pourquoi tant de gens préfèrent se débrouiller seuls ; ils ne veulent pas perdre leur liberté à cause de demandes à double message, dont voici un exemple. Jean, qui n'a pas sa voiture, demande à Louise si elle veut bien le ramener chez lui après le travail. Cependant, sa demande n'est pas une vraie demande puisqu'il n'est pas disposé à essuyer un refus. Ses paroles sont donc accompagnées d'un message non verbal qui les contredit.

Devant une telle demande, Louise, qui a perçu inconsciemment l'exigence de Jean, répondra aussi par un double message, c'est-à-dire par un message verbal conscient et par un message non verbal qui reflétera ses émotions et ses intentions réelles. Voici les contenus de leurs messages :

La demande à double message de Jean

Message verbal : *Accepterais-tu de me ramener chez moi après le travail ?*

Message non verbal : *Si tu refuses de me ramener chez moi après le travail, je me sentirai rejeté, je t'en voudrai et je ne te demanderai plus rien.*

Il est évident que les demandes à double message emprisonnent et créent des relations ambiguës qui entretiennent l'esclavage parce qu'elles entraînent malheureusement des réponses à double message du genre de celle-ci :

La réponse à double message de Louise

Message verbal : *Ça me fait plaisir.*

Message non verbal : *Zut, pas encore! Va-t-il finir par me laisser tranquille celui-là ?*

Pourquoi les messages ne sont-ils pas clairs ? Tout simplement parce qu'ils comprennent des peurs qui ne sont pas exprimées, particulièrement la peur du rejet, la peur du jugement et la peur de perdre.

Accepter d'utiliser la demande comme moyen de protection, c'est faire un choix conscient entre d'une part le « non-dit » qui mène à la frustration ou le « dit » aliénant qui est sous-entendu par la peur du « non » souvent interprétée comme un rejet, et d'autre part, le « dit » libérateur qui donne à l'autre la liberté d'accepter ou de refuser.

Faire une demande libératrice, c'est donc accueillir et dépasser la peur du « non », la peur du rejet, la peur du jugement, la peur de la critique, la peur du ridicule, la peur de déranger ou la peur de perdre.

Comme le mécanisme de protection suppose la capacité à accueillir et dépasser nos peurs, nous ne pouvons l'utiliser que lorsqu'un cheminement antérieur nous a permis de découvrir et d'accepter ces peurs qui nous habitent et nous empêchent de satisfaire nos besoins fondamentaux. En choisissant de ne pas faire de demandes ou de faire des demandes aliénantes, nous contournons nos peurs, mais ne satisfaisons pas nos besoins fondamentaux. Au contraire, nous créons des fossés dans nos relations ou des ponts très fragiles toujours susceptibles de s'écrouler. Mais en plus d'être respectueuse du choix de « l'autre », comment la demande peut-elle assurer la satisfaction des besoins psychiques ?

Pour être sécurisante, la demande doit être claire et précise. Pour bien me faire comprendre, je vais relater l'expérience d'Agathe. Son histoire ressemble à celle de bien des femmes que j'ai reçues en thérapie. Le désir sexuel d'Agathe, qui avait été très fort au cours de sa première année de mariage, avait progressivement diminué au point de devenir presque inexistant. Marco, qui en souffrait beaucoup, avait commencé à la menacer de prendre une maîtresse s'il n'y avait pas de changement. C'est la raison qui l'avait conduite en thérapie. Profondément déchirée entre sa peur de perdre l'homme qu'elle aimait et son absence de désir, Agathe était effondrée. Elle ne voyait aucune porte de sortie, aucun espoir. De plus, elle vivait une culpabilité profonde doublée d'un grand mépris pour elle-même. Elle aimait Marco, elle en était sûre ; pourquoi alors avait-elle si peu de désir pour lui ? Elle découvrit que, sur le plan de la sexualité, son histoire de couple était basée sur le double message. Durant la première année de leur vie commune, elle n'avait jamais dit « non » aux avances de son mari de peur de le décevoir et de le perdre. Elle lui disait même qu'elle jouissait beaucoup et qu'elle adorait faire l'amour avec lui alors qu'au fond elle n'en avait pas toujours envie. Elle espérait ainsi satisfaire son besoin d'être aimée et reconnue. De son côté, Marco, qui croyait que sa compagne avait un grand besoin de sexualité, accumulait les performances et les avances dans le but de la satisfaire alors qu'au fond il aurait bien diminué la fréquence de leurs ébats.

Pourquoi Agathe et Marco ne se respectaient-ils pas dans leurs désirs réels ? Parce qu'ils avaient peur de décevoir, bien sûr, mais aussi parce qu'ils avaient besoin d'amour et de reconnaissance. Voilà le piège des processus psychiques insatisfaisants. Pour satisfaire un besoin fondamental et contourner une peur, l'être humain se défend très souvent. C'est ainsi qu'Agathe et Marco ont versé bien involontairement et bien inconsciemment dans le mensonge pour se protéger contre leurs peurs. Ils ont obtenu le résultat contraire de ce qu'ils recherchaient.

Comment alors recréer les liens rompus ? Agathe a d'abord pris conscience de son fonctionnement psychique. Elle a découvert que, par besoin d'amour, elle s'était en quelque sorte prostituée pour plaire à Marco. Elle avait quand même tenté certains rapprochements en lui faisant des demandes très ambiguës. Lors d'un souper en tête à tête, elle lui avait dit, à peu près dans ces termes : « *De nos jours, l'humanité manque d'amour, de tendresse, de chaleur. Les gens ne pensent qu'au sexe.* »

Ce discours avait un peu ennuyé Marco, qui s'y était très peu engagé, au grand désespoir d'Agathe. Elle prit conscience, au cours de sa démarche thérapeutique, qu'elle n'avait jamais été claire avec Marco. Elle avait fait des demandes voilées qu'elle lui reprochait de ne pas avoir entendues. Elle comprit que, durant la première année de son mariage, elle avait cherché à travers la sexualité à satisfaire son besoin de tendresse. Mais elle en était arrivée à « jeter le bébé avec l'eau du bain ». Autrement dit, elle était incapable de donner à Marco ou de recevoir de lui une quelconque forme d'affection parce qu'elle avait peur que cela mène inévitablement à la sexualité. Elle découvrit alors l'importance d'être claire et de faire des demandes précises : « *Marco, ce soir je voudrais vivre avec toi des moments de tendresse, d'affection, de caresses, de douceur sans faire l'amour.* »

Une telle demande sans ambiguïté exclut les attentes frustrées et les performances inutiles. En agissant de cette façon, Agathe a pu préciser ses besoins sans se sentir coupable ni se mépriser.

On retrouve fréquemment le problème des demandes ambiguës en éducation. Trop souvent, les demandes des parents sont imprécises, ce qui cause des frustrations et même des conflits. Charline, mère de quatre adolescents, était exaspérée quand elle m'a raconté son problème. Elle avait le sentiment d'être la bonne à tout faire de chacun de ses enfants et même de son conjoint. Personne ne semblait s'apercevoir qu'elle en avait assez et qu'elle avait besoin d'aide. Combien de personnes ai-je rencontrées qui avaient cet espoir d'être comprises dans leurs besoins ? « *Tu vois bien que j'ai besoin d'aide.* » Les attentes de Charline étaient déçues parce qu'elle ne demandait rien ou qu'elle faisait des demandes très imprécises et des reproches.

Personne n'est obligé, sous aucun prétexte, de deviner les besoins des autres et personne ne peut se situer clairement devant des demandes voilées ou indirectes. Seule la demande claire et précise peut conduire à la satisfaction.

C'est seulement quand Charline a fait à ses enfants et à son mari des demandes bien définies qu'elle s'est sentie bien. Au lieu de reprocher aux autres de ne pas l'avoir comprise et au lieu de faire des tentatives floues, elle a demandé clairement à son mari de faire les courses. À chacun de ses enfants, elle proposa de faire la vaisselle à tour de rôle en leur assignant des journées particulières. Puis elle leur précisa qu'ils devaient faire, chaque samedi, le ménage de leur chambre : aspirateur, époussetage, changement et lavage des draps. À sa grande surprise, ses demandes reçurent un accueil très favorable. Les enfants, qui en avaient assez des jérémiades de leur mère, se sont sentis sécurisés et libres.

La demande claire et précise est un moyen de protection efficace contre l'insécurité des doubles messages et des messages ambigus. Elle favorise la satisfaction des besoins fondamentaux. Si elle n'est pas aliénante, elle sécurise et permet en cas de refus de pouvoir se situer et s'orienter autrement sans moisir dans l'attente insupportable. Demander clairement dans le respect de l'autre, c'est se respecter soi-même et se donner les moyens d'être heureux.

D'autres mécanismes de protection peuvent, dans certaines situations, favoriser la satisfaction des besoins fondamentaux. C'est le cas, entre autres, de la vérification.

2. La vérification

La vérification est un mécanisme de protection qui consiste à nous informer des intentions et des sentiments réels des autres de façon à voir s'ils correspondent ou non à nos scénarios imaginaires et, partant, à nos interprétations. Combien de gens ne se sentent-ils pas éloignés les uns des autres à cause d'un malentendu non éclairci. La vérification a pour avantage de permettre des situations claires et de prendre des décisions en toute connaissance de cause. Comme tout mécanisme de protection, elle suppose une capacité à accueillir et à dépasser les peurs, comme par exemple la peur de savoir la vérité ou la peur du rejet. Mais le bien-être de la sécurité qu'elle procure mérite qu'on l'utilise fréquemment. En effet, rien n'est plus insoutenable qu'une situation ambiguë.

Mieux vaut savoir la vérité – même si à court terme elle est pénible à entendre – que de croupir dans l'insécurité provoquée par le doute. Vérifier, c'est se libérer et trouver la satisfaction à ses besoins fondamentaux.

Beaucoup de problèmes relationnels naissent de l'interprétation. Il arrive fréquemment qu'une personne interprète le comportement, les mimiques ou les paroles des autres et se crée des scénarios imaginaires à partir de sa façon à elle de percevoir ceux qui l'entourent.

L'interprétation donne le plus souvent des éléments d'information sur l'interprète et non sur l'interprété.

Dans les relations interpersonnelles, l'interprétation fausse tous les rapports et dégénère souvent en conflit ou en distanciation progressive. C'est ce qui est arrivé d'ailleurs à Gérald. Pour comprendre son histoire, il faut d'abord savoir qu'il était marqué d'un important complexe d'abandon qui lui faisait interpréter tout retard, toute absence d'attention comme un rejet. Dans son histoire d'amour avec Lilys, il avait, à la suite de ses scénarios imaginaires, décidé de la quitter. En fait, Lilys traversait, sur le plan professionnel, une période très déterminante. Agente de formation dans une grande entreprise, elle poursuivait ses études universitaires en administration dans le but d'accéder au poste de direction qui lui avait été offert quelques mois plus tôt. En plus de faire son travail régulier, elle vivait une période de formation, ce qui exigeait d'elle du temps supplémentaire ; elle suivait de plus, deux soirs par semaine et deux fins de semaine par mois, des cours d'administration des affaires et de marketing. Accaparée par son travail, ses études et ses projets, elle avait beaucoup moins de temps à accorder à sa relation amoureuse, ce qu'elle trouvait pénible, mais qu'elle acceptait, sachant très bien que la situation était temporaire.

Par contre, les choses se passaient différemment pour Gérald. Quand Lilys lui a appris qu'elle devait terminer son travail deux soirs par semaine à dix-huit heures plutôt qu'à seize heures et qu'elle serait absente certains soirs et certaines fins de semaine, il comprit sa situation, la félicita mais cacha son inquiétude. Ce n'est que lorsqu'il vécut l'absence que sa souffrance s'exprima de façon plus aiguë. Au lieu d'exprimer à Lilys son sentiment d'abandon, il s'imagina qu'elle ne l'aimait plus, qu'elle avait un amant et qu'elle voulait le quitter. Et il trouvait la confirmation de ses doutes en interprétant tous ses gestes, toutes ses paroles dans le sens de ses propres peurs. Ainsi, quand elle rentrait plus tard que prévu, quand elle oubliait de lui téléphoner à l'heure convenue, quand elle refusait de faire l'amour parce qu'elle était trop fatiguée ou quand elle prenait leur soirée habituelle de sortie pour se reposer, il voyait là la preuve qu'il ne se trompait pas et qu'effectivement elle ne l'aimait plus. Alors qu'elle revenait d'une fin de semaine de cours, fatiguée mais très satisfaite d'elle-même, elle lui demanda simplement :

Elle : *Et alors, tu as passé une bonne journée?*

Lui : *Tu n'es jamais là. Tu n'es pas intéressée par moi. Notre relation ne compte plus pour toi. Tu me traites comme si je n'existais plus à tes yeux. J'en ai marre de tes prétextes de sortie.*

Elle : *Quels prétextes?*

Lui : *Il suffit de t'observer pour savoir que ce ne sont pas surtout tes prétendus cours qui t'intéressent, mais bien autre chose.*

Elle : *Que veux-tu dire?*

Lui : *Inutile de le cacher. Il y a un autre homme dans ta vie. Tu ne te vois pas aller. Tes intérêts sont ailleurs et tu me fais attendre comme un con. Mais c'est fini, j'en ai marre et je m'en vais.*

Puis il claqua la porte sans même lui donner le temps de répliquer.

Ce genre de scène est assez fréquent. Au lieu de vérifier auprès de Lilys si ses peurs étaient justifiées, Gérald s'est créé des scénarios imaginaires qu'il a pris pour des vérités absolues. N'étant plus en contact avec la réalité extérieure, il l'a interprétée en fonction de ce qu'ont suscité en lui-même ses propres peurs. Toutefois, l'intensité de ses peurs ne dépendait pas surtout de l'élément déclencheur, mais de ce que cet élément a rappelé à sa mémoire inconsciente de souffrances causées par un abandon réel vécu dans le passé. Comme l'inconscient est, on le sait, le réservoir des affects et des sensations, il garde en mémoire non pas les événements passés mais le vécu par rapport à ces événements. Aussi, lorsqu'une situation présente lui rappelle la souffrance passée, il transfère automatiquement sur cette situation les sentiments et les émotions vécues dans le passé sans tenir compte des implications différentes de l'événement actuel. Ce processus risque, bien sûr, d'aboutir à l'interprétation qui naît du fonctionnement interne et de sa relation au passé plutôt qu'au présent. C'est pourquoi il s'avère si important de connaître nos processus psychiques de façon à pouvoir éventuellement remplacer l'interprétation, qui est un mécanisme de défense inconscient, par la vérification, qui est un mécanisme de protection conscient.

Dans un de mes ateliers de formation, il y avait un participant, Jérôme, qui a connu une expérience difficile où il s'est senti rejeté, jugé, ridiculisé par la parole d'une participante qui lui plaisait particulièrement. Cette dernière lui avait dit : « *Je me sens mal avec toi parce que tu me rappelles un moment de ma vie où j'ai été très malheureuse.* » Jérôme, qui s'est senti troublé à ces mots, s'est mis à les interpréter comme un rejet systématique de sa personne. Ne se croyant ni aimé, ni reconnu de Louise, qui, il en était convaincu, le fuyait parce qu'il n'était pas intéressant, il avait décidé de l'ignorer et était habité par un désir de vengeance qui le faisait souffrir. C'est à la fin du cinquième cours qu'il me confia son vécu. Je l'écoutai bien sûr avec beaucoup d'attention et appris que sa mère, qui l'avait abandonné très jeune, venait le chercher chez sa grand-mère une fin de semaine sur deux. Il avait horreur de ces moments-là parce qu'il devait faire face à un homme, l'amant de sa mère, qui le rejetait, le jugeait et le ridiculisait sans vergogne, voire avec plaisir. Aussi a-t-il accumulé une haine profonde et un grand désir de vengeance envers cet homme et envers sa mère, qui n'intervenait d'aucune façon pour le protéger contre l'hostilité de cet homme. Je proposai donc à Jérôme de vérifier auprès de Louise si ses interprétations étaient fondées. Il refusa en prétextant qu'elle n'en valait pas la peine. Toutefois, le lendemain à la pause j'ai remarqué que, retiré dans un coin de la salle, il parlait avec Louise. Lorsque le cours reprit, ils étaient assis côte à côte et Jérôme partagea avec le groupe sa joie et sa satisfaction. Il reconnut que ses interprétations n'étaient pas basées sur la réalité extérieure mais sur ses propres peurs. En fait, Louise était mal à l'aise avec lui justement parce qu'il l'attirait beaucoup, mais elle avait très peur d'entrer en contact avec lui pour la simple raison qu'il ressemblait étrangement à son ex-amoureux, duquel elle venait de se séparer dans la douleur et le déchirement.

La vérification a donc rapproché Louise et Jérôme alors que leurs interprétations réciproques les avaient éloignés l'un de l'autre. Il est bien évident qu'en choisissant de vérifier, Jérôme a dû affronter sa peur du rejet. C'est le propre du mécanisme de protection que d'impliquer le dépassement de la peur. Mais c'est aussi sa particularité que de favoriser l'apprentissage de la libération intérieure, de la liberté et de la créativité.

Le problème de l'interprétation se pose malheureusement aussi en éducation et en thérapie. Non conscients du fait qu'ils projettent sur les aidés leur propre monde intérieur, un grand nombre d'éducateurs et de thérapeutes font des interventions qui ne respectent pas le cadre de référence des éduqués ou des clients. En voici un exemple :

Cliente : *Je me sens toujours coincée. Le regard des autres m'empêche de vivre. J'ai toujours peur d'être jugée. Il me semble que je ne suis rien et que je n'en vaux pas la peine.*

Thérapeute : *Vous ne vous sentez pas aimée de votre entourage.*

Cliente : *Je ne sais pas trop. Peut-être.* (Silence). *Tenez, encore hier, au travail, mon patron m'a offert la possibilité de prendre la direction d'un service. J'ai refusé parce que j'avais peur de le décevoir; j'avais aussi peur d'avoir l'air idiote auprès de mes collègues et de ne pas être à la hauteur.*

Thérapeute : *Vous pensez que votre patron manque de compréhension et que vos collègues n'apprécient pas votre travail.*

Cliente : *J'ai toujours cru que j'avais un excellent patron et que mes collègues, qui me répètent presque tous les jours qu'ils sont impressionnés par la qualité de ce que je fais, m'appréciaient beaucoup. Ce que vous dites-là me fait réfléchir. Est-ce possible, croyez-vous? Il me semble que...* (Silence).

Thérapeute : *Vous cherchez constamment à être aimée et valorisée, et c'est là que vous cherchez votre motivation.*

Cliente : *C'est vrai que je veux être aimée, mais je n'ai plus de motivation. Je ne vis que de la peur et je ressens beaucoup de fatigue. Ce que je trouve difficile, c'est toute l'énergie que je fournis pour être parfaite de peur d'être jugée incompétente.*

Thérapeute : *Vous avez peur d'être congédiée pour cause d'incompétence.*

Cliente : *Je n'avais jamais pensé à ça. Vous croyez que ce peut être une cause de congédiement? Je me sens toujours inférieure et je suis toujours surprise de faire un travail si satisfaisant. Quelque chose ne va pas. Je ne comprends plus rien.*

Thérapeute : *Vous ne faites pas confiance aux autres.*

Cliente : *Vous croyez? Je ne sais pas trop quoi vous dire.* (Silence). *Vous avez peut-être raison. Je me sens toujours incapable et je me retire pour laisser la place aux autres alors que j'aimerais tant être plus fonceuse, plus sûre de moi. Vous croyez que c'est parce que je ne leur fais pas confiance ?*

Thérapeute : *Vous aimeriez être plus remarquée, plus considérée.*

Cliente : (Silence) *Je suis un peu perdue. En réalité, je croyais que c'était ma peur d'être jugée par les autres qui me retenait sur place, mais je ne savais pas que je voulais être remarquée. J'avoue que je me sens prise au piège là-dedans.*

Quel piège ? Celui de la peur du jugement ou celui des interprétations du thérapeute ? Quoi qu'il en soit, nous voyons ici comment ce dernier, par ses interprétations, oriente le travail de sa cliente qui finit par tourner en rond et par se sentir de plus en plus désorientée. Le piège de l'interprétation peut conduire, comme nous le constatons, au conflit ou à la confusion totale. Comment alors y remédier ?

Il est d'abord fondamental d'être conscient de ses processus psychiques et de voir quel vécu ou quelles peurs sont à l'origine de la tendance à interpréter. Il est clair que, dans l'exemple précédent, le thérapeute ne prend pas comme point de départ les paroles du client pour faire ses interventions. Il ne peut s'inspirer que de lui-même. Peut-être cherche-t-il lui-même à être aimé, valorisé, remarqué. Il est d'abord important qu'il ait une bonne connaissance de ce qu'il est pour ne pas projeter sur l'autre ce qui lui appartient.

La vérification est un moyen de protection qui suppose le dépassement de certaines peurs et qui remplace l'interprétation. Malgré son importance dans l'évitement des scénarios imaginaires, qui déforment la réalité, elle n'est pas toujours utilisée ; c'est aussi le cas du prochain mécanisme de protection, le choix de l'entourage.

3. Le choix de l'entourage et de l'environnement

Lozanov, au cours de ses recherches en suggestologie, découvrit et prouva l'importance de l'influence de l'entourage sur le fonctionnement de l'individu. En effet, les stimuli qui se dégagent de l'attitude d'une personne agissent sur l'inconscient d'une autre et produisent sur la psyché des effets propulseurs ou destructeurs de la personnalité. De son côté, Michel Lobrot (1974) a prouvé l'importance capitale des éducateurs sur le développement de l'enfant.

Le phénomène de l'influence inconsciente est universel. Il a un rôle déterminant dans la formation de l'être humain. En effet, l'homme est sans aucun doute influencé par son entourage, comme nous l'avons vu précédemment. Si l'attitude de ses éducateurs véhicule surtout des sentiments d'amour, de foi et de respect, il grandira dans l'harmonie parce que la satisfaction de ses besoins fondamentaux aura sur lui un effet propulseur. Par contre, s'il est entouré d'un monde de haine, de violence et de vengeance, il en subira invariablement les effets néfastes, surtout si ces sentiments sont vécus sans être exprimés. Il est donc fondamental, quand on est conscient de ces phénomènes, de chercher un entourage en présence duquel on se réalise, on se manifeste, on exploite ses potentialités créatrices, et de se libérer d'un entourage en compagnie duquel on se sent mal, on s'infériorise et on s'éteint.

Est-ce à dire que l'entourage est entièrement responsable de ce que nous sommes et de ce que nous vivons? Je ne le crois pas. Il y a, comme je l'ai dit, dans l'inconscient humain des zones de sensibilité importantes formées par des réactions émotives fortes à des événements de la vie passée. Il est évident que si les attitudes des gens qui constituent l'entourage immédiat rappellent incessamment à la mémoire inconsciente ces souffrances passées, elles entretiendront la douleur psychique et brimeront l'être dans sa capacité d'agir.

Si la famille est si souvent un lieu de régression ou de culture des problèmes psychiques, c'est parce qu'elle est généralement le milieu dans lequel se sont formées les zones psychiques de sensibilisation prononcées, qui sont tout simplement stimulées de façon permanente par elle.

C'est pour cette raison que l'enfant doit un jour quitter sa famille pour se libérer de stimuli qui, dans certains cas, le maintiennent dans la dépendance, l'insécurité et l'infériorisation pour se diriger vers un milieu qui, au lieu d'agir sur ses zones sensibles, voire pathologiques, et de les entretenir, stimulera son potentiel créateur. Si une personne bénéficie d'un entourage dont l'attitude active les réserves créatrices plutôt que d'éveiller constamment les blessures psychiques, elle découvrira ses forces intérieures, développera sa confiance en elle-même, élargira son champ d'action, accueillera et dépassera de plus en plus ses peurs pour enfin se réaliser chaque jour davantage.

Ce choix de l'entourage entraîne parfois un changement d'environnement, un changement de milieu de vie tant sur le plan personnel que professionnel. Et le changement fait peur.

C'est la peur de l'inconnu qui maintient une personne dans des milieux qui l'emprisonnent.

Cette peur, si elle n'est jamais accueillie et dépassée, garde l'homme dans la stagnation de sa souffrance psychique. Elle entraîne petit à petit la mort de l'âme, la mort du cœur. Quitter la sécurité du connu pour choisir l'insécurité de l'inconnu n'est pas facile. C'est un risque, mais il y a dans le choix du risque un choix de vivre. En effet, la vie est tournée vers demain et il y a autant de risques à rester sur place quand on est malheureux qu'à se déplacer vers un « ailleurs » inconnu.

Changer d'environnement, dans certains cas, c'est se donner de nouveaux défis, c'est s'offrir de nouvelles influences, c'est exploiter de nouvelles potentialités, c'est faire de nouvelles découvertes, c'est se créer de nouveaux espoirs.

Cela suppose, bien sûr, en plus d'une ouverture à l'adaptation au changement, une capacité à accueillir et à dépasser la peur de l'inconnu qui brime la liberté de choix.

Je crois personnellement que l'une des plus belles chances d'avancement dans tous les domaines de mon être que je me sois donnée provient du changement d'environnement et d'entourage que j'ai vécu lors de mon séjour de trois ans en Europe et que j'ai revécu au retour en m'installant à Montréal plutôt que dans ma ville natale où j'avais vécu pendant 39 ans. J'ai pris de grands risques qui m'ont propulsée et ouvert les portes de la vie et de la liberté. Bien sûr, ces risques n'ont pas été pris à l'aveuglette dans le but de fuir mais dans un besoin viscéral de changement, de libération et de progression.

Il n'est pas question ici de s'esquiver chaque fois qu'il y a conflit ou difficulté relationnelle. Il importe de bien distinguer entre la fuite, qui est un mécanisme de défense, et le choix de l'entourage et de l'environnement, qui est un mécanisme de protection. On peut choisir de ne pas fréquenter certaines personnes parce que leur présence nous place toujours, en dépit de nos efforts, devant les mêmes insatisfactions et nous maintient dans le malaise presque permanent. Ce qui garde une personne dans cette dépendance douloureuse, c'est généralement la peur de perdre, la peur de la solitude, la peur de l'abandon, la peur du jugement. Ces peurs chroniques la poussent à toujours choisir l'autre plutôt que de se choisir elle-même. Le choix de l'entourage suppose donc l'accueil et le dépassement des peurs et surtout l'acceptation de la possibilité de « perdre » l'autre pour se « trouver » soi-même, ce qui n'est pas facile dans ce monde où l'on a introjecté qu'il fallait d'abord penser aux autres avant de penser à soi, qu'il fallait aimer tout le monde et être aimé de tous. Paradoxe d'une religion de l'amour fondée sur la lutte entre le Bien et le Mal, entre le Christ et Satan.

Choisir notre entourage, c'est nous choisir en accueillant et en dépassant nos peurs et en nous libérant des griffes éducationnelles qui nous étouffent et nous empêchent de vivre. L'un des plus grands passages que l'homme a à traverser au cours de son existence est celui qui consiste à apprendre à agir pour lui-même plutôt que pour les autres. Cesser d'agir pour le regard de l'autre, cesser de se faire croire qu'on agit pour le bien des autres, c'est le commencement de la naissance de la personne et de la mort du personnage, c'est le début de la libération.

Choisir son entourage par respect de soi-même, c'est se choisir, c'est se libérer de poids inutiles, de barrières encombrantes et d'énergies négatives, et c'est surtout se dégager de ses introjections limitatives et de ses peurs paralysantes. Ce choix, s'il est vraiment un moyen de protection, doit nous conduire vers le mieux-être. Aussi n'est-il pas fait par vengeance et dans un climat de blâme, de critique ou de rejet de l'autre, mais par respect et amour de ce que nous sommes.

> **Au lieu de subir les gens qui nous entourent, il nous appartient de les choisir, qu'il s'agisse d'amis, de collègues de travail ou de parents, et de faire en sorte que notre entourage nous soit bénéfique. Agir ainsi, c'est prendre sa vie en main, c'est sortir de son fonctionnement de victime et c'est enfin devenir maître de sa vie.**

Je crois que ce mécanisme de protection est essentiel à l'évolution de l'être humain et que celui qui a la force de se choisir un entourage et un environnement propulseurs a aussi la force de se créer et de créer sa vie. Il est impossible d'en arriver à une véritable réalisation globale de soi et de connaître le bonheur sans cette capacité à se choisir un entourage et un environnement sains, un entourage dans lequel n'interviennent pas les situations de pouvoir, de besoin de prouver, de compétitions malsaines, de domination. L'entourage propulseur favorise la manifestation des différences et l'exploitation des potentialités créatrices, qui ne peuvent être que le résultat du respect de soi, des autres, du territoire et des limites.

4. Le territoire et les limites

La capacité à délimiter clairement notre territoire et à établir nos limites est directement proportionnelle à notre capacité à nous définir et à nous affirmer. Celui qui n'a pas de frontières n'a pas d'identité et ne peut donc manifester sa différence. Nous sommes notre territoire et c'est pourquoi être envahi dans son territoire, c'est être envahi dans sa personne même, c'est ne plus être respecté, ne pas être reconnu. Il y a dans le non-respect du territoire de l'autre un manque de reconnaissance qui déclenche un sentiment d'inanité. La personne qui n'a pas de territoire a le sentiment de n'être rien, de n'avoir aucune importance.

C'est un besoin fondamental que celui d'être reconnu. Lorsque mon territoire n'est pas respecté, je ne suis pas reconnu et cet état intérieur peut entraîner de graves conséquences.

Mais de quoi est fait mon territoire ? D'après la Société internationale de recherche interdisciplinaire sur la communication (SIRIC, 1982, p. 283), mon territoire comprend « mon espace géographique », c'est-à-dire ma chambre, mon logement, mon mobilier, ma maison ; il comprend aussi mon temps, l'organisation de mes rendez-vous, le respect de mes horaires. Mon territoire, c'est aussi « mon corps, ma santé, ma vie et ma mort », « mon rôle dans l'entreprise où je travaille ainsi que tout le matériel dont j'ai besoin pour le remplir : mon bureau, mes classeurs, mes outils usuels ». Mon territoire, c'est mon nom, c'est l'« acquis de mes études, de mes expériences, de mes échecs et de mes réussites », c'est aussi « mes idéologies et mes croyances », « mes choix de vie, mes choix quotidiens », « mon argent, ma voiture, mes biens », que je prêterai si cela me convient. Mon territoire, c'est encore « mes engagements et mes responsabilités » et non ceux qui ne m'appartiennent pas, « mes fréquentations, mes amis, mon courrier, mes vêtements, ma coupe de cheveux ».

Si je perds mon territoire ou s'il n'est pas respecté (SIRIC, p. 285), les conséquences peuvent être assez graves. En effet, la perte du territoire entraîne la perte de l'autonomie, de la liberté d'action, de l'épanouissement personnel, de l'agressivité nécessaire à la survie, de la santé psychique, voire physique, et j'ajouterais qu'elle entraîne aussi l'échec des communications et des relations par l'accumulation de conflits qui naissent de frustrations permanentes.

Définir son territoire ne suffit pas. Il ne suffit pas en effet de savoir ce qui le constitue. Le plus difficile est de fixer des limites claires et précises. Voilà un moyen de protection d'une grande importance puisqu'il assure la satisfaction de tous les besoins fondamentaux, soit le besoin d'être aimé et reconnu, d'être sécurisé, de s'affirmer, d'être écouté et accepté, de créer et d'être libre.

Dans ce monde où nous vivons, chacun veut exister, chacun veut être reconnu par les autres, chacun veut sa place, son territoire, son espace vital. C'est précisément parce qu'il est entouré des « autres » que l'être humain doit délimiter son territoire. Si les limites de ce territoire ne sont pas claires, il sera envahi et aura par conséquent le sentiment de ne pas être important. Ce sentiment est parfois tellement intolérable qu'il peut conduire à l'anéantissement, à la dissociation du moi. Ne pas avoir le sentiment d'exister, c'est une forme de mort psychologique.

Je ne mettrai jamais assez l'accent sur l'importance du territoire comme moyen d'assurer la survie de l'être humain et son épanouissement dans sa relation avec les autres, comme moyen d'être aimé et reconnu.

Déterminer son territoire et le faire respecter, c'est se faire respecter comme personne, c'est se faire reconnaître, c'est se faire aimer.

On aime et on reconnaît ceux qui s'affirment parce qu'ils sont vivants et qu'ils nous donnent le sentiment d'exister. Et, pour exister, il faut se poser, établir son territoire et fixer ses limites.

Sur le plan des relations humaines, la capacité à établir son territoire et à respecter celui des autres favorise les communications parce que chacun est alors aimé, reconnu et entendu dans sa différence ; de plus, chacun se sent libre. En effet, ce qui empêche l'être humain d'être libre, c'est ce qui l'empêche de délimiter son espace physique et psychique, c'est-à-dire sa difficulté à écouter son vécu et à respecter ses besoins et sa peur de perdre, d'être rejeté, d'être jugé ou tout simplement sa peur du conflit. Ce sont ces peurs que l'homme doit dépasser pour utiliser le mécanisme de protection qui consiste à délimiter son territoire. Mais pour y arriver, plusieurs moyens sont à sa disposition. C'est pourquoi il n'est pas possible d'approfondir ce mécanisme de protection si fondamental à la renaissance sans aborder les notions d'envahissement, d'objectifs de vie, de priorité et de discipline.

a. Envahissement

Sans l'accueil et le dépassement de nos peurs, nous perdons notre liberté et la reconnaissance des autres parce que nous nous laissons constamment envahir dans ce que nous sommes et dans ce qui nous appartient.

L'envahissement, on le sait, est la cause de beaucoup de guerres et de conflits parce qu'il est une forme de pouvoir conscient ou inconscient, un manque de respect des autres. Si nous sommes « envahisseurs » ou « envahis », nous ne sommes pas libres.

Il est donc important de travailler les fonctionnements d'envahisseur ou d'envahi pour retrouver la liberté qui nous permet de devenir créateurs de notre vie. Ce besoin profond d'être libres, créateurs, aimés et reconnus, nous ne pourrons le combler que par les moyens de protection, qui supposent une reconnaissance profonde et un grand respect de nous-mêmes. Ce n'est que ce respect de nous-mêmes qui peut nous permettre d'accomplir les gestes et de prononcer les paroles qui vont empêcher l'envahissement de notre territoire et enlever aux autres le pouvoir que nous leur donnons sur notre vie.

Pour prendre notre place, il ne s'agit pas de lutter contre les autres mais de travailler sur nous-mêmes. Il s'agit d'une lutte intérieure entre le besoin d'exister et la peur de perdre.

Ainsi, en délimitant son territoire et en établissant clairement ses limites, on sort vainqueur de ce combat interne en ce sens que on s'aime suffisamment pour se choisir et se respecter dans ses besoins fondamentaux au risque de perdre, d'être jugé ou rejeté.

Mais comment connaître ses limites? Il est évident que l'intégration du mécanisme de protection constitue un pas énorme dans le processus de changement et qu'il suppose le franchissement de certaines étapes avant que nous ne soyons prêts à l'utiliser. Ainsi, pour connaître ses limites, il faut d'abord prendre conscience de ce que nous sommes, particulièrement de notre fonctionnement psychique. C'est cette connaissance qui nous permettra de fixer nos objectifs de vie.

b. Objectifs de vie

Se fixer des objectifs de vie, c'est répondre aux questions suivantes : « Qu'est-ce que je veux réaliser sur cette terre? En fait, quelle est la mission que je veux accomplir? »

Une réponse claire à ces questions est très importante parce qu'elle permet de préciser le territoire et les limites de façon à éviter l'éparpillement et de façon surtout à éviter de se laisser guider par les événements et par les autres. En effet, si je ne sais pas où je vais, je peux facilement me laisser entraîner sur n'importe quelle route et passer ma vie à suivre, au gré des événements et des besoins des autres, des chemins qui ne me mèneront nulle part. Me fixer des objectifs de vie, c'est choisir moi-même les routes de ma vie en fonction de ce que je veux devenir.

Je crois profondément au proverbe qui dit : « *Aide-toi et le ciel t'aidera.* » Tout attendre du « ciel », c'est comme tout attendre des autres. Cette attitude passive maintient l'être humain dans un rôle de marionnette à la merci du monde extérieur.

Il y a, dans la relation de l'homme avec Dieu, une participation réciproque à une œuvre commune, celle de la réalisation et de la création permanente de soi et du monde.

Cette participation suppose que nous fassions notre part, que nous agissions, que nous prenions en main notre destin. C'est cette prise en charge de lui-même, par le choix de moyens appropriés, qui lui permet de nous créer et d'apporter quelque chose aux autres avec l'aide de Dieu.

Se fixer des objectifs de vie, c'est orienter sa vie sur un but précis. Si ce but favorise notre création et la création du monde, il sera atteint à la seule condition que nous puissions faire face aux obstacles de la route sans nous laisser arrêter par la peur.

Les obstacles sont les instruments de mesure de la détermination à se réaliser le plus totalement possible.

Ils sont aussi des moyens d'apprentissage en ce sens que si nous les franchissons, nous en sortons plus forts, plus riches intérieurement, plus sûrs de nous-mêmes. Pour celui qui sait transformer les obstacles en guides, la peur et la souffrance s'amenuisent pour faire place à la foi en soi, en l'autre et en la vie. Vaincre l'obstacle, c'est choisir de vivre avec plus d'intensité, plus d'énergie, plus d'amour. C'est dans ce choix permanent que se situe le respect de notre territoire et de nos limites. Marcher dans la ligne de nos objectifs de vie, en dépit des obstacles, c'est nous choisir à chaque instant, c'est garder le pouvoir sur notre vie et c'est surtout nous donner les clés de la création de soi et par conséquent de la création du monde. En effet, quand je me crée je peux non seulement créer, mais apporter aux autres, par mon attitude, l'influence inconsciente de ma réalisation. Il s'agit d'un apport subtil qui ne passe ni par l'orgueil ni par le besoin de prouver ou de dépasser les autres, mais par une réalisation intérieure fondée sur le dépassement de soi et le respect de sa différence.

Mais comment choisir ses objectifs de vie ? Je choisis mes objectifs de vie en imaginant qu'à la fin de ma vie, j'aurai réalisé telle ou telle chose sur le plan spirituel, sur le plan affectif, sur le plan social, sur le plan intellectuel, sur le plan professionnel, sur le plan corporel et sur le plan matériel. Chacun des plans est important et mérite d'être considéré. Le problème se pose quand il y a exploitation d'un seul plan au détriment de tous les autres.

Ces objectifs de vie, qui peuvent faire l'objet d'ajustements en cours de route, permettent à une personne d'orienter sa vie dans le sens qui lui convient en prenant les moyens de les atteindre par le choix de ses priorités personnelles.

c. Priorités

Bien sûr, il est plus facile, après avoir fixé nos objectifs de vie, de délimiter notre territoire et de clarifier nos limites. Mais pour le faire de façon encore plus satisfaisante, il est important d'apprendre à établir nos priorités. Pour ce faire, il s'agit de savoir quelle importance nous accordons à chacun des éléments suivants : notre conjoint, nos enfants, nos parents, nos amis, notre travail, nos loisirs et nos vacances, nos possessions matérielles, nos projets, notre croissance personnelle sur le plan physique (notre santé), intellectuel (nos études, nos besoins de connaissance), affectif (nos relations intimes), social, spirituel, créateur. Cette réflexion peut nous fournir la possibilité de voir ce qui est important pour nous et d'établir les limites en conséquence. Il est possible, en faisant cet exercice, que nous réalisions que nous accordons à nos enfants une importance capitale alors qu'en réalité nous ne nous en occupons à peu près pas parce que nous nous laissons dominer par les événements extérieurs. Il est possible aussi que nous prenions conscience que nous nous laissons envahir par notre travail ou par nos parents et que nous ne nous ménageons pas de place pour ce qui nous intéresse vraiment. De telles prises de conscience peuvent nous permettre de connaître nos besoins et d'établir nos limites en conséquence de façon à nous faire respecter et à prendre les rênes de notre vie.

De façon concrète, ces prises de conscience peuvent nous permettre de répartir notre temps en fonction de nos priorités et non en fonction des événements. C'est le propre de l'agenda que de favoriser la répartition du temps. Malheureusement, on ne se sert souvent de cet outil que pour ce qui touche le travail et les rendez-vous d'affaires. Il est essentiel à mon avis d'inscrire dans notre agenda le temps que nous accorderons à nos enfants, à notre partenaire amoureux et à nous-mêmes. Sans cela, nous serons constamment submergés et frustrés.

Mais tous ces moyens essentiels au respect de soi, à la prise en charge de notre vie ne peuvent avoir d'effets sur notre vie que si nous développons notre sens de l'organisation et de la discipline.

d. Organisation et discipline

Je ne saurais trop insister sur l'importance de la discipline comme critère de réalisation et de satisfaction. J'ai vu dans ma carrière d'enseignante, de thérapeute et de formatrice la souffrance des personnes qui manquaient de structure. Donner à nos enfants et à nos élèves une éducation axée sur la discipline, c'est d'abord respecter le fonctionnement normal de leur cerveau, c'est ensuite satisfaire leur besoin de sécurité et enfin leur donner des outils de base pour se créer et se réaliser. C'est la discipline qui, notamment, permet à un être humain de respecter ses objectifs de vie, de respecter ses priorités et de respecter ses horaires quotidiens. C'est elle qui l'encourage à délimiter son territoire et à établir ses limites.

Mais ce qui empêche les éducateurs d'apprendre à leurs enfants ou à leurs élèves à se discipliner et à fixer leurs limites, c'est qu'ils ont eux-mêmes une vie sans structure menée par les événements et par le monde extérieur. Beaucoup de parents, par exemple, trouvent leur tâche d'éducation difficile, voire pénible. Une famille où il n'y a pas de discipline ni de structures est un nid de conflits, de frustrations et d'insatisfactions. Personne ne respecte le territoire des autres parce qu'il n'est pas délimité.

Valérie avait 28 ans quand elle est venue en thérapie pour la première fois. Elle était déjà mère de deux garçons et vivait péniblement sa maternité. Elle se sentait esclave, sans liberté et sans vie. Elle trouvait que ses fils de trois ans et de dix mois prenaient tout son temps et occupaient même ses nuits. Elle regrettait même d'avoir eu des enfants parce qu'elle avait tout laissé pour eux : sa carrière, ses loisirs et même ses amis, qu'elle ne voyait plus. C'était le modèle parfait de la mère sacrifiée qui s'oublie complètement pour ses enfants et qui les rend responsables de sa frustration et de ses choix.

L'éducation des enfants n'est pas une tâche pénible, mais une joie profonde. Si tel n'est pas le cas, une remise en question s'impose. Bien sûr, la présence d'un enfant dans notre vie demande du temps, mais pas tout notre temps. Il doit toujours y avoir des limites au temps que l'on donne aux autres, y compris à nos enfants.

Valérie a découvert que sa culpabilité et ses introspections par rapport à l'éducation l'avaient complètement coupée de ses besoins. Elle n'imposait donc aucune limite à ses enfants, qui la faisaient tourner comme une toupie.

Les parents sans limites et sans discipline insécurisent leurs enfants, qui exigent toujours plus et ne sont jamais satisfaits.

Mais le plus difficile avec les limites, ce n'est pas de les établir mais de les faire respecter. C'est là qu'intervient la discipline : la limite n'ayant pas été respectée, l'enfant doit en assumer les conséquences. Les limites sont toujours mieux reçues par l'enfant si elles sont présentées sous forme de choix :

« *Tu restes assis pour manger ou tu sors de table.* »

« *Tu restes dans la cour pour jouer ou tu joues dans la maison.* »

Cette formulation éduque l'enfant à faire des choix et à en assumer les conséquences, à la condition toutefois que ses parents lui fassent respecter ces conséquences. Autrement dit, l'enfant qui sort de la cour pour jouer n'a pas respecté les limites de son choix, il doit donc rentrer à la maison et ce, même s'il pleure, crie ou tape du pied.

Faire respecter les limites qu'il établit, c'est le travail d'un bon éducateur. Mais ce travail suppose la capacité à dépasser certaines peurs : peur du jugement des « autres », peur de perdre l'amour, peur de se tromper. Toutefois, c'est un travail qui donne des résultats surprenants : il développe la fiabilité, la sécurité et la discipline nécessaires à la réalisation harmonieuse de soi.

Les transformations presque radicales qui ont bouleversé le Québec des années soixante étaient fondées sur des valeurs qui ont malheureusement été mises au rancart parce qu'ont été négligées dans plusieurs cas et dans plusieurs milieux les notions d'organisation et de discipline. En réalité, la discipline constitue l'encadrement de la vie humaine, c'est-à-dire la directivité dans le contenant. Sans elle, le bateau de notre vie risque de voguer à la dérive. L'expérience de Léonard en est un exemple. Abandonné par sa mère à la naissance, il avait grandi dans une famille où il n'avait pas manqué d'amour. Cependant, ses parents adoptifs étant très peu organisés et très peu structurés, il avait connu les avantages et les inconvénients du « laisser-faire ». J'avais pour cet étudiant très intelligent et très attachant, que j'ai connu alors qu'il était en troisième secondaire, beaucoup d'affection. Malheureusement, en dépit de ses talents, Léonard ne réussissait pas à l'école. Il se heurtait constamment à l'échec, ce qui le dévalorisait et le faisait beaucoup souffrir. Comme il n'avait aucun sens de la discipline, il lui était impossible de s'imposer des heures d'études à la maison. Il se disait très paresseux. Beaucoup de gens d'ailleurs se croient paresseux alors qu'ils sont tout simplement indisciplinés.

L'apprentissage de la discipline, lorsqu'il n'a pas fait partie de l'éducation familiale, demande un certain temps et une acceptation de progression par étapes. Introduire la discipline dans notre vie, c'est commencer par exemple par respecter les heures de lever et de coucher pour ensuite s'attarder à l'organisation de toutes les heures de nos journées. Une telle démarche peut sembler ardue et étouffante, mais on se rend vite compte qu'une vie structurée laisse plus de temps libre et fournit beaucoup plus de satisfaction. Structurer sa vie, ce n'est pas seulement se planifier des heures de travail sérieux, c'est aussi se ménager du temps de repos, de loisir et d'absence de structure.

Discipliner sa vie, c'est tout simplement la prendre en main pour obtenir ce que l'on veut vraiment au lieu de subir ce que l'on n'a pas choisi.

Discipliner notre vie, c'est nous donner les moyens de fixer les limites qui nous permettent de suivre la route que nous nous sommes fixée. Quand nous sommes en mesure de faire le choix conscient de ce mécanisme de protection en accueillant nos peurs, nous prenons automatiquement du pouvoir sur notre vie.

Savoir faire des demandes claires, savoir remplacer nos scénarios imaginaires par la vérification, savoir choisir notre entourage et notre environnement, savoir délimiter notre territoire et établir nos limites sont autant de mécanismes de protection auxquels s'ajoute la capacité à se créer de nouvelles expériences de vie.

5. Les nouvelles expériences de vie

Si, de par la constitution de son cerveau, l'homme a besoin d'encadrement, de rituels, de discipline et d'une certaine forme de routine, il a aussi besoin de changement. Si son cadre de vie est hyper ritualisé, s'il n'y a pas de place pour la nouveauté et l'imprévu, son processus d'évolution est retardé, voire arrêté, et il s'enlise dans le système fermé qu'il s'est créé pour se sécuriser. Dans ce cas, il entretient en permanence les mécanismes psychiques qui le font souffrir et les systèmes relationnels qui le rendent malheureux.

L'être humain a besoin d'être sécurisé. Mais si, pour satisfaire cette nécessité, il se prive de ses besoins de s'affirmer, de créer et d'être libre, il connaîtra le déséquilibre intérieur et extérieur. Satisfaire un besoin au détriment des autres, c'est s'emprisonner et s'étouffer. Le bonheur véritable naît de la satisfaction de tous les besoins fondamentaux et non d'un seul. Aussi importe-t-il de trouver l'équilibre entre l'encadrement et la discipline de vie d'une part et le changement et l'imprévu d'autre part. Sans nouveauté, sans innovation, sans variation, il n'y a pas d'évolution possible mais au contraire insatisfactions, frustrations, déceptions, regrets. Laisser de la place au changement et à l'inattendu, c'est ouvrir les portes de la création, de la liberté et du goût de vivre.

Pour sortir du marasme de la stagnation et de la routine emprisonnante qui cultivent l'insatisfaction et qui entretiennent les peurs paralysantes, l'être humain doit faire le choix conscient de vivre de nouvelles expériences.

Répéter toujours les mêmes expériences de vie, c'est donner à notre psychisme des éléments d'information ressassés qui rigidifient le fonctionnement interne et le cimentent de plus en plus fortement, ce qui rend beaucoup plus difficile le travail thérapeutique de transformation et d'assouplissement du monde intérieur.

Bien sûr, le fait de faire le choix de vivre de nouvelles expériences ne peut se faire sans la capacité de composer avec certaines peurs, dont la peur de l'inconnu, la peur de l'échec, la peur de l'erreur, la peur du ridicule ou la peur du jugement. C'est cet accueil de la peur, ce Minotaure apparemment monstrueux de notre labyrinthe psychique, qui permet la libération. Il ne peut se faire, dans bien des cas, sans le franchissement des étapes précédentes du processus de changement : la prise de conscience, l'acceptation, la responsabilité et l'observation.

Utiliser le mécanisme de protection des nouvelles expériences de vie, c'est vraiment prendre notre vie en main et ne pas attendre qu'elle se charge, par l'intermédiaire d'événements ou de personnes, de nous faire vivre ce que nous n'avons pas choisi de vivre. En fait, ce mécanisme conscient de protection nous donne la possibilité de choisir au lieu de subir et nous donne aussi l'ouverture et la souplesse nécessaires pour affronter les situations imprévues sans en être bouleversés ou déséquilibrés dans notre fonctionnement.

La peur du changement attire les gens vers le passé alors qu'ils sont naturellement poussés vers l'avenir. Vivre incessamment de façon routinière les mêmes expériences sans espaces prévus pour la variété, c'est nager contre le courant de la vie et c'est se faire mal, comme ce fut le cas d'Éloi, qui est venu me rencontrer alors qu'il était au plus creux d'une sérieuse dépression. Il en avait d'ailleurs tous les symptômes : sentiment de désespoir et d'impuissance, manque d'intérêt total pour l'environnement, pour les relations avec les amis et la famille, difficulté à s'engager, à prendre des responsabilités, manque d'intérêt pour la sexualité, pour le bien-être personnel, pour l'apparence physique, sentiment de culpabilité chronique, conviction de son manque de valeur, image négative de lui-même et manque de confiance en ses possibilités, tristesse profonde, tendance à l'autodestruction, manque de motivation, propension à la dramatisation et à l'exagération, envie de mourir, difficulté à communiquer, tendance à donner une image de bien-être pour cacher la maladie, difficulté à fournir un effort important en vue de s'aider à guérir.

Au cours de sa démarche thérapeutique, qui dura près de deux ans, Éloi passa par toutes les étapes du processus de changement. Il fit des découvertes surprenantes sur lui-même et sur son fonctionnement. Mais sa plus grande révélation fut de prendre conscience de son complexe d'insécurité. À trente ans, il se rendit compte qu'il s'était organisé une vie très ritualisée où il n'y avait aucune place pour l'imprévu. Tout était pensé, structuré, encadré et il répétait tous les jours depuis plusieurs années les mêmes gestes et les mêmes actions. Vivant chez ses parents, qu'il n'avait d'ailleurs jamais quittés, il occupait ses journées en suivant toujours le même horaire : lever, déjeuner, boulot, dîner, boulot, souper, télé, dodo, etc. En fait, au travail, il occupait toujours le même poste d'opérateur, avait refusé toutes les promotions. Sa vie affective se limitait à sa famille. Il ne sortait à peu près jamais sinon pour aller chez sa sœur qui habitait le même quartier que lui.

Éloi était-il déficient, anormal ? Pas du tout. Il avait tout simplement des blocages affectifs énormes qu'il entretenait par son contact avec une mère castrante et très dominatrice, et un père éteint et effacé, auquel il s'était identifié parce qu'il détestait sa mère, chose qu'il n'avait jamais osé s'avouer avant la thérapie. Il n'y avait dans la vie d'Éloi aucune place pour les expériences nouvelles. Il commença par changer des petits détails. Pour ce faire, il devait affronter l'autorité de sa mère, qui avait sur lui un effet destructeur. Quand il mit fin à sa démarche thérapeutique, il avait déménagé dans un appartement où il vivait seul, il avait pris un abonnement à une série de concerts, avait demandé une promotion, qui lui fut accordée sans problème, et avait même communiqué avec une agence de rencontre dans le but de se trouver une compagne de vie. Il fut très difficile voire pénible à Éloi de faire ces démarches de changement d'autant plus qu'il en était arrivé à une vie routinière sans variété parce que sa mère avait découragé toutes ses tentatives de changement en lui disant qu'il n'était pas capable, qu'il ne réussirait pas, qu'il serait malheureux. Éloi était figé par la peur qui l'étouffait. Aussi, lorsque sur les conseils de sa sœur il commença sa démarche thérapeutique avec moi, n'en avait-il pas parlé à sa mère et avait-il justifié ses retards inhabituels par des prétextes de travail supplémentaire. D'ailleurs, il avait attendu d'être au plus creux de la vague pour réagir.

Se créer des situations et des expériences nouvelles, c'est se donner par le fait même des possibilités de renaissances perpétuelles, de découvertes inespérées. En effet, c'est en vivant de nouvelles expériences que nous pouvons exploiter de nouvelles potentialités qui restaient jusqu'alors latentes. C'est aussi en vivant de nouvelles expériences que nous faisons la découverte de nos forces, de nos capacités à aller toujours plus loin, de nos potentialités créatrices illimitées. Vivre de nouvelles expériences, c'est faire fructifier nos talents et toutes ces richesses intérieures qui nous habitent et que trop souvent nous laissons endormies à cause de nos peurs. Vivre de nouvelles expériences, c'est développer le goût de l'aventure, le goût de se dépasser qui donne confiance en soi.

Vivre de nouvelles expériences, c'est contribuer à notre processus d'évolution à la condition seulement qu'elles ne soient pas faites pour fuir les anciennes, mais pour respecter cet élan intérieur naturel qui nous pousse à avancer, à grandir, à nous dépasser pour être continuellement fiers de nous et heureux de vivre. Cette démarche est toujours plus facile à réaliser lorsque nous transformons nos attentes en objectifs.

6. La transformation des attentes en objectifs

L'attente est l'une des plus grandes souffrances de l'homme. Attendre que quelque chose change, attendre que survienne un événement agréable, attendre que l'être aimé revienne, attendre que « les autres » bougent, attendre que la vie nous apporte ce dont nous avons besoin sont autant d'occasions répétées de se faire très mal. Le monde est fait d'attentes déçues.

L'attente est l'envers de la responsabilité. Quand j'attends, je suis à la merci du monde extérieur et, en plus, je tente d'exercer sur lui mon pouvoir de le changer.

Si nous utilisions toute l'énergie que nous gaspillons à vouloir changer les autres pour nous changer nous-mêmes et pour agir, nous connaîtrions enfin la satisfaction, la réalisation de nous-mêmes et nous créerions des relations affectives profondes et durables.

Les « autres » ne sont pas responsables de nos besoins et de nos attentes ; ils sont, comme nous, responsables des leurs.

Tant que nous sommes dans l'attente, nous restons sur place. Personne ne devrait donner aux autres le pouvoir d'essayer de les changer. Nous aimer, c'est refuser de prendre la responsabilité des attentes des autres et c'est aussi transformer nos attentes en objectifs de façon à récupérer le pouvoir sur notre vie.

La religion nous a, à plusieurs d'entre nous, trop souvent appris à tout attendre de Dieu, à tout attendre des personnes en position d'autorité, à tout attendre des autres. Cette attitude passive entretient la frustration, la déception et par conséquent nourrit les mécanismes défensifs de la critique, de l'interprétation et du jugement.

Mais quelle est la raison fondamentale qui nous maintient dans l'attente ? La peur. Nous attendons parce que nous avons peur de l'action et surtout peur des conséquences de notre action. C'est ce qui a maintenu Clémence dans la souffrance pendant des années. Elle était amoureuse d'un homme qui la traitait comme une marionnette.

Quand il la voulait, il lui promettait la lune et quand il s'en lassait, il l'abandonnait comme un chien errant. Pendant ces moments de rejet, elle connaissait l'enfer de l'angoisse et se maintenait constamment dans un espoir qui entretenait sa souffrance. Bien sûr elle lui en voulait, bien sûr elle le haïssait, mais elle vivait toujours dans l'attente qu'il revienne. Clémence avait si peu d'amour pour elle-même qu'elle a laissé à son amoureux tout le pouvoir sur sa vie. Quand elle est venue me consulter, elle en était à sa huitième peine d'amour en trois ans avec le même homme.

Elle était complètement défaite et pourtant, malgré sa souffrance presque insupportable, elle gardait au fond d'elle-même l'espoir qu'il revienne. Encore une fois, elle était dans l'attente, dans une attente proche du désespoir.

Évidemment, le problème de Clémence avait une source trop profonde pour être réglé superficiellement. Elle était marquée d'un complexe d'abandon très prononcé. Par peur du rejet, elle en était venue dans toutes ses relations et particulièrement dans ses relations amoureuses à se nier complètement dans ses propres besoins. Comme elle se rejetait, elle était rejetée. Sa peur et son attente lui attiraient exactement le contraire de ce qu'elle recherchait. Au lieu d'être aimée et respectée, elle était rejetée et abandonnée. Elle n'avait donc plus rien à perdre puisqu'elle avait tout perdu.

Après avoir franchi les étapes du processus de libération, Clémence décida d'affronter sa peur en transformant ses attentes en objectifs. Son objectif premier fut donc de s'aimer assez pour satisfaire ses besoins fondamentaux. Comme sa relation amoureuse la maintenait en permanence dans la souffrance et l'insatisfaction, elle prit la décision de rompre définitivement avec cet homme, dont la fréquentation entretenait son manque d'amour pour elle-même. Cette décision ferme lui rendit la séparation beaucoup plus facile puisqu'elle n'était plus tournée vers le passé mais vers l'avenir. Toute sa vie fut réorganisée autrement. Elle devint active, s'intéressa à la danse, suivit des cours de ballet jazz, planifia un voyage à l'étranger et se ménagea des soirs de sortie au théâtre, au cinéma ou ailleurs. Voyant qu'il la perdait, son ancien amoureux fit plusieurs tentatives pour la retrouver. Elle n'accéda d'aucune façon à ses demandes, ce qui ne fut pas facile, mais elle avait dorénavant décidé fermement, à la suite d'une démarche de plusieurs mois, de se choisir et de ne plus se laisser dominer par la peur.

Transformer nos attentes en objectifs, c'est nous donner les clés du passage à l'action. C'est d'ailleurs à mon avis le rôle des éducateurs que d'apprendre aux éduqués à transformer leurs attentes en objectifs. Chaque fois que je commence un cours, un atelier, une journée d'étude, je mentionne aux participants le contenu du programme et je leur dis clairement que je ne prends pas la responsabilité de leurs attentes. Connaissant le parcours et la philosophie qui sous-tendent le programme parce que je les leur ai expliqués clairement, ils sont en mesure de fixer leurs objectifs personnels et de voir comment ils pourront les atteindre dans le cadre de ce qui est offert. Autrement dit, j'arrive avec ce que je suis et ce que j'ai à offrir, que je présente de façon claire, et je ne prends pas la responsabilité de répondre à leurs attentes. C'est pourquoi je leur propose de les transformer en objectifs de façon à ce qu'ils viennent chercher dans le cours ce dont ils ont besoin. À ceux qui voudraient changer le contenu du programme pour qu'il réponde à leurs attentes, je propose de trouver dans ce qui est offert ce dont ils ont besoin ou, si le cours ne leur convient pas, de simplement se retirer. Ils deviennent ainsi responsables de leur action et s'ils restent ils ne sont plus dans l'attente mais dans la participation et dans l'engagement. C'est d'ailleurs la seule façon d'en retirer quelque chose.

Comme tous les mécanismes de protection, le mécanisme qui consiste à transformer les attentes en objectifs a pour avantage de permettre à l'être humain de prendre sa vie en main. Mais cette étape du processus de changement et de libération ne peut être franchie sans la capacité à composer avec les peurs qui maintiennent dans la passivité. Le tournant de la démarche thérapeutique ou de l'évolution de l'être vers un mieux-être se fait quand l'aidé est prêt à affronter le Minotaure de son labyrinthe intérieur.

Si les étapes précédentes lui ont permis de voir et de démystifier les avenues de son labyrinthe psychique, d'y localiser le Minotaure, ce monstre qui symbolise la peur, l'étape de l'utilisation des mécanismes de protection, qui est l'étape ultime du processus de changement, lui permet une libération parce qu'elle favorise le passage à l'action, parce qu'elle sort la personne de ses modes habituels de comportements insatisfaisants. Mais pour la franchir il faut affronter le Minotaure et faire face aux peurs qui, jusque-là, ont toujours bloqué la démarche d'évolution. Cette étape ultime est vraiment la plus difficile à traverser et la plus souffrante. Certaines personnes s'y maintiennent pendant des années, croyant qu'elles ne s'en sortiront jamais. Mais il est important de savoir que, si c'est la plus creuse et la plus angoissante, c'est aussi la plus près du but. Remonter de l'enfer en accueillant ses peurs, c'est en rapporter des pépites d'or, symbole de l'amour de soi.

Bien sûr, il y a toujours un risque à affronter notre Minotaure intérieur, le risque de perdre, d'être jugés, abandonnés, ridiculisés. Mais c'est le risque à prendre pour retrouver l'amour de nous-mêmes. La liberté et le bonheur de l'amour de soi se paient parfois du risque de perdre les autres.

Mieux vaut perdre que se perdre.

Prendre ce risque permanent, c'est la seule voie de l'amour, de la libération et de la création.

Si ce livre a quelque chose à vous offrir, c'est bien un encouragement à vous connaître, à vous accepter pour ensuite composer quotidiennement avec les peurs qui vous habitent. Cet accueil seul peut vous donner la clé de vos renaissances et vous mettre sur la voie de votre raison d'être sur cette terre, l'amour. Ce n'est qu'en ayant assez d'amour de soi pour se choisir à chaque minute de sa vie que l'on apprend enfin ce que c'est que d'aimer les autres.

G. Passage à l'action créatrice

Que vient faire cette dernière étape dans le processus de changement ? La création, c'est l'aboutissement du processus. Quand on a réussi à accueillir ses peurs et à prendre sa vie en main, on commence l'étape de la création de soi-même, de sa vie et aussi de la création du monde. En effet, plus on se crée, au sens où nous l'entendons ici, plus on devient créateur. Et chacune de ses réalisations est un apport personnel à l'évolution du monde et de la race humaine. On participe ainsi à l'œuvre de la création.

L'énergie qu'on a dépensée à se défendre contre ses peurs ayant été libérée par l'apprivoisement du Minotaure intérieur, elle devient entièrement disponible. C'est donc le moment de l'exploitation des potentialités créatrices maintenues prisonnières dans l'inconscient par les peurs.

Mais, je le répète, on ne devient créateur que si on se crée en affrontant le Minotaure. Autrement, on demeure un élément reproducteur qui peut très bien réussir sur le plan matériel, mais dont la réussite n'est pas créatrice de soi-même et du monde. Et cet aboutissement au processus de changement n'est jamais atteint d'une façon définitive. Les peurs resurgissent et on doit toujours les accueillir pour participer à la création. Cependant, chaque victoire sur elles donne de plus en plus confiance en soi-même, en ses forces et en ses potentialités ; chaque victoire est un pas de plus sur la route de l'amour de soi-même. Le processus devient de moins en moins souffrant parce que l'expérience des victoires précédentes et le souvenir des angoisses passées sont propulsifs et facteurs de renaissance et de créativité.

Cette étape d'aboutissement du processus de changement est d'une importance capitale dans la pratique de l'ANDC^MD^. Elle constitue le but de la démarche thérapeutique. C'est vers elle que tend tout processus de croissance et de transformation. C'est pourquoi l'approche non directive devient créatrice et c'est pourquoi on ne peut parler d'ANDC^MD^ sans cette ouverture sur la créativité, qui assure la véritable renaissance de la personne.

Poursuivre le processus d'évolution, de libération et de changement de l'ANDC^MD^, c'est vraiment suivre la voie de la transformation qui mène à l'amour et au bonheur. Il ne s'agit ni de miracle ni de magie, mais du résultat bien mérité d'un travail sur soi qui passe par l'acceptation et la responsabilité.

Nous aimer, c'est donc avancer avec les peurs qui nous empêchent de satisfaire nos besoins fondamentaux.

Nous aimer, c'est nous accorder assez d'importance pour payer du risque de perdre le prix du bonheur.

Chapitre 5
Respect des types d'intelligence

A. Découverte des types d'intelligence

La relation d'aide, abordée avec la philosophie de l'*Approche non directive créatrice*MD, est d'abord fondée sur la formation personnelle et professionnelle du thérapeute dans le sens premier d'une connaissance profonde de lui-même qui mène à l'amour de ce qu'il est. Elle est aussi fondée sur un grand respect de la personne humaine. L'aidant non directif créateur apprend sans cesse à respecter en lui-même et chez les autres le fonctionnement cérébral et le fonctionnement psychique, tels que je les ai décrits, de même qu'il apprend à respecter le rythme du processus naturel de changement de chaque être humain.

Mais son respect de lui-même et des autres ne s'arrête pas là. En effet, l'intervenant non directif créateur apprend à connaître et à respecter le type d'intelligence et le mode d'apprentissage de chacun de ses élèves ou de ses clients de même que sa façon de percevoir et de comprendre le monde.

Cette étude au sujet des types d'intelligence est née d'une recherche expérimentale que j'ai d'abord entreprise en tant que pédagogue et poursuivie dans ma carrière d'animatrice, de formatrice et de thérapeute. Au cours de mes 19 années de pratique dans l'enseignement au secondaire, je me suis beaucoup investie dans ma relation avec les adolescents tant dans la classe qu'en dehors des cours par des activités parascolaires de toutes sortes. J'ai observé mes élèves, communiqué avec eux et parfois avec leurs parents. J'ai aussi tenu régulièrement un journal dans lequel j'ai écrit mes réflexions, mes commentaires sur les faits, mes questionnements, évalué mes expériences, analysé mes échecs et mes réussites, cherché des solutions à mes problèmes. J'ai poursuivi ce travail en tant que thérapeute après chaque séance de thérapie.

À la suite de cette recherche-action entièrement basée sur l'observation et l'expérience, dans laquelle je me suis engagée sans relâche dans mes rapports personnels avec mes élèves en situation pédagogique et avec mes clients en situation thérapeutique, j'ai fait des apprentissages qui m'ont permis de résoudre, du moins en grande partie, mes problèmes concernant les moyens de susciter la motivation chez chacun de mes élèves et les moyens d'aider les gens à trouver leurs propres solutions et leurs propres voies dans le respect de ce qu'ils sont. J'ai déduit de mes observations et de mes expériences personnelles que les difficultés de comportement, les problèmes psychiques et les blocages concernant l'apprentissage avaient deux causes fondamentales et interreliées : le manque d'amour et le manque de motivation.

1. Manque d'amour

J'ai déjà largement parlé, dans les chapitres précédents, de l'importance de l'affectivité en relation d'aide et en éducation. J'ai toujours donné à l'amour de mes élèves et de mes clients la première place dans mon travail professionnel. Je me rends compte aujourd'hui que ma capacité d'aimer les autres est d'autant plus grande que je m'aime de plus en plus moi-même. Je suis profondément convaincue que mon travail auprès des jeunes et des adultes doit sa réussite à l'amour sincère et profond que je leur porte, à l'amour que j'ai de mon travail et à cet amour de plus en plus profond que j'ai de moi-même. Dans ce climat d'amour, j'ai assisté avec beaucoup d'émotion à de véritables renaissances à la vie. C'est précisément cet amour qui sert d'assise à la motivation.

2. La motivation

L'émotion est la source de la motivation ou de la démotivation. Si elle est agréable, elle suscite l'action créatrice. Si elle est désagréable, elle perturbe la personne qui la vit et, par conséquent, son entourage.

C'est précisément ce rapport à la motivation de mes élèves qui m'a amenée à faire des découvertes importantes sur leurs modes d'apprentissage. Je me suis aperçue que, s'il existait dans mes classes des étudiants intolérants, apathiques, amorphes, flemmards, c'était causé en grande partie par le type d'enseignement que je leur offrais, qui ne les respectait pas toujours dans ce qu'ils étaient en ce sens qu'il ne tenait pas suffisamment compte de leur vécu dans l'ici et maintenant des cours, de leurs acquis, de leurs aptitudes, de leur histoire, de leur mode d'apprentissage, de leurs intérêts. C'est parce que je me suis remise en question moi-même au lieu de les blâmer et de les rendre responsables de mes difficultés que j'ai pu faire cette recherche avec satisfaction. Il me fallait trouver des moyens de les intéresser et de les engager le plus possible. Susciter leur motivation était l'une de mes préoccupations fondamentales et elle est devenue d'une importance capitale dans l'ANDC^{MD}.

Les effets positifs de cette approche dépendent en grande partie de l'aptitude de l'intervenant, qu'il soit parent, professeur, thérapeute ou autre, à respecter la nature et les besoins motivationnels de l'aidé, lesquels prennent leur source dans l'histoire de la petite enfance de chacun. En effet, quand l'enfant arrive à l'école, il a déjà un passé, un vécu, une histoire. Grâce à sa grande suggestibilité, il a déjà beaucoup appris. Son entourage et son environnement ont contribué, par influence inconsciente, à cultiver en lui des intérêts bien définis, des modes d'apprentissage, des formes de langage, des attitudes, des aptitudes qui le différencient des enfants de son âge. La position sociale des parents, leurs amis, leur type d'ouverture sur le monde, leurs valeurs, leurs principes, leurs croyances, leurs peurs, leurs mécanismes de défense, leur attitude avec leur enfant et entre eux, le genre de travail du père et de la mère d'une part et d'autre part les « permissions » accordées à l'enfant, les limites imposées, son sexe, son rang dans la famille sont autant d'éléments qui influent sur ses modes de perception et d'action ainsi que sur ses motivations dans la vie.

À toutes ces influences s'ajoutent celles de l'environnement, du quartier ou du bourg où l'enfant grandit, de l'immeuble, de l'appartement ou de la maison où il vit, du terrain ou du parc où il joue, de l'ameublement, des décorations, des couleurs qui l'entourent, des jouets qu'il reçoit ou qu'il invente, des jeux qu'il apprend ou qu'il crée, de l'espace intérieur et extérieur qu'il peut occuper et exploiter. Tous ces éléments rassemblés contribuent à l'influencer, à le caractériser.

L'enfant est déjà tout un univers quand il entre à l'école et il continue en permanence à apprendre et à découvrir à l'extérieur des milieux pédagogiques, à trouver lui-même les moyens de satisfaire ses besoins et de respecter ses goûts.

Que fait l'école de ces acquis ? Toutes ou presque toutes les pédagogies modernes s'intéressent au problème de la motivation. C'est un thème usé, vieilli, qui a été abordé sous plusieurs angles, spécialement sous ses angles extérieurs par des changements de structure, de programmes et de méthodes qui semblent plus ou moins satisfaisants.

La motivation étant définie comme l'action des forces conscientes ou inconscientes qui déterminent le comportement d'un individu, il est évident que, pour motiver un être humain, on ne peut agir sur son comportement, mais sur les forces internes qui régissent ce comportement.

On ne motive pas quelqu'un de l'extérieur et par l'extérieur, mais de l'intérieur, par des moyens qui respectent ce qu'il est vraiment et qui lui font vivre des émotions agréables. On ne peut trouver ces moyens qu'en observant les individus pour les aborder avec leurs points de référence.

Mais je crois que la plupart des pédagogues savent à quel point il est important de motiver les élèves et que la plupart des thérapeutes connaissent l'importance de la motivation du client dans le développement du processus de croissance et du processus de transformation intérieure. Cependant, dans cette société du « savoir pour savoir », tout le monde sait et dans bien des cas cela s'arrête là. Comment un professeur peut-il trouver les moyens de motiver chacun de ses étudiants alors que, dans sa propre formation, il a été très peu motivé lui-même, alors que sa compétence est jugée sur les rétentions intellectuelles que ses élèves restituent aux examens, alors que pour être considéré par certains de ses supérieurs hiérarchiques il emprunte des attitudes qui ne lui appartiennent pas, alors que pour être protégé par son syndicat il se refuse l'amitié possible des cadres supérieurs et il s'empêche de « faire trop de zèle », alors que pour ne pas avoir trop de plaintes de la part des parents il se conforme à des valeurs qui ne lui ressemblent pas ? Comment les éducateurs peuvent-ils respecter leurs élèves alors que, dans bien des cas, ils ne se respectent pas eux-mêmes ?

Pourtant, il est essentiel pour un pédagogue qui veut faciliter le processus d'apprentissage chez ses étudiants et pour un thérapeute qui veut favoriser le processus de changement chez ses clients d'être sensibles à leurs modes de référence, à leur fonctionnement, à leurs intérêts et aux moyens qu'ils utilisent pour les satisfaire.

C'est ce souci permanent du respect des différences qui m'a permis d'observer l'existence de types d'intelligence différents chez tous les aidés des milieux pédagogiques aussi bien que thérapeutiques.

L'intelligence étant définie comme la « *faculté de connaître et de comprendre* » (*Le Petit Robert*), il s'avère en effet important de reconnaître, en tant qu'intervenant, qu'il existe des façons différentes d'appréhender le monde, de connaître, de comprendre et d'apprendre. Ces différences se multiplient par le nombre de personnes existantes. Toutefois, on peut les regrouper en trois types plus particuliers tout en étant conscient qu'aucun d'eux n'existe à l'« état pur ».

B. Types d'intelligence

Tous les êtres humains n'ont pas le même type d'intelligence. J'ai observé, à la suite d'une recherche systématique qui s'est échelonnée sur plus de 25 ans au cours de ma carrière d'enseignante, de formatrice, d'animatrice et de thérapeute, qu'en fonction des modes d'apprentissage et de compréhension de la réalité on peut distinguer, chez l'ensemble des êtres humains, trois types d'intelligence : l'intelligence spéculative, l'intelligence pratique et l'intelligence artistique.

Pour qu'un aidant soit à la portée d'un élève ou d'un client, il est essentiel qu'il respecte son type d'intelligence. C'est en passant par les modes de perception d'un aidé que l'intervenant peut l'aider de façon non directive.

On entre chez quelqu'un par sa porte à lui et non par la nôtre.

J'ai donné une appellation précise aux gens qui se caractérisent par un type particulier d'apprentissage. J'appelle « rationnels » ceux qui ont une intelligence spéculative, « pragmatiques » ceux qui sont dotés d'une intelligence pratique et « esthètes » ceux qui possèdent une intelligence artistique.

Avant de donner les caractéristiques de chacun des types, il m'importe de préciser que cette classification doit être considérée comme un pont pour aborder nos clients ou nos élèves. Enfermer quelqu'un dans le carcan d'un seul type est très néfaste et risque même de retarder ou de bloquer son évolution. Il s'agit d'un moyen pour aider l'intervenant à comprendre l'aidé et à le respecter dans ce qu'il est et non d'un moyen pour étiqueter et encadrer, qui freine l'avancement au lieu de le stimuler.

L'aidant soucieux de respecter les modes de compréhension du monde des aidés doit savoir que les caractéristiques de chacun des trois types d'intelligence font partie du potentiel de chaque personne et qu'elles peuvent être développées à tout moment. D'ailleurs, le type « pur » n'existe pas. Généralement, chaque personne a développé, selon son bagage génétique, l'éducation qu'elle a reçue, les influences qui ont agi sur elle et son état psychique, les caractéristiques d'un type particulier plus que celles des autres types.

Il est toutefois fondamental et indispensable de ne pas cultiver de préjugés favorables ou défavorables par rapport à l'un ou l'autre des types d'intelligence. De tels préjugés mènent inévitablement au jugement et produisent des effets négatifs sur les aidés en contribuant à dévaloriser leurs forces et à les fermer à toute forme d'évolution. Cela dit, il y a de grands avantages à connaître les types d'intelligence. En plus de nous aider à respecter les intérêts et les modes de perception des aidés, ils nous permettent de favoriser la prise de conscience des forces, des aptitudes, des talents inhérents à chaque type, de développer le respect des différences et des limites, de faciliter l'exploitation de toutes les ressources d'un individu et d'un groupe, d'encourager la complémentarité des échanges, de souligner la reconnaissance et la valorisation des aptitudes individuelles quelles qu'elles soient, d'assurer l'ouverture et l'acceptation de soi et des autres, de cultiver l'éducation au goût de la recherche et de la découverte de soi-même. C'est dans cet esprit d'ouverture que je présente ici chacun des types d'intelligence.

C. Les rationnels

1. Caractéristiques sur le plan intellectuel

Les individus de type rationnel sont généralement des cérébraux qui se caractérisent par un esprit plutôt analytique et une intelligence spéculative. Logiques, réfléchis, méthodiques, structurés, ils ont une grande capacité de concentration intellectuelle et l'effort d'abstraction ne les rebute pas. Ce sont des gens intellectuellement curieux, ordonnés, disciplinés et bûcheurs quand il s'agit des choses de l'esprit. Pour enrichir leurs connaissances et leur compréhension rationnelle de la réalité, ils travaillent sans relâche et régulièrement. Soucieux de leur réussite, ils sont, dans leur domaine de prédilection, perfectionnistes, consciencieux, persévérants, voire prévoyants. Peu de détails rationnels leur échappent. L'esprit toujours présent et attentif, et de nature plutôt sérieuse, ils sont capables de réaliser des travaux intellectuels de longue haleine et d'atteindre des objectifs à long terme. Ils respectent généralement toutes les échéances et, à l'école, ils sont respectueux des exigences des programmes. Dans la plupart des cas, ces personnes se prêtent sans problème à la recherche abstraite et à l'analyse de données. Ce sont des individus lucides et raisonnables qui ne manquent pas d'ambition et qui sont même compétitifs. Ils exigent beaucoup d'eux-mêmes et sont infatigables dans le monde de l'abstraction et de la vie intellectuelle et cognitive.

2. Caractéristiques sur le plan affectif

Les rationnels sont pour la plupart de grands sensibles et de grands émotifs qui ont très peur de leurs émotions et qui s'en défendent par la rationalisation et le refoulement.

Ils savent en effet contenir leurs réactions et maîtriser leur monde émotionnel, qu'ils considèrent comme des menaces, ce qui les rend malheureusement parfois froids, distants et peu diserts quand il s'agit de s'exprimer sur leur vécu. Sur ce plan, ils sont extrêmement réservés et prudents. Ils sont agacés et se sentent même agressés par les réactions émotives spontanées et par les démonstrations affectueuses des autres. C'est une dimension d'eux-mêmes qu'ils ne connaissent pas ou peu et qui leur fait trop peur pour pouvoir la rechercher dans leur entourage. Ils ont même tendance à considérer l'émotivité comme une faiblesse humaine qu'il faut savoir dompter, nier et surmonter pour réussir. Pour eux, le monde des sentiments et des émotions n'est pas fiable et peut être un obstacle au succès de leur projet d'avenir. Comme les rationnels ont besoin pour se sécuriser de tout diriger par le pouvoir de la raison, ils fuient et même rejettent le monde émotif parce qu'il échappe à leur contrôle. L'intensité de leur émotion étant souvent très forte à cause de leur grande vulnérabilité, ils choisissent inconsciemment de l'écraser en donnant à la raison presque toute la place. Mais comme la vie affective et émotive forme le cœur du psychisme, il est évident que leur système défensif hyper rationnel ne réussit jamais à détruire leur sensibilité et la force de leur vécu. Les rationnels, qui ont besoin plus que tout d'affection et d'amour, s'attirent souvent sur le plan des relations affectives par leur attitude défensive l'indifférence et la solitude. Ils s'attirent aussi parfois, à long terme, des problèmes psychologiques ou physiologiques plus ou moins graves.

Aider un rationnel sur le plan affectif, c'est d'abord respecter son type d'appréhension de la réalité extérieure et intérieure. Il est donc important que l'intervenant accepte le besoin de ce genre de personnes de prendre conscience de ce qui se passe en eux et qu'il réponde, par son attitude acceptante, à leur besoin de comprendre et d'apprendre. Pour les sécuriser et les respecter, la démarche thérapeutique doit, du moins au début, passer par le rationnel et donner place à l'information, à la parole et, partant, à la prise de conscience du fonctionnement psychique. Toutes les méthodes centrées sur la catharsis (décharge émotive) et le non-verbal sont non seulement menaçantes pour les rationnels, mais elles risquent aussi de les fermer à tout processus thérapeutique quel qu'il soit. L'approche non directive d'un rationnel est une approche qui respecte sa nature et son fonctionnement et qui suit le rythme personnel de ses étapes de progression. Autrement, on ne parle pas de relation d'aide mais de relation de pouvoir.

3. Caractéristiques sur le plan relationnel

Leur grande capacité à maîtriser leur monde émotionnel fait des rationnels des êtres qui ont beaucoup de difficulté à s'engager dans une relation et surtout à s'investir émotivement. Ils sont plutôt individualistes et, dans le choix de leurs relations, se révèlent très sélectifs et très critiques. Ce sont très souvent des solitaires qui, sur le plan social et professionnel, participent avec peine à la vie de groupe et éprouvent de la difficulté à travailler en équipe. Ils sont plus à l'aise dans le travail individuel. C'est pourquoi, si on les retrouve dans les milieux thérapeutiques, ce sera plutôt en thérapie individuelle qu'en thérapie de groupe. En fait, même dans un groupe le rationnel est seul. Lorsqu'il est forcé de travailler avec des coéquipiers, il a beaucoup de difficulté à leur faire confiance parce qu'il est inquiet à propos des résultats. Exigeant envers lui-même, il ne supporte pas de résultats médiocres ; aussi tentera-t-il toujours de tout diriger, plus ou moins subtilement, pour atteindre la performance qu'il recherche. C'est pourquoi le travail d'équipe l'angoisse ou le perturbe. Aussi, lors de travaux de groupes, s'il n'arrive pas à diriger la démarche des autres selon ses propres perspectives et ses propres exigences, il n'est pas rare qu'il accomplisse lui-même presque toute la tâche imposée à l'équipe. Dans ce cas, il est animé par un sentiment d'injustice qui le fait entretenir son mépris du travail en commun.

Le rationnel a de la difficulté à partager, à échanger, à négocier, à communiquer à cause de sa difficulté à exprimer son vécu et à cause de son angoisse de la réussite. Il est conscient du fait que pour réussir généralement dans la société il doit travailler; aussi est-il déterminé à atteindre coûte que coûte l'objectif d'ordre professionnel qu'il s'est fixé. Pour lui, seul le résultat importe, et c'est pourquoi il est capable de s'imposer des procédés difficiles et désagréables pour atteindre son but et ce, au prix de ses relations. Il y a en effet chez ce type d'individu une tendance au pouvoir par le contrôle des émotions qui n'est en grande partie qu'un moyen de défense qui rend ses relations affectives très insatisfaisantes. Comme il maîtrise ses propres émotions, il a tendance par projection à maîtriser et à juger celles des autres parce qu'il en a peur, ce qui rend la communication extrêmement difficile sur le plan affectif. S'il ne fait pas l'effort de travailler sur lui-même et d'apprivoiser son propre monde émotif, sa vie relationnelle aboutira soit à l'insatisfaction chronique, soit à l'échec.

4. Points de référence

Tout intervenant qui veut atteindre un rationnel doit être attentif à ses intérêts, à son mode de perception du monde, à ses points de référence particuliers. Les rationnels ne font confiance qu'à ceux qui sont compétents, qui ont de bonnes connaissances intellectuelles dans leur spécialité, qui sont en mesure de donner de façon claire et structurée des explications théoriques solides et irréfutables à leurs questions. En fait, ils ont besoin de référents théoriques, cognitifs, intellectuels, scientifiquement reconnus pour se sécuriser parce qu'ils sont en terrain connu et s'y sentent à l'aise. On a vu précédemment, dans l'étude du fonctionnement cérébral et du fonctionnement psychique, l'importance du besoin de sécurité. Il est impossible d'aider les gens sans les sécuriser. Le respect de ce qu'ils sont, dans notre approche, est l'un des meilleurs moyens de tenir compte de ce besoin. C'est seulement quand il se sentira en sécurité et en confiance avec son intervenant que le rationnel acceptera de dépasser ses référents habituels pour aller plus loin dans la connaissance de lui-même et pour apprivoiser sa vulnérabilité. Il est donc d'une importance primordiale pour un bon aidant d'accepter pleinement son type d'intelligence, de se reconnaître intelligent tel qu'il est et aussi d'exploiter toutes les dimensions de son être de façon à être en mesure d'aborder chaque être humain dans le respect de ce qu'il est. Dans la formation des thérapeutes par l'ANDC^MD^, nous accordons une importance capitale à la reconnaissance du mode d'appréhension du monde et à l'exploitation multidimensionnelle des futurs intervenants. C'est de cette façon seulement qu'ils pourront exploiter toutes leurs aptitudes et aider les autres à exploiter les leurs.

5. Aptitudes

Les personnes de type rationnel ont des aptitudes de nature principalement intellectuelle. Elles savent structurer leur pensée, elles ont le sens de l'analyse, du discernement, de la clarification des idées, de la nuance et de la rigueur.

Elles appréhendent facilement le sens juste des concepts, ce qui leur permet sans trop de difficulté de les définir clairement, de les comparer, de les classifier. Les rationnels sont doués pour penser, organiser leurs idées et les exprimer; ils ont le sens de la théorisation, de l'abstraction, de l'objectivation. Ce sont pour la plupart des bourreaux de travail qui ne comptent pas les heures et qui, grâce à leurs efforts et à leur grande ambition, atteignent une réussite notable sur le plan professionnel. Ce sont des penseurs, doués pour la recherche intellectuelle et la conception de théories analytiques, de plans logiquement structurés et de projets méthodiquement construits, dont l'apport est considérable dans l'avancement de la science, de la technologie et de la connaissance dans tous les domaines, surtout s'ils savent s'inspirer de la réalité et s'adjoindre des gens qui assurent la mise en action de leurs idées. Très doués pour la conception, ils le sont généralement moins pour la mise en application. Les aptitudes des rationnels risquent d'être déconnectées de la réalité s'ils ne font pas l'effort de tremper eux-mêmes dans la pratique ou de s'associer à un pragmatique pour adapter leurs concepts à la vie. Je pense ici à tous ceux qui conçoivent des programmes pédagogiques, qui n'ont jamais mis le pied dans une classe et qui n'ont jamais enseigné. Je pense aussi à ceux qui, par exemple, font des lois à propos des défavorisés et qui ont toujours vécu dans l'opulence. La capacité de concevoir et de structurer sa pensée est une grande ressource pour celui qui passe du « penser pour savoir » au « penser pour être », ce qui constitue probablement la difficulté majeure du rationnel.

6. Difficultés

Le rationnel étant principalement un intellectuel, il éprouve de la difficulté à laisser vivre sa sensibilité et à développer son sens pratique. Étant plus à l'aise avec les idées abstraites qu'avec la réalité concrète, il a souvent tendance à se placer au-dessus des autres, à se croire supérieur et à utiliser les ressources de son intellect pour s'arroger les pouvoirs de la vérité. Les rationnels qui ont tendance à se supérioriser ne reconnaissent pas suffisamment la valeur, l'apport et l'importance des autres types d'intelligence, ce qui les amène à se servir des pragmatiques et à mépriser les esthètes.

De plus, leur vie étant organisée, disciplinée et structurée comme leur pensée, ils sont souvent troublés par l'imprévu, le changement, la spontanéité, ce qui les empêche de profiter du moment présent. Leurs plus grandes difficultés se situent, comme on l'a vu, sur le plan relationnel. Comme ils sont très mal à l'aise devant l'incohérence et l'illogisme des sentiments et comme l'expression du vécu émotif les angoisse ou semble les menacer, ils se retirent dans leur monde rationnel, ce qui les prive d'une véritable communication. Enfin, les rationnels accordent beaucoup de temps à l'exploitation des choses de l'esprit et comme ils négligent leur dimension corporelle, ils font face, assez jeunes, à des problèmes physiologiques plus ou moins graves.

Ce n'est en fait que l'exploitation de toutes leurs dimensions, intellectuelle, affective, corporelle, relationnelle, spirituelle et créatrice, qui assurera aux rationnels l'équilibre qu'ils recherchent et la satisfaction de leurs besoins fondamentaux.

7. Modes de perception et d'apprentissage

Il est évident que le rationnel perçoit le monde par la pensée et la raison, et que tout intervenant doit d'abord respecter ce fonctionnement qui lui est propre pour l'atteindre, l'intéresser, le respecter. Tout travail d'analyse, d'abstraction, d'étude, de recherche intellectuelle, tout ce qui touche ses besoins de connaître et de comprendre peut être utilisé pour l'intéresser et progressivement l'intégrer à l'approche multidimensionnelle, pour l'ouvrir à d'autres modes d'apprentissage et de perception du monde, et à d'autres dimensions de lui-même. La pédagogie traditionnelle étant une pédagogie du triomphe du rationalisme et de l'intellectualisme, il s'avère que les étudiants de type rationnel réussissent généralement très bien à l'école. Ils sont intéressés, encouragés et valorisés par le système. L'école, telle qu'elle est actuellement dans la plupart des milieux, est faite pour eux, et les tests d'intelligence sont conçus spécialement pour ces élèves. D'où l'étiquette « intelligent » qu'on leur attribue dès leurs premières années d'études. Ce sont d'ailleurs, dans la plupart des cas, ceux qui persistent et qui font les études les plus avancées, les plus poussées, ce qui est loin d'être toujours le cas des personnes possédant les autres types d'intelligence.

En relation d'aide pédagogique ou thérapeutique, l'approche des rationnels suppose, de la part de l'aidant, une acceptation des différences au plan des types d'intelligence et une ouverture sans jugement faite d'amour et de foi en l'autre.

Pour conclure sur le sujet des rationnels, j'apporterai deux exemples, l'un étant tiré de mon expérience de pédagogue et l'autre de mon expérience de thérapeute.

8. Cas en thérapie

En thérapie, j'ai eu beaucoup d'occasions de travailler avec des clients rationnels. Je pense particulièrement à Martine, qui avait décidé sur les conseils de son médecin de faire une démarche thérapeutique parce qu'elle n'arrivait pas à émerger du deuil de son conjoint, mort d'un cancer quelques mois plus tôt. À la suite de cette séparation forcée, elle s'était retirée, isolée, pour vivre sa souffrance. Impassible et renfermée en elle-même, elle ne communiquait à personne ce qu'elle vivait d'insupportable. Elle cherchait plutôt à éviter le sujet et, quand on lui en parlait, elle répondait de façon très rationnelle. En fait, Martine n'avait jamais vraiment parlé d'elle-même ni de son vécu à personne. Seul Marc-André, son mari, réussissait à lui soutirer quelques bribes de son monde intérieur. Ce sont d'ailleurs des malaises physiques assez importants qui l'ont conduite chez son médecin. Il s'agissait de troubles gastriques sans cause physiologique. D'après son médecin, seule une thérapie pouvait lui être utile dans les circonstances. Martine avait peur de la thérapie et avait bien peu de foi en ses bienfaits. N'eussent été ses malaises persistants, qu'elle ne réussissait pas à faire disparaître à l'aide de médicaments, elle ne se serait pas prêtée à cette démarche qui lui faisait horriblement peur.

Dès la première séance, j'ai observé la nature rationnelle de Martine. Elle racontait son histoire de façon détachée en analysant les faits et en donnant à chaque élément de sa narration des explications et des interprétations qui faisaient que son expérience semblait être celle d'une autre personne. Il est évident que je ne pouvais amener Martine vers une décharge émotionnelle, ce que je ne fais d'ailleurs avec personne. Elle aurait probablement perdu confiance en moi. Il me fallait la recevoir avec ce qu'elle était et dans le respect de son mode de fonctionnement rationnel. Je lui ai d'abord expliqué mon approche et le style d'intervention que j'adopterais avec elle, du moins pour un certain temps. J'ai aussi axé mes reformulations non pas surtout sur l'émotion contenue mais sur son fonctionnement interne. Martine, en tant que rationnelle, n'avait pas surtout besoin en ce début de démarche d'exprimer ses émotions, mais plutôt de comprendre ce qui se passait en elle et qu'elle n'avait jamais voulu voir. C'est par la prise de conscience et la compréhension que le rationnel fait sa démarche de croissance. L'entraîner trop tôt sur une autre voie que la sienne, c'est lui manquer de respect et c'est risquer de mobiliser ses mécanismes de défense, ce qui l'empêchera d'apprivoiser le monde des émotions qui lui fait si peur. Le rationnel a besoin de savoir qu'il a peur de son monde psychique et de comprendre ce qui se passe à l'intérieur de lui-même avant de laisser naître l'émotion et de la vivre.

Respecter ce besoin, c'est le sécuriser. Ce n'est que parce qu'il est sécurisé qu'il peut faire confiance aux autres et à lui-même. Ce qui importe, c'est qu'il apprenne progressivement à sentir ce qui se passe en lui et à l'exprimer. Mais avant de sentir, il a besoin de comprendre. Martine n'a pas fait de catharsis pendant sa thérapie ; elle a toutefois fini par sentir l'émotion qui l'habitait ici et maintenant et par l'exprimer. Elle a aussi appris à distinguer le ressenti de la raison et à voir comment, toute sa vie, elle avait nié son émotivité et s'était défendue contre elle par la rationalisation. Martine a terminé sa démarche avec beaucoup de satisfaction. Non pas que la souffrance de l'abandon et de l'absence ait complètement disparu, mais elle savait maintenant ce qu'elle vivait, comprenait ce qui lui faisait mal et réussissait de plus en plus à accueillir et exprimer son monde émotionnel.

9. Cas en pédagogie

Élisabeth était, depuis sa première année d'école, la meilleure élève de sa classe. Elle réussissait parfaitement dans toutes ses matières sauf en arts, ce qui ne la perturbait pas trop étant donné que son père qualifiait ce cours d'inutile et d'inacceptable dans un programme d'études sérieux. Quand elle arriva dans ma classe de français, en troisième secondaire, je remarquai qu'elle n'avait pas d'amis et qu'elle avait en horreur le travail d'équipe. De plus, elle se sentait littéralement agressée par toute activité qui la faisait sortir des cadres rassurants de son intellect. Comme je ne limitais pas mes cours à des activités de nature intellectuelle et analytique, elle paniquait chaque fois qu'elle devait faire face à l'expression de son vécu, à la créativité, au mouvement, à la spontanéité. Aussi n'appréciait-elle pas vraiment le cours de français et avait-elle de sérieuses réserves à mon sujet. N'eût été ma bonne réputation dans le milieu et l'enthousiasme de tous ses camarades pour mes cours, elle aurait sûrement fait intervenir son père pour contester mon enseignement. C'est du moins ce qu'elle me confia plus tard. Dès la première semaine de l'année scolaire, je rencontrai personnellement Élisabeth pour lui dire que j'observais sa fermeture et son retrait, et que je me questionnais sur sa participation sans âme à certaines activités et sur son manque d'intégration au groupe. Je lui dis que j'avais remarqué son intérêt et ses aptitudes dans le domaine des travaux intellectuels, que j'étais impressionnée par ses capacités remarquables sur ce plan, mais que, pour favoriser le développement global de chacun de mes élèves et par souci de motivation, j'intégrais à mon cours des activités de nature différente. J'ajoutai que j'étais consciente de ses forces et de ses difficultés, et que je comptais bien respecter son rythme dans les approches qui ne lui convenaient pas et qu'elle jugeait d'ailleurs futiles et de bas niveau. Elle apprécia ma démarche auprès d'elle et spécialement mon attitude acceptante, ce qui me valut de sa part beaucoup de respect et provoqua la naissance d'une relation de confiance. À la suite de cette rencontre, elle accepta plus facilement de participer à toutes les activités proposées en étant convaincue toutefois que c'était pour le besoin des autres et non pour le sien. Elle se tenait d'ailleurs toujours sur la défensive quand il s'agissait d'exprimer son vécu et versait facilement dans le jugement et la critique.

Lors d'une seconde rencontre, je lui fis voir à quel point elle donnait aux autres beaucoup de pouvoir sur elle-même quand elle les rendait responsables de ses inconforts. Chaque fois que j'intervenais auprès d'elle pour lui fournir des explications sur son fonctionnement et pour lui donner des éléments d'information sur la psychologie humaine, elle était très réceptive et n'affichait pas une attitude de rejet. Elle avait besoin de comprendre pour apprivoiser un monde qu'elle avait toujours méprisé parce qu'il lui faisait peur. C'est ce temps que j'ai donné pour satisfaire ses besoins rationnels qui a sécurisé Élisabeth et qui l'a amenée, lors d'un échange sur le thème de la « relation garçons et filles », à parler de son vécu et de son histoire personnelle pour la première fois. Timide et réservée, elle avait toujours grandi seule dans une famille où elle n'avait ni frère ni sœur. De plus, très tôt, son père l'avait mise en garde contre les garçons et contre certaines filles qu'il qualifiait de filles de « basse classe ». À cause de sa nature rationnelle, de son éducation, de sa formation dans l'armée canadienne et de ses expériences professionnelles dans ce même cadre, son père était un homme de principes qui n'exprimait jamais ses émotions et qui avait élevé sa fille dans la négation de son monde émotif et dans le rejet de toute activité qui n'aboutissait pas à un résultat sur le plan professionnel. Chez Élisabeth, la peur de l'émotion était donc liée à la peur du rejet. Autrement dit, exprimer son vécu signifiait pour elle perdre l'amour de son père, donc des autres. Elle se rendit vite compte du contraire. En effet, son témoignage et les suivants eurent pour effet de la rapprocher, pour la première fois de sa vie, de ses camarades. Elle se renfermait pour être aimée et obtenait ainsi le contraire de ce qu'elle recherchait. J'avoue avoir été très touchée, au cours des mois qui ont suivi, par le processus de changement de cette adolescente. Je l'ai vue s'amuser, rire, chanter. Je l'ai vue aussi se faire des amis. Je l'ai vue se transformer tout en conservant ses aptitudes intellectuelles, qu'elle a appris à exploiter non seulement pour elle-même mais aussi pour aider les autres. Il ne s'agit pas d'un miracle, mais des effets d'une approche qui respecte le fonctionnement privilégié de l'aidé et le rythme de son évolution. Voilà quels sont les besoins du rationnel, lesquels diffèrent en grande partie de ceux du pragmatique.

D. Les pragmatiques

1. Caractéristiques sur le plan intellectuel

Les pragmatiques sont des personnes qui se distinguent par une intelligence pratique. Pour eux, tout passe par l'action. Ils manient les choses comme les rationnels manient les idées. Ils ont une maîtrise extraordinaire du monde extérieur et de la réalité concrète, qu'ils peuvent modifier, réparer ou transformer à leur gré. Incapables d'une longue concentration intellectuelle, ils peuvent consacrer des heures au travail pratique et manuel. Ils sont actifs et débrouillards. Aucun détail matériel ne leur échappe. Ce sont des réalisateurs, des bâtisseurs, des producteurs. Généralement très réalistes, ils sont adroits, habiles, ingénieux et astucieux. Ils adorent les expériences pratiques. C'est par elles qu'ils apprennent. Autrement dit, l'action est leur mode de perception du monde. On ne peut donc participer au processus d'apprentissage d'un pragmatique qu'en le mettant dans des situations d'action concrète. Ce sont des êtres doués pour le dépannage et l'invention, qui ont une grande maîtrise de la vie pratique. Dans leur domaine, ils sont solides, diligents, efficaces et sûrs d'eux-mêmes.

2. Caractéristiques sur le plan affectif

Sur le plan affectif, les pragmatiques sont naturellement spontanés et impulsifs. Inlassablement tournés vers l'action, ils s'expriment principalement non pas par des mots comme les rationnels mais par des gestes. En effet, ils ont besoin de regarder et surtout de toucher les autres pour exprimer ce qu'ils ressentent. Malheureusement, ils se sentent souvent forcés de se limiter à des regards discrets et de réprimer leurs gestes. Alors que les rationnels maîtrisent eux-mêmes leurs élans affectifs, les pragmatiques sont paralysés par les normes sociales et par les principes moraux qu'ils ont tendance à rejeter. Dans un milieu permissif, ils manifestent spontanément leur vécu par des actes et ce, avec beaucoup d'ardeur et de simplicité. Cependant, ils ont horreur de la complexité affective et ont d'ailleurs tendance à la fuir dans l'action ou à adoucir la souffrance des autres en cherchant des solutions pratiques à leurs problèmes psychiques, ce qui ne convient pas toujours aux besoins de ceux qu'ils voudraient tant libérer rapidement de leur souffrance.

3. Caractéristiques sur le plan relationnel

Sur le plan professionnel, les personnes de type pragmatique sont généralement très à l'aise dans les situations relationnelles et s'adaptent facilement à toutes sortes de situations et de gens parce qu'elles sont simples, directes, disponibles, serviables, souples, tolérantes et peu conventionnelles. Comme elles aiment le contact humain, le travail d'équipe leur plaît beaucoup, surtout s'il est tourné vers l'action. Non hantées par une ambition démesurée, elles savent davantage vivre le processus de la vie quotidienne et profiter du temps qui passe. Cependant, dans une relation affective, elles connaissent parfois des difficultés quand il s'agit de faire face à la complexité affective. Elles ont tendance, dans ce cas, à banaliser l'émotion ou à l'éviter en faisant des blagues qui désamorcent la conversation et empêchent la communication profonde. Comme elles ne sont, d'une manière générale, ni rancunières ni vindicatives, ces personnes oublient facilement et passent rapidement à autre chose, ce qui laisse l'autre seul avec ses blessures.

Comme leur présence est agréable et reposante, et que les rationnels et les esthètes ont besoin de leur simplicité et de leur sens pratique, la relation affective des pragmatiques avec les autres types est possible et propulsive si tout en communiquant leur simplicité et leur joie de vivre ils apprennent à démystifier la complexité émotive et rationnelle qui leur fait si peur.

4. Points de référence

Ce qui importe pour le pragmatique et ce par quoi on peut l'atteindre, c'est le moment présent, la vie sociale et relationnelle, l'action et la réalité concrète. Parce qu'il ne se sent vivre que dans le présent et dans le processus de vie quotidienne, il ne supporte pas la stagnation. Aussi a-t-il beaucoup de mal à sacrifier l'ici et maintenant pour réaliser un objectif à long terme. « Un tien vaut mieux que deux tu l'auras. » Il aime le plaisir et la vie, et pour lui chaque minute est importante ; aussi, quand il s'ennuie, réagit-il rapidement en trouvant le moyen de s'occuper. À l'école, c'est généralement le genre d'élève qui brise la monotonie par l'insolence et l'indiscipline. Il a besoin de bouger, d'agir sur la réalité concrète. Il est intéressé par ce qu'il voit et touche et par l'action.

Il est difficile, voire impossible, d'intéresser un pragmatique par un travail uniquement intellectuel, analytique et abstrait. Ce type de personne a besoin de concret. Il ne veut pas surtout « savoir » ou « sentir », mais « faire », bâtir, produire. Il veut des résultats à très court terme, tangibles et efficaces. Attiré par les expériences pratiques, les aventures réalistes, les risques matériels, il est infatigable et capable de dépenser une grande énergie physique sans se fatiguer. Son plaisir réside dans ses rapports avec le corps, les autres et les choses, et c'est par là, et par là seulement, qu'un intervenant peut l'atteindre.

5. Aptitudes

Les pragmatiques ont une habileté remarquable lorsqu'ils ont à agir sur le monde extérieur qu'ils maîtrisent d'ailleurs facilement. Ils ont le sens du « faire » et savent régler les difficultés d'ordre matériel et technique avec beaucoup de dextérité. Par exemple, la mise en marche d'un nouvel appareil ménager, même complexe, ne leur posera aucun problème. Ils comprennent au premier coup d'œil. Le rationnel, par contre, aura probablement besoin de se référer au manuel d'instructions.

6. Difficultés

Comme le pragmatique a un besoin vital de se sentir utile et efficace, et qu'il a un grand besoin d'agir et de voir les résultats de son action, il se sent très mal à l'aise dans le monde des idées et des abstractions métaphysiques ainsi que dans le domaine des subtilités de l'âme humaine parce qu'il s'y sent inutile et impuissant, ce qu'il peut difficilement supporter. Il a aussi généralement en horreur l'immobilité, le silence, la routine et la restriction en ce qui concerne l'espace physique, la vie concrète et matérielle. Sans liberté d'action, il meurt comme une plante sans eau.

7. Modes de perception et d'apprentissage

Pour favoriser l'apprentissage d'un pragmatique et pour l'initier à l'approche multidimensionnelle, l'intervenant doit le faire passer par l'action. Tout projet qui laisse place au mouvement, à la réalisation pratique, au « faire », à l'organisation matérielle, à la vie d'équipe, à la joie de vivre et au plaisir le motivera et l'ouvrira à d'autres modes d'apprentissage. Comme le pragmatique sait vivre le moment présent, il connaît peu les inquiétudes chroniques de l'avenir et les regrets du passé, ce qui lui rend la vie beaucoup plus agréable, lui permet de savourer chaque instant et lui ouvre plus facilement les portes du plaisir et du bonheur. Il vit pleinement sa vie dans l'action. Il ne faut jamais oublier en tant qu'intervenant que, pour le pragmatique, l'action et la production tangible ne sont pas seulement des moyens pour atteindre des buts mais un mode de vie en soi. Aussi le travail pratique ne sera-t-il un mode d'apprentissage efficace que s'il est considéré pour lui-même et s'il a autant d'importance sur le plan de la valorisation que le travail intellectuel. Cette reconnaissance est loin d'être évidente à l'école. Parce qu'elle est centrée sur l'exploitation des fonctions intellectuelles, la pédagogie traditionnelle ne répond pas toujours aux besoins d'action des pragmatiques. S'ils travaillent un peu à l'école, ce n'est surtout pas par intérêt, mais, dans bien des cas, pour éviter les « retenues » et les travaux supplémentaires. Comme ils ne sont pas particulièrement attirés par le travail intellectuel, ils sont très motivés par la peur des punitions, qui pourraient les priver de leurs récréations et qui, à la maison, risqueraient de réduire le temps qu'ils accordent aux activités pratiques. Pour éviter un plus grand mal, certains pragmatiques supportent patiemment la grisaille des cours en attendant les seuls moments qui les intéressent à l'école : les récréations.

Comme leur type d'intelligence n'est ni suffisamment développé, ni suffisamment valorisé par le système scolaire traditionnel, ils sont souvent qualifiés de cancres, de paresseux ou d'intellectuellement limités. Ce qu'ils savent de particulier, ils ne l'ont pas appris à l'école ; c'est pourquoi, dans les milieux scolaires, leurs connaissances ne sont pas reconnues. Ils sont aussi victimes de suggestions complètement destructrices qui leur enlèvent confiance en eux-mêmes et en la valeur de leurs potentialités, qui les ferment à toute forme d'apprentissage et les empêchent d'évoluer selon leur rythme. L'une de ces suggestions bien connues est la suivante : « *Les élèves qui ont de la facilité en mathématiques et qui ont un esprit scientifique développé sont plus intelligents et réussissent mieux sur le plan professionnel.* »

Malheureusement, les parents de ces élèves ont tendance à croire que leur enfant n'est effectivement pas très intelligent et qu'il doit se contenter, par défaut, d'apprendre un métier. Cette dévalorisation des qualités pragmatiques se poursuit dans la société et entraîne un manque de reconnaissance pour tous ceux dont le travail est fondé sur des habiletés techniques et manuelles. Pourtant, le monde a besoin de gens à l'intelligence pratique. C'est pourquoi le type d'intelligence des pragmatiques doit être valorisé en éducation autant que les autres types. Dans presque tous les cas, ce n'est pas par manque d'intelligence qu'une personne oriente sa vie sur un quelconque métier, mais par respect d'une forme d'intelligence que, malheureusement, l'école et la société ne reconnaissent pas. Leur apport est pourtant considérable. Sans eux, nous serions bien démunis. Nous avons besoin de leur intelligence pratique, de leurs capacités manuelles et ingénieuses, de leur débrouillardise. Tant que ces talents ne seront pas valorisés à l'école et considérés avec autant d'importance que les talents des autres types, on privera le monde de la complémentarité des échanges et on rabaissera des êtres qui ont, selon moi, des richesses inestimables à apporter à la société.

Tels sont les résultats de l'approche pédagogique uniquement centrée sur l'exploitation des valeurs intellectuelles. En ne respectant pas leurs motivations et leurs modes d'apprentissage, elle ferme aux pragmatiques les portes de leurs capacités rationnelles par la dévalorisation ou par la négation de leurs talents et, réciproquement, elle prive les rationnels de l'influence bénéfique des pragmatiques.

La thérapie nous place souvent devant le même problème, c'est-à-dire qu'elle ne respecte pas toujours le type d'intelligence et les intérêts de ce genre de personnes. Avec eux, notre approche doit être très réaliste et tournée vers l'action. Il est fondamental avec ce type particulier, surtout au début de la démarche, de ne pas les amener malgré eux dans des mondes intellectuel et émotif. Ils adorent « faire » quelque chose. On peut donc partir du corps, des techniques corporelles pour les motiver à poursuivre le travail sur eux-mêmes. Autrement, ils éprouveront un sentiment d'ennui et de perte de temps qui les fera fuir la démarche au lieu de la poursuivre.

8. Cas en thérapie

Les pragmatiques étant très orientés vers le présent et très peu enclins à s'introspecter pour éviter la complexité et la souffrance inutile, ils forment un faible pourcentage des clients en thérapie. C'est souvent à la suite d'une situation dramatique et surtout à la demande d'une personne importante à leurs yeux, comme le partenaire amoureux, que le pragmatique aboutit dans le bureau d'un thérapeute.

C'est notamment le cas de Conrad, qui est venu me consulter parce que sa relation de couple, à laquelle il tenait beaucoup, se détériorait à un rythme effarant et que sa conjointe, Thérèse, qui poursuivait elle-même une démarche thérapeutique, lui avait dit que s'il ne faisait pas lui aussi un travail sur lui-même elle le quitterait. Conrad tenait à cette relation plus que tout et était prêt à prendre tous les moyens pour sauver son couple, même la thérapie. C'est dans cet état qu'il aborda les premières séances. Il venait en consultation pour régler les problèmes de sa femme, qui vivait une grande insatisfaction à l'intérieur de leur relation, ce qui n'était pas son cas à lui. Il était donc convaincu que c'était elle qui avait le problème. Pour lui faire plaisir, il voulait bien faire une thérapie relationnelle avec l'ANDC^MD, mais il ne voyait pas en quoi il était concerné par la résolution de cette difficulté.

Étant peu enclin à se remettre en question non par irresponsabilité, mais pour ne pas se compliquer l'existence,

Conrad avait tendance à régler tous ses problèmes de façon pragmatique et superficielle. Aussi avait-il du mal à comprendre les insatisfactions de Thérèse, qui lui reprochait son incapacité à communiquer. Lui si loquace et si sociable, il était convaincu que les problèmes de communication appartenaient à sa conjointe, qui était plutôt taciturne et solitaire.

Il n'était pas question de placer Conrad, cet être si sociable, devant sa propre responsabilité, c'est-à-dire devant sa difficulté à vivre les relations intimes. Cela aurait été manquer de respect à son rythme de croissance dans une démarche qu'il venait à peine d'entreprendre. On sait d'ailleurs que, dans le processus de changement, la responsabilité est précédée de la prise de conscience et de l'acceptation. On ne peut être responsable de ce qu'on ne connaît pas et de ce qu'on n'accepte pas. Il était donc important que les débuts de cette démarche favorisent la connaissance de soi chez Conrad dans le respect de son mode de fonctionnement. Connaissant les besoins de manier, de faire et de toucher du pragmatique, et vu son métier de menuisier, je lui proposai de travailler avec la terre. Pendant plus de trois mois, nous avons consacré les premières parties de séance à donner certaines formes à la terre et les dernières parties à parler sur ce qu'il avait produit. Cet outil thérapeutique est très efficace avec les pragmatiques parce qu'il leur permet de voir, de toucher, de manier la matière. Cependant, le thérapeute doit être bien conscient que les créations d'une personne à l'intelligence pratique sont généralement très proche de la réalité et loin de la symbolique et de l'abstraction. Cela dit, par ce moyen, Conrad fit des découvertes inattendues sur lui-même qui lui permirent de faire un cheminement remarquable. C'est vraiment le respect de leur mode d'apprentissage qui permet aux pragmatiques d'aller plus loin, tant en thérapie qu'en éducation.

9. Cas en pédagogie

Quand j'ai connu Mike, j'enseignais le français en deuxième secondaire à l'école publique. Il avait 17 ans, soit trois ans de plus que la moyenne d'âge des étudiants de son groupe. Il avait la réputation d'être un étudiant désintéressé, paresseux, insolent, indiscipliné, entêté et irrécupérable. Sachant qu'au cours de ses études antérieures il avait toujours été considéré comme un mauvais élève, il m'importait de l'aborder, sans préjugés, avec une attitude positive d'acceptation. Sur le plan familial, il était le deuxième d'une famille de trois enfants. Sa sœur aînée était une fille dite brillante parce que ses résultats scolaires étaient si extraordinaires que tous les professeurs la qualifiaient d'élève surdouée. Cette fille, à qui j'avais enseigné quelques années auparavant, était le type parfait du rationnel que j'ai décrit précédemment. Dans sa famille, elle était très valorisée par rapport à son frère parce que ses résultats à l'école étaient remarquables. Le troisième enfant de cette famille était une fille qu'un accident d'automobile avait rendue paraplégique et à qui les parents portaient, vu les circonstances, une attention tout à fait particulière.

Ainsi, dans son milieu familial, Mike était souvent dévalorisé et avait beaucoup de mal à trouver sa place. À l'école, il manifestait une attitude de rejet agressif envers tous ses professeurs et la plupart des élèves. Au cours des premières semaines de classe, il participait nonchalamment et avec indifférence à toutes les activités proposées, étant donné que j'ai toujours imposé à mes élèves une règle claire, celle de participer à tous les exercices du cours. À cause de son comportement, je ne lui ai opposé aucune résistance. Mon expérience avec les adolescents m'a d'ailleurs appris qu'il ne faut jamais s'entêter avec un élève parce qu'il devient défensif, ce qui détruit le climat de confiance nécessaire à l'apprentissage. Devant une attitude rebelle, j'ai appris qu'il n'y avait qu'un remède : l'amour, la confiance, la patience et le respect du rythme de l'élève. Dans le cas de Mike, cette attitude me fut très salutaire.

Présent à tous mes cours, il s'asseyait au fond de la classe et observait silencieusement tout ce qui s'y déroulait. Jamais je ne m'étais sentie tant observée par un élève. En dépit de son indifférence apparente, je le sentais attentif non pas au contenu des cours, mais à ce qui se passait ; c'est d'ailleurs ce qui me donnait le plus d'espoir. Pourtant, quand je tentais d'entrer en communication avec lui, il affichait une fermeture, un mutisme impénétrable. Je ne l'ai jamais interpellé désagréablement devant tous ses camarades et je ne l'ai jamais forcé à s'exprimer avant qu'il ne se sente prêt à le faire. Comme il maintenait ce silence scrutateur à mon égard, je ne savais trop de quelle façon l'aborder. Au bout de deux semaines de classe, je lui ai proposé de le rencontrer pendant la récréation pour discuter avec lui. Il ne s'est pas présenté. Priver un pragmatique de sa récréation, c'est lui retirer son seul point d'intérêt à l'école. J'ai donc fait une deuxième tentative, cette fois pendant un cours, alors que les autres travaillaient en équipe.

Au cours de cette rencontre, je lui ai exprimé mon désir de l'aider dans le respect de ce qu'il était. Voici à peu près ce qu'il m'a répondu : « *Jamais un prof ne s'est foutu de savoir ce que j'ai dans les tripes ; les profs n'aiment pas ma gueule. J'ai toujours été pour eux un élève nul et con. Avec toi je ne travaille pas plus qu'avec les autres parce que je n'arrive pas à croire que tu ne veuilles pas m'écœurer comme les autres l'ont toujours fait. Je pense que tu joues un jeu et que tu vas me piéger un jour ou l'autre. De toute façon, l'école, ça ne m'intéresse pas, c'est pas fait pour moi. Moi ce que j'aime, c'est faire des choses, c'est bouger un peu. Dans la vie, je veux faire de la menuiserie, pas des maths et encore moins des règles de grammaire.* »

Par ses commentaires, Mike me fournissait un grand nombre d'éléments d'information. Je devais m'en servir à son avantage pour l'intéresser et l'intégrer au groupe. Quelques jours plus tard, je l'ai rencontré de nouveau pour lui proposer un projet. Je lui ai demandé de participer à la préparation d'un cours d'initiation au vocabulaire français des pièces d'automobile. Je lui ai expliqué le projet et je lui ai proposé de construire une automobile démontable en bois ou dans un autre matériau de son choix. Je lui ai indiqué toutes les parties importantes à intégrer à son modèle et j'ai fait cette explication avec le vocabulaire qu'il connaissait, c'est-à-dire avec des anglicismes, et ce, dans le but de me faire comprendre et de respecter son mode de perception. Il accepta la proposition et fit un travail exceptionnel que j'ai beaucoup valorisé. Ensuite, je l'ai encore rencontré pour qu'il démonte son automobile devant moi. Chaque fois qu'il retranchait une pièce, je lui donnais le nom français pour la désigner. Après trois démontages, il savait parfaitement tous les noms français de chacune des pièces. Je l'ai beaucoup valorisé. Si cet apprentissage n'avait pas passé par le « faire », il n'aurait à peu près rien retenu. Mais mon travail auprès de lui ne s'est pas arrêté là. Il fallait que Mike s'intègre au groupe et soit reconnu aussi par ses camarades, sans quoi mon intervention n'aurait pas été complète. Comme son véhicule était en carton rigide, je lui ai suggéré d'expliquer aux élèves de son groupe comment le fabriquer et de faire cette démonstration en utilisant le vocabulaire appris. Il refusa d'abord par peur d'être ridiculisé puis, grâce à mes encouragements, il accepta. Il fit ce travail avec succès puis laissa son automobile miniature à la disposition des élèves qui, avec son aide, refirent l'opération de montage et de démontage de sa création en utilisant les mots français. En ce domaine pratique, il se sentait à l'aise et valorisé. À la fin du cours, j'ai donné aux élèves un travail qu'ils devaient remettre le lendemain pour permettre à chacun d'intégrer le vocabulaire appris. J'ai proposé trois formules au choix : la fabrication d'une automobile selon le modèle de Mike avec identification en français de chacune des pièces (pour les pragmatiques), le dessin d'un véhicule selon leur goût placé dans un décor particulier et une situation quelconque avec pièces numérotées et identifiées au dos de la feuille (pour les esthètes) et la définition de chacun des mots du vocabulaire appris (pour les rationnels).

C'est ce genre d'intervention qui m'a permis d'intégrer progressivement Mike au groupe et de l'ouvrir aux autres activités du cours. Un changement radical s'est opéré dans son rapport avec moi et avec les autres. Il était plus heureux de venir en classe et se sentait moins dévalorisé. J'ai revu cet élève 20 ans plus tard. Il était père de 3 enfants, propriétaire d'un atelier de fabrication de meubles anciens et surtout très prospère. Lors de cette rencontre, il m'a remercié de l'avoir compris, accepté et d'avoir cru en lui.

On voit encore ici comment la motivation est liée non seulement au respect du mode d'apprentissage mais à la vie affective. L'intervenant ne doit jamais oublier que l'être humain a besoin de se sentir d'abord aimé et reconnu pour être motivé. Cette conviction naît d'une expérience personnelle que je vais raconter ici parce qu'elle a été le point de départ de mon questionnement et de ma recherche sur les types d'intelligence.

10. Expérience personnelle

Depuis plus de 50 ans, ma vie est ensoleillée par une histoire d'amour que je qualifie d'exceptionnelle. J'ai connu l'homme avec lequel je vis alors que j'étais très jeune. François et moi habitions le même village, à quelques kilomètres l'un de l'autre, au pied de la même montagne. J'avais 19 ans quand notre relation amoureuse a commencé et lui en avait 18. J'étais, à l'époque, étudiante en troisième année de brevet A à l'École normale alors qu'il était en dixième année dans un collège privé. Il avait redoublé sa septième année et fait trois fois sa neuvième année. La directrice de l'école que je fréquentais de même que ma titulaire de classe m'avaient mise en garde contre cette relation qui, d'après elles, ne me convenait pas, compte tenu du décalage entre nos niveaux d'études. Si elles m'ont d'abord choquée par leurs commentaires, ces deux femmes ont en revanche été un élément de propulsion extraordinaire. Mon copain n'était pas moins intelligent que moi ni inférieur parce qu'il réussissait moins à l'école, j'en étais convaincue. À partir de ce moment, au lieu de m'éloigner de lui, je m'en suis rapprochée davantage et j'ai compris ses difficultés d'apprentissage de même que ses grandes forces. J'ai su, dès ce moment, que j'avais choisi un homme qui me complétait parfaitement. Il était de type pragmatique, alors que j'étais rationnelle-esthète; nous ne pouvions former une meilleure équipe. Par la suite, il n'a jamais recommencé une année d'études. Il a fait son brevet A et est devenu un excellent professeur, puis il a terminé plus tard une maîtrise en sciences de l'éducation et enfin, à l'Université de Paris, une licence, une maîtrise et un diplôme d'études supérieures spécialisées (D.E.S.S.) en psychologie clinique et en psychopathologie. Qu'est-ce qui a favorisé ce déblocage?

Je crois que la principale motivation était de nature affective. Se sentant aimé, reconnu et valorisé pour ce qu'il était dans sa relation amoureuse, il était propulsé parce que ses besoins fondamentaux étaient satisfaits. De plus, en tant que pragmatique, François n'aimait pas les études solitaires, il avait besoin de la relation, de l'équipe pour travailler. Nous avons donc beaucoup travaillé ensemble à ses études, du moins pendant les premières années, ce qui lui a donné confiance en lui et permis de développer ses facultés rationnelles non exploitées. C'est précisément cette foi en lui-même qui l'a propulsé et poussé vers des études supérieures, qu'il a merveilleusement bien réussies sans mon aide.

Mon expérience amoureuse de même que mes expériences relationnelles et professionnelles m'ont appris l'importance de l'amour et de la foi comme sources de motivation et l'importance du respect de la différence de l'autre. Utiliser la théorie des types d'intelligence en négligeant cet aspect, c'est aboutir à un échec certain. L'homme, qu'il soit enfant, adolescent, adulte ou vieillard, a besoin d'être aimé, valorisé et sécurisé. Il a aussi besoin d'être écouté, accepté et de s'affirmer dans la liberté. Si ces besoins ne sont pas d'abord satisfaits, on ne peut pas mettre en pratique la théorie proposée ici sans aboutir à de piètres résultats. Le respect des besoins fondamentaux est à la base de toute démarche d'apprentissage et de croissance, qu'il s'agisse de celle des rationnels, des pragmatiques ou des esthètes.

E. Les esthètes

1. Caractéristiques sur le plan intellectuel

Le mot « esthète » vient du grec *aisthêtês* qui signifie « celui qui sent ». L'individu « esthète » se caractérise par une intelligence sensitive et intuitive puis par un sens du symbole extraordinaire parce qu'il appréhende la réalité de façon globale et non de façon analytique comme le font les rationnels ni de manière concrète comme le font les pragmatiques. C'est essentiellement un irrationnel, un romantique au sens littéraire du terme, un être aussi à l'aise dans le monde de l'insaisissable, de l'invisible, de l'indéterminé, de l'inconscient que le pragmatique dans le monde matériel. C'est un rêveur qui se crée un monde imaginaire qu'il habite plus souvent et plus facilement que son monde réel. L'esthète est un artiste et un créateur.

Tiraillé entre son idéal très élevé et les contraintes de la réalité, il devient parfois ambivalent et inquiet. Il fuit la réalité concrète par le rêve éveillé. C'est un monde qu'il connaît bien, c'est son véritable univers. Sa vie intellectuelle et extérieure passe surtout par sa vie imaginaire et son monde intérieur. Son esprit est constamment rempli de projets, d'idées, de rêves qu'il a beaucoup de mal à structurer, à organiser, à réaliser, ce qui en fait souvent un être frustré et éternellement insatisfait. Ce n'est ni un penseur ni un réalisateur mais un rêveur, un intuitif, un artiste dans l'âme.

Les potentialités intuitives de l'esthète sont très grandes et l'aident très souvent à voir au-delà du visible. Toutefois, certains esthètes se servent de ces aptitudes naturelles comme moyen d'exercer leur pouvoir sur les autres. Ils utilisent leur intuition pour mener la vie des autres, ce qui peut être très dangereux.

2. Caractéristiques sur le plan affectif

De nature plutôt anxieuse et souvent habité par des sentiments d'infériorité et d'insécurité, l'esthète ne livre pas facilement son monde imaginaire. C'est un silencieux qui, en dépit de ses « envolées » et en dépit de son inattention, perçoit tout ce qui est du domaine des sensations et sent tout ce qui est de l'ordre de l'émotion et du sentiment. Comme il a besoin d'harmonie affective et visuelle pour évoluer sans heurt, il est très sensible à l'attitude de chacun des individus qui l'entourent et à son environnement. C'est le plus impressionnable des trois types d'intelligence : un rien peut le toucher profondément. Un mot, un regard, un oubli, un silence... peuvent avoir sur lui des effets positifs et évolutifs ou alors négatifs et répressifs, ce qui rend ce genre de personne facilement angoissée ou perturbée.

À la fois très perceptif et très émotif, l'esthète se perd facilement dans son monde intérieur et se trouve sans cesse dans la confusion totale tant qu'il n'apprend pas à être suffisamment à l'écoute de son vécu pour distinguer clairement ce qui lui appartient de ce qui ne lui appartient pas.

L'esthète est un être d'une émotivité à fleur de peau, d'une sensibilité si pure, si fragile, si raffinée et paradoxalement si confuse, si embrouillée, si nébuleuse que l'expression de cette sensibilité se fait de façon satisfaisante par le non verbal à travers l'irrationalité de l'imaginaire, des symboles et de la création artistique. C'est pourquoi l'intervenant, en éducation et en relation d'aide, doit avoir avec lui une approche centrée sur son monde intérieur qui vise à l'aider à distinguer l'imaginaire de la réalité.

3. Caractéristiques sur le plan relationnel

Il est parfois difficile d'entrer dans le monde d'un esthète si on ne l'est pas un peu soi-même. C'est un univers plutôt détaché de la réalité concrète, irrationnel, nébuleux. Il faut laisser transparaître un grand respect de sa différence et beaucoup d'amour pour qu'il consente à le dévoiler. Généralement, les esthètes ont peu d'amis parce qu'ils se sentent incompris et qu'ils ont peur d'être rejetés ou ridiculisés. Ils préfèrent se créer des relations imaginaires. Ils inventent les autres, les créent selon leurs perceptions et leur état psychique. Tout leur monde relationnel est avant tout imaginaire et imaginé de sorte qu'ils sont souvent déçus. Ils s'inventent des voyages, des aventures, des histoires d'amour et ils vivent dans l'attente constante de voir se réaliser leur rêve le plus secret, ce qui n'est pas facile pour eux. Le moindre échec affectif, le moindre rejet, le moindre refus est vécu comme une catastrophe.

Entrer en contact avec un esthète, c'est presque un art. Il faut de la douceur, un grand sens de l'écoute et de l'acceptation, une disponibilité intérieure et beaucoup d'honnêteté et de respect de soi-même, car si nous faussons l'expression de nos sentiments à leur égard, si nos paroles contredisent notre attitude, ils le sentiront et se refermeront comme des huîtres. Le meilleur moyen de les atteindre sans les effaroucher, c'est de comprendre que leur monde imaginaire est leur réalité, que c'est avec lui qu'ils composent leur vie et que c'est par lui qu'il faut passer pour les ouvrir à d'autres potentialités. Il nous importe donc, en tant qu'intervenants, d'écouter ce qu'ils disent d'eux à travers leur non-verbal et à travers leur langage philosophique de personnes qui veulent changer le monde et qui réfléchissent sur les grandes questions qui touchent l'humanité :

« *D'où venons-nous ?* », « *Pourquoi la mort ?* », « *Que se passe-t-il après la mort ?* », « *Qui sommes-nous ?* »

Comme le type esthète n'est pas très reconnu ni très valorisé par la société et par l'école, certains chercheront pour être acceptés et aimés à se montrer différents de ce qu'ils sont, à essayer de prouver quelque chose, à agir dans le sens d'une image créée par leur imaginaire et qu'ils croient plus acceptable. Dans ce cas, la relation devient encore plus difficile parce qu'elle s'avère complètement faussée ; l'esthète se prive ainsi de l'exploitation de ses ressources et de ses talents. C'est encore une fois l'acceptation de ce qu'ils sont qui permet aux esthètes de se reconnaître, de s'exploiter et d'apporter au monde les ressources d'une sensibilité dont il a tant besoin.

4. Points de référence

L'esthète vit dans l'intemporel, dans l'immatériel. Il n'a pas la notion du temps, de la norme, de l'échéance et de la réalité. Ce qui importe pour lui, c'est le fantastique, le merveilleux, l'extraordinaire, la fantaisie, l'irréel, l'imaginaire, la création artistique. Par contre, comme il est généralement peu sûr de lui, il ne contestera pas ouvertement les règles qui l'agacent. Il les contournera ou les fuira par l'imaginaire et la distraction. Le travail manuel et intellectuel ne lui plaira que s'il passe par son monde à lui. Il ne s'intéresse pas aux choses pour leur utilité comme les pragmatiques ni pour leur ordre logique comme les rationnels mais pour leur beauté, leur valeur intrinsèque, leur sensibilité.

« *C'est véritablement utile puisque c'est joli* », disait le Petit Prince à l'allumeur de réverbères. L'esthète, c'est un peu le petit prince, dont la perception du monde passe par la voie de l'enfance et des images. Aussi, pour s'exprimer et se réaliser, ne s'appuie-t-il ni sur la connaissance ni sur la réalité concrète mais sur l'imaginaire, le sentiment et l'intuition.

5. Aptitudes

Les aptitudes des esthètes sont de l'ordre de la perception et de l'expression non verbale et créatrice. Ils sont à l'aise dans tout ce qui touche la perception de l'âme humaine, des sentiments, des émotions, des sensations, des intuitions. Ils savent percevoir au-delà des apparences physiques. Généralement, ils jouent avec les formes, les couleurs et les mots comme l'enfant avec les étoiles. Ils les déforment, les transforment et les modifient sans cesse. Leur imagination créatrice est sans limite. D'une fleur ils peuvent faire un royaume, d'une couleur une œuvre d'art, d'un mot un poème, pourvu qu'on leur laisse suffisamment d'espace intérieur et extérieur. Ils ont des potentialités créatrices extraordinaires, qu'ils ont souvent de la difficulté à actualiser par manque de discipline et de structure. S'ils travaillent sur eux-mêmes, assument ce qu'ils sont et mettent en action leurs talents créateurs, ils peuvent embellir tout ce qu'ils touchent et se tailler une place de choix dans le monde.

6. Difficultés

Les esthètes détestent la violence, la vulgarité, le bruit, l'encadrement trop étroit, l'analyse et les responsabilités matérielles. Ils ont beaucoup de mal à respecter les normes, les règles, les contraintes, les limites ; ils ont de la difficulté à vivre les conflits, à entrer dans un moule, quel qu'il soit. En dépit de leur manque de confiance en eux-mêmes, ils sont paradoxalement convaincus quelque part qu'ils ont du talent et qu'on ne sait pas les apprécier. C'est pourquoi ils attendent toujours au fond de leur être l'âme qui saura les comprendre, les aimer et les découvrir parce que, généralement, ils ne sont pas fonceurs. Ils ne peuvent supporter la dévalorisation, le manque de reconnaissance de ce qu'ils sont, le rejet, l'isolement, même si, parce qu'ils se sentent incompris, ils rejettent parfois les autres eux-mêmes. Il ne faut surtout pas brusquer un esthète si on veut le connaître vraiment et le révéler à lui-même parce qu'alors il deviendra très disert, ce qui fermera la porte de la communication. En effet, à cause de la grande sensibilité qui le fait souffrir, l'esthète devient facilement défensif. Il se défend par le refoulement, la rationalisation, l'autopunition, la projection, le rejet, ce qui nuit à ses relations affectives et ce qui le fait souffrir. Ayant besoin de l'amour et de la reconnaissance des autres, il se prive par son isolement de la nourriture la plus importante pour son épanouissement. Il a besoin, pour s'exploiter, d'une atmosphère calme, aimante et harmonieuse. Il a besoin aussi de temps et d'espace. La nature, les images, les symboles et les sentiments lui servent de nourriture et de sources créatrices. Il est essentiel pour lui de sentir et de ressentir pour comprendre. Aussi, l'indéterminé, l'imprécis, le polysémique, l'imperceptible, laissent-ils facilement place à sa capacité d'imaginer et de créer. Cependant, à cause de sa tendance à l'évasion, il a besoin d'un minimum de structure et d'encadrement. Le laisser-faire total ne lui convient pas parce qu'il a tendance à s'éparpiller, à se disperser, ce qui entretient les complexes d'infériorité et d'insécurité qu'on retrouve chez plusieurs d'entre eux. Aussi est-ce important pour lui d'aller au bout de ses créations pour acquérir une certaine confiance en lui-même. Ici, l'encouragement, la valorisation et la présence chaleureuse de l'intervenant sont nécessaires de même qu'un encadrement soutenu et une éducation aimante axée sur la discipline et le respect, car l'esthète n'arrive à créer que dans ces conditions. C'est dans une atmosphère d'amour et de totale « liberté d'être » ce qu'il est, tout en étant structuré de l'extérieur, qu'il se réalise au maximum.

7. Modes de perception et d'apprentissage

Pour intéresser et motiver un esthète, il faut d'abord être attentif à ses silences, lui démontrer beaucoup d'affection, lui laisser suffisamment d'espace intérieur, respecter ses distractions et ses envolées imaginaires, et surtout les utiliser pour le faire créer. Nous touchons ici un principe fondamental de l'ANDC^{MD} : on ne peut ouvrir les autres sur un champ d'intérêts quelconque que si on passe par eux, par leurs préoccupations, par leurs besoins, par leurs dispositions. Il n'y a pas d'autres voies. C'est par l'imaginaire et la création que le pédagogue ou le thérapeute abordera l'esthète et lui fera découvrir d'autres intérêts et d'autres modes d'apprentissage.

À l'école, alors qu'un pragmatique qui s'ennuie chahute et tente de se faire remarquer, l'esthète, lui, quitte le cours silencieusement pour s'échapper dans son monde imaginaire. Il déteste qu'on l'en sorte brusquement en l'interpellant directement devant tout le monde. Il est inutile d'ajouter que l'école telle qu'elle existe actuellement ne lui plaît pas. Les cours d'art sont rarissimes et certains d'entre eux sont donnés de façon très technique ou très rationnelle, ce qui laisse peu de place à ses besoins d'épanchement créateur. Il est donc souvent inattentif, absent, apathique, solitaire et peu disert. La pédagogie traditionnelle n'est pas faite pour ce genre d'élèves, dont les forces et les talents, qui sont de l'ordre du non-mesurable, ne sont trop souvent ni appréciés, ni exploités, ni respectés. Une pédagogie qui a le souci de motiver tous ses élèves ne peut négliger les modes d'apprentissage et les besoins de l'esthète, dont les apports dans un groupe sont des plus révélateurs et des plus enrichissants pour tous.

En thérapie, on peut approcher les esthètes avec toute méthode qui satisfait leur réalité imaginaire, leurs préoccupations philosophiques, leur monde émotionnel. Ainsi les techniques de visualisation, le rêve éveillé, le travail avec les symboles, les contes, les rêves, les mythes sont-ils des outils efficaces avec ces individus. Ils y sont très à l'aise. Toutefois, le thérapeute doit aussi utiliser des méthodes d'expression créatrice pour favoriser l'exploitation de leurs potentialités et pour les encourager à mettre en action leurs rêves et leurs projets. Il doit aussi les aider à voir leurs forces et à accepter leurs limites pour qu'ils prennent confiance en eux-mêmes, qu'ils s'acceptent tels qu'ils sont et qu'ils acceptent les autres. C'est d'ailleurs ce que j'ai fait, avec beaucoup de succès, dans le cas de Guillaume.

8. Cas en thérapie

Guillaume avait 18 ans quand il est venu me voir la première fois. Il attendait précisément cet âge pour quitter la maison de ses parents à cause de la relation insupportable qu'il vivait avec son père. Il avait d'ailleurs grandi dans un milieu familial assez particulier, c'est-à-dire que ses parents étaient complètement différents l'un de l'autre. Guillaume se demandait comment ils pouvaient s'aimer et vivre ensemble. Ce qu'il ne comprenait pas surtout, c'était que sa mère s'entêtât à rester avec un tel homme. Guillaume disait qu'il n'aimait pas son père, mais que par contre il idolâtrait sa mère, à laquelle il s'était identifié. Artiste peintre, sa mère lui avait communiqué sa sensibilité raffinée, son allure originale, son sens de la beauté et ses talents créateurs. Esthète comme elle, il avait avec son père une relation bien insatisfaisante.

En fait, son père était le plus parfait exemple du pragmatique. Homme d'affaires éminent, il était propriétaire d'un magasin de matériaux de construction. C'était un homme qui avait le sens des affaires, le don de la vente et des talents remarquables de menuisier. Comme il n'avait qu'un fils, il avait tenté de l'initier à son travail dans le but de lui léguer son florissant commerce, mais ce fut sans succès. Sur le plan des intérêts, un fossé s'était formé très tôt entre Guillaume et son père de même que sur le plan de la personnalité. Guillaume était très vulnérable et très émotif. À cause de sa grande sensibilité, il se sentait incompris et rejeté de son père, qui selon lui banalisait son vécu et ses intérêts. En fait, il s'agit là de la relation d'un esthète avec un pragmatique, le premier percevant le monde par la sensation, l'émotion et l'intuition, et l'autre par le « faire » et la réalité concrète. L'un étant centré sur le monde intérieur et l'autre sur le monde extérieur, ils n'étaient pas au même niveau de communication.

Au cours de sa démarche thérapeutique, Guillaume a découvert ce qu'il n'avait jamais voulu voir, c'est-à-dire l'amour de ses parents l'un pour l'autre. En dépit de leurs différences remarquables, ils se complétaient. Sa mère, qui n'avait aucun sens pratique et dont la vie n'était pas très structurée, avait besoin de cet homme réaliste, qui s'occupait des courses et se chargeait de l'organisation matérielle du ménage. N'était-ce pas lui qui avait construit et organisé l'atelier où sa mère passait la plus grande partie de ses journées ? N'était-ce pas lui qui avait fabriqué et réparé ses jouets d'enfants et qui lui avait appris à faire de la bicyclette, et même à conduire une voiture ? Bien sûr, il n'était pas doué pour comprendre le monde émotif, mais il avait sa façon à lui d'exprimer son amour.

C'est la connaissance de plus en plus profonde de lui-même qui a ouvert Guillaume à la compréhension des autres et particulièrement de son père. C'est au moment où il a découvert ses limites sur le plan du passage à l'action et des frustrations qui en découlent qu'il a compris les forces de son père et accepté les limites de cet homme de qui il se sentait rejeté alors qu'il le rejetait lui-même.

Pour un thérapeute par l'ANDC[MD] comme pour un éducateur, la connaissance des types d'intelligence est un atout indispensable pour comprendre et aborder le client ou l'éduqué et pour l'aider à s'accepter, à s'exploiter dans ses forces dans le respect de ses limites, et à respecter les autres dans leurs différences à condition de ne jamais entrer ses clients dans le moule d'un type particulier.

C'est souvent la reconnaissance de ses limites qui permet à l'être humain de développer sa tolérance envers celles des autres et de constater, ce qui n'est pas facile, que ce qu'il reproche à l'autre, il le fait aussi lui-même.

C'est d'ailleurs cette acceptation des limites qui, à mon avis, est le meilleur moyen de s'ouvrir aux autres. L'exemple de Vital nous le démontre de façon exceptionnelle.

9. Cas en pédagogie

L'histoire de Vital fut pour moi l'une des plus touchantes et des plus délicates que j'ai connues au cours de mes années d'enseignement secondaire. Mes interventions auprès de lui ont dépassé le cadre de la matière pour se centrer sur la personne. Je crois d'ailleurs qu'il est impossible de favoriser le développement global d'un élève si, en tant que pédagogue, nous limitons notre tâche à l'enseignement proprement dit.

Vital était un adolescent de 16 ans quand je l'ai connu. Dès le début de l'année scolaire, j'ai remarqué qu'il était toujours seul, pendant les cours comme pendant les récréations. C'était un élève qui n'avait pas d'intérêt, de passion, du moins pour l'école. Il exécutait la plupart des activités proposées de façon mécanique, sans participation véritable, sans engagement, sans communication. Il semblait enfermé dans une bulle, à l'intérieur de laquelle il ne permettait à personne de pénétrer. Quand je proposais des activités individuelles, il les bâclait rapidement pour faire ce qu'il semblait préférer : dessiner. Il dessinait partout : sur ses cahiers, sur ses livres et même sur son bureau de travail.

Dès le début de l'année, il m'a fourni, par son attitude renfermée et rêveuse ainsi que par son intérêt pour les arts et la créativité, suffisamment d'éléments d'information pour émettre l'hypothèse qu'il était surtout du type esthète. Il me fallait trouver les moyens de l'intéresser et de l'intégrer au groupe.

Il m'est apparu indispensable au cours de mes années d'expérience d'enseignement de ne pas dissocier l'intérêt pour le cours de l'intégration au groupe, la motivation étant inextricablement liée à l'affection, donc à la relation.

L'un ne va pas sans l'autre. Sans cette intégration, nous obtenons beaucoup moins de succès avec la connaissance des types d'intelligence. Il en va d'ailleurs de cette connaissance comme de toutes les autres : elle n'a aucune valeur en soi. Elles ne peuvent s'appliquer efficacement que si, en tant qu'aidants, nous faisons en sorte que les besoins fondamentaux de nos élèves ou de nos clients soient satisfaits.

Si l'aidé n'est pas aimé, reconnu, sécurisé et accepté tel qu'il est, l'application des plus belles théories aboutira à un succès bien faible, voire à l'échec. Le respect des besoins fondamentaux est à la base de toutes les démarches d'apprentissage et de croissance.

On verra que, dans le cas de Vital, l'intégration n'a pas été facile. Cette expérience m'a confirmé qu'en pédagogie comme en toute chose, l'apprentissage est indissociable du vécu psychique et de l'état physiologique de l'élève. Ce principe ne doit jamais être ignoré de l'enseignant. Il est tout à fait fondamental, en ce qui concerne les pratiques pédagogiques, de ne pas l'oublier.

J'ai mis beaucoup de temps à trouver le moyen d'intégrer Vital à son groupe. Je savais par ailleurs que c'était la meilleure façon de l'intégrer au cours. Même si je proposais des activités qui le valorisaient aux yeux des autres et qu'il réalisait avec beaucoup d'intérêt, il demeurait taciturne et solitaire. Un autre problème s'ajouta aux précédents : Vital s'absentait souvent de l'école et ce pour des périodes assez longues. Il revenait avec des billets signés par un médecin qui justifiaient ses absences de façon plutôt imprécise.

En novembre, lors d'une réunion de parents, j'ai eu la chance de rencontrer le père et la mère de Vital. C'étaient des gens simples, des ouvriers, qui m'ont manifesté beaucoup de compréhension et de sens humanitaire. S'étant mariés à un âge plutôt avancé, ils n'avaient que Vital pour enfant. Lorsque j'ai abordé le problème des absences, ils ont d'abord affirmé que les absences de leur fils étaient parfaitement nécessaires et qu'il ne pouvait les éviter. Ils ne semblaient pas vouloir s'étendre sur le sujet. Je me suis permis d'insister en les assurant de ma discrétion. C'est alors que sa mère m'a dit, sous le regard approbateur du père : « *Vital est atteint, depuis sa naissance, d'une maladie incurable qu'il n'accepte pas et qui lui fait honte. Il se sent anormal et pas comme les autres. Il est hémophile.* »

En discutant davantage avec cette femme, je me suis rendu compte qu'elle se sentait elle-même coupable de la maladie de son fils, ce qui n'était pas sans effet sur ce dernier, l'hémophilie étant une maladie transmise par la mère à son fils. Au cours de cet entretien, elle a compris que la meilleure façon d'aider Vital, c'était d'accepter elle-même cette réalité et de communiquer cette acceptation à son fils. Ce n'est que son acceptation à elle de la réalité qui pouvait, par influence inconsciente, aider son fils à vivre avec cet handicap sans vouloir le cacher.

Cette rencontre fut déterminante et très profitable. J'ai observé qu'elle avait entraîné des changements notables chez Vital. Le principal travail auprès de lui a vraiment été fait par sa mère.

Au début du mois de janvier, Vital s'absenta pour une semaine. Lorsqu'il revint, il était en béquilles, ce qu'il n'avait jamais fait auparavant. Et, à ma grande surprise, quand ses camarades lui ont demandé ce qu'il avait, il leur a répondu la vérité. J'étais stupéfaite de l'entendre raconter son histoire à tous ses copains. Personne ne connaissait cette maladie. Il leur donna des explications et répondit à leurs questions. Ce fut pour eux beaucoup plus enrichissant comme expérience que tous les cours de français que j'aurais pu leur donner.

À la suite de cet événement, son comportement en classe a beaucoup changé. Évidemment, Vital n'est pas devenu un élève typiquement relationnel, mais il était à l'aise dans le groupe, ce qui lui a permis d'exploiter ses talents créateurs et même d'aller au-delà.

Quand un élève se sent bien dans son groupe d'appartenance, quand il est épanoui et heureux dans sa classe, quand il se sent reconnu et valorisé pour ce qu'il est, ses possibilités s'actualisent inévitablement.

Quand un esthète exprime, dans un climat de confiance et d'acceptation, ses souffrances, son monde émotif, son monde imaginaire et créateur, il ne peut que se réaliser.

Aborder les aidés avec la connaissance des types d'intelligence peut être très utile si on utilise cette connaissance pour mieux les apprivoiser et non pour les étiqueter. Je ne veux pas faire de ce travail un outil d'étiquetage, mais un moyen d'augmenter le degré d'acceptation des différences, des modes de fonctionnement, des modes d'apprentissage et des modes d'appréhension du monde. Seule une relation pédagogique ou thérapeutique basée sur l'amour et l'observation qui a pour fondement le respect des besoins fondamentaux et le souci du travail sur soi en tant qu'intervenant peut favoriser, à court ou à long terme, le respect des différents types d'intelligence. C'est par une connaissance de nos élèves et de nos clients, qui naît de la relation humaine et non de l'interprétation d'un test, que nous pouvons vraiment sentir les multiples facettes qui les constituent de façon à ne pas les placer définitivement dans le moule d'un type, mais bien de nous servir de ce que nous savons des types d'intelligence pour mieux les comprendre et pour mieux nous ouvrir nous-mêmes à tout ce qui, chez chacun d'eux, dépasse les caractéristiques d'un mode particulier et le rend unique, différent, incomparable.

Cette approche non directive et créatrice, doit d'abord, pour être efficace, comporter un travail de connaissance, d'acceptation et d'amour de l'intervenant pour lui-même de façon à ce qu'il s'exploite dans le sens de ses forces et qu'il développe progressivement ses potentialités inexplorées. L'être humain a, en lui-même, le potentiel des trois types, ce qui donne une grande place au dépassement en éducation ; toutefois, il déploie moins d'énergie quand il s'actualise dans le sens de ses modes naturels de fonctionnement.

Il est donc important qu'il se connaisse assez pour se réaliser au maximum et pour s'adjoindre, dans sa vie tant personnelle que professionnelle, des gens qui le complètent. En tant qu'êtres humains, nous sommes faits pour la relation. Étant uniques et différents, nous avons besoin des autres pour nous connaître, pour nous exploiter, pour nous réaliser. C'est dans la relation que s'apprend l'amour de soi et des autres, et c'est par elle – et par elle seulement – que nous apprenons à devenir de bons aidants. La relation d'aide est d'abord, ne l'oublions pas, une relation d'acceptation, de reconnaissance et d'amour de soi et des autres. La théorie des types d'intelligence mise au point dans l'ANDC^MD, née de la relation, a pour but de favoriser la relation et principalement la relation d'aide, à condition qu'elle ne soit pas utilisée pour étiqueter et enfermer les aidés, mais pour favoriser l'acceptation, l'amour de soi, la liberté d'être et l'exploitation de leurs potentialités créatrices. L'important est que chacun réalise qu'il est intelligent, et ce, qu'il soit esthète, pragmatique ou rationnel. C'est en ce sens que le rôle d'aidants est primordial dans tout processus éducatif et thérapeutique.

Chapitre 6
Importance primordiale de l'aidant

L'ANDC^MD, influencée par la suggestologie lozanovienne, accorde à l'aidant une place primordiale dans la relation d'aide. En fait, l'*Approche non directive créatrice*^MD n'est pas surtout centrée sur la méthode, ni sur l'école de pensée des intervenants, ni sur l'aidé, mais sur la personne même du thérapeute ou du pédagogue, qu'elle considère comme le principal outil de la relation d'aide. En donnant à l'aidant une importance essentielle et un rôle déterminant dans les processus pédagogiques ou thérapeutiques, l'*Approche non directive créatrice*^MD n'invente rien ; elle ne fait que reconnaître un phénomène naturel qui existe depuis toujours et que la suggestologie a mis en évidence : le phénomène de l'influence inconsciente de l'attitude. C'est donc dire que l'accent mis sur l'intervenant ne s'exprime pas en fonction du pouvoir et de la domination mais en fonction de l'influence.

La notion d'influence, qui est d'une importance capitale en relation d'aide, a été malheureusement négligée dans la plupart des approches pédagogiques et thérapeutiques. Pourtant, qu'on le veuille ou non, l'intervenant, de par ce qu'il est et de par l'autorité que lui confère son rôle, a sur tous les aidés une influence remarquable. D'ailleurs, je crois que toutes les relations pédagogiques ou thérapeutiques sont fondées sur l'influence de l'aidant. Ce qu'un enfant, un élève ou un client perçoit dans sa relation avec ses parents, ses professeurs ou son thérapeute n'est pas seulement ce que ce dernier dit ni ce qu'il fait, mais ce qu'il est et ce qu'il dégage. C'est l'attitude de l'aidant qui fait qu'un aidé est à l'aise ou non en sa présence. La personnalité de l'intervenant, son vécu, ses sentiments, ses intentions se manifestent par une attitude inconsciente qui peut susciter le calme ou l'agitation, la sérénité ou l'anxiété, la confiance ou la méfiance, l'acceptation ou le rejet. Autrement dit, l'attitude du pédagogue ou du spécialiste de la relation d'aide peut avoir des effets positifs ou négatifs sur les apprenants ou sur les clients. Elle a un effet positif s'il y a harmonie entre le langage verbal et le langage non verbal, et un effet négatif si ce dernier langage contredit le premier.

Il est impossible pour un éducateur ou un thérapeute, quel qu'il soit, de dégager une telle attitude s'il n'est pas authentique, s'il modèle son comportement sur celui des autres ou s'il conforme sa personnalité à une image introjectée qui, fondamentalement, ne lui ressemble pas. L'attitude positive est une attitude vraie, naturelle, simple et sincère. C'est une attitude aimante, sécurisante et valorisante qui met l'aidé dans un état de réceptivité sans lequel il ne peut pas avancer. En fait, quelles que soient les paroles prononcées par l'intervenant, s'il a des pensées de jugements, s'il vit du rejet non-dit ou un manque de confiance non exprimé, l'aidé sentira un malaise et se fermera probablement à ses interventions, ce qui détruira l'état de disponibilité intérieure nécessaire au déroulement d'une démarche d'apprentissage ou de croissance efficace. Quand l'état de réceptivité est créé par l'authenticité de l'éducateur ou du thérapeute, tout ce que ce dernier apportera pour favoriser l'apprentissage ou la croissance sera reçu et pris en considération. Cette réalité indéniable et imprévisible n'est pas sans faire réfléchir. En effet, tout aidé qui n'est pas à l'écoute de son ressenti peut se laisser manipuler par les paroles encourageantes d'un aidant qui ne cherche qu'à satisfaire son ego en dirigeant subtilement la vie de ses élèves ou de ses clients.

Axer la formation des intervenants sur l'authenticité s'avère essentiel pour harmoniser le langage verbal et le langage non verbal, et pour favoriser l'exploitation des potentialités de tous ceux qui ont besoin d'aide. Cette dernière étape de votre lecture vous fera voir l'importance primordiale de l'aidant dans la relation pédagogique ou dans la relation d'aide et les problèmes causés par une formation des intervenants centrée sur le savoir non intégré. Elle se poursuivra par des considérations importantes concernant la formation des enseignants et des spécialistes en relation d'aide selon les principes de l'ANDC^MD^.

A. L'aidant en pédagogie

Le pédagogue est d'abord et avant tout un éducateur. Même s'il ne déborde pas le cadre de la matière qu'il enseigne, il a une influence inévitable sur ses élèves tout simplement à cause de ce qu'il est. Comme à l'école l'éducation de l'enfant passe en grande partie par ses professeurs, il m'apparaît important que la pédagogie ne limite pas ses préoccupations aux structures, aux méthodes d'enseignement, aux contenus des programmes, mais qu'elle s'intéresse davantage à la personne même de l'enseignant. L'apprentissage d'un enfant ou d'un élève ne dépend pas de facteurs purement cognitifs et rationnels, mais surtout de facteurs émotionnels, comme je l'ai démontré dans les chapitres précédents. L'acte pédagogique est donc avant tout un acte relationnel. Ce sont les facteurs relationnels qui déterminent le degré ou le niveau d'intégration et d'apprentissage des élèves.

Ce n'est pas surtout la matière enseignée qui importe en pédagogie mais la relation entre l'enseignant et l'apprenant.
La qualité propulsive de cette relation passe d'abord et avant tout par la personnalité du pédagogue.

1. L'enseignant, âme de la pédagogie

L'école contemporaine cache un malaise, une insatisfaction, voire une tristesse, que l'arsenal des structures empêche trop souvent de voir et de sentir. Nous consacrons beaucoup d'énergie à huiler les rouages organisationnels bureaucratiques mais nous cherchons peu à connaître les causes profondes du mal-être des personnes. Quelles sont justement les causes de phénomènes comme la dissection de l'apprenant et de l'enseignant qui entrent dans une classe, la privation de leur globalité naturelle et de leur droit à la différence, l'aplanissement de leurs reliefs, la transformation de leur intégrité personnelle en « personnage » de circonstance ? Nous négligeons et banalisons ces réalités au nom de principes qui servent généralement des réalités abstraites telles que la société, le ministère, le syndicat, la commission scolaire, l'Église. L'école est trop souvent l'objet d'un jeu de pouvoir entre les instances idéologiques, politiques, économiques et religieuses. Pendant que les représentants des différents groupes décisionnels se jettent la pierre des échecs et des insatisfactions de toutes sortes manifestées par la population en général et par la population scolaire en particulier, un grand nombre de professeurs pataugent dans la réalité quotidienne de l'enseignement et de l'éducation en suivant les routes tracées, la plupart du temps sans leur aide, des programmes, des structures et des conventions collectives.

Les systèmes d'éducation sont trop souvent menés par des structures telles qu'il est difficile d'y trouver l'être humain.

La tâche d'enseignement dans les conditions actuelles est l'une des plus difficiles et des plus délicates qui soient. En effet, on attend des enseignants qu'ils contribuent au développement de la personnalité des étudiants et qu'ils participent largement à l'évolution de la société en donnant au savoir une place presque exclusive dans le processus pédagogique. On attend idéologiquement de l'enseignant qu'il développe l'autonomie, l'initiative, la créativité de ses élèves. Mais quelle est la place laissée à l'autonomie, à l'initiative, à la créativité des professeurs dans ce dédale de programmes, de décrets, de structures, dans cette pléthore de principes idéologiques à transmettre ? Comment un oiseau peut-il apprendre à voler à ses oisillons si on lui attache les ailes ?

Les enseignants actuels, pour un grand nombre, déploient leurs énergies à concilier, à harmoniser les nombreuses contradictions avec lesquelles ils doivent forcément composer pour accomplir leur tâche de façon à satisfaire à la fois les parents, les supérieurs hiérarchiques, les représentants syndicaux et bien sûr les élèves. Ils doivent donc créer par la reproduction, initier par la tradition, se renouveler par la routine, évoluer par le conformisme, instruire par la répétition, éduquer par l'exécution.

Pour enseigner de nos jours, il faut être ni plus ni moins, par la force des choses, un acrobate intellectuel, un as du slalom diplomatique ou tout simplement une éponge. Il n'est pas étonnant que les insatisfactions se multiplient, que les frustrations s'accroissent et que de nombreux enseignants attendent impatiemment la retraite. Des remises en question s'imposent.

Mais comment l'école peut-elle donner à l'être humain la priorité dans cet amas de structures bureaucratiques et idéologiques qui la dominent et la dirigent ? Nous nous heurtons ici à la dichotomie entre la théorie et la pratique, entre le savoir et l'être, entre l'idéologie et son application. En effet, idéologiquement, la pédagogie doit être centrée sur les besoins de l'apprenant et sur l'exploitation de toutes ses dimensions. Mais en réalité, comment s'occupe-t-on de ces besoins ?

À l'école, l'enfant est en relation non pas avec les représentants des différentes instances décisionnelles mais avec son professeur. Sa relation avec l'apprentissage passe par ses enseignants. Cette réalité mérite que l'on s'y arrête.

L'enseignant est, dans la réalité quotidienne de la vie pédagogique, le pôle de l'éducation. Que fait-on de cette réalité concrète ?

Quelle place accorde-t-on au pédagogue dans le monde de la pédagogie et de la formation des maîtres ?

Ne nous méprenons pas. Accorder une place primordiale a l'enseignant ne signifie pas qu'il faille en faire le principal instrument de pouvoir du monde pédagogique – ce qui ne contribuerait qu'à changer le mal de place – mais qu'il faille lui donner les éléments nécessaires à la réalisation des véritables exigences de sa tâche et qu'il soit reconnu socialement comme l'une des contributions les plus importantes à l'évolution de l'être humain.

Comment un enseignant peut-il répondre aux besoins de l'enfant si ses connaissances de la psychologie de son élève se limitent à un savoir rationnel et intellectuel ? Comment un enseignant formé dans l'optique d'un enrichissement de ses connaissances théoriques dans une spécialité et de ses connaissances théoriques en psychologie et en pédagogie peut-il, dans la pratique, centrer son enseignement sur le développement global de l'apprenant ? Suffit-il de connaître à fond le fonctionnement mécanique d'une automobile pour savoir la conduire ? Suffit-il de savoir les techniques de la natation pour savoir nager ?

Comment un enseignant peut-il respecter les besoins de ses élèves si, dans sa propre formation, ses besoins à lui n'ont à peu près jamais été entendus ? Comment peut-il contribuer au développement des potentialités créatrices et de toutes les autres dimensions des étudiants s'il a lui-même été formé dans un cadre qui n'a jamais fait appel à sa propre créativité et qui n'a tenu compte que de sa dimension intellectuelle ? Comment un enseignant peut-il aller au-delà de sa matière s'il est évalué sur les seules performances cognitives de ses élèves et s'il a lui-même été formé dans un monde où seul le savoir était reconnu ? Comment un enseignant formé presque exclusivement pour développer des connaissances intellectuelles peut-il être efficace sur le plan de la psychologie de l'être humain ?

Si la connaissance est la valeur prioritaire de la formation des maîtres, quelle différence fondamentale peut-il y avoir entre un enseignant légalement qualifié et un enseignant non légalement qualifié ? Qui n'a pas connu de ces professeurs engagés uniquement pour leur compétence reconnue dans leur spécialité qui se sont avérés d'excellents pédagogues alors qu'ils n'avaient suivi aucun programme de formation des maîtres ? Cela signifierait-il qu'à la limite il suffit d'avoir une spécialité quelconque pour enseigner ? Si oui, à quoi sert la formation que l'on donne aux enseignants sinon à les qualifier légalement ? Peut-on s'improviser médecin, avocat, voire électricien, aussi facilement que certains spécialistes se sont improvisés professeurs au cours de l'histoire ? Cette réalité n'est pas sans faire réfléchir. Si l'on attend d'un enseignant qu'il ne soit compétent que dans une spécialité quelconque, en quoi a-t-il besoin d'une formation spéciale en « sciences de l'éducation » pour y arriver ? Si l'on attend en plus qu'il soit capable de transmettre ses connaissances intellectuelles, peut-on dire qu'une connaissance théorique des courants pédagogiques et des méthodes qui s'y rattachent ainsi qu'une pratique de quelques semaines suffisent à former un bon pédagogue ? Mais en fait, qu'est-ce qu'enseigner ? Par quoi se caractérise, en réalité, la vie pédagogique ?

Enseigner, ce n'est pas seulement transmettre des connaissances. Si ce n'était que cela, le rôle d'enseignant pourrait être dévolu à des ordinateurs. Enseigner, c'est plutôt être en mesure de centrer son approche pédagogique sur la personne même de l'apprenant. C'est être en mesure de satisfaire les besoins fondamentaux des élèves parce que sans la satisfaction des besoins d'être aimés, reconnus, sécurisés, écoutés, acceptés, libres, leurs apprentissages ne sont pas intégrés ou sont tout simplement bloqués. Enseigner, c'est aussi pouvoir exploiter toutes les dimensions des apprenants : corporelle, affective, intellectuelle, imaginaire, sociale, spirituelle et créatrice. C'est encore avoir le sens des relations humaines. En effet, on ne peut parler de la réalité de la vie pédagogique d'un enseignant sans tenir compte de la complexité de sa tâche réelle et du réseau relationnel pléthorique dans lequel il est placé quotidiennement et par lequel il se heurte à lui-même et aux autres.

On demande à l'enseignant d'enrichir ses compétences dans sa spécialité, de transmettre ses connaissances intellectuelles, d'étudier les programmes, d'élaborer des objectifs de travail, de préparer des cours, de corriger des travaux, de participer à des réunions, à des congrès, à des colloques, à des séminaires, à des cours de perfectionnement et de s'adapter, de façon permanente, sans préparation, aux «nouveaux» programmes», aux «nouvelles» structures, aux «nouvelles» méthodes aux « nouveaux» objectifs généraux et particuliers. Mais ce lourd et imposant travail ne fournira les résultats escomptés que si, pour répondre aux exigences de sa tâche, l'enseignant est d'abord et avant tout un spécialiste de l'être et des relations humaines.

Voilà pourquoi l'école cache un malaise qu'elle n'arrive pas à dissiper en dépit des changements de structures, de méthodes et de programmes. Elle ne met pas ses énergies à la bonne place parce qu'elle n'accorde pas à l'enseignant l'importance qui lui revient.

Tant que, dans le milieu scolaire, on ne placera pas l'enseignant au cœur de la vie pédagogique, tant qu'on ne le considérera pas comme l'âme de l'éducation et de l'apprentissage à l'école, tant qu'on ne centrera pas sa formation sur sa personne même et aussi longtemps qu'on n'acceptera pas

le fait qu'il doit être avant tout un spécialiste de l'être et des relations humaines, l'école se heurtera à des malaises, à des insatisfactions qu'elle ne réussira pas à dissiper. L'apprenant comme l'enseignant continueront à s'y rendre l'un par obligation, l'autre par devoir, mais non parce qu'ils y sont heureux, valorisés et satisfaits.

Pour apporter à l'école des changements satisfaisants, efficaces et durables, il faut d'abord axer la formation des maîtres non seulement sur le savoir mais sur la personne même de l'enseignant.

2. La formation des maîtres

a. Une formation centrée sur l'enseignant

Proposer la création d'un profil de formation des maîtres centré prioritairement sur la personne de l'enseignant risque de paraître illusoire et idéaliste si l'on considère l'orientation donnée à cette formation dans la plupart des milieux traditionnels occidentaux. Pourtant, ce genre de formation serait incontestablement plus adapté à la vie pédagogique que la plupart des formations actuelles, lesquelles sont centrées d'abord sur le savoir et ensuite sur le savoir-faire.

Qu'arrive-t-il à certains enseignants qui, sortant de leur formation initiale, font face aux véritables exigences de la vie pédagogique ? Ou bien ils se cachent derrière leur savoir, qui devient leur priorité au détriment de la personne de leurs élèves, ou bien ils s'improvisent dans un enseignement centré sur la personne. Dans le premier cas, leur approche ne tient pas compte de la globalité des apprenants, de leurs besoins, de leur vécu, ce qui cause une insatisfaction certaine tant du côté des élèves que du leur. Dans le deuxième cas, ces enseignants font face à des limites importantes parce qu'en réalité on ne peut s'improviser spécialiste de l'être avec tout ce que cela comporte sans prendre des risques graves et sans manquer, bien involontairement, de respect envers le fonctionnement psychique de la personne et envers son rythme personnel de croissance.

Quand je suis sortie de l'École normale et que j'ai commencé à enseigner, je me suis vite rendu compte que la pédagogie n'était pas exclusivement une affaire de savoir. Je faisais face tous les jours à des personnes humaines, à des adolescents qui avaient de graves problèmes affectifs. Je me heurtais aussi à des manques chroniques de motivation et, à l'intérieur des classes, à des problèmes relationnels assez importants. Non intégrés, non motivés, non aimés, certains élèves fonctionnaient difficilement et avaient de sérieux problèmes d'apprentissage. Mon savoir intellectuel et mon diplôme de brevet A n'étaient pas suffisants pour aborder ces problèmes auxquels je n'étais pas suffisamment préparée malgré l'investissement humain remarquable de la plupart de mes professeurs qui, je le reconnais, ont donné le meilleur d'eux-mêmes dans l'accomplissement de leur mission de formateurs. Je me suis vite rendu compte de mes limites et, en dépit de mes acquis personnels pour ce qui était de l'écoute, de l'acceptation et de la compréhension, j'ai eu besoin d'apprendre à affronter plus adéquatement les réalités de ma tâche. J'ai donc poursuivi ma formation non seulement à l'université mais aussi à l'extérieur des institutions officielles par le biais du travail thérapeutique et par des formations centrées sur la personne et la relation humaine. Je me suis rapidement aperçue que, plus je travaillais sur moi-même, me connaissais et m'acceptais, plus j'étais en mesure de comprendre mes élèves et de les aider. J'ai compris alors que la démarche intellectuelle ne suffit pas pour devenir un bon enseignant; cela nécessite surtout un processus d'exploitation multidimensionnelle de soi-même. Sans cette démarche permanente, l'approche d'un enseignant n'est que théorique, elle demeure non suffisamment pertinente et non toujours efficace parce qu'elle ne passe pas par sa personne même. La véritable compréhension de l'apprenant passe par l'attitude de l'enseignant, cette attitude dont l'influence inconsciente est inévitable et déterminante dans les effets de la relation pédagogique.

L'importance primordiale d'une formation des maîtres centrée sur la personne de l'enseignant n'est pas une découverte de l'ANDC^MD^. Ce fut, entre autres, l'une des convictions profondes de Jung et surtout de Lozanov. Malheureusement, c'est une conviction bien peu répandue. En effet, il existe des milliers d'éducateurs scolaires, sociaux et parentaux qui ne sont pas conscients de l'influence inconsciente de leur personnalité sur leurs élèves ou leurs enfants et, conséquemment, de la nécessité de travailler sur eux-mêmes pour éduquer et enseigner. Des effets psychologiques profonds et durables, au-delà des résultats apparents, sont transmis par tous les enseignants. Il s'agit de messages inconscients de paix ou de violence, d'amour ou de haine, de respect ou de violation, de liberté intérieure ou de dépendance, d'autonomie ou d'assujettissement, d'initiative ou de peur, de force ou de faiblesse, de droiture ou d'hypocrisie, de foi ou de désabusement, de tristesse ou de joie, etc.; il s'agit de messages que le maître lui-même, dans la plupart des cas, n'est pas conscient de transmettre parce qu'ils véhiculent des émotions, des sentiments qu'il n'a jamais lui-même écoutés parce qu'il n'a pas été sensibilisé aux conséquences parfois irréversibles de son influence non verbale inconsciente sur les autres et parce qu'il n'a pas été ouvert à l'importance de se connaître lui-même et de se reconnaître comme principal agent d'éducation et d'instruction.

b. Une formation axée sur le travail sur soi

L'influence de l'enseignant sur ses élèves est un facteur déterminant en pédagogie. Qu'on en tienne compte ou pas, on ne peut éviter ce phénomène, qui agit beaucoup plus profondément sur la personnalité des apprenants que les règles de grammaire et les notions d'algèbre.

Il est donc important, voire fondamental comme l'écrit Krishnamurti (1980, p. 97), que « *la vraie éducation commence par celle de l'éducateur. Il doit se comprendre lui-même et être affranchi des façons de penser stéréotypées. Car son enseignement est à l'image de ce qu'il est.* »

C'est parce que l'éducateur enseigne avec ce qu'il est plus qu'avec ce qu'il sait et que son influence sur ses élèves est déterminante que la formation des maîtres doit être centrée non seulement sur la maîtrise des connaissances, mais sur la pédagogie et la psychologie humaine, en passant par le travail de l'enseignant sur lui-même.

La spécialité étant un préalable, l'enseignant en formation doit apprendre à transmettre ses connaissances (pédagogie) en tenant compte de ce qu'il est et des personnes à qui il s'adresse (psychologie). Il est évident qu'une formation en sciences de l'éducation doit être une formation qui s'attarde à la pédagogie et à la psychologie. Pour ce faire, le futur enseignant doit non seulement avoir des connaissances intellectuelles dans ces domaines particuliers, mais il doit aussi faire de la pratique et analyser cette pratique par la recherche. Ces éléments, si importants soient-ils, sont loin d'être suffisants. Limiter la formation des enseignants à la connaissance de la pédagogie et de la psychologie, à la pratique, à l'analyse et à la recherche c'est à mon avis passer à côté de l'essentiel : l'enseignant lui-même. Savoir et faire n'ont de sens que s'ils passent par l'être même du futur pédagogue.

Il n'y a pas de formation des maîtres qui réponde vraiment aux besoins de la vie pédagogique sans travail de l'enseignant sur lui-même.

Je ne le répéterai jamais assez : tant que ce travail ne fera pas partie intégrante de la formation initiale et continue des enseignants, l'école ne répondra pas à son objectif fondamental, qui est de former des individus équilibrés, autonomes et créateurs.

Malheureusement, comme le souligne si bien Jung (1976, p. 56), « *le mépris de l'âme humaine réelle est partout si puissant que s'observer et s'occuper de soi-même passe déjà presque pour maladif* ».

Comme la formation des maîtres telle qu'elle existe actuellement dans la plupart des cas ne favorise pas suffisamment, à mon avis, le travail de l'enseignant sur lui-même, c'est à l'extérieur des établissements habituels que certains pédagogues en action poursuivent leur propre formation. En effet, un nombre de plus en plus grandissant de professeurs se rendent compte, en pratiquant leur profession, que la formation officielle qu'ils ont reçue ne leur a pas apporté tout ce qu'exige en réalité la pratique pédagogique. Ceux-là se remettent généralement en question eux-mêmes et sentent le besoin de compléter leur formation initiale en participant à des stages d'animation, de croissance personnelle ou de communication. Mais de telles démarches d'éducation parallèle sont loin d'être reconnues et encouragées. Dans l'esprit des « hyper rationalistes », des « conformistes » et des « bureaucrates », le travail sur soi est réservé aux malades mentaux, aux névrosés et aux dépressifs « aigus ». C'est ainsi que ceux qui parcourent un trajet de formation par le travail sur eux-mêmes en dehors des cadres pédagogiques officiels sont souvent considérés comme des êtres faibles, inadaptés et psychologiquement perturbés. Il faut être convaincu des effets positifs et bénéfiques d'une telle démarche et l'assumer complètement pour la poursuivre. La seule façon d'agir sur l'influence inévitable du pédagogue sur ses élèves, c'est de lui donner une formation où il apprend à se connaître, à s'accepter et à s'aimer. C'est surtout cette acceptation et cet amour de lui-même qu'il communique subtilement et inconsciemment à ses élèves par son attitude, bien avant ses connaissances intellectuelles et bien avant ses performances cognitives. Malheureusement, l'effet de l'influence inconsciente des enseignants sur leurs élèves est un élément complètement négligé dans le monde de l'éducation.

Il y a parfois dans ce monde un rejet de l'anticonformisme, une peur de la mouvance qui habite l'homme, un mépris pour les remises en questions incessantes, une fermeture à la différence, à la complexité humaine, à l'émotion, à la contradiction, une fuite devant l'ambiguïté, l'incertitude, l'inquiétude, un rigorisme étroit et étouffant qui refuse le changement et le travail sur soi. Il n'est pas facile pour certains enseignants de se donner le droit d'être eux-mêmes et de travailler à l'être par tous les moyens, surtout par les moins reconnus. Il ne leur est pas facile non plus de se donner le droit d'être aussi irrationnels, touchés et émus. En somme, il ne leur est pas facile d'être, tout simplement. Pourtant, c'est à cela que les convie l'approche pédagogique centrée sur la personne. C'est à cela que les convie la pédagogie qui tient compte non seulement des réalités extérieures mais aussi des réalités intérieures telle, entre autres, l'influence de l'attitude du pédagogue.

L'enseignant doit donc prendre sa formation permanente là où elle se trouve et là où elle convient aux exigences de sa tâche en attendant que les institutions officielles offrent des programmes en conformité avec les besoins réels de sa profession. Il doit aller chercher ce qui manque à sa propre évolution, à son propre développement global pour remplacer le vide que procurent certaines formations à caractère unidimensionnel par un travail sur toutes les dimensions de son être.

La démarche personnelle et professionnelle que poursuivent de plus en plus d'enseignants en dehors des milieux officiels est à mon avis un message, un langage qui, tôt ou tard, devra être entendu dans les milieux de formation. Si les professeurs en pratique sentent le besoin, voire dans certains cas la nécessité, de parfaire leur «éducation» en dehors des milieux de formation officiels par le travail sur eux-mêmes, c'est pour améliorer une pratique de nature essentiellement relationnelle et humaine, une pratique où l'enseignant n'est pas seulement un transmetteur de connaissances mais un spécialiste de l'être.

Mais comment devenir un spécialiste de l'être? Comment la formation des maîtres peut-elle préparer les enseignants à leur véritable tâche de spécialistes des relations humaines? Tout simplement en introduisant dans les programmes de formation des maîtres le travail de l'enseignant sur lui-même. Si l'on veut faire de l'école un lieu non seulement d'apprentissage intellectuel mais de développement global de l'apprenant, un lieu d'équilibre de la personne humaine, un lieu d'autonomie et de créativité, il faut que l'enseignant travaille sur lui-même et s'ouvre à la communication authentique. Je suis consciente du fait que j'aborde ici un sujet très délicat. Qu'est-ce que le travail sur soi vient faire dans le monde de la pédagogie ? Je considère que tous ceux qui œuvrent dans le domaine de la santé physique et psychique et que tous ceux dont le travail les place constamment dans le monde des relations humaines et, au sens large, dans le monde de la relation d'aide, ne peuvent répondre aux véritables exigences de leur tâche sans travail sur eux-mêmes. Je crois même que le travail sur soi devrait faire partie intégrante de la formation de tous les aidants, quels qu'ils soient : enseignants, médecins, thérapeutes de toutes les spécialités.

B. Le travail sur soi dans la formation des aidants

1. Une préparation à la connaissance de soi

En quoi consiste le travail sur soi dans la formation des aidants ? Je ne peux répondre à cette question sans d'abord préciser les rôles respectifs du spécialiste de la relation d'aide selon l'ANDC^MD^ et du pédagogue. Le spécialiste de la relation d'aide a pour rôle d'aider une personne à trouver elle-même et en elle-même les ressources nécessaires à son épanouissement et à sa réalisation personnelle, relationnelle et professionnelle, des voies de libération à ses blocages et à ses problèmes, ce qui fait de son approche une approche préventive. Le pédagogue, de son côté, a pour rôle à mon avis de contribuer à la prévention des troubles psychiques et des troubles fonctionnels de ses élèves par une approche globale de la personne. Il ne fait pas de thérapie proprement dite, mais son approche doit avoir des effets bénéfiques sur le fonctionnement et le développement de la personnalité de ses élèves. Ce n'est pas seulement par ses performances intellectuelles qu'il peut atteindre cet objectif mais par son authenticité et son influence inconsciente sur les apprenants. Un enseignant, même le plus compétent, ne peut transmettre l'équilibre psychique s'il est lui-même psychiquement perturbé ou déséquilibré par un manque d'exploitation de toutes ses dimensions. Il en est de même pour le médecin, le psychologue, le thérapeute.

La pédagogie préventive des troubles fonctionnels et des troubles psychiques, et par conséquent des troubles physiologiques, est la pédagogie de l'avenir. C'est une pédagogie de l'influence inconsciente centrée sur la personne même de l'enseignant. Cette pédagogie ne peut naître sans placer la connaissance de soi et l'apprentissage à « être en relation » au centre de la formation initiale et de la formation continue des pédagogues. J'ajoute qu'il en est ainsi de la médecine de l'avenir et de la psychologie de l'avenir.

Pourquoi le travail sur soi ? Une formation des aidants centrée sur la personne de l'enseignant, du thérapeute ou du médecin doit donner aux candidats les moyens de se connaître dans toutes leurs dimensions et leurs réactions, de s'améliorer, de se développer à tous les points de vue, de s'accepter et de s'aimer. Le développement personnel passe d'abord par la connaissance de soi. L'aidant qui ne se connaît pas projettera inconsciemment son vécu sur ses élèves ou ses clients et les rendra inconsciemment responsables de ses problèmes. L'aidant qui ne s'accepte pas et ne s'aime pas ne peut communiquer aux aidés l'amour de soi, qui est à la base de l'épanouissement de la personnalité.

Bien sûr, toutes les expériences de la vie, de quelque nature qu'elles soient, favorisent à différents degrés le travail sur soi-même et peuvent assurer la progression pour celui qui a suffisamment de connaissance et de foi en lui-même pour transformer les échecs en forces. Mais certaines expériences de vie servent très souvent à entretenir l'angoisse, l'autodestruction et à mettre la personne dans une confusion totale par rapport à elle-même et à son entourage. Ainsi reproduit-elle incessamment des fonctionnements qui ne la satisfont pas et desquels elle tente de se dégager en ne réussissant qu'à les ancrer davantage par la fortification de ses mécanismes de défense. Elle se retrouve alors toujours devant les mêmes types de comportements sans savoir quels mécanismes internes l'y conduisent. Pourtant elle veut tellement s'en sortir! Mais il ne suffit pas de vouloir pour changer. Il y a un pas gigantesque entre le vouloir et l'agir. Tout le monde veut changer. Tout le monde veut progresser. Mais en même temps, le changement fait peur, il insécurise, il dérange. On conçoit toujours plus facilement le changement des autres que le nôtre.

Accepter de nous changer nous-mêmes, c'est d'abord tourner vers nous le regard critique que nous posons sur les autres puis accepter de nous regarder en face lentement, progressivement, pour trouver en nous et non en dehors de nous les causes de nos insatisfactions et les moyens d'améliorer notre condition.

C'est précisément cela que permet le travail de la relation d'aide non directive créatrice. C'est une démarche où l'individu accepte de faire face à lui-même, une démarche qui lui sert, comme on le dit très souvent, non pas à se munir d'une béquille extérieure pour avancer mais au contraire à se donner les moyens de se libérer de ses béquilles intérieures par la connaissance et l'acceptation de lui-même, et par l'exploitation de toutes ses dimensions.

2. Une préparation à l'approche multidimentionnelle

La formation des maîtres proposée par l'ANDC^MD pour préparer les enseignants aux objectifs d'approche multidimensionnelle développés dans les programmes est une formation qui favorise le développement multidimensionnel de l'enseignant lui-même. De même, la formation des thérapeutes doit préparer ces derniers à une approche globale de l'aidé par une exploitation multidimensionnelle du thérapeute. Toutes les dimensions de l'aidant et celles de l'aidé ont besoin d'être épanouies et développées, autant les dimensions imaginaire, intellectuelle, spirituelle, relationnelle et affective que la dimension corporelle. D'ailleurs, lorsqu'une dimension est négligée aux dépends des autres, la vie se charge par un événement généralement souffrant tels une maladie grave ou un accident, de donner à cette dimension toute son importance.

Le rapport que l'être humain entretient avec son corps se limite trop souvent à la pratique des sports. Sans vouloir minimiser l'importance des pratiques sportives, je les considère comme bien insuffisantes comme moyen de développer la connaissance et surtout l'acceptation du corps. Il existe des spécialistes en éducation physique qui sont très mal à l'aise dans leur corps et qui ne s'acceptent pas physiquement. Connaître son corps, l'accepter et l'intégrer à sa personnalité n'est pas toujours évident. Il n'y a pas d'amour de soi, d'acceptation de soi sans acceptation du corps. L'aidant qui n'aime pas ou n'accepte pas son corps ne peut s'aimer vraiment. C'est impossible. Le corps n'est pas une donnée négligeable que l'on peut nier sans problème. Le rapport de l'aidant avec sa sensualité, sa sexualité, ses désirs et la séduction a trop souvent été mis au rancart dans la formation des maîtres et des thérapeutes. Le simple fait d'aborder ces sujets inquiète, fait peur ou choque. Pourtant ces réalités non dites sont quand même présentes dans l'attitude inconsciente de l'aidant et agissent sur les aidés. En tuant le corps, l'Église, à une certaine époque, n'a fait que lui donner une place malsaine dans les relations humaines. On ne peut nier une réalité aussi évidente sans perturbations.

Qu'on le veuille ou non, que l'on soit d'accord ou pas, l'être humain est constitué de façon telle qu'il vit des désirs, qu'il a des sensations et qu'il a besoin de séduire. La sensualité et la sexualité ne représentent le « mal » que pour ceux qui les vivent de façon malsaine.

En soi, elles ne sont que des réalités qui font partie intégrante de la nature humaine. Ce n'est pas en niant ces réalités que l'on éduquera les enfants dans l'équilibre. Ce ne sont pas seulement les informations verbales au sujet des dimensions sensuelle et sexuelle qui favoriseront l'épanouissement corporel des pédagogues et des thérapeutes mais l'attitude qu'ils adopteront. S'ils sont bien dans leur corps, s'ils ont développé une bonne connaissance d'eux-mêmes sur ce plan, s'ils sont clairs avec eux et les autres, s'ils s'acceptent tels qu'ils sont et s'ils vivent leur sensualité et leur sexualité dans le respect d'eux-mêmes et des autres, ils auront sur leurs élèves ou leurs clients une influence inconsciente bénéfique et épanouissante et ce, même s'ils n'en parlent jamais. Plus l'aidant sera bien dans son corps, plus les problèmes perturbateurs et irrespectueux du passage à l'acte sexuel seront évités et plus il contribuera à la réalisation d'êtres sains et respectueux d'eux-mêmes et des autres.

Mais on ne peut dissocier le corps de la vie affective sans s'amputer et se déséquilibrer. La place donnée à la dimension irrationnelle est essentielle dans toute relation humaine et particulièrement en relation d'aide. Comme nous l'avons vu dans les chapitres précédents, tout passe par l'émotion. Ne pas tenir compte du vécu des aidés, c'est passer à côté de l'essentiel. Mais comment un aidant peut-il être à l'aise avec les émotions des aidés quand il a peur des siennes et quand il est incapable de faire face à ses propres blocages affectifs ? À l'école, la vie affective et émotionnelle qui sous-tend l'apprentissage en classe et les réunions de professeurs est, dans la plupart des cas, complètement niée. L'émotion est rationalisée, ce qui fait que l'individu fonctionne en se coupant constamment de lui-même. Si l'enseignant est un être fragmenté, il aura sur ses élèves une influence négative. Si le thérapeute est un être coupé de son monde émotif, son approche ne sera pas efficace parce qu'elle négligera l'élément de base de son travail : la relation affective. Il doit donc y avoir dans sa formation une place accordée à l'émotion et au vécu.

La dimension affective et émotionnelle est prioritaire dans les relations humaines et dans le travail sur soi.

Elle doit donc, à mon avis, être intégrée comme une priorité dans la formation des enseignants et des thérapeutes de façon à ce qu'ils apprennent à être aussi à l'aise dans le monde de l'émotion que dans celui des mots. Pour ce faire, il est important qu'ils apprivoisent leur propre monde émotif et le reconnaisse comme une dimension aussi importante que la dimension intellectuelle. Ils doivent aussi être en mesure de voir comment ils fuient l'émotion par des mécanismes de défense non conscientisés et non acceptés qui coupent ou détériorent leurs relations avec les apprenants et avec les autres. Il est souhaitable qu'ils apprennent à accepter la subjectivité émotive et à la reconnaître complètement comme étant à la base de leur enseignement.

Je crois que le rôle suggestif de la dimension affective en relation d'aide et en pédagogie est d'une importance telle qu'elle peut être la cause principale de la progression ou de la régression, des succès ou des échecs, de l'ouverture ou de la fermeture, de l'épanouissement ou du dépérissement physiologiques et psychologiques de chacun des aidés. Je n'insisterai jamais assez sur les conséquences favorables ou néfastes de la suggestion véhiculée par l'émotion dans la relation pédagogique et thérapeutique.

L'être humain, qu'il soit enfant, adolescent, adulte ou vieillard, est mû non pas par des mots mais par des sentiments.

Apprivoiser le monde émotif, c'est pour un aidant s'ouvrir les portes de lui-même et les portes de l'acceptation et de la compréhension de l'être humain. C'est aussi accepter l'existence en soi des facultés irrationnelles de l'esprit. En effet, l'esprit n'a pas pour seules facultés la conception, la pensée, l'analyse, la connaissance et la compréhension.

Il peut aussi sentir, intuitionner, percevoir, imaginer. Toutes les dimensions irrationnelles de l'esprit ont été trop souvent rejetées par la pédagogie. C'est pourquoi non seulement la vie émotionnelle mais aussi la vie imaginaire a été bannie de la classe.

L'imagination est souvent considérée comme « la folle du logis », c'est-à-dire comme une faculté qui perturbe le fonctionnement normal de la conscience rationnelle. Son intervention n'est tolérée que chez les artistes, chez ceux-là qui ont hérité de dons spéciaux, de dons qu'ils peuvent mettre à profit n'importe où sauf à l'école. Mais l'imaginaire peut détruire l'homme comme il peut le construire. Le laisser vagabonder sans l'explorer peut conduire l'être humain à sa perte ou contribuer à entretenir ses souffrances et ses déboires. Je ne conçois pas de formation des thérapeutes et des enseignants sans travail sur l'imaginaire.

Par l'imaginaire, l'enseignant peut atteindre les niveaux les plus profonds de sa vie spirituelle, il peut aussi exploiter sa créativité. L'imaginaire est aussi une voie par excellence de connaissance de soi, de libération des blocages affectifs et une ressource extraordinaire pour diriger sa vie. Nier sa dimension imaginaire, c'est se fermer au plaisir, à la fantaisie, à l'expression créatrice de la musique, de la peinture, de la sculpture, de la voix, de la poésie. Nier la dimension imaginaire, c'est tuer l'artiste en soi, c'est tuer le poète.

L'homme est tout un poème dont chaque émanation fugitive, subtile, fragile est une création, un reflet unique de son monde intérieur. Il est un temple que seule une mentalité polysémique protège de la profanation, un être indéfinissable à la fois stable et mouvant, mystérieux et transparent, différent et semblable, unique et multiple.

Son imaginaire est sa voie d'ouverture sur l'infini et la liberté. Rejeter l'imaginaire en pédagogie et en thérapie au profit de la seule raison logique, c'est détruire l'équilibre de l'esprit, qui ne fonctionne harmonieusement que dans le mariage de ses facultés rationnelles et irrationnelles.

Le monde de la relation d'aide thérapeutique et pédagogique a besoin de ces thérapeutes et de ces enseignants dont l'influence inconsciente est facteur d'équilibre, de ces aidants qui travaillent à l'exploitation de toutes leurs dimensions.

L'approche multidimensionnelle de l'être humain est source première d'évolution. Exploiter une seule dimension au détriment des autres, c'est créer le déséquilibre intérieur ; négliger une dimension, c'est s'amputer d'une partie essentielle de soi-même et nier l'importance de la globalité.

L'être humain n'est pas que raison. Il est aussi corps, émotions, images et âme. Une démarche de travail sur soi ne peut être complète, à mon avis, sans le développement de la dimension spirituelle au sens d'ouverture sur le divin en soi. Il y a en l'homme et dans l'univers une force profonde, une dimension immatérielle, invisible, dont on ne peut prouver l'existence scientifiquement, mais dont la présence est vérifiée par l'expérience de l'intériorisation et du lâcher-prise. Décrocher du rationnel contrôleur et omnipotent ne permet pas seulement de sentir le corps, l'émotion et de faire surgir l'image, mais permet aussi d'atteindre en soi les couches profondes de l'ouverture sur l'infini, de l'amour inconditionnel et d'une paix incommensurable. Cela permet de toucher en soi quelque chose d'indéfinissable que la raison ne peut expliquer parce que l'expérience du divin ne se vit que par le lâcher-prise du contrôle de la conscience rationnelle.

La véritable spiritualité n'est pas une affaire de dogmes et de vérités toutes faites mais le résultat d'expériences personnelles d'intériorisation et d'incarnation.

Elle passe par le corps, l'émotion, l'image, la relation avec les autres et à Dieu, sans lesquels elle n'est qu'une attitude défensive et un moyen de supériorité et de pouvoir. Les sectes et les religions ne sont que des manifestations, des formes de la spiritualité. On peut très bien appartenir à une secte ou à une religion sans connaître l'expérience spirituelle. Inversement, les sectes et les religions peuvent servir de canal à la véritable vie spirituelle.

Je suis moi-même de culture judéo-chrétienne et, comme la plupart des Québécois, j'ai grandi dans la religion catholique. À 25 ans, j'ai abandonné toute pratique religieuse parce que je vivais l'appartenance à la religion comme un étouffement, une barrière, voire une aberration. C'est sans honte ni culpabilité que j'ai laissé la prière, la messe et la confession, n'y voyant qu'une pratique sans âme et n'y trouvant aucun intérêt. Ayant axé la pratique religieuse sur les formes, les dogmes et les rites, je ne pouvais désormais poursuivre une démarche qui devenait embarrassante parce qu'elle n'avait aucune résonance intérieure. Même si maintenant je vis ma spiritualité en dehors de toute religion, je reconnais que d'aucuns y trouvent la voie par excellence pour atteindre l'expérience du divin. Je ne rejette donc nullement la religion comme moyen d'exploiter la dimension spirituelle de l'homme.

Personne ne peut juger du moyen que prennent les autres pour se réaliser.

Quand on aborde le monde de l'irrationnel, on touche en même temps cette subjectivité de l'être qui ne demande que le respect le plus absolu. Aussi suis-je bien consciente du fait que ma démarche est bien personnelle et que si certains ont connu l'expérience du divin sans le secours des religions, d'autres y ont accédé grâce à ces institutions.

Après l'abandon des pratiques religieuses, j'ai continué le travail sur moi-même en exploitant au maximum les dimensions corporelle, affective et intellectuelle et relationnelle à travers des cours en institutions universitaires, des expériences de vie, à travers des formations en institutions parallèles et surtout à travers la thérapie. J'ai fait des études relativement poussées en pédagogie et en psychologie, j'ai travaillé mes blocages émotifs et affectifs, et j'ai apprivoisé le monde de ma sensualité et de ma sexualité. Malgré toutes ces démarches révélatrices et satisfaisantes, quelque chose me manquait encore. C'est alors qu'un événement bien imprévu, que je ne raconterai pas ici, m'a ouverte à une expérience d'intériorisation et de lâcher-prise qui fut pour moi déterminante. J'ai compris à ce moment-là qu'il y avait en moi une autre voie que celle de la raison, une voie à laquelle je pouvais m'abandonner et qui pouvait me donner des réponses aux questions que ma conscience rationnelle était impuissante à résoudre.

Je crois maintenant profondément, pour la vivre quotidiennement, qu'il y a en l'homme une force irrationnelle extraordinaire qui n'agit que s'il accepte de lâcher prise et que cette force, que l'on peut appeler amour,

énergie ou Dieu selon les croyances, est source de paix, de confiance et d'abandon.

C'est une question de foi et, malheureusement pour ceux qui ont besoin de preuves rationnelles, la foi ne naît pas du dogme, de la théorie ou de la science, mais de l'expérience vécue de la présence en soi de cette grandeur qui nous habite et que, paradoxalement, on ne peut atteindre que par un acte d'humilité au sens d'acceptation des limites de la raison.

C'est cette ouverture au rationnel et à l'irrationnel, cette exploitation des dimensions corporelle, affective, intellectuelle, imaginaire, relationnelle et spirituelle de l'enseignant et du thérapeute, cette connaissance et cet amour de lui-même qui, selon moi, devraient préoccuper les concepteurs de programmes de formation des aidants. C'est là – et là seulement – que se trouve la clé de la pédagogie et de la relation d'aide de l'avenir, d'une relation d'aide qui accorde à la personne humaine globale la première place et qui tient compte de l'effet déterminant de l'influence inconsciente des aidants sur les aidés.

La relation d'aide de l'avenir est une relation d'aide qui mettra l'accent sur l'aidant et sur le travail de connaissance de lui-même et d'exploitation multidimensionnelle de sa personne.

Elle mettra fin aux tâtonnements ainsi qu'aux insatisfactions et remplira son rôle préventif des troubles psychiques et son rôle de créatrice d'êtres équilibrés, autonomes et heureux parce qu'elle donnera la priorité non seulement au savoir mais à la personne humaine en passant par le principal outil de toute relation d'aide : l'aidant.

C. L'aidant en thérapie

La thérapie est l'une des expériences relationnelles les plus délicates qui soient. On ne peut s'improviser thérapeute. Le thérapeute est un spécialiste de la compréhension et de l'approche du monde psychique, et un spécialiste de la relation d'aide.

Comment peut-il acquérir cette spécialité ? Je ne crois pas que l'on puisse devenir thérapeute uniquement parce que l'on a des connaissances approfondies de la psychologie et des écoles de pensée de la thérapie ou parce que l'on a appris des techniques de relation d'aide ou encore parce que l'on sait administrer et interpréter des tests d'évaluation de toutes sortes. On peut sortir de l'université avec un doctorat en psychologie sans être pour autant thérapeute. On peut aussi avoir mis au point et expérimenté pendant des années une technique de relation d'aide sans être thérapeute. Ce ne sont pas seulement les connaissances intellectuelles et pratiques qui font qu'une personne peut être thérapeute mais aussi sa connaissance d'elle-même. Sans ces trois éléments conjoints et indissociables que sont le savoir, l'expérience et la connaissance de soi, aucun être humain ne peut à mon avis faire de la relation d'aide thérapeutique. Être thérapeute suppose que l'on a reçu une formation solide qui nous donne la possibilité de travailler avec respect et compétence.

1. Formation des thérapeutes par l'ANDC^MD

a. Compétence

Former des thérapeutes compétents, c'est leur donner une possibilité d'intégrer des connaissances enseignées de façon à leur permettre de pratiquer avec professionnalisme.

Pour les thérapeutes formés à l'ANDC^MD, cette formation passe d'abord par la connaissance, l'acceptation et l'amour d'eux-mêmes. Le travail sur soi ne fait pas seulement partie de leur formation initiale, il se poursuit dans leur formation continue et ce, tant qu'ils pratiquent la thérapie. Ce travail consiste, pour l'étudiant en formation, à prendre conscience de ses besoins, de ses émotions, de ses désirs, de ses mécanismes de défense et à les accepter; il consiste aussi à connaître son fonctionnement psychique de façon à ne pas le projeter sur les aidés. De plus, le travail sur soi réside, au cours de la formation des thérapeutes par l'ANDC^MD, dans la découverte de leurs écueils et dans l'acceptation de ceux-ci afin d'éviter qu'ils interfèrent dans la relation d'aide. Ainsi, ils travaillent leur rapport personnel avec le jugement, le conseil, la rationalisation, le pouvoir, l'interprétation, la prise en charge, etc. Dans la formation, ces sujets ne sont pas présentés comme des éléments indésirables à exclure du psychisme et du comportement. Le but du travail sur soi dans la formation à l'*Approche non directive créatrice*^MD n'est pas, pour l'aidant, de se «prostituer» pour atteindre un idéal théorique quelconque ni de se changer en fonction de principes imposés de l'extérieur, mais de se connaître et de s'accepter tel qu'il est. Il s'agit paradoxalement d'arrêter de se changer et d'apprendre à vivre avec ce qu'il est en se libérant de son personnage. Ce travail a pour avantage de libérer l'être du jugement qu'il porte sur lui-même et de la culpabilité. Au lieu de se cacher parce qu'il a honte de se montrer tel qu'il est, il s'accepte et reconnaît ouvertement qu'il a tendance à juger, à projeter ou à prendre les autres en charge. C'est la seule façon de s'ajuster.

Changer, ce n'est pas essayer d'être autre que celui que l'on est mais au contraire s'accepter

tel que l'on est avec ses forces, ses faiblesses et ses limites sans honte ni culpabilité.

En ce qui a trait au travail sur soi, la formation des thérapeutes non directifs créateurs met l'accent sur la responsabilité, le respect des besoins fondamentaux, la discipline personnelle, l'honnêteté, l'empathie, la congruence, l'amour de soi et des autres, les capacités relationnelles, etc. Ces valeurs importantes ne sont pas présentées comme des éléments absolus mais comme des points de référence. L'aidant apprend à découvrir son rapport personnel avec chacune de ces valeurs et à s'accepter là où il en est dans son processus d'apprentissage sans se mesurer aux autres ni à un absolu abstrait non atteignable.

Cette partie fondamentale de travail sur soi, qui sert en quelque sorte d'infrastructure à la formation des thérapeutes par l'ANDC^MD, est complétée par des apprentissages importants sur le plan des connaissances de la psychologie humaine, sur celui des techniques et des méthodes appropriées aux besoins des aidés, sur celui de l'analyse de la pratique et sur celui de la recherche.

Il s'agit d'une compétence globale qui part de la personne même de l'aidant et qui s'ouvre sur une théorie, une pratique et une recherche qui sont « ressenties » – pour être intégrée – parce qu'elles ont une résonance à l'intérieur même de la personne en formation. Toute connaissance qui n'a pas d'écho chez le thérapeute est une connaissance greffée plaçant les aidés dans des moules identiques qui les éloignent d'eux-mêmes au lieu de les amener au cœur de ce qu'ils sont. De même, toute technique qui ne donne aucune place à l'aidant fait de lui un technicien de la relation d'aide et non un thérapeute compétent. La technique peut devenir un piège derrière lequel se cachent un grand nombre d'aidants. Autant certains enseignants se cachent derrière leur matière, autant certains thérapeutes se dérobent derrière une technique ou une théorie.

Il y a beaucoup d'abus au sujet des techniques de relation d'aide. Certains individus se prétendent thérapeutes parce qu'ils ont appris une technique intéressante et apparemment efficace en une fin de semaine. Dans la conception de l'*Approche non directive créatrice*MD, la technique est un instrument au service du thérapeute, qui est, lui, ce par quoi passe toute la relation thérapeutique.

Ce ne sont pas surtout les méthodes, les techniques et les théories qui font d'un aidant un bon pédagogue ou un thérapeute compétent mais sa connaissance de lui-même et sa capacité à être en relation.

Axer uniquement une formation en relation d'aide sur des techniques et des stages pratiques s'avère pour l'ANDCMD aussi aberrant que de l'axer uniquement sur la théorie et la recherche. Ces deux éléments exploités séparément sont, dans la conception de l'ANDCMD, d'une valeur bien mince dans la formation des aidants en relations humaines s'ils ne sont pas intégrés à leur expérience émotive et sensible.

À mon avis, il y a préparation à la compétence thérapeutique lorsque toute théorie, toute technique ou tout élément de recherche sont enseignés de façon à ce qu'ils touchent chaque candidat en formation dans son expérience personnelle, dans ce qu'il est et dans sa différence. Autrement, il ne s'agit que d'une accumulation de connaissances techniques et de connaissances théoriques non intégrées. Ce n'est pas seulement le nombre d'heures accordées aux stages pratiques et aux acquis cognitifs qui fait d'un candidat un être compétent. Seules les parties théoriques et pratiques du programme qui touchent l'individu directement dans son expérience personnelle, dans sa vie émotionnelle, affective et corporelle sont réellement intégrées. Pour ce faire, il importe que les formateurs aient eux-mêmes une formation globale et une capacité à enseigner en étant constamment en contact avec leur corps, leurs émotions, leurs mécanismes de défense, leur imagination, leur créativité, leur intellect et aussi en étant en contact avec la partie irrationnelle ou spirituelle de leur être. Cela leur permettra d'être en relation avec eux-mêmes et, conséquemment, de l'être avec les aidés.

Nous touchons ici à ce qu'un formateur compétent a avantage à développer pour former des aidants non directifs créateurs.

Voilà à quoi sont conviés les participants du cours de formation en ANDC^MD : ils apprennent à travailler avec ce qu'ils sont parce qu'ils ont des formateurs dont l'enseignement est intégré à leur être même, des formateurs qui communiquent non pas un savoir théorique et pratique désincarné, mais un savoir qui passe par leur personne même, un savoir confirmé par l'attitude.

Cette compétence-là ne s'acquiert pas par des apprentissages exclusivement pratiques et théoriques. Elle s'acquiert dans le respect du fonctionnement psychique et cérébral, c'est-à-dire en passant par l'expérience émotionnelle et subjective de chaque individu. Il s'agit d'une compétence qui fait place au lâcher-prise.

b. Lâcher-prise

Travailler avec un savoir intégré, c'est travailler avec soi-même et c'est aussi être en mesure de reconnaître ses propres limites dans le travail de relation d'aide. Lorsque l'aidant cherche, avec ses facultés rationnelles, la théorie ou la technique idéale pour aider quelqu'un dans une situation où il se sent impuissant, il prend souvent une voie stérile.

Il survient au cours du processus de relation d'aide des moments où le thérapeute se heurte à ses limites personnelles et aux limites de ses connaissances théoriques et pratiques. Il doit alors lâcher prise complètement et faire confiance à l'irrationnel en lui-même.

La personne qui a une formation intégrée saura décrocher des fonctions conscientes de maîtrise ainsi que des moyens théoriques et techniques qui sécurisent son « mental » pour faire confiance à ce qu'elle est. Lorsqu'une connaissance est intégrée, elle fait partie de soi et le simple fait de décrocher de la réalité unidimensionnelle de l'intellect suffit pour faire monter de l'intérieur l'idée, la phrase ou le geste pertinent qui dénouera ce qui semblait inextricable.

Il faut à un aidant beaucoup de compétence, au sens où je l'ai définie plus haut, pour avoir la confiance en lui-même nécessaire au lâcher-prise. Lâcher prise consiste à cesser de faire des efforts intellectuels, à cesser de chercher des moyens d'aider quand nous nous rendons compte qu'ils sont inefficaces. Lâcher prise, c'est savoir dans certains cas, au cours du processus thérapeutique, mettre en veilleuse les fonctions rationnelles pour laisser la place aux fonctions irrationnelles que sont l'intuition, le ressenti ou, pour ceux qui y trouvent une résonance, le divin en soi. Mon expérience personnelle de la formation et de la thérapie me confirme quotidiennement l'importance du lâcher-prise en relation d'aide, l'importance dans certaines situations d'accueillir le rationnellement imperceptible et de faire confiance aux ressources illimitées du non-conscient pour me fournir une piste qui convient à l'aidé. Quand le savoir est intégré, l'élément de connaissance le plus approprié à la situation se présente souvent quand l'on ne le cherche pas. Pour que cet élément se manifeste à la conscience rationnelle, il faut faire appel à l'irrationnel. C'est ce que permet l'aptitude pour le lâcher-prise, qui ne découle que du travail sur soi, de la connaissance intégrée ainsi que de la capacité à reconnaître et à accepter les limites de la seule raison et de la seule connaissance théorique et pratique pour aider les autres. Cela dit, le lâcher-prise peut orienter l'aidant vers d'autres voies. Parfois, il doit avoir l'humilité de référer son client à une personne plus compétente quand il est confronté à ses limites. Une telle démarche d'intervention est toujours plus efficace surtout si elle est accompagnée paradoxalement d'un apprentissage à la discipline.

c. Discipline

Il n'y a pas de réalisation de soi sans discipline de vie. « *La discipline,* écrit Scott Peck (1987), *est l'outil de base dont nous disposons pour résoudre les problèmes de la vie* ». Elle est aussi l'« outil de base » du passage à l'action, de l'actualisation des potentialités créatrices, de l'évolution et de la croissance personnelle. Elle assure également une sécurité intérieure sans laquelle on avance à tâtons dans la nuit du « laisser-aller ».

Une vie sans discipline et sans structure est, comme je l'ai souligné, une vie de frustrations, de déceptions, d'insatisfactions, de dévalorisations, voire dans bien des cas une vie d'échecs.

La discipline est l'un des instruments premiers de la prise en charge de nos vies sans lequel on est guidé de l'extérieur comme des marionnettes ou sans lequel on s'embarque dans des jeux de pouvoir au nom d'une liberté qui n'a de vrai que le nom. La véritable liberté est disciplinée.

L'apprentissage de la discipline dans la formation des thérapeutes par l'ANDC^{MD} suppose tout un travail sur soi. Il amène l'étudiant au cœur de ses insécurités et au cœur de ses peurs de l'engagement, de l'envahissement, de ses peurs de perdre l'amour, de décevoir, de perdre sa liberté, de sa peur des responsabilités. Ce sont ces peurs qui empêchent l'être humain de s'encadrer et d'accepter l'encadrement, et c'est paradoxalement l'encadrement et ses effets bénéfiques qui peuvent le libérer de ses peurs. Mais cela suppose le développement de la volonté, la capacité de choisir, de prendre des décisions, de poser ses limites et de structurer son temps. Plus l'aidant est discipliné, plus il a de pouvoir sur sa vie et plus il est en mesure de réaliser et de créer. Ses réalisations contribuent alors à diminuer ses sentiments d'insécurité et d'infériorité, et à alimenter la confiance en lui-même nécessaire à sa propulsion permanente.

Travailler l'apprentissage de la discipline, c'est nous ouvrir les portes de la réussite professionnelle et relationnelle, du pouvoir sur nos vies, de la réalisation de soi et de la créativité ; paradoxalement, c'est aussi nous ouvrir les portes du plaisir.

d. Plaisir

La notion de plaisir a une importance capitale dans la formation des thérapeutes par l'ANDC^{MD} dans le sens que lui donne *Le Petit Robert*, qui le définit comme un « *état affectif fondamental, un des deux pôles de la vie affective* », l'autre étant la douleur. Il s'agit, y lit-on, d'une « *sensation ou émotion agréable, liée à la satisfaction d'une tendance, d'un besoin, à l'exercice harmonieux des activités vitales* ».

Bien que le processus de travail sur soi connaisse ses difficultés et ses moments ponctuels de souffrance, il n'en reste pas moins que le plaisir trouve la plus grande place dans la formation. En effet, comme l'étudiant participe constamment à sa propre réalisation et à sa propre formation, comme il s'engage et s'investit de façon permanente dans le processus des cours, son intérêt est maintenu et sa motivation reste toujours en éveil. Le contenu des cours laisse place au jeu, au rire, au mouvement, à la détente et les cours se déroulent dans un tel climat d'acceptation des différences que chacun y évolue la plupart du temps dans le plaisir de s'apprendre et d'apprendre.

Ces apprentissages auxquels sont conviés les thérapeutes par l'ANDC^{MD} se font à l'intérieur d'une formation centrée sur la personne. Au cours de cette formation, les périodes de cours intensifs sont espacées de trois à quatre semaines dans le but de favoriser l'intégration et la mise en action dans la vie quotidienne. Ces espaces de temps sont essentiels dans une formation centrée sur la personne parce que l'étudiant y est investi dans tout son être corporel, affectif, intellectuel, relationnel et spirituel en permanence. Elle a donc un effet d'autant plus profond qu'elle se fait dans le respect de la personne en formation et de son rythme d'évolution, dans un encadrement qui comprend plusieurs étapes progressives.

2. Étapes de la formation

Nous donnons au Centre de relation d'aide de Montréal, à Montréal, à Québec et à Gatineau une formation initiale de base de 1 500 heures, qui s'échelonne sur une période de trois ans à raison d'une fin de semaine par mois et d'un stage intensif annuel de sept jours; nous offrons aussi des cours avancés plus spécialisés à nos diplômés qui souhaitent poursuivre leur formation. L'École internationale de formation à l'ANDC^MD qui accueille à Paris des étudiants en provenance des pays étrangers, offre également une formation de 1 500 heures réparties en stages intensifs avec suivis thérapeutiques individuels. Les étudiants des deux écoles suivent les mêmes étapes.

a. Première étape

La première année du cours, intitulée *Connaissance de la personne humaine*, est une année de travail sur soi au cours de laquelle, en groupe et individuellement, l'étudiant apprend à être à l'écoute des messages de son corps et à l'écoute de ses émotions. Au cours de cette première année, il découvre et intègre, grâce à l'approche utilisée, son fonctionnement psychique, ses besoins, ses mécanismes de défense, ses Minotaures, ses systèmes relationnels. Il apprend, dans un climat de respect, à s'accueillir et à s'aimer tel qu'il est. Il apprend aussi à être en relation avec lui-même et avec les autres. Ce cours lui permet d'utiliser, quand il est prêt, les mécanismes de protection propres à la satisfaction de ses besoins et lui fournit ainsi les clés de l'exploitation de ses potentialités créatrices et de son apprentissage de l'autonomie et de la liberté intérieure. Comme cette démarche d'apprentissage n'est pas uniquement théorique mais vise aussi l'intégration, elle ne se réalise que par un investissement de son temps et de son énergie, et que par sa participation impliquée aux activités de formation.

Au cours de cette première année, les étudiants sont invités à accompagner leur démarche de formation en groupe d'une thérapie individuelle avec thérapeute par l'ANDC^MD expérimenté. Ils sont ainsi en mesure, dans chaque situation de la vie quotidienne, de voir ce qui se passe en eux, d'écouter les messages de leur corps, de sentir leurs émotions, de connaître leurs besoins, d'observer les fonctionnements qui les privent de la satisfaction de leurs besoins fondamentaux et de choisir, s'ils sont prêts à faire face à leur peurs, les mécanismes de protection qui leur assureront des communications plus efficaces ainsi que des relations plus saines et plus heureuses.

Ce cheminement ne se fait pas sans difficultés ni obstacles, mais la majorité des participants le poursuivent jusqu'au bout parce qu'ils sont conscients des changements remarquables que cette formation apporte dans leur vie, parce qu'ils comprennent de plus en plus ce qui se passe en eux, parce qu'ils trouvent dans cette démarche de formation une présence, une attention, une écoute et un respect qui les sécurisent et parce qu'ils se rendent compte que, par l'ANDC^MD, ils sont les seuls artisans de leur libération, de leur changement, de leur bonheur, ce qui leur donne plus de pouvoir sur leur vie et une grande confiance en leurs potentialités.

b. Deuxième étape

La grande majorité des personnes inscrites au programme de première année poursuivent leurs études en deuxième et en troisième années, qui sont des années de formation professionnelle.

Le principe fondamental soutenu par ce programme est que l'aidant est le principal outil de l'ANDC^MD ; aussi aura-t-il à poursuivre de façon différente au cours de cette étape le travail sur lui-même pour être plus en mesure d'aider les autres. Plus il développe sa capacité de s'écouter, de s'observer, de s'accueillir, plus il développe par le fait même sa capacité d'accueillir les autres. Ainsi, toutes les connaissances théoriques et les techniques enseignées sont toujours abordées en tenant compte de la personne même de l'intervenant en formation de façon à ce qu'elles ne soient pas greffées mais bien intégrées.

Les stages pratiques sont suivis d'un travail écrit de réflexion et d'analyse, et chaque travail est lu attentivement par des assistants psychopédagogiques qui ont pour tâche de guider chaque étudiant par des réponses écrites et par des rencontres individuelles. De plus, des pratiques supervisées avec le concours d'enregistrements vidéo permettent à l'étudiant en formation de s'ajuster s'il y a lieu et d'améliorer son approche grâce à l'accompagnement de superviseurs qualifiés. Au cours de cette deuxième étape de formation, les étudiants travaillent aussi à définir l'orientation de leur pratique et à élaborer leurs objectifs d'orientation personnelle et professionnelle. La deuxième étape accorde donc, en plus de la priorité qu'elle donne au travail sur soi, une place importante aux connaissances théoriques intégrées, aux apprentissages pratiques, à la réflexion écrite, à l'analyse, et elle ouvre au participant les portes de la recherche.

À la fin de cette formation de base, l'étudiant reçoit un diplôme qui témoigne de sa compétence et lui permet de pratiquer la relation d'aide et de s'inscrire, s'il le souhaite, aux cours de formation continue donnés par le CRAM^MD.

c. Troisième étape

La formation de base de 1 500 heures en trois ans est suivie, pour les personnes intéressées à le suivre, d'un programme de formation continue qui mène à un diplôme d'études supérieures avancées en relation d'aide (D.E.S.A.).

Ce cours, qui place toujours l'aidant au centre de la formation, met surtout l'accent sur la spécialisation, la pratique professionnelle et la recherche. Il s'agit d'un programme de 1 500 heures étalé sur quatre ans au cours duquel l'étudiant suit des cours spécialisés, accomplit des heures de pratique supervisées, participe à des séminaires de recherche et procède à l'élaboration et à la rédaction, avec l'accompagnement de directeurs de recherche compétents, d'un mémoire solide et imposant, qu'il devra soutenir devant des personnes en mesure de lui donner des feed-back qui pourront l'aider dans sa pratique. Ce cours fait de l'étudiant un diplômé d'études supérieures avancées (D.E.S.A.).

3. Méthodologie des cours

Ces deux programmes sont donnés dans le respect d'une méthodologie bien particulière aux enseignements du CRAM^MD et de l'EIF. Tous les cours commencent par des exercices de « centration » et d'intériorisation. Les activités qui suivent sont proposées en fonction du thème du cours et des étudiants. Elles ont pour objectif de permettre l'interaction continuelle des participants et le travail sur eux-mêmes.

Comme les problèmes psychiques naissent généralement des processus relationnels, c'est par sa relation avec les autres que l'étudiant est mis en contact avec lui-même. Il apprend ainsi à écouter les messages de son corps (respiration, tensions, malaises), à sentir ses émotions, à les reconnaître, à les exprimer et à observer ses images mentales, ses fantasmes, ses rêves éveillés, ses monologues intérieurs. Chaque cours lui permet ainsi de prendre de plus en plus conscience de ce qui se passe en lui et, par le respect de son rythme dans la poursuite des étapes de libération et de changement de l'ANDC^MD, il en arrive progressivement à s'accepter de plus en plus, à se responsabiliser, à s'observer dans les situations de la vie quotidienne autant que dans la situation thérapeutique et à affronter ses Minotaures intérieurs par des mécanismes de protection propres à la recherche de satisfaction de ses besoins fondamentaux.

Chaque activité proposée dans le cours est suivie d'une période guidée de réflexion écrite dans le journal de bord. Cet instrument de travail suit le participant du début à la fin de sa formation. La réflexion personnelle est suivie d'un partage avec une autre personne ou d'une communication en petits groupes pour permettre à tous de s'exprimer. La démarche se poursuit en grand groupe. C'est à la suite de cette dernière étape qu'interviennent généralement les apports théoriques du cours. Ces derniers ne sont pas mis à contribution pour eux-mêmes mais en fonction du thème du cours, des exercices proposés, des situations provoquées par les exercices et des vécus exprimés. La théorie est toujours présentée de façon à tenir compte des thèmes exploités. Elle est donc induite par le cours, le groupe, les situations et les paroles des participants.

Ce processus de formation, qui, à chaque cours, commence par la centration et se poursuit par l'action, la réflexion, la communication authentique et les déductions théoriques, se termine, dans les jours qui suivent, par la rédaction d'un bilan qui permet, avec un certain recul, d'observer les impacts des acquis sur la vie quotidienne et d'en faire une réflexion écrite. Tous les bilans sont lus par des assistants psychopédagogiques qui donnent à chaque participant une réponse écrite substantielle, confidentielle et personnalisée.

4. Formateurs

Tout ce travail, on le voit, met fortement l'accent sur la personne de l'aidant, qu'il soit thérapeute, assistant psychopédagogique ou formateur. Ce dernier a un rôle primordial à jouer à toutes les étapes du processus, particulièrement au moment des communications en grand groupe.

Les communications en grand groupe sont d'une importance capitale dans la formation. Les étudiants qui s'y engagent quand ils s'y sentent prêts devront se préparer à intervenir au cours de leur formation. Cette étape est bénéfique pour tous. Elle permet à tous d'écouter l'expression du vécu des gens qui s'expriment et d'être en contact avec ce que le témoignage des autres touche en eux. De plus, elle fournit à tous les étudiants en formation la possibilité de voir travailler le formateur, qui en réalité fait avec les quelques personnes qui interviennent une pratique individuelle de cinq à vingt minutes. Cette pratique ouvre toujours à l'aidé une nouvelle porte parce que le formateur, par son habileté à utiliser l'ANDC^MD, ne laisse pas autant que possible un participant qui s'exprime en groupe aux prises avec une communication non satisfaisante et non complétée.

La satisfaction de l'aidé et surtout son évolution viennent du fait qu'il a été accompagné de façon à exprimer l'émotion ou le malaise et par conséquent à y trouver lui-même, si tel est son besoin, une réponse à son questionnement, une solution à son problème, une porte à son mur, une sortie à son cul-de-sac ou un espoir à ses doutes. Cette habileté du formateur ne tient pas du miracle. Elle consiste à savoir percevoir, observer, élucider l'expression verbale et non verbale du participant sans l'interpréter, et à être en mesure d'accompagner les gens dans leur vécu émotif de façon à ce qu'ils ne soient ni bloqués, ni paniqués, ni insécurisés. Comme la peur de l'émotion est l'une des plus grandes qui soient même chez ceux qui sont initiés à la mouvance et aux fluctuations de leur monde émotionnel, il est essentiel que le formateur et le thérapeute ne laissent pas un individu seul avec ses émotions autant dans la démarche individuelle que dans la démarche de groupe. Accompagner un participant, c'est l'aider à apprivoiser son mode émotif de façon à ce qu'il puisse le démystifier et y accéder progressivement lui-même.

L'apprentissage de ces aptitudes commence dans la formation initiale des thérapeutes par l'ANDC^{MD}, se poursuit dans leur formation continue et se perfectionne dans la formation des formateurs. C'est parce qu'il reste en contact permanent avec ce qu'il vit et ressent lui-même devant l'expression des participants que les interventions du formateur sont si pertinentes.

Savoir être à l'écoute de son vécu, de ses propres malaises, de ses propres besoins dans l'ici et maintenant du processus d'intervention individuel ou en groupe constitue la principale force du formateur et ce, parce que dans le respect de son rôle il reste en relation avec les étudiants en formation sans les interpréter.

Il ne peut rester en relation que parce qu'il est à la fois un formateur qui observe, reformule, élucide, un formateur qui sent et ressent, et qui ne nie pas cette partie essentielle de lui-même qui lui sert de guide : son vécu ici et maintenant.

Les formateurs en ANDC^MD sont donc non seulement des thérapeutes relationnels compétents, mais ils doivent aussi être des pédagogues, des animateurs, des régulateurs et des superviseurs. Ce sont toutes ces formations, qu'ils reçoivent au Centre de relation d'aide de Montréal, qui les autorisent à accompagner les participants de façon efficace et satisfaisante. Leur aptitude leur permet, par l'écoute, le respect, l'observation, l'élucidation et l'intervention non directive créatrice, d'accompagner efficacement le participant devant un groupe pendant quelques minutes tout en lui laissant la responsabilité de son malaise et de la résolution de ses blocages et de ses difficultés. Lui laisser cette responsabilité ne veut pas dire l'abandonner en cours de route, mais se laisser induire par lui pour intervenir. C'est précisément l'induction qui permet d'en arriver à une satisfaction de la part de l'aidé.

L'induction est un élément majeur de l'A*pproche non directive créatrice*^MD. Se laisser induire par un individu ou par un groupe, c'est être assez observateur, assez à l'écoute de la personne ou du groupe en question en même temps que de son propre ressenti pour faire les interventions appropriées et les élucidations pertinentes. Le bon thérapeute par l'ANDC^MD et le bon formateur se laissent toujours induire par l'aidé ou par le groupe de façon à ne pas répéter mécaniquement d'une personne à l'autre les mêmes interventions et à ne pas, d'un groupe à l'autre, répéter mécaniquement les mêmes propositions. L'induction est l'un des principes premiers de la formation. Elle seule permet d'avoir une approche qui part toujours de l'aidé. Pour savoir induire, il faut nécessairement une capacité extraordinaire à être à la fois à l'écoute de l'autre et à l'écoute de soi (empathie et congruence). Celui qui ne sent pas et ne se sent pas ne peut pas faire appel à l'induction. C'est souvent pour certains participants un apprentissage qui dure plusieurs années.

Le formateur en ANDC^{MD} a développé aussi une approche qui tient compte du fonctionnement global du cerveau humain tel qu'il est défini dans ce livre, du fonctionnement psychique et des modes différents de perception et d'apprentissage des individus. Il accorde au mouvement et au rythme une place considérable dans ses cours parce que ces éléments sont d'une grande importance dans le respect de la constitution du cerveau humain ; ils sont nécessaires au processus d'intégration. C'est pourquoi l'utilisation de la musique est un élément suggestif fondamental dans le déroulement des cours du CRAM^{MD}. Elle a un effet sur l'inconscient qui favorise l'apprentissage et la relaxation parce qu'elle a le pouvoir d'harmoniser les instances psychiques. Elle est un inducteur remarquable pour un grand nombre d'exercices ou un accompagnateur subtil pour d'autres. La musique implique l'être dans sa globalité et elle a le pouvoir de toucher toutes ses dimensions. Lozanov donne à la musique une place essentielle dans l'enseignement suggestopédique. Son effet sur le rythme et le mouvement est d'une importance capitale pour favoriser l'intégration parce qu'elle a une résonance émotionnelle dans le psychisme qui contribue à l'unifier. C'est pourquoi le formateur en ANDC^{MD} l'utilise fréquemment. De plus, il travaille avec une approche multidimensionnelle de la personne humaine et dans le plus grand respect du rythme de progression de chaque participant. Devenir formateur en ANDC^MD exige donc des années de formation, une bonne expérience pratique de l'*Approche non directive créatrice*^MD et un souci constant de travailler sur soi et de se ressourcer. Il ne faut pas oublier que le formateur, tout comme le thérapeute qui utilise l'ANDC^MD, travaille avant tout avec ce qu'il est. C'est ce qui donne à la formation son caractère universel. Principalement conçue pour tous les professionnels de la santé physique et psychique – c'est-à-dire pour les psychologues, les thérapeutes, les sexologues, les physiothérapeutes, les médecins, les travailleurs et travailleuses sociaux, les infirmiers et les infirmières, les massothérapeutes de toutes spécialités et les pédagogues –, elle s'étend aussi à ceux qui, à la suite d'un travail sur eux-mêmes, veulent améliorer leurs relations humaines et apporter dans leur milieu professionnel en tant que cadres, animateurs ou chefs de groupe ou en tant que personne impliquée dans son travail et dans sa vie affective et relationnelle, une approche plus humaine et des communications plus satisfaisantes, et à ceux qui veulent donner à l'être humain la priorité sur les structures, les idéologies et les jeux de pouvoir. Quelle que soit leur orientation professionnelle, les participants, sélectionnés surtout au moyen d'une entrevue, vivent une expérience de groupe enrichissante grâce à l'apport de leurs différences personnelles et professionnelles, et aussi grâce à leur souci commun de travailler sur eux-mêmes, de s'accueillir et de s'aimer pour ensuite apporter aux autres le meilleur de ce qu'ils sont.

Conclusion

Être pédagogue, thérapeute ou formateur par ANDC^MD, c'est apprendre à intégrer dans sa vie la dialectique directivité/non-directivité, la responsabilité, l'acceptation et l'amour de soi de façon à devenir créateur de soi et à participer à l'autocréation des autres. C'est aussi être en mesure, par le travail que l'on a fait sur soi et par l'apprentissage assimilé pendant la formation, d'aborder l'aidé en s'adressant autant à l'hémisphère droit qu'à l'hémisphère gauche du cerveau, autant à l'irrationnel qu'au rationnel. Être aidant non directif créateur, c'est, de plus, avoir la capacité de respecter le fonctionnement psychique, le mode de perception du monde et le rythme personnel de changement et surtout de ceux et celles avec qui l'on entretient une relation d'aide. Enfin, être aidant non directif créateur, c'est nécessairement, de par la formation qu'il a reçue, être un spécialiste des relations humaines.

Cela suppose, comme on l'a vu, des connaissances théoriques et pratiques intégrées. Comme l'apprentissage de l'ANDC^MD ne passe pas uniquement par l'intellect et les habiletés techniques et méthodologiques, il n'est pas accessible à tout le monde.

Les critères premiers de sélection des candidats pour les formations du CRAM^MD et de l'EIF ne

sont pas surtout les diplômes, les connaissances intellectuelles ni l'expérience pratique d'une technique quelconque, mais surtout l'expérience de vie et l'intégration des connaissances théoriques et pratiques à l'expérience vécue.

La formation à l'ANDC[MD] est conçue de façon telle que seules les personnes qui sont capables d'intégrer le contenu des cours à leur expérience vécue, qui peuvent l'aborder de l'intérieur et non en se plaçant au-dessus ou à côté du cours et des autres la poursuivent jusqu'à la fin. Celles qui ont besoin de tout contrôler par le rationnel, qui s'accrochent au savoir comme à une bouée de sauvetage, dont la sécurité tient principalement ou exclusivement à l'accumulation de connaissances intellectuelles, ou au nombre d'heures de pratique de techniques ou de méthodes peuvent difficilement vivre le processus de formation de l'ANDC[MD] jusqu'au bout... parce qu'il n'est pas fait pour elles.

De manière générale, on n'a pas beaucoup approfondi la notion de savoir intégré dans les milieux de formation.

D'aucuns mettent l'accent sur les connaissances intellectuelles, d'autres sur les applications pratiques et d'autres enfin sur la croissance personnelle ou la thérapie. Certaines formations donnent une place relativement importante à chacun de ces trois éléments, mais ils y sont abordés plus ou moins séparément. La formation en savoir intégré proposée par l'ANDC[MD] incorpore les uns aux autres tous ces éléments du début à la fin du programme de formation initiale et de formation continue en passant par la personne même du candidat en formation.

C'est en ce sens que la qualité de la relation d'aide, dans la conception de l'ANDC^{MD}, est directement liée chez l'aidant à la connaissance et à l'amour de lui-même. Ce lien étroit que je fais entre relation d'aide et amour de soi est né des expériences vécues sur le plan relationnel, qui eurent sur ma vie des conséquences déterminantes. Ma vie relationnelle, que je le veuille ou non, a été marquée par ma relation première avec ceux à qui on attribue souvent, à tort, la responsabilité de tous les problèmes psychologiques : mes parents.

Je suis l'aînée d'une famille de sept enfants. Je ne peux pas dire que j'ai eu une enfance chargée de souvenirs heureux. Des expériences difficiles m'ont fait vivre, à cause de mon état psychique vulnérable, des moments de peurs, d'angoisses et de souffrances psychiques souvent insupportables. Certains événements ont été pour moi si pénibles que je les ai occultés pendant de nombreuses années avant de m'en libérer. Toutefois, j'ai eu le bonheur de recevoir une éducation qui m'a appris à utiliser la souffrance comme moyen de travail sur moi et comme moyen d'évolution. Aujourd'hui, ma libération est telle qu'il ne reste au plus profond de moi que le souvenir de l'éternelle jeunesse, de l'ouverture d'esprit et de la générosité de ma mère, et le souvenir de la sagesse et des qualités humaines exceptionnelles de mon père, qui me servent maintenant de tremplin vers ma réalisation. C'est parce que j'ai utilisé ma souffrance pour apprendre à me connaître et à m'accepter que progressivement j'ai développé l'amour réel de ce que je suis vraiment et que j'ai pu, par la suite, voir tout ce que mes parents m'ont apporté de richesses indéniables, richesses qu'auparavant je n'arrivais pas à apprécier. J'ai appris à aimer ma vulnérabilité et à y voir une grande force dans mes relations humaines. J'ai appris à aimer mes besoins d'être aimée et reconnue. J'ai appris à aimer mes peurs et à affronter les obstacles de la vie en les prenant par la main.

Cette école de la vie m'a ouverte à la compréhension et à l'amour des autres, et, parce qu'à travers mes souffrances j'ai senti l'amour, j'en suis sortie fortifiée et grandie. C'est cet amour-là que je mets à la base de la relation d'aide et qui sert d'élément propulseur à la relation éducative, à la relation pédagogique et à la relation thérapeutique. Une expérience particulière dans ma relation avec mon père, que je vais raconter ici pour terminer, m'a confirmé l'importance de l'amour en relation d'aide. Mon père, qui était cultivateur, était un homme peu instruit, mais, autodidacte, il s'est créé une place importante à la fois sur le plan familial et sur le plan social. Dans sa ville, il était reconnu et respecté de tous. Son peu d'instruction était compensé par un sens profond des relations humaines, de l'écoute, du respect des autres et de l'amour. J'ai toujours aimé et admiré cet homme qui m'a appris l'essentiel de mon travail auprès des gens. Son attitude congruente, qui dégageait sa foi en la nature humaine et son amour profond des hommes et de lui-même, a eu sur moi une influence qu'aucun livre, aucun cours, aucun maître par la suite n'ont su m'apporter. Jusqu'à sa mort, le 27 avril 1980, j'étais convaincue que j'avais toujours été sa préférée. Il m'a encore appris ce jour-là et les deux jours qui ont suivi son décès quelque chose que je n'avais pas compris. En effet, ces jours-là, un nombre inimaginable de personnes sont venues lui faire un dernier adieu. Il y avait non seulement des parents et des amis mais aussi des gens qui l'avaient connu à l'œuvre au sein des différents organismes dans lesquels il s'était engagé toute sa vie. C'est au cours de ces heures où j'ai vu défiler toutes ces personnes que quelque chose d'important se passa pour moi. Plusieurs d'entre elles m'ont dit à peu près en ces termes : « *Ton père m'aimait beaucoup, je crois que j'ai toujours été son préféré.* » J'ai compris que ces gens-là me disaient leur amour pour mon père. Mais j'ai compris aussi et surtout que cet homme avait, toute sa vie, donné à chaque personne de son entourage et de sa connaissance, par sa présence, son attitude, son écoute et son attention particulière, le sentiment d'être aimé et important au point que chacun avait la certitude d'avoir été son préféré.

Cette expérience m'a beaucoup appris sur le plan de mes relations personnelles et professionnelles.

Je suis maintenant convaincue que faire de la relation d'aide, c'est s'aimer assez, aimer assez l'être humain et aimer suffisamment ce qu'on fait pour que chaque personne avec qui on travaille, se sente tellement importante à nos yeux qu'elle apprenne à reconnaître sa valeur, à manifester sa différence et à exploiter son potentiel créateur.

C'est cet amour de soi, base de l'*Approche non directive créatrice*MD, qui transforme les relations humaines et les rend plus vraies, plus satisfaisantes et plus harmonieuses. C'est cet amour de soi, j'en suis convaincue, qui porte les racines de la liberté et de la paix et qui rendent l'homme fondamentalement heureux.

Bibliographie

BARRET, Gisèle. 1933- *La pédagogie de la situation*. Montréal : Édition Recherche en Expression, 1992.

CHALVIN, Dominique. *Utiliser tout son cerveau, de nouvelles voies pour accroître son potentiel de réussite*. Paris : Éditions ESF, 1986.

CHEVALIER, Jean. 1906-1993. La pensée rationnelle n'a pas réussi à tuer la pensée symbolique : Les symboles dans notre vie quotidienne. *Le 3e millénaire*, 12. 4-14, 1984.

FREUD, Sigmund.1856-1939. *Abrégé de psychanalyse*. 9e éd., traduit de l'allemand par Annie BERMAN. Paris : PUF, 1978.

FREUD, Sigmund. 1856-1939. *Le Moi et les mécanismes de défense*. 22e éd., traduit de l'allemand par Annie BERMAN. Paris : PUF, 1982.

GESHURND, N. Les spécialisations du cerveau humain. *Pour la science* (éd. française de Scientific American), 25., 1975, p. 132.

GINGRAS, Jeanne-Marie. Notes sur l'Art de s'inventer comme professeur. *Prospectives*. (Vol. 15, n° 4, pp. 193-204). Montréal, 1979.

HEIMANN, Paule, M. LITTLE, L. TOWER, A. REICH. *Le contre-transfert*. Traduit de l'anglais par Colette GARRIGUES et Nancy KATAN-BEAUFILS. Paris : Navarin éditeur, 1987.

JUNG, Carl-Gustav. 1875-1961. *La guérison psychologique*. 3e éd., traduit et adapté par le Dr Guillaume COHEN. Genève : Librairie de l'Université, 1976.

JUNG, Carl-Gustav. 1875-1961. *Psychologie de l'inconscient*. 4e éd., traduit par le Dr Guillaume COHEN. Genève : Librairie de l'Université, 1978.

KRISHNAMURTI, Jiddu. *De l'éducation*. 7e éd., traduit de l'indien par Carlo SUARÈS. Paris : Delachaux et Niestlé, 1980.

LANDRY, Yvan. *Créer, se créer : Vers une pratique méthodique de la créativité*. Montréal : Québec/Amérique, 1983.

LAVIGNE, François. 1944- . La personnalité socio-affective. *Psycho-Mag*, I. Montréal : Les publications Domaines, 1987.

LERÈDE, Jean. 1923-1988. *Les troupeaux de l'aurore*. Boucherville : Éditions de Mortagne, 1980. Réédité sous le titre *La psycho-spiritualité*. Montréal : Éditions du Cram, 2006.

LERÈDE, Jean. 1923-1988. *Suggérer pour apprendre*. Québec : Les Presses de l'Université du Québec, 1980.

LOBROT, Michel. 1924-. *Les effets de l'éducation*. 2e éd., Paris : Éditions ESF, 1974.

LOBROT, Michel. 1924-. *Les forces profondes du Moi*. Paris : Économica, 1983.

LOZANOV, Georgi. 1926-2012.*Suggestologie et éléments de suggestopédie*. Traduit du bulgare par Pascal BOUSSARD. Montréal : Éditions Science et culture, 1984.

MOREAU, André. *La Gestalt-thérapie, chemin de vie*. Paris : Maloine S.A. éditeur, 1983.

MUCCHIELLI, Roger. 1919-1981. *Les complexes personnels*. Paris : Éditions ESF, 1980.

PECK, Dr Scott. 1936-2005. *Le chemin le moins fréquenté : Apprendre à vivre avec la vie*. Traduit de l'américain par Laurence MINARD. Paris : Robert Laffont, 1987.

PERLS, Fritz. 1893-1966. R.-E. HEFFERLINE, P. GOODMAN. *Gestalt thérapie : Technique d'épanouissement personnel*. Traduit de l'américain par Martine WIZNITZER. Ottawa : Éditions internationales Alain Stanké, 1977.

PETIT, Marie. *La Gestalt : Thérapie de l'ici et maintenant*. Paris : Éditions ESF, 1984.

PORTELANCE, Colette. 1943- *La suggestopédagogie : pour une pédagogie des communications inconscientes et de l'approche multidimensionnelle*. Thèse de doctorat présentée à l'Université de Paris-VIII, Paris, 1985, 605 p.

RACLE, Gabriel. 1902-1987. *La pédagogie interactive : Au croisement de la psychologie moderne et de la pédagogie*. Paris : Retz, 1983.

ROGERS, Carl-R. 1902-1987. *Le développement de la personne*. Traduit de l'américain par E.L. HERBERT. Paris : Dunod, 1968.

ROGERS, Carl-R. 1902-1987. *Liberté pour apprendre*. Traduit de l'américain par Daniel Le Bon. Paris : Dunod, 1972.

ROGERS, Carl-R. 1902-1987. *Un manifeste personnaliste : Fondements d'une politique de la personne*. Traduit de l'américain par Michèle Navarro. Paris : Dunod, 1979.

ROGERS, Carl-R. 1902-1987. *La relation d'aide et la thérapie*. 1e éd. (1942) ; 6e éd. traduit de l'américain par J.P. Zigliara ; 1e éd. Paris : Éditions ESF, 1996.

ROSENTHAL, Dr Ronnie-a. et Dr Lenore JACOBSON. *Pygmalion à l'école*. 4e éd., traduit de l'américain par Suzanne AUDEBERT et Yvette RICKARDS. Tournai : Casterman, 1978.

SAFOUAN, Moustapha. 1921-. *Le transfert et le désir de l'analyste*. Paris : Seuil, 1988.

SEARLES, Harold. 1918-. *Le contre-transfert*. Traduit de l'américain par Brigitte BOST. Paris : Gallimard. 1981.

SILLAMY, Norbert. *Dictionnaire usuel de psychologie*. Paris : Bordas, 1983.

SIRIC *Communication ou manipulation : La vie quotidienne vue à la lumière du fonctionnement du cerveau*. Montréal : Empirika et Boréal Express, 1982.

STONE, D r Randolph. 1890-1991. *Polarity Therapy*. Vol. 1 & 2. Reno, NV, USA 89515 : C.R.C.S. Publication, P.O. Box 20850, 1986.

WINNICOTT, Donald-W. 1896-1971. *Processus de maturation chez l'enfant : Développement affectif et environnement*. Traduit de l'anglais par J. KALMANOVITCH. Paris : Payot, 1989.

Achevé d'imprimer
au mois de juillet 2014
sur les presses de l'imprimerie Lebonfon
à Val d'Or (Québec).